ちくま学芸文庫

人間の本性を考える 上

心は「空白の石版」か

スティーブン・ピンカー
山下篤子 訳

筑摩書房

THE BLANK SLATE

The Modern Denial of Human Nature

by

Steven Pinker

Originally published by Viking Penguin,
a member of Penguin Putnam Inc.
Japanese translation rights arranged with
Brockman, Inc., New York

目次

下巻目次

人間の本性を考える　上

心は「空白の石版」か

はじめに

「生まれと育ちについての本なんて、もうたくさんだよ。心が空白の石版《ブランク・スレート》だなんて、そんなことを信じている人なんか、まだ本当にいるのか？　そうじゃないのは、子どもが二人以上いたり、異性愛の経験があったりすれば、いやでもわかるんじゃないのか？　それとも、人間の子どもは言葉を憶えるけれどペットは憶えないとか、人には生まれつきの才能や気質があるとか、そういうことを知っていれば。みんなもう、遺伝か環境かなんて単純な二項対立はとっくに卒業していて、行動はすべて生まれと育ちの相互作用から生じると認識しているんじゃないのか？」

この本のプランを説明したとき、私は同業の仲間たちからこうしたたぐいの反応を受けた。ちょっと聞くと、もっともな反応に聞こえると思う。生まれ（nature）か育ち（nurture）かの問題は、本当にもう終わった問題なのかもしれない。心と行動について書かれた最近の書物や論文に通じている人ならだれでも、次にあげるような、中立の立場に立った主張を目にしていると思う。

もし読者がこの時点で、遺伝的な説明と環境的な説明のどちらか一方によって他方が排除されるというふうに理解されているとしたら、それはわれわれが、どちらか一方の提示を十分にうまくできなかったということである。われわれは、遺伝子と環境の両方がこの問題に関係している見込みが非常に高いと思っている。その割合はどれくらいだろうか？　その問題については、われわれは確固たる不可知論の立場をとっている。確定できるかぎりにおいて、ある値を立証する所見はまだないからだ。

本書は、すべてが遺伝的であると述べているたぐいの本ではない。それは事実ではない。環境も遺伝子に劣らず重要である。子どもが成長過程で体験する物事は、もって生まれたものと同じく重要なのである。

ある行動が遺伝的である場合でも、個人の行動は発達の所産であるから因果的な環境的要素をもっている。……表現形質が遺伝的条件と環境的条件の複製を通してどのように受け継がれるかということについての現代の知見は……文化的伝統、すなわち親の行動をまねた子どもの行動がきわめて重大であることを示唆している。

これらは、だれもが「生まれか育ちか」論争を卒業したことを示す無難な妥協だと感じた人は考えなおしてほしい。実は右の文章は、過去一〇年間でもっとも物議をかもした三冊の本から引用したものなのだ。一つめはリチャード・ハーンスタインとチャールズ・マレーの『ベル曲線（*The Bell Curve*）』からとったもので、この本は、アメリカ黒人とアメリカ白人のＩＱの平均値のちがいは、遺伝的要因と環境的要因の両方によると論じた本である。[1]二つめはジュディス・リッチ・ハリスの『子育ての大誤解（*The Nurture Assumption*）』からの引用で、この本は、子どものパーソナリティは環境だけでなく遺伝子によっても形成されるのだから、子が親に似ているのは子育ての影響だけではなく、親子が共有する遺伝子の影響でもあるのではないかと論じている。[2]三つめは、ランディ・ソーンヒルとクレイグ・パーマーの『レイプの自然史（*A Natural History of Rape*）』からとったもので、彼らはこの本で、レイプは単なる文化的所産ではなく、男性のセクシュアリティの性質にも根ざしていると論じている。[3]以上の著者たちは、育ちだけではなく、生まれと育ちをともに引きあいにだしたために、抗議デモにあい、罵声を浴びせられ、報道で激しい非難の対象になり、連邦議会でも糾弾された。ほかにも同様の意見を述べた人たちが、検閲や攻撃を受けたり、刑事告発をすると脅されたりしている。[4]

＊

生まれと育ちの相互作用が心の一部を形成するという考えは、ひょっとするとまちがいだと判明する可能性はあるが、この問題が組み立てられてから数千年たった二一世紀においても、どうでもいい話やありきたりの話にはなっていない。人間の思考や行動のことになると、遺伝がなんらかの役割をはたしている可能性があるという話は、いまもまだ人に衝撃をあたえる力をもっている。人間の本性というものが存在すると認めることは、人種差別や性差別、戦争や強欲や大量虐殺、ニヒリズムや政治的反動、子どもや恵まれない人たちの放置などを是認することだと、多くの人が考えているのだ。そして、心が生得的な機構をもつという主張は、まちがっているかもしれない仮説としてではなく、考えるだけでも不道徳なものとして受けとめられている。

現代の生活において、人間の本性という概念に加えられている、この道徳的、感情的、政治的な潤色が本書のテーマである。まず、人びとが人間本性という考えを危険なものと見なすようになった歴史的経緯をたどり、その途上でこの考えをもつれさせてきた道徳的、政治的混乱状態の解消を試みる。人間本性について書いた本が論争を招かずにすむとは思えないが、この本は、近ごろはやりの「論争に火をつける」というふれこみの本にするつもりで書いたのではない。私は、多くの人が決め込んでいるように、極端な「生まれ」の立場から、極端な「育ち」の立場や、その中間のどこかに存在する真実に対抗しているのではない。ある場合には、極端な環境要因派的な説明が正しい。人がどの言語を話すかはその明白な一例であり、人種や民族集団のあいだに見られる検査スコアの差異はもう一つの例ではないかと思われる。これに対して、ある種の先天的な神経疾患などの場合は、極端な遺伝要因派的な説明が正しい。そのほかの大部分のケースでは、遺伝と環境との複雑な相互作用が正しい説明の引きあいにだされる。文化は重要だが、そもそも人間が文化を創造し学習するのを可能にした心的能力なしには存在しえない。この本の目的は、遺伝子がすべてで文化は何ものでもないと論じることではなく（そんなことはだれも信じていない）、なぜ極端な立場（文化がすべてだという立場）がしばしば中庸の立場と見なされ、中庸の立場が極端と見なされるのか、その理由を探ることにある。

また人間本性の存在を認めることには、多くの人が恐れているような政治的な意味あいもない。人間本性の存在を認めたからといって、フェミニズムを棄てなくてはならないわけではないし、現行水準の不平等や暴力を受け入れたり、道徳性をフィクションとしてあつかったりしなくてはならないわけでもない。私は本書の大部分において、特定の政策を支持したり、政治左派あるいは右派の政治課題を後押ししたりしないように努める。政策に関する論争はつねに、競合する価値観のトレードオフ［二律背反の関係にあるものどうしのバランスをどうとるかという問題、またはそのバランス］が関係しており、科学はそれらのトレードオフをあきらかにするために必要な機能は備えているが、解決するための機能は備えていない、と私は考えている。それらのトレードオフの多くは、本文で示すように、人間本性の特徴から生じる。私はそれらを明確にすることによって、私たちの集団的選択を、どのような選択であれ、もっと情報にもとづいたものにしたいと思っている。もし私が何かを擁護しているとすれば、それは、人間にかかわる諸事の論議において無視され、抑圧されてきた、人間本性に関する発見である。

*

このように問題を整理するのがなぜ重要なのだろうか？　人間本性を否定するのはヴィクトリア時代の人が性に困惑したのと同じようなものだが、それよりも始末が悪い。人間本性の存在を否定すると、科学も学問の世界も、公開の議論も日々の生活もゆがめられてしまうからだ。論理学者は、たった一つの矛盾が一連の言説をそこない、そこからどんどん嘘が広がってしまう場合があることを私たちに教えてくれる。人間の本性というものは存在しないとする教義は、人間の本性は存在するという科学的な証拠や一般常識が示す根拠にさからって、まさにそのような悪影響をおよぼしている。

まず、心はブランク・スレートであるという教義は、人間についての研究をゆがめ、ひいてはそうした研究をよりどころにして下される判断を、公私を問わずゆがめてきた。たとえば育児に関する方針の多くは、親の行動と子どもの行動との相関関係を見る研究を手がかりにしている。愛情豊かな親の子は自信をもっている。威厳のある態度の親（いきすぎた自由放任ではなく、それほど懲罰的でもない親）の子は行儀がいい。話しかけをする親の子どもは言語スキルが高いなど。そういう相関があるという研究結果をふまえて、いい子に育てるためには、親は愛情豊かに、威厳のある態度をもち、口数を多くすべきで、うまく育たなかったならそれは親の落ち度だという結論がだされる。しかしその結論は、子どもはブランク・スレートだという思い込みに依拠している。親は子どもに家庭環境だけではなく、遺伝子もあたえる。親と子の相関関係が示しているのは、親を愛情豊かで威厳のある、話し好きのおとなにしているのと同じ遺伝子が、その子どもを自信のある、行儀のいい、話し上手な子にしているというだけのことかもしれない。養子の子ども（養親から環境だけをあたえられ、遺伝子はあたえられていない子ども）を対象にして同じ研究が実施されるまでは、そのデータは、遺伝子がすべての差異をつくりだしている可能性とも両立するし、育児がすべての差異をつくりだしている可能性とも、その中間に位置するあらゆる可能性とも両立する。それなのに、ほぼすべての事例で研究者は、もっとも極端な立場――「育児がすべて」という立場――しか考えにいれていない。

人間本性に関するタブーは、研究者に目隠しをしてその視野をせばめてきただけでなく、人間本性についてのあらゆる議論を撲滅すべき異端の説に変えてしまった。生得的な人間の資質が存在することを示唆する所見の信憑性をそこなおうと躍起になるあまり、論理も礼儀もかなぐり捨ててしまった著述家もたくさんいる。「一部」と「すべて」、「おそらく」と「つねに」、「である」と「べき」との初歩的な区別さえ、さかんに無視されているが、それは人間本性を過激な教義に見せかけて、読者をそこから遠ざけるためである。アイディアを分析すべき場面で、政治的な誹謗中傷や個人攻撃がされることもよくある。これが知の世界の雰囲気をそこない、そのために人間本性に関するさしせまった問題を分析する態勢が整わないまま現在にいたってしまったのだが、いままさに、新しい科学上の発見によってそれらの問題が重大になってきている。

人間本性の否定は学界を超えて広がり、知識社会と一般常識との断絶を引き起こしてきた。私がこの本を書こうと最初に思ったのは、人間の精神の可塑性に関する専門家や社会批評家の驚くべき主張の収集をはじめたときだった。男の子が喧嘩をするのは喧嘩を奨励されているからだ。子どもが菓子を好むのは親が野菜を食べる褒美に菓子を利用するからだ。ティーンエイジャーが外見やファッションを競う発想はスペリング・コンテストや成績優秀者の表彰からきている。男がセックスの目的をオーガズムだと考えるのはそのように社会化されたからである、などなど。問題は、こうした主張が単に荒唐無稽なだけでなく、常識を疑われそうなことを言っているという認識が書き手に欠けているところにある。これは、空想的信念が信仰の深さの証拠として堂々と誇示される、カルトの精神状態である。その精神状態は、真実の尊重と共存できないし、私が考えるに、近年の知識社会に見られるいくつかの残念な傾向の原因になっている。その一つは、多数の学者のあいだに見られる、真理、論理、論拠といった概念に対するあからさまな軽蔑。もう一つは知識人がおおやけの発言と実際の信念とを使い分ける偽善的態度である。三つめは、それに対する必然的な反応である。すなわち、学界が一般社会の信頼を求める資格を失ってしまっていることを知って勢いづき、反知性主義と偏狭な考えをふりまく「政治的に不適切な《ポリティカリー・インコレクト》」ショック・ジョック［過激な発言や下品な言葉づかいを売りものにするディスク・ジョッキー］の文化である。

　人間本性の否定は、批評家や知識人の世界をむしばんでいるだけでなく、現実の人びとの生活にも害をおよぼしている。親が子を粘土のように形成できるという説のために、世の親たちは不自然な、そしてときに残酷な育児体制を強いられてきた。またこの説は、自分の生活と育児のバランスをとろうとする母親が直面する選択をゆがめ、子どもが希望どおりに育たなかった親の苦しみを倍加させている。人間の好みは取り消しのきく文化的選好だという信念のせいで、人は装飾や自然光やヒューマン・スケール［人間の感覚や行動に適合した、物の大きさや空間の規模］を心地よく感じるということが社会計画において考慮の対象外となり、その結果、何百万という人びとが殺風景なコンクリートの箱のなかに住むことを余儀なくされてきた。悪はすべて社会の所産であるという現実ばなれした見解のために、罪のない人びとをためらいもなしに殺した危険なサイコパス［精神病質者］の釈放が正当化されている。そして、大規模な社会工学のプロジェクトで人間性をつくりかえられるという確信は、史上屈指の残虐行為につながった。

＊

本書の議論の多くは冷静で分析的なもの（人間本性の存在を認めることは、論理的に言って、多数の人が恐れているようなマイナスの結果を含意しないという議論）になるが、人間本性の存在を認めることはプラスの推進力にもなるという自分の信念を隠すつもりはない。「人間は自分の姿を示されると向上する」とチェーホフは書いた。同様に、人間本性の新しい諸科学は、生物学的な情報にもとづいた現実的な人間主義への道を開くのに役立つ。人間本性の科学は、身体上の外見や偏狭な文化の表面的なちがいの下に隠れた、人間心理の統一性を浮き彫りにする。また、あまりにもうまく働いているために、あたりまえだと思われがちな人間の心が、実は驚くべき複雑さをもっていることを私たちにきちんと理解させてくれる。人間に割り当てられた運命を改善するためにどんな道徳的本能を行使できるかを明確にする。人はこのように感じるはずだという理論からではなく、人が実際にどう感じているかという観点から人びとに対処することをうながして、人間関係に自然さをもたらす。苦しみや抑圧が生じたときに、その本質を突きとめ、権力者の合理化を暴くための基準を提供する。私たちを人間の喜びから切り離す、社会改革者を自称する者たちの計画の本質を見抜く方法もあたえてくれる。民主主義や法の支配がはたしてきた業績に対する認識も新たにしてくれる。そして、芸術家や哲学者が数千年にわたって考えてきた人間の条件についての洞察をいっそう深めてくれる。

人間の本性について率直な考察をするのに、いまだかつてこれほどの適時はなかった。二〇世紀を通して多数の知識人が、良識の原則の基盤を、事実に関する脆弱な主張に求めてきた。そのような主張——人間には生物学的な区別がまったくない、人間は浅ましい動機を何ももっていない、完全な自由選択の能力がある、など——は、いまや心や脳や遺伝子や進化の科学における発見によって疑問視されている。少なくともヒトゲノム計画の完了は、知能や情動の遺伝的ルーツに先例のない解明がもたらされるという展望とともに、私たちの目を覚ますベルとして作用するはずだ。人間本性の否定に対する新しい科学の挑戦は、一つの課題を私たちの手にゆだねる。もし平和や平等などの価値観や、科学と真理への強い関心を放棄するつもりがないのなら、そうした価値観を、誤りが立証される可能性のある、心のなりたちについての主張から切り離さなくてはならない。

本書は、人間本性に対するタブーはどこから生じたのだろうかと考える人や、そのタブーに挑戦するのは本当に危険なのか、それともただ未知の領分であるというだけなのかを探る意欲のある人に読んでもらいたい。それから、新たに浮かびあがってきた人類という種の肖像に興味のある人や、その肖像に対する筋の通った批判に興味がある人。私たちは人間の本性に対するタブーのために、さしせまった問題にまともにとりくめないままになっているのではないかと疑っている人。そして、心と脳と遺伝子と進化の科学の成果によって、人間の自己観が永久的に変わりつつあることを認識し、私たちが大切にしている価値観は消滅するのか、生きのびるのか、それとも（私が論じるように）いっそう高められるのかと考えている人にも読んでもらいたい。

＊

数えきれないほど多くの面でこの本を改善してくださった友人や同僚の方々に、つつしんで感謝の気持ちを表したい。ヘレナ・クローニン、ジュディス・リッチ・ハリス、ジェフリー・ミラー、オーランド・パターソン、ドナルド・サイモンズの各氏は、全面にわたって深く鋭い分析をしてくださった。私としては、最終的にできあがったこの本が、この方々の見識にかなうものであることを願うしかない。ほかにも、ネッド・ブロック、デイヴィッド・バス、ナーザリ・チャークリー、レダ・コスミデス、デニス・ダットン、マイケル・ガザニガ、デイヴィッド・ギアリー、ジョージ・グレアム、ポール・グロス、マーク・ハウザー、オーウェン・ジョーンズ、デイヴィッド・ケマー、デイヴィッド・リッケン、ゲリー・マーカス、ロスリン・ピンカー、ロバート・プロミン、ジェイムズ・レイチェルズ、トマス・ソーウェル、ジョン・トゥービー、マーゴ・ウィルソン、ウィリアム・ジマーマンの各氏からも、貴重な助言をいただいた。また、ジョン・コーエン、リチャード・ドーキンス、ロナルド・グリーン、ナンシー・カンウィッシャー、ローレンス・カッツ、グレン・ローリー、ポリーン・マイア、アニタ・パターソン、ムリガンカ・サー、ミルトン・J・ウィルキンソンの各氏には、それぞれの専門領域の章に目を通していただいた。

そのほかにも大勢の方々に、情報の求めに寛大に応じていただき、あるいは助言をいただいて、それを本書にも盛り込むことができた。マーザリン・バナジー、クリス・バートラム、ハワード・ブルーム、トマス・ブシャード、ブライアン・ボイド、ドナルド・ブラウン、ジェニファー・キャンベル、レベッカ・カーン、スーザン・ケアリー、ナポレオン・シャグノン、マーティン・デイリー、アーヴィン・デヴォア、デイヴ・エヴァンズ、ジョナサン・フリードマン、ジェニファー・ギャンガー、ハワード・ガードナー、タマー・ジェンドラー、アダム・ゴプニック、エド・ヘイゲン、デイヴィッド・ハウスマン、トニー・イングラム、ウィリアム・アイアンズ、クリストファー・ジェンクス、ヘンリー・ジェンキンズ、ジム・ジョンソン、エリカ・ジョング、ダグラス・ケンリック、サミュエル・ジェイ・キーサー、スティーブン・コスリン、ロバート・カーズバン、ジョージ・レイコフ、エリック・ランダー、ローレン・ロマスキー、マーサ・ヌスバウム、メアリ・パーリー、ラリー・スクワイア、ウェンディ・スタイナー、ランディ・ソーンヒル、ジェイムズ・ワトソン、トーステン・ウィーゼル、ロバート・ライトの各氏である。

本書の諸テーマを最初に発表したいくつかのフォーラムでも、主宰者や聴衆の方々から活発なご意見やご感想をいただいた。ペンシルヴェニア大学生命倫理センター、ゲティ研究所の認知・脳・芸術シンポジウム、ピッツバーグ大学開催の発達行動遺伝学会議、人間行動進化学会、ペンシルヴェニア大学開催のヒューメイン・リーダーシップ・プロジェクト、ボストン大学の人種および社会的区分研究所、マサチューセッツ工科大学人文・芸術・社会科学部、神経科学研究所の神経科学研究プログラム、ポジティヴ心理学サミット、法の進化論的分析研究会、イェール大学開催の人間的価値に関するタナー記念講演などである。

またここに、マサチューセッツ工科大学のすばらしい教育・研究環境、および脳・認知科学科のムリガンカ・サー学科長、科学部のロバート・シルビー学部長、チャールズ・ヴェスト学長、ならびに多数の同僚や学生に感謝の意を表する。トイバー・ライブラリーのジョン・ベアリーは、どんなあいまいな問いに対しても資料や答えを探し出してくれた。MITマクヴィカー・ファカルティ・フェロー・プログラムならびにピーター・デ・フロレス代表には、経済的な支援をいただいたことを感謝する。また、言語に関する研究にはNIH補助金HD 18381を受けた。

バイキングペンギン社のウェンディ・ウルフならびにペンギンブックスのステファン・マグラスには、貴重な助言とはげましをいただいた。この本のために尽力いただいたお二人と、私のエージェントであるジョン・ブロックマンおよびカティンカ・マトソンにお礼を申しあげる。カーチャ・ライスには、これで五冊目になる本書の編集をまた引き受けていただいたことをうれしく思っている。

私の家族であるピンカー家、ブッドマン家、サビア゠アダムズ家の人たちには、その愛情と支援に心から感謝している。とくに妻のラヴェニル・サビアには、賢明な助言と心のこもったはげましに対して感謝したい。

親しい友人でもあり多大な影響のみなもとでもある、次の四人の方々、ドナルド・サイモンズ、ジュディス・リッチ・ハリス、レダ・コスミデス、ジョン・トゥービーに本書を捧げる。

I

三つの公式理論

――ブランク・スレート、高貴な野蛮人、機械のなかの幽霊

人はだれでも、人間の本性に関する一つの理論をもっている。人はみな他者の行動を予測しなくてはならないから、行動の出所についての理論を必要とする。人間本性に関する暗黙の理論——行動は思考や感情から生じるという理論は、私たちが人びとについて考える、考え方そのもののなかに組み込まれている。私たちは自分の心をかえりみて人の心を類推したり、人の行動を観察して一般論をあてはめたりすることによって、この理論を補完する。また権威ある人の専門的知識や一般通念など、時代の知的風潮からもいろいろな考えを吸収する。

私たちがもっている人間本性論は、実生活に欠かせない泉のようなものである。私たちは人を説得しようとするとき、あるいは人を脅迫したり、啓発したり、裏切ったりしようとするとき、この理論をたよりにする。いかに結婚生活をうまく営み、子どもを育て、自分の行動をコントロールするかを考えるときも、この理論を助けにする。この理論の、学習についての仮定は教育方針を左右し、動機づけについての仮定は、経済や法律や犯罪に関する方針を左右する。人が容易に達成できること、犠牲や苦痛をともなってはじめて達成できること、まったく達成できないことの範囲も、この理論によっておおまかに区切られるため、私たちの価値観——個人として、また社会として、何をめざして努力をするのが妥当かという考え——も、その影響を受ける。人間本性論には競合関係にあるいくつかの理論があり、それらがさまざまな生活様式や政治体制とからみあい、歴史の過程で多くの衝突や対立の原因になってきた。

宗教は、何千年という年月にわたって主要な人間本性論をもたらしてきた。[1] たとえばユダヤ・キリスト教は、いま生物学や心理学の分野で研究されている主題の多くに解釈をあたえている。それによれば、人間は神に似せてつくられたのであって、動物とは関係がない。[2] 女は男からできたものであり、男に支配されるように運命づけられている。[3] 心は非物質的な実体であり、純粋な物理的構造によらない力をもち、身体が死滅したあとも存在できる。[4] 心を構成しているのは、道徳感、愛する能力、ある行動が善の理想にしたがっているかどうかを認識する判断力、いかにふるまうかを選択する決定能力などである。決定能力は因果法則には拘束されていないが、罪悪を選ぶ生得的な傾向をもっている。私たちの認知や知覚の能力が正確に働くのは、神がそこに現実と対応する理想を植えつけたからであり、認知や知覚の機能を外界と連係させたからである。精神の健全さは神の目的を認識し、善を選び、罪を悔い改め、神を愛し、神のために仲間の人間を愛するところからくる。

このユダヤ・キリスト教の理論は、聖書に書かれた出来事にもとづいている。人間の心と動物の心に共通性がまったくないとわかるのは、人間が動物とは別につくられたと聖書にあるからだ。女が男をもとにつくられたとわかるのは、創世記の第二章にイヴはアダムの肋骨からつくられたとあるからだ。人間の意思決定がなんらかの不可避な因果関係の結果ではないと推測できるのは、アダムとイヴに知恵の木の実を食べた責任があるという神の判断が、二人はそれ以外の選択もできたはずだということを含意しているからだ。女はイヴが命令にしたがわなかった罰として男に支配されている。そして男も女も人類最初のカップルの罪深さを受け継いでいる。

アメリカではいまもまだ、このユダヤ・キリスト教の考えかたが、もっとも一般的な人間本性論である。最近の世論調査によれば、アメリカでは聖書の創世記を信じている人が七六パーセント、聖書に書かれている奇跡は実際にあったという人が七九パーセント、天使や悪魔やそのほかの無形の存在を信じている人が七六パーセント、自分は死後もなんらかのかたちで存在するという人が六七パーセントを占め、ダーウィンの進化理論が地球上の人間の起源をもっともよく説明すると考えている人は一五パーセントしかいない。右派の政治家は宗教の理論をはっきりと受け入れているし、主流の政治家も、あえておおやけに否定しようとはしない。しかし宇宙科学や地質学、生物学、考古学などの現代科学の知見によって、科学的素養のある人が聖書の創世物語を実話として信じることは不可能になった。その結果、学界の人間やジャーナリストや社会評論家やそのほかの知的活動に従事する人たちがユダヤ・キリスト教の理論をあからさまに口にすることはなくなった。

しかしどんな社会でも、社会が機能するには人間本性論が不可欠であり、私たちの社会の主流の知識人は別の理論に傾倒している。その理論は、明言されることも公然と信奉されることもめったにないが、多数の信念やポリシーの中核に存在する。バートランド・ラッセルは、「人はみな心地よい確信の大群にとりまかれ、どこへ行こうとそれが夏のハエのようについてくる」と書いた。今日の知識人にとって、そうした確信の多くは、心理や社会的関係に関するものである。私はそうした確信を「ブランク・スレート〔空白の石版〕」と呼ぶ。すなわち、人間の心は固有の構造をもたない白紙状態で、社会やその人自身が思いのままに書き込めるという考えである。

その人間本性論――すなわち、人間の本性というものはほとんど存在しないという理論が、本書のトピックである。宗教が人間本性論を含むのと同じように、人間本性論もなんらかの宗教的な機能をはたす。そしてブランク・スレート説が、現代知識社会の世俗の宗教になった。それは価値観の源と見なされているため、奇跡〔複雑な心が無から生じるという奇跡〕にもとづいているという事実は問題にされない。この教義に対して懐疑論者や科学者からだされた疑義によって、一部の信者は信仰の危機に追い込まれ、一部の信者はその疑義に対して、まるで異端者や異教徒に対するような激しい攻撃をしかけている。私は本書で、多くの宗教が科学による脅威と思われたもの〔たとえばコペルニクスやダーウィンの転回〕と最終的に折り合いをつけたように、私たちの価値観はブランク・スレート説という教養の終焉を乗り越えて存続すると論じる。

第I部の各章では、現代の知識社会でブランク・スレート説がいかに優勢であるかという話と、人間の本性や文化についての新しい見かたが、それに疑問を投げかけているという話をする。続いて、その問題提起によって引き起こされている懸念をつぶさに眺め（第II部）、その懸念をどのように緩和できるかを考える（第III部）。次に、より豊かな人間本性の概念が、言語や思考や社会生活や道徳にどのような洞察をもたらすか（第IV部）、政治や暴力やジェンダーや育児や芸術に関する論争をどのように明確にするかを示す（第V部）。そして最後の第VI部では、ブランク・スレートの消滅は、一見そう見えるほど心配なことでもないし、ある意味でさほど革新的でもないということを示す。

第1章　心は「空白の石版」か

経験が人間を左右する

「ブランク・スレート（Blank Slate）」（「空白の石版」）は、中世ラテン語の「タブラ・ラサ」の訳語であるが、タブラ・ラサは「ぬぐわれた書字版」という意味なので、訳語としては厳密さに欠けている。「ブランク・スレート」は一般に哲学者のジョン・ロック（一六三二―一七〇四）の言葉だとされているが、実際に彼が使ったのは別のメタファーである。彼の『人間悟性論』から有名な一節を引用する。

それでは、心はいわば文字をまったく欠いた白紙で、どんな観念ももたないとしよう。するとどのようにして観念を装備されるのだろうか？　忙しくとどまるところのない心象が無限に近い多種多様さで描いてきたあの厖大なたくわえを、心はいったいどこから得るのだろうか？　私は一語で、経験からと答える。[1]

ロックが標的にした生得観念説は、人は生まれつき数学的理念や永遠の真実や神という概念をもっているという考えだった。これに代わるロックの経験論は、心理についての理論（心はどのようにはたらくか）と認識論（私たちはどのようにして真実を知るのか）の両方を意図していた。この二つの目標は、しばしばリベラル・デモクラシーの基礎とたたえられる彼の政治哲学のもとになった。ロックは教会の権威や国王の神聖な権利など、それまで自明の真理として喧伝されてきた、政治の現状の独断的な正当化に反対し、社会機構は一から論理的に考えられるべきであり、だれでも得られる知識にもとづいた合意によって承認されるべきだと論じた。思考は経験にもとづくもので、経験は人によってさまざまであるから、意見の相違が生じるのは、一人の心が真理を把握するように装備され、もう一人の心がその装備を欠いているからではなく、二つの心がもつ歴史のちがいによる。したがってそうした相違は抑圧されるべきではなく、許容されるべきである。ロックが述べたブランク・スレートの見解は、世襲の王族や貴族の身分をも揺るがした。王族や貴族は、彼らの心がほかの人びとの心と同様に白紙からスタートしたのなら、自分たちは生まれつき叡智や美質を備えていると主張することができなくなる。またこの見解は、奴隷を生まれつき劣った者、あるいは従属する者と見なすことを不可能にするため、奴隷制にも反対の立場だった。

二〇世紀には、ブランク・スレートの教義によって、多数の社会科学や人文科学の路線が設定された。心理学は、これから見ていくように、あらゆる思考や感情や行動を少数の単純な学習メカニズムで説明しようとしてきた。社会科学はあらゆる慣習や社会機構を、子どもが周囲の文化（言葉、イメージ、ステレオタイプ、役割モデル、報酬と罰の随伴などからなる一つのシステム）によって社会化された結果の産物として説明づけようとしてきた。人間にとってごく自然に思える数多くの概念（感情、血縁意識、性別、疾病、素質、世界など）も、いまでは「つくりあげられたもの」「社会的に構築されたもの」だと言われるようになり、その長いリストはどんどんふくらんでいる。[2]

ブランク・スレートは政治的、倫理的信念の聖典にもなっている。その教義によれば、人種や民族集団や男女や個々人のあいだに見られるちがいは、どんなものもみな、生まれつきの違いではなく経験のちがいから来ている。したがって（育児や教育やメディアや社会的報酬のありかたを改革することによって）経験を変えれば、その人間を変えることができる。学業不振や貧困や反社会的な行動は改善可能である。それどころか、改善しないのは無責任である。また、生まれつきの特性とされているものにもとづく性差別や民族差別は、まったく不合理である。

対照的だったホッブズとルソー

ブランク・スレート説は、ほかの二つの教義とひとまとめで語られることが多く、その二つも現代の知識社会で神聖な地位を獲得している。私はその一つを「高貴な野蛮人」説と呼んでいる。これは一般に哲学者のジャン・ジャック・ルソー（一七一二―七八）の言葉とされているが、実際は次にあげるジョン・ドライデンの『グラナダ征服』（一六七〇）の一節に由来する。

私は、自然が初めて人間をつくったときと同じように自由なのです。
卑しい隷属の法ができる前、
森のなかで高貴な野蛮人が勝手気ままにしていたころのように。

高貴な野蛮人という概念は、ヨーロッパの植民地開拓者がアメリカやアフリカ、（のちには）オセアニアで現地住民を発見したことがきっかけとなって生まれたもので、自然状態の人間は無私無欲で、温和で、心安らかな存在であり、貪欲さや不安や暴力といった荒廃は文明の産物だという信念をあらわしている。ルソーは一七五五年にこう書いた。

あまりにも多くの著述家が、人間は生まれつき残酷なのだから、それを矯正するために取り締まりの制度が必要だという結論を早急にだしてしまった。ところが人間は、原始的な状態にあるとき、すなわち自然によって、野獣の愚かさからも文明人の有害な分別からも等しく離れたところに置かれているときは、このうえなく穏やかなのである。（中略）

この状態をよく考えれば考えるほど、これこそもっとも変革の対象になりにくい、人間にとっての最善の状態であり、人類共通の利益のためにはけっして起こるべきでなかったなんらかの不運な偶然によったのでなければ、どんなものも人間をこの状態から引き離すことはできなかったはずだという確信が深まるだろう。発見された未開人たちは、ほとんどがこの状態にあり、そうした例を見ると、人類は永久にその状態にとどまるようにつくられたのであり、この状態こそ世界の真の青年期であって、それ以降の多くの段階を踏んできた進歩は、あたかも個々人の完成に向かってきたように見えるが、実は人類という種の老衰に向かってきたのだということを確証しているように思える。[3]

ここでルソーが指している「著述家」とは、だれよりもまずトマス・ホッブズ（一五八八―一六七九）で、彼はまるでちがう構図を提示していた。

これによってあきらかなように、人間は、すべての人を畏怖させる共通の権力をもたず

に生きるときには、戦争と呼ばれる状態にあり、そうした戦争は万人が万人と敵対する戦いである。（中略）
そのような状態においては、産業の生じる余地はない。成果が不確かであるためだ。したがって土地を耕すこともなく、航海もなく、海路でもちこまれたであろう品々を使うこともない。広くゆったりとした建物もない。移動に大きな力を要するものを移動させる道具もない。世界の情勢についての知識もない。時を計ることもなく、芸術も文字も社会もない。そして何より悪いことに、たえず恐怖と、暴力による死の危険がある。そして、人間の一生は、孤独で貧しく、きたならしく、野蛮で、短い。[4]

ホッブズは、人びとがこの地獄のような生活を逃れるには自主性を統治者か議会にゆだねるしかないと考え、それをリヴァイアサンと呼んだ。リヴァイアサン（レヴィアタン）とは、創世のはじめにヤハウェが制圧した海の怪物の名前である。

この「肘掛け椅子の人類学者」たち、ルソー、ホッブズのどちらが正しいかに多くのことがかかっている。もし人間が「高貴な野蛮人」であるなら、圧制的なリヴァイアサンは必要ない。それどころかリヴァイアサンが存在すると、人びとは（そうでなければ共有していたはずの財産に）国家が認める私有財産のための線引きをしなくてはならないので、本来は制御されるようにデザインされていた欲望や好戦性が、リヴァイアサンによってつくりだされてしまう。したがってこの場合は、幸福な社会は私たち人間の生得権であり、それをじゃまする制度的な障害を排除するだけでいいということになる。逆に人間がもともと性悪であるなら、望みうる最善のものは警察や軍隊によって強制された不安定な休戦状態だということになる。この二つの説は私生活にも密接なかかわりをもつ。子どもはみな野蛮人として（すなわち文明化されていない状態で）生まれる。したがって野蛮人が生来的に温和であるなら、育児とは子どもが潜在的にもっているものを発達させるための機会をあたえることであり、悪い人間ができるのは社会が堕落させたからだということになる。これに対して、もし野蛮人が生来的に性悪であるなら、育児はしつけと衝突の場であり、悪人は十分な訓育を受けなかったために人間の悪い面があらわれてしまったのだということになる。

哲学者が実際に書いた文章は、教科書にのっている要点のみの説よりもつねに複雑であるが、二人の見解も、実際はそれほどたがいにかけ離れているわけではない。ルソーも、ホッブズと同様に、野蛮人は孤独で、愛や忠誠心にしばられず、産業や芸術を何ももたないという（まちがった）考えをもっていた（言語さえもっていないと主張した点では、ホッブズよりもホッブズらしいと言えるかもしれない）。ホッブズはリヴァイアサンを、一種の社会契約によって付与されている集団の意思を体現したものとして思い描いた（そして実際にそのように描写した）し、ルソーのほうは主著の『社会契約論』で、利益を「一般意志」

に従属させることを人びとに求めた。

だがホッブズとルソーは、自然状態については対照的な像を描き、それが何世紀にもわたって思想家にインスピレーションをあたえてきた。高貴な野蛮人という考えが現代人の意識におよぼしている影響を、だれしも気づかずにはいられない。それは自然のもの（自然食品や自然薬や自然分娩）を尊重する近年の風潮や、人工のものに対する不信、育児や教育に権威主義的なスタイルがはやらない傾向、社会問題を人間の条件につきものの悲劇としてではなく修復可能な制度上の欠陥ととらえる見かたなどにあらわれている。

無垢な身体に幽霊がすみつく

ブランク・スレート説にしばしば付随する、もう一つの神聖な教義は、通常、科学者、数学者であり哲学者でもあったルネ・デカルト（一五九六―一六五〇）のものだとされている。

身体が本来的に可分であるのに対し、精神はまったく不可分であるというかぎりにおいて、精神と身体には大きなちがいがある。……私が精神を、すなわち考える存在でしかない私自身を考えるとき、私は私自身のなかにどんな部分も区別することはできず、私自身はあきらかに一つであり全体であるとわかる。精神全体は身体全体と結びついているようだが、仮に足一本、腕一本、あるいはほかの部分が身体から切り離されたとしても、私は精神から何かが取り除かれたとは感じない。意志をもつ能力や、感じる能力、理解する能力なども精神の一部分とは言えない。意志をもち、感じ、理解するときに、それにたずさわる精神は同じ一つの精神だからだ。しかし物体的なもの、すなわち延長のあるものについてはちがう。私の精神がそれを容易に分割できないと想像することのできるものは一つもないからである。……これだけでも、人間の精神あるいは魂が身体とはまったくちがうことを私に教えるには十分である――仮に私がまだ、ほかの根拠からそれを知っていなかったとしても。

それから三世紀後に、哲学者のギルバート・ライル（一九〇〇－七六）によって、この教義に忘れがたい名前がつけられた。

精神の本性とその位置づけについて、理論家のみならず一般人にさえ広く浸透している、公式理論と呼ぶのにふさわしい教義がある。……この公式教義はおもにデカルトに由来するもので、おおむね次のような内容である。白痴や幼い子どもは疑わしい例外であるが、人間はみな身体と精神をもっている。人間はみな身体でもあり精神でもあるという言いかたを好む人もいるだろう。身体と精神は、ふつうは一緒につながっているが、身体が死滅したあとも、精神は存続して機能しつづけるのかもしれない。人間の身体は空間を占め、空間に存在する他の物体を支配する機械的な法則にしたがっている。……しかし精神は空間を占めず、その働きも機械的な法則にしたがわない。……

……これが公式理論の概略である。私はこれからしばしば、それをわざとけなして、「機械のなかの幽霊のドグマ」と言うことになろう。[6]

「機械のなかの幽霊」という考えは、「高貴な野蛮人」と同じように、一つにはホッブズに対する反発としてでてきた。ホッブズは、生命と精神は機械的に説明づけられると論じた。光が神経や脳を活動させると、ものが見える。その活動が、船の航跡のように、あるいはつまびいた弦の振動のようにつづくと、想像するという行為になる。「数量」が脳のなかで足されたり引かれたりする。それが考えるということである。

デカルトは、精神が物理的な原理によって動かされうるという考えを否定した。彼は行動、とくに発話を、何かによって引き起こされるものではなく、自由に選ばれるものと考えた。意識は身体やそのほかの物体とはちがって、部分に分けたり取りだしてならべたりできるものとしては感じられないという見解である。そして、精神の存在は疑えない――それどころか、私たちが精神であることは疑いようがない――考えるという行為そのものが精神の存在を前提としているのだからと述べた。しかし身体の存在は疑える。自分は非物質の霊で、身体をもっている夢や幻覚を見ているにすぎないと想像することができるからだ。

デカルトはまた、彼の二元論（精神と身体はちがう種類のものだとする考え）に、道徳に関するおまけを発見した。「動物の魂が私たちの魂と同じ性質のもので、したがって私たちはハエやアリと同様に、この人生が終わったあとに恐れるものや希望するものを何ももたないと想像してみることほど、弱い精神を有徳の道からはずさせるのに有効なものはない」[7]。ライルはデカルトのジレンマを次のように説明している。

ガリレオが、空間を占めるあらゆるものにあてはまる機械論を彼の科学的発見の方法で提示できることを示したとき、デカルトはみずからのうちに二つの対立する動機があることに気づいた。科学の天分をもつ人間としては機械論の主張を是認せざるをえなかったが、その一方で宗教的、道徳的人間としては、それらの主張に付随する、意気阻喪するような追加事項を、なかでもとくに人間の本質と時計のちがいは複雑さの程度だけだという事項を、ホッブズが受け入れたようには受け入れられなかったのである[8]。

自分たちが美化された歯車とぜんまいであると考えるのは、ショックかもしれない。機械は感覚をもたず、使用するためにつくられたもので、廃棄処分にできる。人間は感覚力を備え、尊厳や権利をもち、かけがえがない。機械は、穀物を粉にひくとか鉛筆を削るとか、なんらかの単調な目的をもつ。人間は愛や崇拝、りっぱな仕事、知や美の創造などもっと高度な目的をもつ。機械のふるまいは必然的な物理・化学の法則によって決定されるが、人間の行動は自由に選択される。選択があるから自由があり、したがって未来の可能性に対する楽観も生じる。そして選択には責任も付随するから、人に自分の行動に対する責任をとらせることができる。それにもちろん、精神が身体と別ものであるなら、精神は身体がほろびても存続できるはずだし、私たちの思考や喜びがいつの日か永遠に消滅してしまうということもないはずだ。

アメリカ人の多くは、身体と切り離せる、非物質の素材でできた不滅の魂というものをいまだに信じているという話を先にした。しかし信じていると明言しない人でも、脳の電気的、化学的活動だけではない何かがあるはずだと想像している。選択と尊厳と責任は、人間を宇宙に存在するほかのすべてのものから際立たせている天与の資質で、人間は分子の集合体にすぎないという考えとは、あいいれないように思える。行動を機械論的に説明しようとする試みは、通例、「還元主義」「決定論」として非難される。非難をする人たちはたいてい、そうした言葉の意味するところを正確には知らないようだが、それが悪口であることはだれでも承知している。心と身体の二分は、日常の会話にも広く見られる。人に「頭を使え」と言ったり、「対外離脱体験」の話をしたり、「ジョンの体」という言いかたをしたりする。それに「ジョンの脳」という表現も、なんらかのかたちで脳から切り離された所有者のジョン、というものを前提としている。ジャーナリストはときおり「脳移植」について憶測をするが、本当は「身体移植」と呼ぶべきであろう。哲学者のダニエル・デネットが言っているように、「脳移植」は移植される側《レシピエント》になるよりも提供者《ドナー》になるほうがいい、唯一の移植手術だからだ。

　ブランク・スレートと、高貴な野蛮人と、機械のなかの幽霊（哲学者が使う名称で言えば経験論、ロマン主義、二元論）は、論理的にはそれぞれ独立しているが、実際は一緒になっている場合が多い。もし石版がまっさらだったら、厳密に言って、よい行動に対する禁止命令も悪い行動に対する禁止命令もそこには書かれていない。しかし善と悪は非対称である。人を害する方法は人を助ける方法よりもたくさんあるし、有害な行為が人を害する程度は、有徳の行為が人をしあわせにする程度よりも大きい。したがって何も書かれていない石版は、動機〔行動を引き起こし、方向づけるもの。動因と誘因をあわせた総称〕でいっぱいの石版との比較において、「いい行為ができない」という印象よりも、「有害な行為ができない」という印象を強くあたえる。ルソーはブランク・スレートを文字どおりに信じていたわけではないが、悪い行動が学習と社会化の産物であるという信念はもっていた。[9]「人間は邪悪である」と彼は書いた。「たえず体験する悲しいできごとが証明を不要にしている」。[10] しかしその邪悪さは社会からきている。「人間の心には生まれつきの邪悪さはない。

いつ、どのようにして入りこんだかを言えない悪徳は一つも見つからない」[11]。日常の会話に使われるメタファーを手がかりにするなら、私たちはみな、ルソーと同じように、白紙状態を無よりも美徳と結びつけている。「きれいな」「けがれのない」「無垢な」「清らかな」「純白の」「しみ一つない」「無傷の」などの形容詞や、「汚点」「汚濁」「烙印」「瑕疵《かし》」「汚染」などの名詞がもつ道徳的な含意を考えてみてほしい。

ブランク・スレートは機械のなかの幽霊と無理なく共存する。なにも書かれていない石版は、さまよう幽霊がすみつくのに適した場所だからだ。幽霊が操作をするのであれば、工場は最小限の部品しかもたない装置を出荷できる。幽霊が表示パネルを読んでレバーを引くなら、高度な実行プログラムもガイダンス・システムもＣＰＵもいらない。行動の制御が時計じかけでなければならないほど、時計じかけの設定は少なくてすむ。同様の理由から、機械のなかの幽霊は高貴な野蛮人とうまく共存できる。もし機械が下等なふるまいをするとしたら、それは不正な行為を実行することを自由に選んでいる幽霊の責任だと言える。機械の設計の欠陥を証明する必要はない。

今なお生きつづける三つの信仰

哲学は今日、まったく敬意を払われていない。多くの科学者が哲学という言葉を、無力な推測《スペキュレーション》の同義語として使っている。私と同業のネッド・ブロックは、哲学を専攻するつもりだと父親に言って、「Luft!」と言われたそうだ。luftはair（非現実的）に相当するイディッシュ［米国や東欧などのユダヤ人移民のあいだで話される、ヘブライ語、ドイツ語、スラブ語が一緒になった言語］である。それにジョークもある。若者が母親に哲学の博士《ドクター》になるつもりだと言うと、母親は「すごいわ。でも哲学ってどんな病気？」と聞いた。

しかし右にあげた哲学者たちの考えは、無力、非現実的であるどころか、何世紀にもわたって影響をおよぼしてきた。ブランク・スレートとそれに随伴する教義は、私たちの文明の一般通念に浸透していて、ときどき思わぬところに顔をだす。ウィリアム・ゴドウィン（一七五六―一八三六）は、リベラルな政治哲学を創始した一人であるが、「子どもは私たちの手にゆだねられた一種の素材」であり、その心は「白紙のようなものだ[12]」と書いている。もっと有害な例をあげると、毛沢東は過激な社会操作を正当化するために、「もっとも美しい詩が書けるのは白紙のうえだ[13]」と述べた。ウォルト・ディズニーでさえ、ブランク・スレートのメタファーに触発された。「子どもの心は何も書かれていない本のようなものだと思う」と彼は書いている。「生まれて数年のうちに、たくさんの書き込みがされる。その書き込みの質が、生涯にわたって大きな影響をおよぼす[14]」。

ロックは、自分の言葉がいつの日かバンビにつながるとは想像もできなかっただろう（ディズニーは『バンビ』で、子どもたちに独立心を教えようとした）。ルソーも、ポカホンタスという究極の高貴な野蛮人の登場を予測できなかったにちがいない。最近の『ポスト

図 1-1

ン・グローブ』紙の感謝祭の特集ページに、まるでルソーの魂と交信したかのようなライターが書いた記事が掲載された。

> ネイティヴ・アメリカンが知っていた世界のほうが、今日の社会より安定していて幸福で、野蛮さの程度も低かったと言いたい。……コミュニティには強い和があり、雇用の問題も物質濫用［薬物濫用およびアルコール濫用］もなく、犯罪は存在しないも同然だった。部族どうしの交戦はあったが、おおむね儀式的なもので、無差別の殺戮《さつりく》や大量殺戮にいたることは稀だった。ときには厳しい状況もあったが、人生の大部分は安定した、予想のつくものだった。……ネイティヴたちはまわりにあるものに敬意をはらっていたので、水や食物資源が汚染や絶滅のために失われることもなく、かごやカヌーや薪などの生活必需品の材料にこと欠くこともなかった。[15]

しかしながら、批判がないわけではない（図1－1）。

三つめの「機械のなかの幽霊」も、現代までその重要性が認識されつづけてきた。二〇〇一年にジョージ・W・ブッシュが、ヒト胚から幹細胞を抽出するために新たな胚を破壊する必要があるかぎり、アメリカ政府はヒト胚性幹細胞研究に補助金をださない（すでに胚から抽出されている幹細胞系列の研究はこのかぎりではない）という発表をした。ブッシュはこの方針を導きだすにあたって、科学者だけでなく、哲学者や宗教思想家にも助言を求めた。彼らの多くは、この道徳的問題を、「いずれ子どもに成長する細胞集団に、魂があたえられるのはいつか」という問題としてとらえた。一部の人たちは、魂が宿るのは受精のときであり、したがって胚盤胞（幹細胞が採取される、受精後五日目の細胞塊）は一人の人間と道徳的に等価であるから、それを破壊するのは一種の殺人であると論じた。[16] 方針の決め手になったのはこの議論だった。つまり、何世紀も前に「幽霊はいつ機械のなかに入るのか？」という言葉で問われていたかもしれない道徳的な論点をじっくり考えた結果として、二一世紀にもっとも有望となるであろう医療技術に関するアメリカの方針が決定されたのである。

以上は知識社会のなかにいまも見られる、ブランク・スレートと高貴な野蛮人と機械のなかの幽霊の影響のごく一部にすぎない。このあとの章では、一見、非現実的に思える啓蒙期の哲学者たちの考えが現代人の意識のなかにどれほど根づいているか、それらの考えが近年の発見によってどのように疑わしいものになってきているかを見ていく。

第2章 ブランク・スレート、アカデミズムを乗っ取る

科学が偏見を支持した時代

デンマークのオットー・イェスペルセン(一八六〇―一九四三)は言語学の歴史を代表する学者の一人で、いきいきとしたその著書は、一九〇五年初版の『英語の発達と構造』を中心に、今日も読みつがれている。イェスペルセンの学問そのものはまったく古びていないが、この本の冒頭部分は読む者に、これは今日の書物ではないのだということをあらためて感じさせる。

英語について考えほかの言語と比較するとき、いつも心に浮かぶことがある。英語はあきらかに男性的であると思えるのだ。それは成人男性の言葉であって、子どもじみたところや女性的なところがほとんどない。(中略)

以上の点の一つについて述べるために、ハワイ語の一節を任意に選んで比較してみよ

う。ハワイ語は「イ　コナ　ヒキ　アナ　アク　イライラ　ウア　ホオキパ　イア　マイ　ラ　オイア　メ　アロハ　プメハナ　ロア」というふうにつづき、子音で終わる語は皆無で、二つ以上の子音からなるグループもまったくない。たとえ耳に心地よく、音楽性や調和に満ちていても、このような言語が全体的な印象として子どもっぽくてめめしいことに、疑いの余地があるだろうか。このような言語を話す人びとには、活力やエネルギーをあまり期待できない。このような言語は、ほとんど労働を要さずに土壌が必要なものを生みだし、したがってその生活に自然や仲間との厳しい戦いという特徴のない、陽光の豊かな地域の住人にのみ適合しているように思われる。程度はさがるが、こうした言語と同様の音声構造はイタリア語やスペイン語にも見られる。しかしわれわれの使う北部言語はまったくちがう。[1]

したがって、と彼はつづけて、英語の力強さやまじめさや論理を強調し、章末に「言語もそうだが、国民もそうである」と書いている。

現代の読者は、この議論の性差別主義や人種差別主義や盲目的な愛国主義に――女性が子どもっぽいという含みや、植民地になった地域の人びとが怠惰であるというステレオタイプ化や、著者自身が属する文化圏に対する根拠のない称賛に、衝撃を受けずにはいられない。偉大な学者がお粗末な基準にもたれかかっていることにも驚きを感じる。言語が

「おとな」であったり「男性的」であったりできるという示唆は、主観的でしかも無意味である。彼はある人格特性をなんの根拠もなく住民全体にあてはめて、二つの説（音韻体系は人格を反映している、温暖な気候は怠惰さを生む）を唱えているが、因果関係の証明はもとより、相関関係のデータすら示していない。彼の専門領域に関してさえ、推論の根拠が薄弱である。ハワイ語のように子音と母音がセットになった音節構造の言語は、同じ量の情報を伝えるのに長い言葉を必要とするので、「活力やエネルギー」のない人たちにはそぐわない。また、子音にはさまれた英語の音節は、発音が不明瞭になったり、まちがって聞きとられたりしがちであるから、論理的で能率的な人たちにはそぐわない。

しかしいちばん気になるのはおそらく、自分が問題発言をしているかもしれないという意識をイェスペルセンがもっていないことだろう。彼は、自分の仲間である、「われわれ」の北部言語を話す読者が自分の偏見を共有していると当然のように思っていた。「疑いの余地があるだろうか」と修辞的に問い、そうした人びとには、「活力やエネルギーをあまり期待できない」と断言した。女性や他の人種を劣等とみなすことに対しては、正当化も弁明も必要なかった。

オットー・イェスペルセンをとりあげたのは、彼の時代から今日までのあいだに、標準がいかに変わってきたかを示すためである。この一節は一世紀前の知識社会のランダムサンプルであり、一九世紀や二〇世紀初期のどんな著述家の文章からでも、これと同じくらい気になる部分をとりだすことができる。[2] そのころは、白人の男たちが、〔キプリングの詩「白人の責務」にあるように〕「新たにつかまえた、半分悪魔で半分子どもの扱いにくい人びと」を指導する責務を声高に語り、海岸に群衆や難民があふれ、ヨーロッパの列強帝国がたがいににらみあった（ときには実戦をまじえた）時代だった。帝国主義、移民、ナショナリズム、それに奴隷制が民族の差異を明白すぎるほど明白にした。一部の民族には教育と文化があり、残りの民族は無知で遅れている。片方はげんこつや棍棒で安全を守り、片方は警察や軍隊を雇ってそれをさせる。北部ヨーロッパ人は進んだ人種であり、ほかの人種を支配するのにふさわしい、と決めてかかるのは魅力的だった。これと同様に好都合だったのが、女性は生まれつき台所や教会や子どもに向いているという考えで、頭脳労働は女性の肉体的、精神的健康によくないという「研究」がそれを支持した。

人種偏見も科学的な外観をよそおっていた。ダーウィンの進化学説は、生物がどのようにしてニッチ〔生態的地位〕に適応するかを説明するものだが、知的、道徳的な進歩を説明するものであるかのように誤解された。非白人種は、類人猿とヨーロッパ人のあいだに位置する進化段階にある、と考えるのは容易だった。さらに悪いことには、ダーウィンの支持者だったハーバート・スペンサーが、貧しい階級や人種は生物学的に適者ではないので、理想主義の慈善家が彼らの置かれた状況の改善をはかろうとするなら、それは進化の過程を妨げることにしかならないと書いた。社会ダーウィニズムの学説は（ダーウィンがこれにかかわりをもちたがったわけではないので、本当は社会スペンサーリズムというべきだが）、当然のことながら、ジョン・D・ロックフェラーやアンドルー・カーネギーのような代弁者を引き寄せた。[3] ダーウィンのいとこにあたるフランシス・ゴールトンは、非適者には子どもをつくらせないように仕向けて人類の進化を助けるべきだと提言し、その方針を優生学と呼んだ。[4] それから数十年のうちに、犯罪者や「精神薄弱者」に強制的な不妊手術を施す法律が、カナダ、スカンジナヴィア諸国、アメリカの三〇州、それにドイツでも暗い予兆として成立した。そしてナチスの劣等人種というイデオロギーが、その後、何百万というユダヤ人やジプシーやホモセクシュアルの虐殺を正当化するために使われた。

ブランク・スレート信仰が定着するまで

私たちはそれから長い道を来た。世界の多くの地域や私たちの社会の一部には、イェスペルセンよりもはるかに問題のある姿勢がまだはびこっているが、西洋民主主義国の本流の知識社会からは排除された。今日のアメリカやイギリスや西欧では、世間に名の通った人が、軽い気持ちで女性を侮辱したり、ほかの人種や民族集団の不当なステレオタイプをもちだしたりすることはない。教養ある人は自分のなかの隠れた偏見を意識し、それを事実や他者の感情に照らしあわせて判断しようとする。私たちは公的生活で、人をどちらかの性に属する者や、ある民族集団に属する者としてではなく、個人として判断しようとする。力と正義を区別し、偏狭な自分の好みと客観的価値との区別に努め、自分の文化と異なる文化や、より貧しい文化を尊重しようと心がける。私たちは、どんな有能な官僚も種の進化の管理をゆだねられるほど賢明ではないこと、子どもをもつなどの個人的な決定に政府が干渉するのはまちがいであることを知っているし、ある民族のメンバーが生物学的な理由で迫害されなくてはならないという考えそのものに強い反感をもつ。

こうした変化がしっかりとかたまったのは、私刑、世界大戦、強制的な不妊手術、ホロコーストなど、ある民族をおとしめる行為の重大な結果がはっきりと示された苦い教訓によってだったが、変化があらわれだしたのは二〇世紀のより早い時期で、近代の大量移民、社会的移動、知識の普及という予期せぬ実験の副産物としてだった。ヴィクトリア時代のジェントルマンのほとんどは、きたるべき世紀にユダヤ人の入植者や兵士が推進する国民国家や、アフリカ系アメリカ人の著名な知識人や、インドのバンガロールを拠点とするソフトウェア産業が見られるようになるとは想像もできなかったにちがいない。女性が戦時に国家を率いたり、巨大企業を経営したり、科学のノーベル賞を受賞したりするようになるということも予想できなかっただろう。ところが今日の私たちは、男女両性あらゆる人種の人たちが、どんな地位にもつける能力をもっていることを知っている。

この大変化の一環として、科学者や学者の人間本性に対する扱いも著しく変わった。人種や性別に対する姿勢の変化が学界におしよせて学者に影響をあたえる一方で、学者のほうも、本や雑誌で人間本性について語り、政府機関に専門的知識を提供することによって、この潮流の方向を誘導した。それまで優勢だった、精神についての諸説が見直され、できるかぎり人種差別や性差別を支持しないかたちになった。ブランク・スレートの教義は、標準社会科学モデルあるいは社会構築主義というかたちで知識社会のなかに定着した。[5] このモデルはいまでは人びとの第二の天性となっており、その歴史的な背景を認識している人はほとんどいない。[6] この改革の歴史的研究の第一人者であるカール・デグラーは、そのあたりを次のように要約している。

入手可能な証拠を見るかぎり、世界はもっと自由と正義のある場所になれるというイデオロギーないしは哲学的信念が、生物学から文化へのシフトに大きな役割をはたしたようだ。科学も、少なくともある種の科学原理や革新的な研究はこの変遷に関与したが、その役割はかぎられたものだった。主たる原動力は、もって生まれた不変の生物学的要素が社会集団の行動の説明づけに何のかかわりももたない社会秩序を確立しようという意志からきたのである。[7]

ブランク・スレートによる知識社会の乗っ取りは、心理学とそのほかの社会科学分野とでちがう道筋をたどったが、推進力となったのはどちらも同じ歴史上の出来事と進歩的なイデオロギーだった。二〇世紀に入ってまもない一九一〇年代、二〇年代には、女性や民族のステレオタイプがばかばかしいものに見えはじめていた。ヨーロッパ南部や東部からユダヤ人を含む移民が波のように押し寄せて都市を満たし、社会階級の梯子をのぼっていった。アフリカ系アメリカ人は新設の「黒人大学」を利用し、北部に移り住んでハーレム・ルネサンスを起こした。盛んになった女子大学の卒業生は第一波フェミニズムの開始を助けた。教授も学生もすべてプロテスタントのアングロサクソン系白人男性という時代は終わった。人類のほんの一部分にすぎないその人たちが、もともと素質的にすぐれているという発言が、単に耳障りというだけでなく、人びとが自分の目で見る事実にも反するようになったのである。とりわけ社会科学には女性やユダヤ人やアジア人やアフリカ系アメリカ人が引き寄せられて、そのなかから影響力のある思想家がでた。

二〇世紀前半のさしせまった社会問題の多くは、こうした運に恵まれない集団に属する人たちに関するものだった。これ以上の移民を受け入れるべきだろうか。もし受け入れるならどの国からにすべきだろう。受け入れた移民には同化を奨励すべきだろうか。もしそうなら、その方法は？　女性にも同等の政治的権利や経済的な機会をあたえるべきだろうか。黒人と白人の差別を撤廃して一本化すべきだろうか。そのほかに子どもの問題もあった。[8] 教育は義務化され、国が責任をもつようになった。都市人口が増え、家族の結びつきがゆるくなるにつれ、問題をかかえた子どもや手のかかる子どもは社会全体の問題になり、幼稚園、孤児院、少年院、郊外キャンプ、児童愛護協会、少年少女クラブなど、それに対処する新しい制度ができた。子どもの成長発育がにわかに優先事項となったのである。こうした社会の問題は自然消滅しそうにはなかったし、人間はみな同等の潜在能力をもっていて、適切な成育環境と機会をあたえられれば、それを発揮できるというのがもっとも人間的な前提だった。そして多くの社会科学者が、その前提の補強を自分たちの仕事と見なしたのである。

行動主義――ブランク・スレートの心理学

現代心理学の理論は、どんな入門書にも書かれているように、ジョン・ロックをはじめとする啓蒙期の思想家にルーツをもっている。ロックにとってのブランク・スレートは教会や専制君主に対抗する武器だったが、英語圏では、そうした脅威は一九世紀にはおさまっていた。ブランク・スレートの心理学を、今日の私たちが認識している政治的なことがらに初めて適用したのは、おそらく、ロックの知の継承者であるジョン・スチュアート・ミル（一八〇六―七三）であろう。ミルは女性の参政権や、義務教育や、下層階級がおかれた状況の改善を早期に支援した一人だった。このことは、彼が自伝で説明しているように、心理学や哲学における彼の立場と関連していた。

人間の性質のきわだった違いをすべて生得的な、ほとんど消すことのできないものととらえて、そうしたちがいは個人差にせよ人種差や性差にせよ、大部分が環境のちがいによる当然の結果として生じうるという有無をいわさぬ証拠を無視する傾向が強いが、私はながらくこの傾向が、大きな社会問題への合理的な対処をさまたげる主要因であり、人間の向上をさまたげる最大の障害物であると感じてきた。……［この傾向は］人間の怠惰さとも、保守主義の利益ともうまく合致するので、根本を攻撃されないかぎり、もっと穏健なかたちの直観派哲学によって実際に正当化されているよりも、さらに極端なものになってしまうのは確実である。[9]

ここでミルの言う「直観派哲学」とは、理性のカテゴリーは生得的であると主張するヨーロッパの知識人を指している。ミルは彼らの心理学説を根本のところで攻撃して、その保守的な社会的影響（とミルが考えていたもの）と闘うことを望んでいた。彼は連合主義と呼ばれる（先にロックが組み立てた）学習に関する説にみがきをかけた。これは人間の知性を生得的な機構を想定せずに説明づけようとする説である。この説によると、ロックが「観念」と呼び、現代の心理学者が「特徴」と呼ぶ感覚がブランク・スレートに書き込まれる。くり返し連続してあらわれる観念どうし（たとえばリンゴの赤さと丸さと甘さ）は結びつけられ、一つがほかのものを想起させるようになる。また、類似性のある対象は、たがいに重なりのある観念のセットを想起させる。たとえば感覚に多数の犬が提示されると、それらに共通する特徴（毛、ほえる、四つ足など）が集まって「犬」というカテゴリーをあらわすようになる。

ロックとミルの連合主義は、以降の心理学のなかに確認できる。この説は多数の学習モデルの核になったが、一九二〇年代から六〇年代に心理学を支配した行動主義と呼ばれるアプローチにおいてはとくにそうだった。行動主義の創始者であるジョン・B・ワトソン（一八七八―一九五八）が書いた次の文章は、二〇世紀になされたブランク・スレートについての宣言のなかでもいちばん有名である。

> 私に一ダースの健康で発育のいい乳児と、私の指定する養育の場をあたえてくれれば、どの子でも任意に、どんな種類の専門家にでも養成してみせよう――医師でも弁護士でも、芸術家でも商人でも、それどころか乞食や泥棒にでも、その子の才能や好み、傾向、能力、適性、先祖の人種にかかわりなく。[10]

行動主義で乳児の才能や能力が問題にならなかったのは、才能や能力などというものはないとされていたからである。ワトソンは才能や能力を、観念、信念、欲求、感情といった心の構成要素とひとまとめにして心理学の対象から排除した。それらは主観であり測定不能であるから、客観的で測定可能なものだけを研究する科学にはあわない、と彼は言った。行動主義者によれば、心理学の研究対象として適切なのは客観的に観察できる顕在的行動だけで、その行動は現在と過去の環境に支配されている（心理学でおなじみのジョーク：行動主義者はセックスのあとでなんと言うでしょう。「いまのは君にはよかったね。僕にはどうだったんだろう？」）。

ロックの「観念」は「刺激」と「反応」に置き換えられたが、連合の法則は条件づけの法則として存続した。反応は新しい刺激と連合させることができる。ワトソンは赤ちゃんに白いラットを見せてから鉄棒をハンマーで打ち鳴らす実験で、赤ちゃんの恐怖心と動物の毛との連合を形成したとされている。また反応は、報酬と結びつけることもできる。箱に入れられたネコは、ひもを引っぱって出入り口の戸をあけることを学習し、外に逃れることができた。このような実験では、刺激と別の刺激、あるいは反応と報酬との随伴性を実験者が設定する。行動学者の見解によれば、自然環境ではこうした随伴性が世界の因果的構造の一部をなし、人間を含む生物の行動を厳然と形成している。

いろいろなものが行動主義者のミニマリズムの犠牲になったが、ウィリアム・ジェイムズ（一八四二―一九一〇）の豊かな心理学もその一つだった。ジェイムズは、知覚や認知や情動が身体器官と同様に生物学的な適応によって進化してきたというダーウィンの議論に触発された。ジェイムズは動物の選好だけでなく人間の選好の説明にも本能という考えを援用し、精神活動に関する自説では短期記憶や長期記憶を含む多数の機構の存在を仮定した。しかし行動主義の出現とともに、それらはみな禁断の概念のリストに入ってしまった。心理学者のJ・R・カンターは一九二三年に、「社会心理学と本能との関係は何か、という質問に対する答えはみじかい。あきらかになんの関係もない」[11]と書いた。性的欲求でさえ条件反射として再定義された。心理学者のツィン・ヤン・クオは一九二九年に次のように書いた。

行動は遺伝的要因の発現ではなく、遺伝の観点から述べることのできるものでもない。［それは］生物の構造パターンと環境の力の性質のみによって機械的に決定される受動的、強制的運動である。……私たちの性的指向はすべて社会的刺激の結果である。この生物は、生得的な観念をもたないのと同様に、異性に対する既成の反応ももたないのである。[12]

行動主義者は、行動をほかの生命現象とは関係なく理解できると信じ、動物の遺伝的な素質や種の進化の歴史に目を向けなかった。そして心理学は、実験動物の学習を研究する分野になってしまった。二〇世紀なかごろのもっとも有名な心理学者であるB・F・スキナー（一九〇四―一九九〇）は、『生物の行動（*The Behavior of Organisms*）』という本を書いたが、この本にでてくる生物はラットとハトだけ、行動はラットのレバー押し反応とハトのキーつつき反応だけである。生物の種とその種がもつ本能が結局は重要なのだと心理学者に気づかせるには、サーカス見物が必要だった。スキナー門下のケラー・ブレランドおよびマリアン・ブレランドは「生物の誤行動」と呼ばれる論文で、スキナーのテクニックを使ってポーカーチップを自動販売機に入れさせる訓練を動物に試みたところ、ニワトリはチップをつつき、アライグマはチップを洗い、ブタは鼻でほじくろうとしたと報告している。[13] また行動主義者は脳に対しても、遺伝学に対するのと同じくらい敵意をもっていた。スキナーは一九七四年になってもまだ、脳の研究は、行動の原因を外界ではなく生物の体内に求める誤った探究の一つにすぎないと書いていた。[14]

行動主義は心理学を乗っ取っただけでなく、一般の意識にも浸透した。ワトソンは、子どもの哺乳時間や食事の時間を厳密に決め、注意や愛情は最小限にとどめるように勧める育児の手引書を書き、大きな影響をおよぼした。泣いている子どもをあやせば、泣く行動に対して報酬をあたえることになるので泣く頻度が増加する、と彼は書いた（ベンジャミン・スポックが一九四六年に『スポック博士の育児書（*Baby and Child Care*）』をだし、子どもをかわいがることを勧めたのは、一つにはワトソンに対する反発からだった）。スキナーはベストセラーを何冊も書き、有害な行動は本能的でもなければ自由選択によるのでもなく、意図しない条件づけによると論じた。もし社会を巨大なスキナー・ボックスに入れ、行動を偶然によらず意図的にコントロールしたら、攻撃性も人口過剰も混雑も環境汚染も不平等も排除でき、ユートピアを達成できるという。[15] 高貴な野蛮人が高貴なハトになったのである。

今日の心理学では厳密な行動主義はほぼ消滅しているが、その姿勢は数多く存続している。連合主義は、多数の数理モデルやニューラルネットワークのシミュレーションで学習理論の前提になっている。[16] そして多くの神経科学者が、学習と連合形成を同一視して、ニューロン［神経細胞］やシナプス［ニューロンどうしの結合部分］の生理のなかに連合的な結びつきを探し、脳内で学習を実行しているかもしれない他の種類の計算は無視している[17]（たとえばナビゲーションや採食など、野生動物がもつ高度な能力においては、計算の一段階として、$x=3$ のようなかたちで変数の値を脳に貯蔵することが不可欠である。しかしこの種の学習は連合形成に還元できないので、神経科学では無視されてきた）。また心理学者や神経科学者はいまだに生物を交換可能なものとしてあつかい、都合のよい実験動物（ラットやネコやサル）が、重大な点で人間に似ているのか似ていないのかをめったに問わない。[18] それに心理学はつい最近まで、信念や情動の内容を無視し、心が生物学的に重要なカテゴリーを別々の方法であつかうように進化してきた可能性を無視していた。[19] たとえば記憶や推論に関する学説では、人間についての思考と岩や家についての思考との区別がされていなかったし、情動に関する学説では恐怖が怒りや嫉《ねた》みや愛と区別されず、[20] 対人関係についての学説では、家族、友人、敵、他人の区別がなかった[21]。それどころか一般人がもっとも関心をもつ心理学のトピックス——愛、憎悪、仕事、遊び、食べ物、性、ステイタス、支配、嫉妬、友情、宗教、芸術などは、まったくと言っていいほど心理学の教科書から欠落している。

二〇世紀後半の心理学で重要な文献の一つに、コネクショニズムと呼ばれるニューラルネットワーク・モデルのスタイルを提示した、デイヴィッド・ラメルハート、ジェイムズ・マクレランドほか著の『PDPモデル——認知科学とニューロン回路網の探索（*Parallel Distributed Processing*）』がある[22]。ラメルハートとマクレランドは、大量の訓練を施した包括的な連合主義のネットワークですべての認知を説明できると論じた。彼らも認識していたとおり、この理論からは「なぜ人間はラットよりも賢いのか」という問いに適切な答えが得られない。彼らは次のような答えを出した。

以上を考えると、この問いは少々やっかいに思える。……人間は、ラットはもとより他の霊長類と比較してもはるかに多くの皮質をもっている。とくに、もっぱら入出力にかかわっているのではない脳構造を非常に多くもっている。そしておそらくこの余分な皮質は、人間をラットばかりか類人猿とさえ区別する機能を増進させるために、脳のなかに戦略的に配置されているのだろう。（中略）

だがラットと人間のちがいには、ほかの面も関係しているはずだ。人間の環境にはほかの人びとも含まれているし、思考過程を体系化するために人間が発展させてきた文化装置も含まれている。[23]

そうであれば人間は、大きなブランク・スレートをもったラットに「文化装置」と呼ばれる何かを足したものにすぎない。それが私たちを、社会科学の二〇世紀革命の残り半分に連れていく。

エスカレートする文化本質主義

あいつは野暮で、人が「ディラン」と言えば
ディラン・トマス（だれだよ、それは）のことだと思うんだ
あの男は文化なしにはやっていけない
――サイモンとガーファンクル

「culture（文化）」という言葉は、かつては詩やオペラやバレエなど高尚な娯楽を指す言葉として使われていた。もう一つのなじみ深い意味、「社会的に伝達される行動パターンや、芸術、信念、制度、そのほかあらゆる人間の活動や思考の産物の総体」ができたのは、わずか一世紀前である。この英語の変化は、近代人類学の父フランツ・ボアズ（一八五

八—一九四二）の遺産の一つである。

ボアズの考えは、心理学のおもな学者の考えと同様に、啓蒙期の経験主義の哲学に根ざしており、この場合はジョージ・バークリー（一六八五—一七五三）の考えがもとになっている。バークリーは観念論という考えを組み立てた。究極的に現実を構成しているのは観念であって、身体などの物体ではないという見解である。観念論は、ここにくわしく書くには複雑すぎる紆余曲折のすえに、一九世紀ドイツの思想家に影響をおよぼすようになった。それを、リベラルな家庭の出身であるドイツ系ユダヤ人の若いボアズが取り入れた。

観念論を取り入れたボアズは、それによって平等主義に新たな知的基盤を築きあげた。彼は、人種や民族のちがいは身体的構造に由来するのではなく、文化、すなわち言語その他の社会行動によって広まる観念や価値観の体系に由来する、と提言した。人びとがちがうのは文化がちがうからである。だからエスキモーの文化、ユダヤの文化と言うべきであって、エスキモー人種、ユダヤ人種と言うべきではない。精神は文化によって形成されるという考えは、人種差別に対する防壁であり、道徳上の理由から選ばれるべき説だった。ボアズは「反証されないかぎり、複雑な活動はすべて遺伝的ではなく社会的に決定されると仮定すべきである」[24]と書いた。

ボアズの主張は単なる道徳的な勧告ではなく、実際の発見にもとづいていた。ボアズは先住民や移民や孤児院の子どもを研究し、どんな集団も同等の潜在力をもっていることを証明した。またイェスペルセンとは逆に、原始的な人びとの言語はヨーロッパ人の言語と比べて単純なのではなく、単にちがっているだけだということを示した。たとえばエスキモーが英語の音を聞き分けるのが苦手なのは、私たちがエスキモーの言葉の聞き分けを苦手とするのと同じである。たしかに非西洋の言語には、ある種の抽象的な概念を指す言葉が欠けているものがたくさんある。たとえば三よりも大きい数字に相当する言葉がなかったり、ある特定の人の善良さを指す言葉だけがあって善良さ全般を指す言葉がなかったりする。しかしそのような限界は、彼らの日常生活で必要なことがらを反映しているだけであって、精神的能力に欠陥があるためではない。ボアズは、ソクラテスが奴隷の少年から抽象的な哲学的概念を引きだしたという話のように、北米太平洋沿岸北西地域の先住民であるクワキュートル族の人から、「善良さ」や「哀れみ」といった抽象的概念を指す新しい言葉を引きだしてみせた。また、先住民は文明と接触するようになって数える必要のあるものを手に入れると、すみやかに本格的な計数のシステムを採用する、という所見も示した[25]。

ボアズは文化を重視したが、すべての文化は同等であると信じる相対主義者ではなかったし、ブランク・スレートを信じる経験主義者でもなかった。彼はただヨーロッパ文明を部族文化よりすぐれたものと見なし、すべての人びとがそれを獲得する能力をもっていると主張したにすぎない。普遍的な人間の本性が存在する可能性を否定したわけではないし、ある民族に属する人たちのなかに個人差がある可能性を否定したわけでもない。彼にとって重要だったのは、すべての民族が同じ基本的な心的能力をもっているという考えだった[26]。この点についてボアズは正しかった。その考えは今日では、ほぼすべての学者や科学者に受け入れられている。

だがボアズは怪物をつくりだした。彼の門下生がアメリカの社会科学を支配するようになり、その見解が世代を経るごとに、だんだん十把一からげなものになっていったのである。ボアズの門下生は、民族間の差異が文化によって説明づけられるべきだという主張にとどまらず、人間の生活のあらゆる面が文化によって説明づけられるべきだと主張した。一例をあげれば、ボアズが社会的な説明を好んだのは反証されていない限りにおいてだったが、門下のアルフレッド・クローバーは、証拠の有無にかかわらずそれを好んだ。彼は、「遺伝は歴史において、いかなる役割も演じることができなかった[27]」と書き、一連の出来事が人を形成するには、「歴史的な出来事がほかの歴史的な出来事によって絶対的に条件づけされることが必要だ[28]」とした。

クローバーは、社会行動は生得的な精神特性では説明できないとしただけではなく、どのような精神特性によっても説明できないと述べた。文化は超有機体で、独自の宇宙に浮遊し、現実の男や女の血肉にとらわれない存在である、と彼は書いた。「文明は精神活動ではなく、精神の行使の所産の集まりないしは流れである。……精神性は個人と関係している。一方、社会的、文化的なことがらは本質において非個人的である。したがって文明は、個人が終わったところからのみはじまる」[29]。

これら二つの考え——人間本性の否定と、個人精神から独立した文化という考えは、社会学の創始者であるエミール・デュルケーム（一八五八—一九一七）もはっきりと述べており、クローバーのいう超有機体的精神という説を予示している。

私たちは、ある社会現象が心理現象によって直接的に説明されるたびに、その説明はまちがっていると確信するのではないだろうか。……集団の考えや感情や行動は、その構成員がばらばらになっているときに考え、感じ、行動する内容とはまったくちがう。……もし現象を説明しようとして個人から出発したら、集団のなかで起こることがらについては何一つ理解できないだろう。……個人の本性は社会的要因によって成形され変形される不確定な素材にすぎない。個人の本性の寄与は、きわめて全般的な姿勢——すなわち曖昧な、したがって可塑的な素質にかぎられる[30]。

デュルケームが定めた、「社会的事実の決定原因は、それに先行する社会的事実に求められるべきであり、個人意識の状態に求められるべきではない」[31]という社会科学の法則は、それから一世紀にわたってしばしば引用されることになった。

さまざまなメタファー——シリーパテから超有機体まで

このように心理学とそのほかの社会科学は、ともに個々人の精神が重要であることを否定したが、そこから先はちがう方向に向かった。心理学は信念や欲求といった心的存在をひとまとめにして追い払い、それらを刺激と反応に置き換えた。そのほかの社会科学は信念や欲求を、個人の頭のなかではなく、文化や社会のなかに位置づけたのである。また心理学とそのほかの社会科学は、認知の内容（観念や思考や計画など）が、実際は言語現象であり、だれでも聞いて書きとめられる明白な行動であるという点でも同意していた（ワトソンは、「考える」という行為は実際には口や喉の微小な運動からなっていると提言した）。しかし彼らがとくに共有していたのは、本能や進化に対する嫌悪で、有力な社会科学者たちが、石版には何も書き込まれていないとくり返し宣言した。

> 本能は慣習をつくりださない。慣習が本能をつくりだす。人間の本能と想定されているものは、つねに学習されたものであり、生まれつきのものではないからだ。
>
> ——エルスワース・ファリス（一九二七）[32]

文化現象は……遺伝などではなく、特徴として、また例外なしに、獲得されたものである。

——ジョージ・マードック（一九三二）[33]

人間は本性をもたない。もっているのは歴史である。

——ホセ・オルテガ・イ・ガセット（一九三五）[34]

乳児が体のささえをふいにはずされたり、大声を聞かされたりしたときに見せる本能もどきの反応をのぞけば、人間にはまったく本能がない。……人間が人間であるのは、本能をもたないからであり、彼のありかたや、そうなった状態のすべてを、文化や、環境の人工的な部分や、ほかの人間から学び、獲得したからである。

——アシュリー・モンタギュー（一九七三）[35]

確かに選ばれたメタファーは、もはやタブラ・ラサや白紙ではなかった。デュルケームは「不確定の素材」が文化によって成形されると述べた。いちばん今日的なメタファーはおそらくシリーパテ（おもちゃ用のゴム粘土）だろう。このゴム粘土は、（不確定の素材のように）好きな形にすることもできるし、（ブランク・スレートのように）印字されたものを写し取ることもできる。可塑性というメタファーは、ボアズのもっとも有名な二人の弟子の言葉にも表れている。

人はたいてい自分の属する文化の様式に適合しているが、それはもともとの資質が可塑性をもっているからである。……大多数の人は提示された様式をすぐにとりこむ。

——ルース・ベネディクト（一九三四）[36]

人間の本性は信じがたいほどの可塑性をもち、対照的な文化条件に、正確に対照的に反応するという結論をださざるをえない。

——マーガレット・ミード（一九三五）[37]

精神は一種の篩《ふるい》にもなぞらえられた。

一般に「人間の本性」と呼ばれているものの多くは、神経や腺や感覚器官や筋肉などの篩に向かって投げられた文化にすぎない。

——レスリー・ホワイト（一九七三）[38]

また、工場の原料にもたとえられた。

人間の本性は、もっとも生《なま》で均質な原料である。

――マーガレット・ミード（一九二八）[39]

私たちの観念や価値観や行動、そして感情さえも、神経系そのものと同様に文化の所産である。もって生まれた傾向や能力や素質からつくりだされた所産ではあるが、それでもつくりだされたものである。

――クリフォード・ギアーツ（一九七三）[40]

プログラムされていないコンピュータというたとえもある。

人間は、行動の指令を遺伝子以外の外界の制御機構、すなわち文化的プログラムにもっとも重度に依存する動物である。

――クリフォード・ギアーツ（一九七三）[41]

いろいろな働きかけができる無定形の存在というたとえもある。

文化心理学は、文化的伝統や社会慣習が人間の精神を規制し、表現し、変化させ、その結果として、人類の心的な統一性よりもむしろ、心や自己や感情に民族的な多様性を生じさせるありかたを研究する学問である。

——リチャード・シュウェーダー（一九九〇）[42]

超有機体的精神あるいは集団精神も、社会科学の信念の一つになった。ロバート・ローウィー（ボアズの門下生）は「心理の原則が文化という現象の説明にならないのは、重力が建築様式の説明にならないのと同じだ[43]」と書いた。これだけでは意味がわかりにくいかもしれないので、同じことをくわしく述べた人類学者のレスリー・ホワイトの言葉もあげておく。

今日、私たちは、個人を文化過程の第一原因、第一運動者、原動力、決定因と見なすのではなく、あらゆる時代の無数の個人を包含し、はるかな過去にも広がる巨大な社会＝文化システムの一つの構成部分、それもあまり重要ではない小さな部分と見なしている。……科学的解釈という目的においては、文化過程は独自のものと見なされていいであろう。すなわち、文化は文化の言葉で説明できる[44]。

言い換えれば、あなたのような一個人の精神は、巨大な社会文化システムのあまり重要ではない一部であるから、無視すべきだということになる。重要なのは集団に属する精神で、それはそれ自体で考え、感じ、行動することができる。

超有機体という教義が現代の生活におよぼした影響は、社会科学者の著作がおよぼした影響よりもはるかに大きい。それは、「社会」を道徳の主体として具象化し、責任を追及できる人間であるかのようにとらえる傾向の根底にある。また、市民的権利や政治的特典が個人ではなく集団に配分されるアイデンティティ・ポリティクスを動かしている。そしてあとの章で見るように、二〇世紀の主要な政治システムを大きく分ける境界線の一部を決定した。

ユートピア的ヴィジョンの隆盛

社会科学者が支持しなくてはならないという強迫観念にかられたのは、ブランク・スレートだけではなかった。彼らは高貴な野蛮人を神聖化することにも力を入れた。ミードは先住民の姿を、平等主義で、物質的に充足した、性的葛藤のない平和な人びととしてゴーギャン風に描いた。彼女が示したかつての私たちの姿、（したがって再びそうなれるという）希望をあたえる姿は、バートランド・ラッセルやH・L・メンケンのような懐疑的な著述家たちにも受け入れられた。アシュリー・モンタギューは（彼もボアズのサークルの出身であるが)、一九五〇年代から最近他界するまで、著名な知識人として、同胞愛や平和の追求の正当性を裏づけ、そのような努力は無駄だと考えているかもしれない人を説得するために、高貴な野蛮人の教義をあくことなく引き合いにだした。たとえば一九五〇年には、発足したユネスコのために、「生物学の研究は世界人類が兄弟であることを裏づけている。人間は協同に向かうように生まれついているため、そのような動機が満足されないと人間も国家も病んでしまう」[45]という内容の宣言の草稿を書いた。第二次世界大戦の犠牲者三五〇〇万人の灰がまだ温かかったり、放射能をおびていたりした頃のことであるから、分別のある人は、いったい「生物学の研究」がそんなたぐいの何を示せるのだろうかと考えたかもしれない。この草稿は不採用になったが、モンタギューはそれから数十年後には、ユネスコや多くの学術団体が似たような決議を採択するという運に恵まれた[46]。

より一般的に言うと、社会科学者は人間の可塑性と文化の自律性を、人類の完全化という長年の夢の実現につながる教義のようにとらえていた。人間は自分たちの好まない現在の苦境にしばりつけられているわけではない、と彼らは論じた。変化を妨げるものは意志の欠如と、人間は生物学的な要素によって永遠にそうした状態に置かれるのだという無知な思い込み以外には何もない。これまでに多数の社会科学者が、人間の本性の向上という希望を口にしている。

私は以前から、データによる裏づけがあるなら環境的な説明のほうが好ましいと感じていた（そして早くにそう述べた）。そのほうが楽観的だし、向上の希望もあるからだ。

——オットー・クラインバーグ（一九二八）[47]

現代社会学と現代人類学の見解は、文化あるいは文明の実体は社会的伝統であり、その社会的伝統は人間がともによりよく幸福に生きるための学習を積みかさねることによって無限に修正できるという点で一致している。……社会制度の科学的な研究が、人間の本性も人間の社会生活も改革できるという信念を喚起したのである。

——チャールズ・エルウッド（一九二二）[48]

いろいろな知識分野で、だれでも何でも学べるという新たな楽観が壁を低くしている。……人間の能力というものを生理的構造に固定されたものととらえる考えかたが、大きな向上の望める融通性をもった多用途の機構ととらえる考えかたに変わったのである。

——ロバート・ファリス（一九六一）[49]

心理学は一部の社会科学ほど政治化されているわけではないが、育児や教育を変えれば社会病理が改善され人間の幸福度が増すという、ユートピア的なヴィジョンに動かされる場合があるという点では同じである。また心理学の理論家はときおり、生得論がおよぼす悲観的な影響についての懸念をもちだして、コネクショニズムなどの実験的理論を支持する議論に道徳的な重要性を加味しようとする。たとえば、生得論は生まれつきの差という考えにつながって人種差別を助長させかねないし、人間の特性が不変であるという含みは社会計画への支持を弱めてしまうといった議論である。[50]

幽霊が取りつくとき

二〇世紀の社会科学はブランク・スレートと高貴な野蛮人を採用しているだけでなく、三つ組の三番めである機械のなかの幽霊も採用している。私たちはみずからの好ましくない部分を変えられるという宣言は、社会科学のスローガンになった。しかしそれは「〝私たち〟とはだれか、あるいは何か？」という疑問を提起するだけだ。もし改造をする「私たち」も、生物界の物質の塊にすぎないのなら、私たちがどんな行動の可塑性を発見しても気休めでしかない。その場合は成型者である私たちが生物としての制約を受けているので、社会的にもっとも有益なかたちで人びとを成型することも、自分自身が成型されることもないだろうと思われるからだ。したがって、機械のなかの幽霊は、人間の意志を（社会を変えようとする意志も含めて）、機械的な因果関係から解放する究極の解放者である。人類学者のローレン・アイズリーがこの点を明確に述べている。

人間の精神は、非決定性によって、また選択の力や文化的コミュニケーションによって、ダーウィン論者が意識せずに人間を拘束した決定論的な世界の見境のない支配から、もう少しで逃れられそうなところにいる。過激な生物決定論者が押しつけた生まれつきの性質は、くずれさった。……ウォレスは、人間の誕生とともに身体各部の進化がかなりの程度に旧式になり、精神が人間の運命の裁定者になったと見ていたが、その見かたは正しかった。[51]

アイズリーが言っている「ウォレス」とは、自然選択の共同発見者であるアルフレッド・ラッセル・ウォレス（一八二三―一九一三）のことである。ウォレスは、人間の精神は進化論では説明できず、超自然的な知性によってデザインされたにちがいないと主張して、ダーウィンと袖をわかった。彼はたしかに、人間の精神が「決定論的な世界の見境のない支配」から逃れられると考えていた。ウォレスは心霊主義者になり、後年を死者の魂と交信する方法を探すことに費やしたのである。

文化と生物学的要素との絶対的な分離を信じていた社会科学者も、脳に出没する幽霊を文字どおりに信じていたわけではないのかもしれない。一部の人は生物と無生物とのちがいをアナロジーに使った。クローバーは「社会のはじまりは……鎖のつながりの一つではなく、道の歩みの一歩でもなく、別の水準への跳躍である。……［それは］生命のない宇宙に最初の生命が誕生するようなものだ。……その瞬間から一つだった世界が二つになる」[52]と書いた。ローウィーは、文化は「独自」で文化によってしか説明できないというのは、「神秘主義ではなく、筋の通った科学的な考えかた」である、なぜならば周知のように生物においては、生きた細胞は生きた細胞からしかできないからだと主張した[53]。

クローバーやローウィーがこのように書いた時代には、生物学は彼らの側にあった。多くの生物学者がまだ、生物は「エラン・ヴィタル」という特別な本質によって生気をあたえられており、生命のない物質に還元することはできないと考えていたからだ。一九三一年のある生物史は、当時理解されていた遺伝学に触れて、「こうして最新の生物学理論は、私たちを出発点に、すなわち生命あるいは霊魂《サイキ》と呼ばれる力の前に置き去りにする。それはそのものが独自であるだけでなく、発現のそれぞれがすべてユニークなのである」[54]と述べている。次の章では、文化の自律と生命の自律のアナロジーは、社会科学者が理解していたよりも意味が深いということを見ていく。

第3章
ゆらぐ公式理論

アカデミズムの壁が崩れる

サミュエル・ジョンソンは一七五五年に、「月下の物事を変化させ、愚行や虚栄や見せかけをただちに取り払う」ことを彼の辞書に期待してはいけないと書いた。今日の人びとは、「月下」を意味するsublunaryという愛らしい言葉にあまりなじみがないかもしれない。これは、秩序のあるけがれなき不変の宇宙と、その下の、混沌として汚れた、移ろいやすい地上の世界とを厳密に区別した古代の信仰を暗に指している。しかしこの区別は、ジョンソンがこの言葉を使ったころにはもう古くなっていた。リンゴを地面に落下させる力と、月を天空の軌道上にとどめている力が同じであることを、ニュートンがすでに示していたからだ。

一セットの法則が宇宙のあらゆる物体の運動を支配しているというニュートンの理論は、人知の大きな発展——E・O・ウィルソンが「コンシリエンス」と名づけた知の統合[1]——

の第一歩だった。ニュートンが天界と地上とのあいだにあった壁を破ったのにつづいて、創造がおこなわれた過去と静的な現在とのあいだにあった、同様に堅固な（そして同様に、いまでは忘れられてしまった）壁も崩壊した。その崩壊が起こったのは、地球の地形は今日の私たちが目撃している力（地震、浸食作用など）がとてつもなく長い年月にわたって作用した結果としてできたということをチャールズ・ライエルがあきらかにしたときだった。

また生物と無生物も、もはやちがう世界のものではない。一六二八年にウィリアム・ハーヴィーが、人体は水力学その他の機械的原理によって動く一つの機械であることを示した。一八二八年にはフリードリッヒ・ウェーラーが、生命の素材は脈動性の不思議なゲル［ゼリー状の物質］ではなく、化学の法則にしたがう通常の化合物であることを示した。チャールズ・ダーウィンは、生命の驚異的な多様性と、あたかも神によってデザインされたしるしのように見えるものが、複製子の自然選択という物理過程によって生じることを示した。グレゴール・メンデルと、のちのジェイムズ・ワトソンおよびフランシス・クリックは、その複製そのものが物理的に理解できることを示した。

生命についての理解と物質やエネルギーについての理解が統合されたのは、二〇世紀後半最大の科学上の業績だった。それがおよぼした数多くの影響の一つとして、生物と無生物を並行宇宙におく「筋の通った科学的な考え方」に頼ったクローバーやローウィーのような社会科学者が苦しい立場に追い込まれた。今日の私たちは、細胞はかならずしも他の細胞から生じたわけではないことや、生命の誕生によってそれまで一つだった世界に第二の世界ができたのではないことを知っている。細胞は、より単純な自己複製をする分子、すなわち物理世界の無生物の一部から進化したのであり、分子機械の集合として理解することも可能である。もちろん、とほうもなく複雑な機械だが、それでも機械である。

これによって、知識の世界に立つ壁が——二〇世紀の社会科学者が懸命に防御した壁がとりのぞかれる。その壁は物質と精神をへだて、物質的なものと霊《スピリチュアル》的なもの、身体と精神、生物学的要素と文化、自然と社会を、そして自然科学と社会科学や人文科学や芸術とをへだてる壁である。隔壁は公式理論のそれぞれの教養のなかにも立てられていた。生物学的要素によってあたえられるブランク・スレートと、経験や文化によって書き込まれる内容。自然状態にある野蛮人の高貴さと、社会制度の腐敗。逃れえない法則にしたがう機械と、自由選択をし、自由に人間の条件を改善する幽霊。

しかしこの壁も崩壊しつつある。四つの知のフロンティア（心、脳、遺伝子、および進化の科学）からでてくる新しい考えが、人間の本性についての新しい理解をともなって、この壁を破っているのだ。この章では、それらがどのようにしてブランク・スレートを埋め、高貴な野蛮人をその地位から下ろし、機械のなかの幽霊を追い払うかを見ていく。そして次の第4章では、生物学と結びついた人間本性についてのこの新しい概念を、今度は人文科学や社会科学と結びつけることができるという話をする。そうしてできた新しい概念は、文化の現象を並行宇宙にへだてることなく、公平に扱うことができる。

認知革命の五つのアイディア

生物学と文化をつなぐ最初の架け橋は心の科学、すなわち認知科学である。[2] 心という概念は、人びとが思考や感情について深く考えはじめて以来ずっと、人を悩ませてきた。心という観念そのものが、あらゆる時代や文化において、パラドクスや迷信や奇妙な説を生みだしてきた。心は不可解な謎あるいは概念の落とし穴であるから避けるに越したことはないと考えて、顕在的行動や文化特性のほうを選んだ二〇世紀前半の行動主義者や社会構築主義者に同情したくなるほどだ。

しかし一九五〇年代の初めになると、認知革命とともにすべてが変わった。今日では心的過程を理解し、実験的に研究することさえ可能になっている。また心という概念のとらえかたがしっかりしてきたために、かつては説得力があるように思えたブランク・スレートの教義の多くが、不必要となったばかりか、つじつまのあわないものにさえなっている。心についての考えかたや話題を刷新した、認知革命に由来する五つのアイディアを以下にあげる。

心の計算理論が幽霊を追い払う

一つめのアイディア：「心の世界は、情報、計算、フィードバックという概念によって物理的世界にもとづかせることができる」。精神と物質に大きなへだたりがあるのが当然のように見なされてきたのは、人間の行動がほかの物理的事象とは種類の異なる引き金をもっているように見えるからだ。ふつうの事象には原因があるように見えるが、人間の行動には理由がある。私はＢＢＣの番組で、「科学は人間の行動を説明できるか」というディベートに参加したことがある。できないと主張したある哲学者は、だれかが投獄された理由を私たちはどのように説明するだろうかとたずねた。たとえば人種的な憎悪のせいだったとする。その意図や憎悪はもちろんのこと、監獄でさえ、物理の用語では記述できない、と彼女は言った。「憎悪」や「監獄」を粒子の運動で定義するすべはない。行動の説明は行為者の意図で表現される物語のようなもので、自然科学とはまったく別ものだと言う。もっと簡単な例をあげてみよう。私たちはレックスが電話のほうに歩いていった理由を、どのように説明するだろうか？　電話の形が刺激として作用したためにレックスの両脚が一定の弧を描いて動いたとは言わないだろう。友だちのセシルと話がしたくなって、セシルが家にいるのを知っていたから、というふうに答える。これほど予測的な力をもつ説明はない。もしレックスがセシルと話をする間柄ではなかったら、あるいはセシルがその夜はボウリングをしに出かけていて留守だと知っていたら、彼の体はソファから起きあがらなかったはずだから。

　過去数千年にわたって、物理的事象と、意味内容、考え、理由、意図などとのあいだには、世界を二つに分断するギャップがあると思われていた。いったいどうして「憎悪をかきたてられる」とか「セシルと話がしたい」といった、つかみどころのないものが、物体を移動させる原因になるのだろうか？　しかし認知革命は、強力な新しい理論を使って観念の世界と物質の世界を一つにした。情報、計算、フィードバックという観点から精神生活を説明できるという理論である。信念や記憶は、データベース内の事実と同様に情報の集合であり、脳内の活動や構造のパターンとして存在する。思考や立案は、コンピュータ・プログラムの操作に似た、体系的なパターンの変換である。欲求や試行は、サーモスタットの原理に似たフィードバック・ループであり、目標と外界の現状とのくいちがいについての情報を受けとって、そのくいちがいを減らす方向の操作を実行する。心は、物理的エネルギーを脳のデータ構造に変換する感覚器官と、脳にコントロールされる筋肉の運動プログラムを通して世界とつながっているのだ。

　この全般的なアイディアは、言うなれば心の計算理論である。これは、心をコンピュータになぞらえて、心が文字どおりに人間のつくったデータベースやコンピュータ・プログラムやサーモスタットのように働くことを示唆する「コンピュータ・メタファー」と同じではない。心の計算理論は、心と人工の情報処理を同じ原理で説明できると言っているにすぎない。これと同じように、自然界と人間のエンジニアリングが重なっているケースはほかにもある。たとえば生理学者なら、眼が働く仕組みとカメラが働く仕組みを、眼がカメラと細部まで似ているという含意なしに、同じ光学理論を使って説明するだろう。

　心の計算理論はただ単に、機械のなかの幽霊をもちだすことなしに、理解や思考や試行の存在を説明するだけではない（それだけでも十分な業績だが）。そのような過程がなぜ知的でありうるのか——心のない物理的過程からどのようにして理性が生じるのかも説明する。物質の塊（たとえば脳組織やシリコン）に貯蔵された情報の一連の変換が、世界の論理法則や確率や因果関係にしたがう一連の推論を反映しているとすれば、それらは世界についての正しい予測を生みだすだろう。そして目的の追求において正しい予測をすることは、「知能」のすぐれた定義である。[3]

　もちろん太陽のもとに新しいことは何もない。心の計算理論は、精神活動を微小な運動と見なし「推論は計算にすぎない」と書いたホッブズによって予示されていた。それから三世紀半後に、科学が彼のヴィジョンに追いついたのである。知覚、記憶、心象、推論、意思決定、言語、運動制御などが実験的に研究され、法則、記号列《ストリング》、行列《マトリックス》、ポインタ、リスト、ツリー、配列《アレー》、ループ、命題、ネットワークといった計算の道具でうまくモデル化されている。たとえば認知心理学者は、頭のなかのグラフィック・システムを研究し、それによって人が問題の解答を心的イメージとして「見る」仕組みを説明している。また、長期記憶の入り組んだ概念の網を研究し、想起しやすい事実と想起しにくい事実がある理由を説明している。そして、言語システムで使われるプロセッサや記憶を研究し、心地よく読める文章と、読みにくい文章がある理由を解明しようとしている。

計算が「論より証拠」の証拠だとすれば、姉妹分野にあたる人工知能は、これまで精神の構成材料だけが遂行できるとされていた芸当を、通常の物質が遂行できることを確証しつつある。コンピュータは一九五〇年代にすでに「電子頭脳」と呼ばれていたが、それは数値計算や、データのとりまとめや、定理の証明ができたからだった。それからまもなく、スペルを訂正し、活字を組み、方程式を解き、株の選択や病気の診断など限定された専門知識をシミュレートできるようになった。われわれ心理学者は長年のあいだ講義で、コンピュータは文章を読めないとか、音声言語を解読できないとか、人の顔を認識できないとかいった話をして、人間が自慢をする権利を保護してきたが、そんな自慢は時代遅れになった。今日では、印刷された文字や音声言語を認識するソフトウェアが家庭用の小型コンピュータにセットされている。文章を理解したり翻訳したりする基本的なプログラムも、多くのサーチエンジンやヘルププログラムで使われ、たえず改善されている。そして顔認識システムは、いまや、市民の自由を擁護する人たちが、公共の場所で防犯カメラと一緒に使われて濫用されることを懸念する域にまで達している。

それでもまだ人間優越主義者は、そのような低レベルの芸当は問題ではないと決めつけるだろう。確かにインプット処理やアウトプット処理は計算モジュールでもできるだろうが、それでも判断力や思考力や創造力をもった人間のユーザーが必要だ、と彼らは言う。しかし心の計算理論によれば、そうした能力はそれ自体が情報処理の形式であり、計算システムで実行させることができる。一九九七年にディープブルーというIBMのコンピュータが、チェスの世界チャンピオンのガリー・カスパロフを破った。このディープブルーは以前のものとはちがって、何兆とおりという指し手を端からしらみつぶしに検討するだけではなく、ゲームのパターンに知的に反応する戦略も備えていた。『ニューズウィーク』はこの対戦を「脳の最後の防衛」と報じ、カスパロフはその結果を「人類の終わり」と呼んだ。

それでも、チェスは駒の動きが個別的で勝ち負けが明白な人工の世界であるから、大量にルールの計算をするコンピュータに向いているという反論があるかもしれない。人間が住んでいるのはそんなすっきりした世界ではなく、動きも限定されていないし目標も不明瞭であるから、創造性や直観が要求されるはずだ。だからみんな知っているように、コンピュータは交響曲を作曲したり、物語を書いたり、絵を描いたりしない。しかしみんなのほうがまちがっているのかもしれない。最近の人工知能システムは筋のとおった短いストーリーを書き[4]、たしかにモーツァルト風だと思える交響曲を作曲し[5]、魅力のある人物や風景の絵を描き[6]、たくみな広告のアイディアを考えだす[7]。

以上の話は、脳がデジタル・コンピュータのように働いているとか、人工知能がいずれ人間の心とそっくり同じになるとか、コンピュータが一人称の主観的体験という意味での意識をもっているとか、そういうことを言っているのではない。しかし推論や知能や想像力や創造性は一種の情報処理だという提言はしており、情報処理はよく理解されている物理的過程である。認知科学が心の計算理論に助けられて、機械から幽霊を少なくとも一つ追い払ったのである。

生得的装備の必要性

二つめのアイディア：「心はブランク・スレートではありえない。ブランク・スレートは何もしないからだ」。心とは何か、どのように働くのかについて、人びとがぼんやりとした概念しかもっていなかったころは、環境によって書き込まれるブランク・スレートというメタファーはそれほど的外れには見えなかった。しかし、見たり、考えたり、話したり、立案したりするシステムを可能にするのはどんな種類の計算だろうかと真剣に考えはじめれば、そのとたんに、ブランク・スレートがもつ問題点——ブランク・スレートは何もしない——が明白すぎるほど明白になる。書き込まれたものは、何者かがそのなかにあるパターンに気づき、それをほかの機会に学習されたパターンと結びつけ、その結びつきを使って新しい考えを書き込み、その結果を読んで行動を目的に向かって導くのでないかぎり、いつまでもそこにじっとしている。ロックもこの問題を認識しており、白紙のうえに書かれたものを見て、認識や内省や関連づけを実行する「悟性［思考能力］」と呼ばれるものにそれとなく言及した。しかしもちろん、心がどのようにして理解するのかを、「悟性」というものがあるからだと説明するのは堂々めぐりである。

ゴットフリート・ヴィルヘルム・ライプニッツ（一六四六―一七一六）は、ロックに対する応答のなかで、ブランク・スレートに対して核心を衝く反論を簡潔に述べた。「感覚のなかにあらかじめないものは知性のなかにはない」という経験主義者のモットーをあらためて述べ、「知性そのもののほかには」とつけ加えたのである。[8] 心のなかの何かは、仮に単なる学習のメカニズムにすぎないとしても、生得的であるはずだ。その「何か」は、画素がちらちらする万華鏡ではなく、対象物からなる世界を見なくてはならない。言葉をそのままオウムがえしにするのではなく、文の内容を推定しなくてはならない。他者の行動を、ふいに動く手足の軌跡としてではなく、目的を達成する試みとして解釈しなくてはならない。

ロックのように考えれば、こうした芸当を一つの抽象名詞に――おそらく「悟性」ではなく、「学習」「知能」「可塑性」、あるいは「適応性」に帰することができるかもしれない。しかしライプニッツが述べたように、それは、「［つじつまをあわせようとして］能力や超自然的な資質を捏造し、……それらを、必要なことをなんでも楽々とできる小さな悪魔か小鬼のようなものとして空想しているのであり、懐中時計が歯車を必要としないなんらかの時間計測能力によって時刻を告げた、あるいは製粉機がどんな碾《ひ》き臼も必要としない粉砕能力によって穀物を砕いたというようなものだ」[9]。ライプニッツは（彼に影響をあたえた）ホッブズと同様に、知能とは一種の情報処理で、その実行には複雑なメカニズムが必要だということを時代に先駆けて認識していた。今日の私たちが承知しているとおり、コンピュータは組み立てラインから出てきた時点で、音声言語を理解したり文章を認識したりするわけではない。そうするには、まずだれかが適切なソフトウェアをインストールしなくてはならない。はるかに要求の厳しい人間の行為にも、これと同じことがあてはまるらしい。認知モデル研究者がこれまで発見してきたように、家具を避けて歩く、文を理解する、事実を想起する、だれかの意図を推測するといった日常的な課題は、人工知能の最前線に相当するか、あるいはそれを超える手ごわい工学の問題である。「文化」と呼ばれる何かによって受動的に成形されたひとかたまりのシリーパテにそれが解けるというような意見は、とうてい通用しない。

しかしこれは、認知科学者が「生まれか育ちか」論争から完全に脱却したという意味ではない。人間の心がどの程度の標準装備を備えているかという問題については、いまもまだピンからキリまでさまざまな見解がある。一方の端には、概念はすべて（「ドアノブ」とか「毛抜き」といったものまで）生得的であるかもしれないと提言している哲学者のジェリー・フォーダーや、「学習」という言葉は誤解を招くので子どもは言語を「成長させる」と言うべきだと考えるノーム・チョムスキーがいる。[10] 他方の端にはラメルハート、マクレランド、ジェフリー・エルマン、エリザベス・ベーツなど、比較的単純なコンピュータ・モデルを組み立てて、それを徹底的に訓練するコネクショニストがいる。[11] 熱心なファンは、前者の極端の発祥地がマサチューセッツ工科大学（ＭＩＴ）という東極、すなわちそこから向かう方角がすべて西という不思議な場所であることを突きとめる。また後者の極端の発祥地がカリフォルニア大学サンディエゴ校という西極、すなわちどこへ向かっても方角がすべて東という不思議な場所であることも突きとめる（東極、西極という名称は、フォーダーがＭＩＴのセミナーで提案したものであるが、彼がそのセミナーで、ある「西海岸の理論家」を激しく批判したところ、だれかがその理論家はイェール大学の所属だと指摘した。イェールは、こまかいことを言えば東海岸にある）。[12]

しかし東極と西極の論争は、数千年のあいだ哲学者の心を占拠した数々の論争とはちがって、どちらの陣営もブランク・スレートを信じていない。学習をするための生得的な回路がなければ学習はできないことは、だれもが認めている。ベーツ、エルマンらは、彼らの西極宣言である『認知発達と生得性（*Rethinking Innateness*）』のなかで、「理論的な内容をまったく欠いた学習規則はありえないし、石版《タブラ》が完全にぬぐわれている《ラサ》ということもありえない[13]」という点を進んで認め、次のように説明している。

コネクショニストモデル（とモデル研究者）は極端な経験主義に傾いていて、生得的な知識は種類にかかわらず伝染病のように敬遠されるという思い込みが広まっている。……私たちは、あきらかにそのような立場は支持していない。……［学習モデルには］あらかじめなんらかの拘束条件が必要と考えるのに十分な根拠がある。実際、コネクショニストモデルはすべて、生得的な拘束条件とみなされるべき前提をかならずたてている。[14]

二つの極の見解がちがうのは、重要ではあるがもっと細かい部分についてである。すなわち、生得的な学習ネットワークはどれくらい数があって、どれくらい特異的に特定の仕事に向くようにつくられているかという点についてである（このような見解の相違については、その一部を第5章でとりあげる）。

生成文法——無限範囲の行動が生じる理由

三つめのアイディア：「無限範囲の行動は、心の有限の組み合わせプログラムから生じうる」。認知科学は別の方法でも、ブランク・スレートや機械のなかの幽霊の土台をくずしてきた。動物の世界についてよく知られているような意味で、人間の行動が「遺伝子にある」「進化の産物」であるという言葉を人びとが相手にしなくても、それはやむをえないだろう。人間の行動は、赤い点を攻撃する魚や卵を抱くメンドリとはちがって、膝蓋腱反射のような反射のレパートリーから選びだされるのではない。それどころか人間の行動は、女神をあがめたり、がらくたをインターネットのオークションにかけたり、ギターをもたずに身ぶりでロック演奏をまねたり、過去の罪をつぐなうために断食をしたり、椅子で砦をつくったりと、限界がないように思える。『ナショナル・ジオグラフィック』誌をちらりと見れば、私たちの文化圏で見られるもっとも奇異な行動をもってしても、人類にできることをやりつくしたわけではないことがわかる。もしなんでもありなら、私たちは結局のところシリーパテで、つまりは拘束条件をもたない行為主体なのではないかと思う人もいるかもしれない。

　しかしその印象は、ブランク・スレートという考えが生まれた頃には想像もできなかった計算的アプローチによって時代遅れになってしまった。いちばん明瞭な例は、言語のチョムスキー革命である。[15] 言語行為は創造性と多様性のある行為の典型で、人が話す発言の大部分は、人類の歴史のなかで過去に一度も使われたことのない、まったく新しい単語の組み合わせである。私たちは、あらかじめ組み込まれた言葉で返事をする「くすぐりエルモ人形」ではない。しかし、とチョムスキーは指摘した。言語はいくら自由だとは言っても、完全に自由なわけではなく、ルールとパターンにしたがっている。たとえば英語の話し手は、Every day new universe comes into existence（毎日新しい宇宙が誕生している）、He likes his toast with cream cheese and ketchup（彼はクリームチーズとケチャップをぬったトーストが好きだ）、My car has been eaten by wolverines（私の車は、クズリにかじられてしまった）など、前例のない単語のつながりをしゃべることはある。しかしだれもCar my been eaten has wolverines by（車は私の、クズリにしまったかじられて）とは言わないし、そのほかの語順もほとんど使わない。頭のなかの何かは、単にどんな単語の組み合わせでもつくれるというのではなく、高度に体系的な組み合わせをつくりだせるにちがいない。

その何かとは生成文法と呼ばれる一種のソフトウェアで、新しい単語のならびをどんどんつくりだせる。「英語の文には主語と述部がある」「述部には動詞と目的語と補語がある」「〝食べる〟の主語は食べる人である」といった一連のルールは、話し手がもつ無限の創造性を説明する。主語の位置に充当できる名詞が数千と、述語の位置に充当できる動詞が数千あれば、話し手はそれだけで一つの文を始める方法を数百万とおりもっていることになるからだ。そして可能な組み合わせは、たちまち想像を絶するほど大きな数になる。そのうえ言語のルールは再帰と呼ばれる技巧を使うので、文のレパートリーは理論的には無限である。再帰的規則によって、She thinks that he thinks that they think that he knows... のような入れ子構造の句を無限につくることができる。そして文の数が無限であるなら、可能な思考や意図の数も無限である。文は事実上、それぞれ異なる思考や意図を表現するからだ。この言語の組み合わせ文法は、頭のなかにある思考や意図のための組み合わせプログラムとぴったりかみあう。心のなかの一定の機構が、筋肉による無限範囲の行動を生みだせるのだ。[16]

心的計算の普遍的メカニズム

身体的な行動ではなく心のソフトウェアについて考えはじめると、文化間の根本的な差異は小さくなって、四つめの新しいアイディア：「諸文化の表面的な多様さの根底に、普遍的な心の機構が存在する可能性がある」がでてくる。ここでも言語を行動の自由さの典型例として使うことができる。人間は、およそ六千種類のたがいに理解不能の言語を話す。しかし心のなかの文法プログラムは、口からでる実際の話し言葉よりもずっと差異が少ない。私たちは昔から、人間の言語がすべて同じ種類の考えを伝達できることを知っている。聖書は何百という非西洋の言語に翻訳されているし、アメリカの海兵隊は第二次世界大戦時に、太平洋をまたいで秘密のメッセージをやりとりする際に、ナヴァホ族の言葉に翻訳してそれを英語に再翻訳するという方法をとった。どんな言語でも、聖書の物語から軍事上の指示まで、あらゆる問題を伝達できるという事実は、すべての言語が同じ布から裁断されたものであることを示唆している。

チョムスキーは、個々の言語の生成文法は単一のパターンの変形であると提言し、そのパターンを普遍文法と呼んだ。たとえば英語では、動詞は目的語の前に来て（drink beer）、前置詞は名詞句の前に来る（from the bottle）。日本語では目的語が動詞の前に（「ビールを飲む」）、名詞句が前置詞の前、正確に言えば後置詞の前に来る（「瓶から」）。しかし、コミュニケーション・システムを動かす道具はほかにも無数に考えられるのに、どちらの言語にも動詞と目的語と前置詞あるいは後置詞があるというのは、重要な発見である。そして、たがいに無関係な二つの言語が、ともに主要部（動詞や前置詞など）と補助部（名詞句など）を組み合わせて句をつくり、その二つに一貫した語順を定めているのは、さらに重要である。英語では主要部が先に来て、日本語ではあとに来る。しかしそれを除けば、英語と日本語の句の構造はよく似ている。そしてこのことは、どの句についても、どの言語についても言える。ふつうに見られる主要部と補助部は、理論的には一二八通りの語順が可能だが、世界の言語の九五パーセントは二つのうちのどちらか——英語の語順か、それとまったく反対の日本語の語順のどちらかを使っている。[17] この画一性を理解する一つの簡単な方法として、すべての言語は同一の文法をもっていて、「主要部が先」か「主要部があと」のいずれかに切り替えられるパラメータないしはスイッチだけが異なるという見かたがある。近ごろ言語学者のマーク・ベイカーがまとめた十あまりのパラメータで、世界の言語に見られるバリエーションの大部分を簡潔にとらえることができる。[18]

普遍的なパターンからバリエーションを抽出すると、ごちゃごちゃのデータが整理されるだけではなく、学習を可能にする生得的な回路についての手がかりも得られる。ルールの普遍的な部分が神経回路に体現されていて、最初に言葉を憶えるときにそれがガイドをすると考えれば、子どもたちが指導なしでいとも簡単に、また一様に言葉を学習する仕組みを説明できるかもしれない。赤ちゃんはママの口からでる音を単におもしろい音ととらえて逐語的にまねたり、好きなようにぶつ切りにしたりするのではなく、主要部と補助部を聞きとり、語順に注意を払い、その語順と矛盾しない文法体系を組み立てる。

　このアイディアは、諸文化に見られる言語以外の多様さにも適用できる。社会構築主義を支持する人類学者の多くは、私たちになじみの深い情動（たとえば怒り）をもたない文化が一部にあると主張してきた[19]（情動をまったくもたない文化がある（！）と言う人類学者も少数ながらいる[20]）。たとえばキャサリン・ルッツは、（メラネシア系の）イファルク族の人びとは、私たちのような「怒り」を感じず、その代わりに彼らが「ソング」と呼んでいる状態になると述べた。それによると「ソング」は、タブー破りや生意気な態度など、道徳的な違反がきっかけで引き起こされる腹立ちの状態である。ソングの状態になった人は、身体的な攻撃はしないが、違反者を避けたり、顔をしかめたり、威嚇したり、陰口を言ったりする。ソングの対象になった人は、これも西洋人にはないとされる「メタグ」という感情をもつ。これは不安な状態で、その人は謝ったり、罰金を払ったり、贈りものをしたりして、ソングに満ちた人をなだめようという気持ちになる。

哲学者のロン・マロンとスティーヴン・スティッチはチョムスキーやそのほかの認知科学者からヒントを得て、イファルク族の「ソング」と西洋の「怒り」を同じ情動と呼ぶか別の情動と呼ぶかの問題は、情動をあらわす言葉を表面にあらわれた行動で定義するべきか、根底にある心的計算で定義するべきかという問題にすぎないと指摘している。[21] 情動を行動で定義すれば、たしかに情動は文化によって異なる。イファルク族は、月経中の女性がタロイモ畑で働いていたり、男性が産室に入ってきたりすると、それに対して情動的な反応をするが、私たちはちがう。私たちはだれかが人種差別にあたる呼称を大声で言ったり、中指を立てたりすると、情動的な反応をするが、私たちの知るかぎりイファルク族はちがう。しかし情動を心の機構――ポール・エクマンやリチャード・ラザルスなどの心理学者が「感情プログラム」あるいは「if-then 形式」(これが計算論の用語であることに注目)と呼ぶもの――で定義するなら、私たちとイファルク族は結局のところそれほどちがわない。[22] ひょっとすると私たちはみな、自分の利益や尊厳をそこなう侮辱的言動に対して不快な激しい感情をもち、その感情が原動力となって相手に罰をあたえたり補償を要求したりするプログラムを装備しているのかもしれない。しかし何を侮辱的言動と見なすか、個々の状況のなかでそれを許しがたいと感じるかどうか、どんな種類の報復をする資格が自分にあると考えるかは、文化による。刺激と反応は異なるかもしれないが、心の状態は、私たちの言語の単語で完璧な名札が貼れるかどうかにかかわらず、同じである。

それに言語の場合と同様に、なんらかの生得的な心的計算のメカニズムがなくては、学習する必要のある文化を学習することはできない。イファルク族のあいだで「ソング」を生じる状況が、タブー破り、怠惰あるいは無礼な態度、共有の拒絶などであって、タブーの尊重、親切でていねいな態度、誠実な姿勢などではないのは偶然ではない。イファルク族は前者の三つを同じようにとらえるが、それはこの三つが同じ感情プログラムを喚起し、侮辱的な言動として認識されるからである。このことが、この三つが同じ反応を引き起こすということを学習しやすくし、また一つの情動の妥当な引き金としてひとまとめにされる見込みを高める。

したがってここで得られる教訓は、おなじみの行動カテゴリー（婚姻の慣習、食べ物のタブー、迷信など）は、たしかに文化によってさまざまで、学習される必要があるが、もっと深いところでそれらを生みだしている心的計算のメカニズムは、普遍的、生得的であるかもしれないということだ。人はさまざまに装っているかもしれないが、外見によってステイタスを誇示しようとしている点は共通なのかもしれない。氏族のメンバーの権利だけを排他的に尊重しているかもしれないし、その尊重を同じ部族のすべての人、同じ国民国家のすべての人、あるいは同じ人類に属するすべての人にまで拡大しているかもしれないが、世界を内集団と外集団に分けていることに変わりはない。どんなものを、意識をもつ存在の意図の結果と見なすかもさまざまで、人工物のみを意図的につくられたものとして認める人たちもいれば、病気は敵の呪いによって生みだされると信じている人たちもいるし、世界全体が創造主によって誕生したと信じている人たちもいる。しかしいずれも、ある種の事象を、目的の実現をめざす心をもった存在によって引き起こされたものとして説明している。行動主義者はこれを逆向きに——法則にしたがっているのは行動ではなく心であるととらえたのである。

システムとしての心

五つめのアイディア：「心は相互作用をする多数のパーツから構成される複雑なシステムである」。さまざまな文化の情動の研究で、もう一つの重要な発見があった。つくりものではない表情は世界中どこでも同じに見えるが、一部の文化圏の人びとは、あらたまった場ではポーカーフェイスを保つことを身につけるのである。[23] 簡単な説明としては、感情プログラムが表情を作動させる方法はどんな人でも同じだが、それとは別の「ディスプレイ・ルール」のシステムが、その表情を見せていいときを規定していると考えることができる。

これら二つのメカニズムのちがいは、認知革命で得られたもう一つの洞察をきわだたせる。認知革命以前には、「知性」あるいは「悟性」といった巨大なブラックボックスが引き合いにだされ、人間の本性についても、本質的に高貴であるとか本質的にたちが悪いとかいう大雑把な断定がされていた。しかし今日の私たちは、心が単一の能力と一律の特性を授けられた均質の球体ではないことを知っている。心はモジュール方式であり、多数のパーツが協同して、ひとつながりの思考や組織化された行動を生みだしている。心はそれぞれちがう情報処理システムを使って、余計なものをフィルターにかけ、技能を習得し、身体をコントロールし、事実を記憶し、情報を一時的に保持し、ルールの貯蔵や実行をしている。これらのデータ処理システムに影響をおよぼすのが、言語、数、空間、道具、生物などさまざまな種類のコンテンツを専門にする心的能力（ときに多重知能と呼ばれるもの）である。東極の認知科学者はこのコンテンツにもとづくモジュールがおもに遺伝子によって分化するのではないかと推測し、[24] 西極の認知科学者は、生得的な小さい注意の偏向としてはじまって、感覚入力の統計的パターンによって固まるのではないかと推測している。[25] しかし両者とも、脳は均質なミートローフではないという点には同意している。感情プログラムにはさらに別の情報処理システム、すなわち動機づけと情動のシステムが見られる。

この話の要点は、一つのモジュールに由来する衝動や習性が、別のモジュールによって、ちがうかたちの行動に変えられる（あるいは完全に抑圧される）場合があるということである。簡単な例をあげてみよう。認知心理学では、一定の反応を習慣的にする傾向（たとえば印刷された単語を見ると頭のなかで発音する傾向）の根底に、「習慣システム」と呼ばれるモジュールがあると考えられている。しかし「監視注意システム」と呼ばれる別のモジュールは、それに優先して、指定された問題（たとえば印刷された単語のインクの色を答える課題や、その単語に適合した行動を答える課題）に関係する情報に注意を集中させる。[26] もっと一般的な話をすれば、人びとが実際には実行しない復讐を空想して楽しんだり、心のなかだけで不倫をしたりできるわけも、心的システムの相互作用で説明できる。このように認知革命からでてきた人間本性論は、行動主義や社会構築主義やそのほかのバージョンのブランク・スレート説よりも、ユダヤ＝キリスト教の人間本性論や、ジグムント・フロイトが提唱した精神分析理論と共通性がある。行動は単に発せられたり引きだされたりするのではないし、文化や社会から直接でてくるのでもない。それぞれが別の課題と目標をもつ心のモジュールどうしのせめぎあいからでてくるのである。

　心は普遍的、生成的な計算モジュールからなるシステムであるという、認知革命からでてきたアイディアによって、何世紀にもわたる人間本性についての論争のありかたは根底からくずれさった。いまでは、人間は融通性があるのかそれともプログラムされているのか、行動は普遍的かそれとも文化によってさまざまに異なるのか、行為は学習されるのかそれとも生得的なのか、私たちは本質的に善かそれとも悪かという問いは、まったく見当ちがいの問いになった。人間はプログラムされているから融通性のあるふるまいをする。人間の心には組み合わせ方式のソフトウェアがたくさんあって、思考や行動を際限なく生みだすことができるのだ。行動は文化によってさまざまかもしれないが、行動を生みだす心のプログラムのデザインはさまざまである必要はない。知的な行動がうまく学習されるのは、私たちがその学習をする生得的なシステムをもっているからである。人はだれでもよい動機と悪い動機をもっているかもしれないが、だれもが同じやりかたでそれを行動に移すとはかぎらない。

脳構造の生得性

精神と物質をつなぐ二つめの架け橋は神経科学、とくには認知神経科学という、認知と情動が脳のなかで実行される仕組みを研究する分野である。[27] フランシス・クリックは『驚異の仮説（*The Astonishing Hypothesis*）』というタイトルの脳についての本を書き〔邦訳書のタイトルは『DNAに魂はあるか』〕、私たちの思考や感情、喜びや苦しみ、夢や希望のすべてが脳の生理的な活動にあるという考えを示唆した。[28] 神経科学者たちは、そんなことはあたりまえで、ちっとも驚異の仮説ではないと笑ったが、クリックは正しかった。この仮説は、初めてじっくり考えたという人にとっては、本当に驚異なのである。獄中のドミトリー・カラマーゾフが、面会に来た知識人から教えてもらったばかりの話を理解しようとするくだりを読むと、その気持ちがよくわかる。

考えてみろよ。体のなかに、神経のなかに、頭のなかに——つまり神経はこの脳のなかにあるんだ……（くそ！）。そこに小さい尻尾のようなものがあってさ、その神経の小さな尻尾が、震えだすとね……つまりさ、おれが何かを眼で見るとそいつらが震えだすんだよ、その尻尾がさ……それでそいつらが震えると一つの像があらわれる……すぐさまじゃないが、一瞬とか一秒とかおいて、その瞬間のようなものがあらわれる。いや瞬間じゃないな、瞬間なんかじゃない……像だな、つまり物体とか動きとか、ああややこしいな。おれが見たり、それから考えたりするのはそういうわけなんだな、尻尾があるからそうなるんで、魂をもっているからとか、神さまに似ているからとか、そういうことでは全然ないんだ。そういうのはみんな、ばかげたことなのさ。きのうラキーチンがすっかり説明してくれたんだが、おれはもうびっくりしてしまった。たいしたもんじゃないか、アリョーシャ、この科学は。新しい人間の誕生だ、それはわかる……だけど、それでもおれは神さまを失うのがつらい。[29]

ドストエフスキーの先見はそれ自体が驚異である。一八八〇年といえば、神経の機能は初歩的なことしかわかっておらず、分別のある人が、あらゆる体験は神経の尻尾の震えから生じるという話を疑ってもしかたがない時代だった。しかしもはやそうではない。脳の情報処理活動が心を生むとも言えるし、脳の情報処理活動が心だとも言える。いずれにしても証拠は圧倒的で、私たちの精神生活のあらゆる面は、脳組織の生理的事象に完全に依拠している。

脳に電流を流すと、その人が真に迫った鮮やかな体験をする場合がある。化学物質が脳に浸透して、その人の知覚や気分やパーソナリティや論理的思考を変えることもある。脳組織の一部が死滅することによって、心の一部が消滅する場合もある――神経科の患者のなかには、物の名前を言う能力［物品呼称の能力］や、人の顔を認識する能力、自分の行動の結果を予期する能力、他者に感情移入する能力、空間の一部や自分の体の一部を認知する能力などを失った人たちがいる（したがってデカルトが「精神はまったく不可分である」と述べ、身体とは完全に異なるものにちがいないと結論づけたのはまちがいだった）。情動や思考はすべて物理的信号をだす。その信号を検出する新しいテクノロジーは精度が高く、文字どおり人の心を読み取って、その人がそのとき顔を思い浮かべているのかそれとも場所を思い浮かべているのかを示せる。マウスの遺伝子（ヒトでも発見されている遺伝子）をノックアウト［ある特定の遺伝子を人為的に欠失させること］して学習を妨げたり、余分な遺伝子を挿入して学習を速めたりすることもできる。顕微鏡で見る脳組織はとほうもなく複雑で（一〇〇〇億個のニューロンが一〇〇兆個のシナプスで結合している）、それが人間の思考や経験の驚異的な複雑さに対応している。ニューラルネットワーク・モデルの研究者は、心的計算の基礎となるパターンの貯蔵や引き出しが神経回路のなかで実行される仕組みを明らかにしはじめている。それに脳が死ぬと、その人はいなくなる。アルフレッド・ラッセル・ウォレスをはじめとするヴィクトリア時代の科学者たちが力をあわせて試みたにもかかわらず、死者と交信するのはどうやら不可能であるらしい。

もちろん教育のある人たちは、知覚や認知や言語や情動が脳に根ざしていることを知っている。それでも、昔の教育漫画にあったように、脳は計器やレバーのついた制御盤のようなもので、だれか（自己《セルフ》、魂、幽霊、その人、「私」）がそれを操作しているという考えには魅力がある。しかし認知神経科学によって、自己もまた、脳というシステムのネットワークの一つにすぎないことがあきらかにされつつある。

最初の手がかりはフィネアス・ゲージという、心理学専攻の学生には昔からおなじみの一九世紀の鉄道工事人だった。ゲージが長さ約一メートルの鉄棒で火薬の粉を岩穴に押し込んでいたときに、引火による爆発が起こり、吹き飛ばされた鉄棒が彼の頬骨に突き刺さって脳を通り抜け、頭蓋骨のてっぺんから飛びだした。ゲージは命をとりとめ、知覚も記憶も言葉も運動機能もそこなわれなかった。しかし仲間の工事人が言った有名な言葉のとおりに、「ゲージはもうゲージではなかった」。一片の鉄が彼を文字どおりの別人に変えてしまい、責任感と意欲のある礼儀正しい人間から、怠惰で無能な信用の置けない人間にしてしまったのである。それは彼の前頭前野の腹内側部という、眼の上に位置する脳領域に鉄棒が貫通したためで、その部位は今日では、他者についての推論に関与することが知られている。またこの部位は、前頭前野の他の領域や大脳辺縁系（情動の座）と一緒に、行動の結果を予想して目的と合致した行動を選択する。[30]

認知神経科学者は、幽霊を追い払っただけでなく、そもそも脳には、幽霊が担当しているとされていた役割（あらゆる事実を検討して、脳のほかの部分が実行に移すための意思決定をするという役割）をになう部位がないこともあきらかにした。[31] 私たちはみな、すべてを掌握している単一の「私」が存在すると感じる。しかしそれは、視野全体がくまなく細かいところまで見えているという印象と同じく、脳が懸命につくりだしている錯覚である（実際は、注視点の外側は細部が見えていない。私たちはおもしろそうなもののほうにすばやく眼を動かす。そして途中にずっと細部があったと思い込む）。たしかに脳の前頭前野や前帯状回皮質には複数の監視システムがあり、行動のスイッチを入れたり習慣や衝動を抑えたりすることができる。しかしこれらのシステムは特定の癖や限界をもつちょっとした機械装置にすぎず、これまで魂や自己と同一視されてきた、合理的で自由な行為主体という要件を満たすものではない。

神経科学者のマイケル・ガザニガとロジャー・スペリーは、「統一された自己」というものが幻想であることを劇的に実証してみせた。左右の大脳半球をつなぐ脳梁《のうりょう》が外科的に切断されると、自己が二つに分割され、それぞれの半球が他方の助言や同意なしに自由意志を行使することを示したのである。さらにとまどいを感じさせるのは、左脳は、左脳の関知しない状況で右脳が選んだ行動の説明を求められると、一貫性はあるがまちがった説明をでっちあげるという事実である。たとえば、実験者が「歩く」という指令を（視野を区切って、右脳だけが見ることのできる左視野に置くことによって）分割脳患者の右脳だけにさっと見せると、患者は要求に応じて、歩いて部屋から出て行こうとする。しかしその人に（具体的には〔言語優位半球である〕その人の左脳に）、なぜ立ち上がったのですかと聞くと、おおまじめで「コーラを買いに」というような返事をする。「わかりません」「なぜだか歩きたくなったんです」とは言わないし、「手術をしてからもう何年も検査を受けつづけて、ときどき何かをさせられますが、そのとき何をしろと求められたのかよくわからないのですよ」とも言わない。同様に、患者の左脳にニワトリの足先の絵を見せ、右脳には雪が降っている絵を見せて、それぞれに見た絵に関係のある絵を（それぞれの半球が支配するほうの手で）選ばせると、左脳はニワトリの絵を（正しく）選び、右脳はシャベルの絵を（こちらも正しく）選ぶ。しかし、どうしてあなたはその二つを選んだのですかと聞くと、〔右脳が雪の絵を見せられたことを知らない〕左脳は、無頓着に「簡単ですよ。ニワトリの足はニワトリと関係があるし、シャベルはニワトリ小屋を掃除するのに必要ですから」と答える。[32]

　気味が悪いのは、分割脳患者の左脳で起こるでたらめの生成と、私たちが自分の脳のほかの部位から生じる意向の意味を解釈するときのふるまいに違いがあると考える理由が何もないことだ。意識のある心（自己あるいは魂）は、スピンドクター［ある党派に都合のいい解釈をする代弁者］であって、総司令官ではないのだ。ジグムント・フロイトは、「人類は、科学の手による、素朴な自己愛に反する三つの非道な行為を耐えてこなくてはならなかった」と書いた。三つとは、私たちの世界が天球の中心ではなく広大な宇宙の小さな点にすぎないという発見、人間は特別に創られたのではなく、動物の子孫にすぎないという発見、そして意識のある心は私たちの行動を支配しているのではなく、行動についてあとづけ的な話をしているにすぎない場合がよくあるという発見である。このような衝撃が重なったという点はフロイトの言うとおりだったが、三つめの打撃を決定打にしたのは、精神分析ではなく認知神経科学だった。

認知神経科学は、機械のなかの幽霊だけでなく、高貴な野蛮人の土台をも揺るがしている。前頭葉がそこなわれると、頭が鈍くなったり行動のレパートリーが少なくなったりするほかに、攻撃の抑制がはずれてしまう場合もある。[33] これはそこなわれた前頭葉が、大脳辺縁系の一部、具体的には扁桃体と視床下部をつなぐ分界条と呼ばれる経路を通る回路を抑えるブレーキとして働かなくなるためである。左右の脳半球の前頭葉と大脳辺縁系とをつなぐ結合は、知識や目標がほかの機構を抑えて優位に立つためのレバーの役目をするのだが、抑制される機構のなかに他者を害する行動を生みだす機構も含まれているらしい。[34]

また、脳の物理的構造もブランク・スレートではない。一九世紀なかばに神経学者のポール・ブローカが、脳のひだやしわが、指紋のようにランダムではなく、識別できる形状になっていることを発見した。しかもその配置は、それぞれのひだやしわに名称をつけられるほど、どの脳でも一定している。その後の発見で、脳のおおまかな解剖学的構造（サイズ、形状、脳葉や核のつながり、大脳皮質の基本的な設計）のほとんどが、胎児期の正常な発育のなかで遺伝子によって形成されることがわかった。[35] さまざまな人のさまざまな脳領域の灰白質《かいはくしつ》の量も、言語や推論に関与する領域も含めて同様である。[36]

この生得的な形状や配線は、実際に思考や感情や行動に影響をおよぼす。あとの章で見るように、特定の脳領域に損傷のある赤ちゃんは、しばしば特定の心的能力を永久的に欠如したまま成長する。標準設計に生まれつき変異のある人は、心の働きかたにも変異がある。一卵性および二卵性双生児の脳を調べた最近の研究によれば、前頭葉の灰白質の量は遺伝的影響を受け、また知能とのあいだに有意な相関関係がある。[37] アインシュタインの脳を調べたある研究によれば、彼の脳は空間的推論と数についての直観に関与する下頭頂小葉という部位が非常に大きく、変わった形状をしていた。[38] ゲイ男性は視床下部の前方部にある第三間質核が小さい傾向があるが、この核は性差に関係することがわかっている。[39] 殺人犯や凶暴性のある反社会的な人たちは、意思決定や衝動の抑制をつかさどる前頭前皮質が小さく不活発な傾向がある。[40] このような脳の肉眼的な特徴が感覚からの入力情報で形成されることは、ほぼありえない。これは知能や科学の才能や性的指向や衝動的暴力の個人差が学習だけによるのではないことを示唆している。

実は最近まで、脳構造の生得性は神経科学のもてあましものだった。脳の配線がすべて遺伝子によって規定されているということはありえない。ゲノムにはとてもそれだけの情報はない。それに、周知のとおり人は生涯にわたって学びつづける。その学習の産物は、当然、脳に貯蔵されなくてはならない。機械のなかの幽霊が存在するのでないかぎり、人が学習することはすべて脳のどこかの部位に影響をあたえるはずだ。もっと正確に言うなら、学習とは脳のどこかが変化することである。しかし生得的な脳構造のなかから、そのような変化を反映している脳の特徴を発見するのは困難だった。重量挙げできたえた筋肉がもりあがるように、数学や協調運動や視覚による識別に強くなった脳のどこかがもりあがるわけではないからだ。

しかしようやく学習の基礎になる脳内の変化が発見されて、神経科学が心理学に追いつきはじめた。あとで見るように、大脳皮質には、さまざまな身体部位や能力や身体感覚を専門に担当する領域があるが、その区画の境界が学習や訓練によって変化するという発見である。神経科学者のなかには、これらの発見に勢いを得て、大脳皮質の可塑性を重視する方向に振り子を動かそうとしている人たちもいる。しかし第5章で概説する理由から、ほとんどの神経科学者は、こうした変化はあくまでも遺伝的に組織される構造基盤の範囲内で起こると考えている。脳が発育の過程でどのようにできあがっていくのかについては、まだわかっていないことがたくさんあるが、経験によってどこまでも融通無碍に変化するのではないということはわかっている。

遺伝子が心の違いを生む

生物学的なものと精神的なものをつなぐ三つめの架け橋は、遺伝子が行動に影響をおよぼす仕組みを研究する行動遺伝学である。[41] 人間を他の動物と区別する、思考や学習や感情の潜在力はすべて、受精卵のＤＮＡに含まれる情報のなかにある。このことは、種を比較するとよくわかる。チンパンジーは人間の家庭で育てられても、人間のように話したり考えたり行動したりするようにはならないが、それはチンパンジーと人間では一〇メガバイト分のＤＮＡ情報がちがうためである。チンパンジー属の二つの種（チンパンジーとボノボ）のゲノムは、わずか一パーセントの数分の一というちがいしかないが、この二種をうっかり一緒にしてしまった動物園の飼育係が最初に発見したように、行動様式はまったくちがう。チンパンジーは動物学で知られている哺乳類のなかで、もっとも攻撃的な部類に属し、ボノボはもっとも平和的な部類に属す。チンパンジーはオスがメスを支配するが、ボノボはメスのほうが優位である。チンパンジーは子づくり《プロクリエーション》のためにセックスをするが、ボノボはレクリエーションのためにする。遺伝子の小さな差異が行動の大きな差異につながる。遺伝子の小さな差異は、さまざまな脳部位の大きさや形状や配線にも、ホルモンや神経伝達物質を分泌、結合、リサイクルするナノテクノロジーにも影響をおよぼす。

遺伝子は正常な脳の組織化に重要な役割をはたす。このことをはっきり示しているのは、標準からはずれた遺伝子が標準からはずれた心を生じさせる多数の事例である。私が学部生のとき、異常心理学の試験で「ある人が統合失調症になることをもっともよく予測するものは何か」という問題が出た。正解は「統合失調症の一卵性双生児のきょうだいがいること」なのだが、当時はこれが引っかけ問題だった。当時は統合失調症の原因として社会的なストレスや、「統合失調症をつくりだす母親」、ダブルバインドなどをあげる説が優勢で（これらはいずれも、たとえ関係があったとしても、さして重要ではないことが今日ではわかっている）、遺伝子が原因の一つではないかと考えていた人はほとんどいなかったからである。しかしその頃も証拠は存在していた――統合失調症は、DNAのすべてと環境のほとんどを共有する一卵性双生児では一致率が高いが、同じく環境のほとんどを共有しDNA（集団内でばらつきのあるDNA）を半分だけ共有する二卵性双生児でははるかに一致率が低いという証拠である。これは統合失調症だけでなく、これまでに観察されたほぼすべての認知や情動の障害あるいは差異についてもあてはまる。自閉症、失読症、言葉の遅れ、言語発達障害、学習障害、左利き、大うつ病〔重症のうつ病〕、双極性障害、強迫性障害、性的指向、そのほか多数の家族性の病態は、いずれも一卵性双生児のほうが二卵性双生児よりも一致率が高く、養子縁組による親族よりも実の親族のほうが予測しやすく、測定可

A・G・ウィンクープ特許弁護士事務所にて：生まれてすぐに別々にされ，思わぬところでばったり出会った双子のマリファート兄弟．

図 3-1

能な環境上の特徴ではうまく予測できない。[42]

　精神機能の例外的な状態だけでなく、普通に見かける正常範囲内での能力や気質のばらつきも遺伝子によって生みだされる。『ニューヨーカー』に掲載された有名なチャールズ・アダムズの漫画（図３-１）は、ほんの少し誇張をしているにすぎない。

　一卵性双生児は、テレパシーでつながっているのではないかと疑われることがあるくらい、考え方や感じ方がよく似ている。生まれてすぐに別々にされ、おとなになって再会した一卵性双生児は、ずっとたがいを知っていたかのように感じるという。検査をすると、一卵性双生児は生まれてすぐに別々にされたかどうかにかかわらず、測定可能などんな特性においても（まったく同じとはとても言えないにしても）、不気味なほどよく似ていることが確認できる。言語知能も数学的知能も一般知能も、生活の満足度も、人格特性（内向性、調和性、神経症傾向、まじめさ、経験に対する開放性など）も似ている。意見のわかれる問題（死刑、宗教、現代音楽など）に対する意見も似ている。筆記による検査の結果が似ているだけでなく、ギャンブル、離婚、犯罪歴、事故歴、テレビ視聴といった、人格特性の結果としての行動も似ている。そしてたくさんの性癖を共有している。実例をあげると、たえずくすくす笑う、単純な質問に長たらしく答える、バタートーストをコーヒーに浸すといった性癖である――双子のアビゲイル・ヴァン・ビューレンとアン・ランダーズが書く人生相談のコラムは、どっちがどっちの文章か区別がつかない。脳波の図形も、同じ人が別の機会に検査を受けたのかと思うくらい似ているし、脳のしわや、灰白質の分布状態も全皮質にわたって似ている。[43]

　遺伝子の差異が心の差異におよぼす影響は測定可能で、どんな尺度を使ったデータからでも、おおよそ同じ算定値――ゼロよりはかなり高いが一〇〇パーセントよりはかなり低い値――がでてくる。一卵性双生児は、別々に育ったか一緒に育ったかにかかわらず、二卵性双生児よりもはるかによく似ている。別々に育った一卵性双生児は非常によく似ている。実のきょうだいは、別々に育ったか一緒に育ったかにかかわらず、養子のきょうだいよりもはるかに似ている。こうした結論の多くは、政府が国民に関する厖大なデータベースを保持しているスカンジナヴィア諸国の大規模な研究から引きだされたもので、測定方法も心理学の分野でもっともよく認められている方法が使われている。これに対して批判者は、遺伝子の影響をゼロに近づけようとする別の解釈をいろいろともちだした。生まれてすぐに別々にされた一卵性双生児は、養子になった先の環境が似ていたのではないか。検査を受ける前から連絡をとりあっていたのではないか。外見が似ているから似たような扱いを受けてきたのではないか。それに遺伝子のほかに子宮環境も共有していた、などである。しかし、子どもについての章（第19章）でとりあげるが、こうした解釈はすべて検証されて退けられている。近々、新たな種類の証拠がその山のうえに積み上げられるかもしれない。「仮想双生児《ヴァーチャル・ツイン》」は、別々に育てられた一卵性双生児とは逆に、赤ちゃんのときから一緒に育てられた、血のつながりのない同年齢のきょうだいで、どちらか一人が養子の場合と二人とも養子の場合がある。心理学者のナンシー・シーガルの研究によれば、仮想双生児は同年齢で同じ家庭で育っているが、IQスコアにほとんど相関関係がない。[44] この研究の対象になったある家庭の父親は、同じに扱うように心がけているのに、二人は「昼と夜のようにまったくちがう」と言っている。

双生児や養子は、遺伝子の差異から心の差異が生じうるという強力な間接証拠を提供する、たくさまざる実験例である。また最近では、差異を生みだす遺伝子の一部が突きとめられている。ＦＯＸＰ２と呼ばれる遺伝子はヌクレオチド［糖、リン酸、塩基からなるＤＮＡの構造単位］が一つちがうだけで、発話・言語に遺伝性の障害を起こす。[45] これと同じ染色体にあるＬＩＭキナーゼ１（ＬＩＭＫ１）という遺伝子は、空間認知能力に関与するニューロンが成長するときに見られるタンパク質を生産する。この遺伝子が欠失していると、知能が正常であっても、物を組み立てる、積木をならべる、図形を模写するといった作業ができない。[46] ある型のＩＧＦ２Ｒ遺伝子は一般知能の高さに関係しており、ＩＱスコアの四ポイント、正常な個人のあいだに見られる知能のばらつきの二パーセントがこの遺伝子で説明できる。[47] 平均的な型よりも長いＤ４ＤＲドーパミン受容体遺伝子をもっている人は、スリルを求めて飛行機から飛び降りたり、凍った滝をよじ登ったり、知らない人と性的関係をもったりするような人である見込みが高い。[48] 第一七染色体上にあるセロトニン・トランスポーター遺伝子のプロモーター領域［遺伝子の転写を調整する領域］が短いタイプだったら、社交の場でだれかの気分を害するのではないか、間抜けなふるまいをしてしまうのではないかといった不安におちいりやすい神経症ぎみの人である見込みが高い。[49]

　このように単一の遺伝子が重大な結果を起こす事例は、遺伝子が心におよぼす影響の劇的な例だが、代表的な例ではない。心理学的な特性のほとんどは、単一の遺伝子がおよぼすはっきりとした重大な影響の産物ではなく、ほかの遺伝子の存在によって調整を受ける多数の遺伝子の小さな影響が重なった結果として生じる。一卵性双生児（すべての遺伝子を共有する二人）の研究で、ある特性にかかわる単一の遺伝子が見つからなくても、その特性に遺伝的影響が一貫して強く示されるのはこの理由による。

二〇〇一年にヒトゲノムの全塩基配列が発表されたことにともなって、脳内で活動するものも含めて、遺伝子とその産物を特定する大きな力が新たにもたらされた。遺伝学者は一〇年のうちに、人間とチンパンジーを分けている遺伝子を突きとめ、私たちの祖先が人間に進化した数百万年のあいだに自然選択を受けた遺伝子を推測し、正常な心的能力、異常な心的能力、例外的な心的能力のそれぞれにつながる遺伝子の組み合わせを突きとめ、胎児期に遺伝子が学習や感情や行動の脳内システムをつくりあげる因果的連鎖を追跡しはじめるだろう。

遺伝子は人間本性にどう影響するか

遺伝子が心に影響をおよぼすとしたら、あらゆる細部まで決定するにちがいないと心配する人がときどきいるが、それは二つの理由からまちがっている。第一に、遺伝子の影響の大半は確率的である。一卵性双生児は全ゲノムを共有しているが、ある特性を一人がもっているとき、もう一人もそれをもっている見込みは、通常、五分五分にすぎない。行動遺伝学者の算定によると、ほとんどの心理学的特性は、ある環境内のばらつきのうちおよそ半分が遺伝子と相関しているだけである。これはどんな意味をもつのか、ばらつきの残り半分はどこからくるのかという話は、第19章でする。

遺伝子がすべてではないというもう一つの理由は、遺伝子の作用は環境によって変わるという理由である。どんな遺伝学の教科書にも簡単な例が載っていると思う。品種のちがうトウモロコシを同じ畑で育てると、遺伝子のちがいによって背丈にちがいがでるが、同じ品種のトウモロコシをちがう畑（片方は乾燥した畑、片方は灌漑した畑）で育てた場合も、環境のちがいによって背丈にちがいがでる。人間の一例はウディ・アレンだ。彼の名声や財力、それに美人をひきつける才能は、ユーモアを促進する遺伝子によるのかもしれないが、彼は自伝的映画の『スターダスト・メモリー』のなかで、そうした才能をうらやましがる幼なじみに、環境要因も重要だと説明している。「僕たちが暮らしている社会はジョークに大きな価値を置いている。……もし僕がアパッチ・インディアンだったら、コメディアンはいらないから、失業していたと思うよ」。

人間の本性を理解するための行動遺伝学の所見は、事例ごとに意味を考える必要がある。ある遺伝子の変異型が障害を生みだすと、ふつうの人間の心をもつためにはその遺伝子が標準型でなくてはならないということがわかる。しかし標準型の遺伝子が何をしているのかは直接にはわからない。歯が一つ壊れた歯車が一回転ごとにガタついたとしても、壊れる前のその歯は「ガタつき抑制装置」だったとは言えない。同様に、ある心的能力を阻害する遺伝子は、その能力のための遺伝子の欠陥型であるとは限らない。正常な脳の発達を阻害する毒素を生産するのかもしれないし、脳が病原体に感染しやすくなるような免疫系の弱点を残すのかもしれないし、その人をまぬけな人間や腹黒い人間に見せて、ほかの人がその人に接する態度に影響をおよぼすのかもしれない。昔の遺伝学はそのようなつまらない可能性（脳機能に直接関係のない可能性）を排除できなかったため、人間本性の存在を疑う人たちは、心的能力を阻害する遺伝的影響はすべてブランク・スレートをゆがめたり傷をつけたりするだけのつまらないものにすぎず、複雑な脳に構造をあたえる働きをする遺伝子が無能な欠陥型だからではないというほのめかしをした。しかし、しだいに遺伝子を脳に結びつけることができるようになってきている。

有望な例の一つに、ある家系の発話・言語障害に関係するＦＯＸＰ２遺伝子がある。[50] 変異型のヌクレオチドは、その家族内の言語障害のある人全員（と、同じ障害をもつ非血縁者一名）から発見されたが、障害のない家族の一員からも、正常な非血縁者の三六四本の染色体からも発見されなかった。ＦＯＸＰ２遺伝子は、胚発生に重要な役割をはたす転写因子（他の遺伝子の発現を調節するタンパク質）の遺伝子ファミリーに属しており、変異があると、ＤＮＡの特定領域と結合する部分がおかしくなって、適切な遺伝子を適切なタイミングで発現させることができなくなる。ＦＯＸＰ２遺伝子は胎児の脳組織のなかできわめて活発に働いているらしく、マウスでもよく似たタイプが発見されていて、大脳皮質の発達中に活性化している。これらの事実は、この研究を発表した著者たちによれば、正常型のＦＯＸＰ２遺伝子が、発達中の脳のなかで、組織化を助ける事象の連鎖の引き金を引くということのあらわれである。

正常な人たちのあいだに見られる遺伝的な多様性の意味も（障害の原因になる遺伝的欠陥だけではなく）、じっくりと慎重に考える必要がある。人びとのあいだに見られる生得的な差異と、種全体に普遍的である生得的な人間の本性は同じものではない。人びとがどのように多様であるかを実証しても、人間本性の働きは直接あきらかにはされない。それは自動車がどのように多様であるかを実証しても、エンジンの仕組みが直接あきらかにされないのと同じようなものである。しかし、遺伝的変異はまちがいなく人間の本性に一定のかかわりをもっている。ある心が遺伝的変異をする道筋がたくさんあるのなら、その心には、変異を可能にする遺伝的影響を受けるパーツや属性がたくさんあるはずだ。同様に、生物学にもとづいた現代の人間本性に関する概念は、どんな概念でも（旧来の、哲学や宗教や常識にもとづいた人間本性の概念とはちがって）、人間本性を構成する能力は、たとえ基本設計（働く仕組み）が普遍的であっても、量的多様性を示すということを予測するはずだ。自然選択は遺伝的変異に依拠しており、多世代にわたって生物をつくりあげながら遺伝的変異を減少させはするが、完全になくしてしまうことはないからである。[51]

行動遺伝学の所見は、的確な解釈がどうであるかにかかわらず、ブランク・スレートとそれに付随する教義にとってきわめて打撃的である。さまざまな遺伝子が、石版を多少とも利口にしたり、明快にしたり、大胆さや、内気さや、幸福な気分をあたえたり、良心的、神経質、開放的、内向的にしたり、あるいはバタートーストをコーヒーに浸す性癖をもたせたりするのなら、石版は空白ではありえないからだ。遺伝子が心にこのような影響をおよぼすためには、遺伝子が影響をおよぼせるようなパーツや属性がたくさん心にそなわっていなくてはならない。同様に、空間構成力のように特殊な認知能力や、刺激欲求といった特殊な人格特性が、遺伝子の突然変異や欠失の標的になるのなら、それらの能力や特性は、複雑な精神を構成する個別の構成要素であると考えられるのではないだろうか。

それに遺伝子の影響を受ける特性の多くは高貴にはほど遠い。心理学者の発見によれば、パーソナリティには五つの主要な因子があって、私たちはさまざまな程度に、内向的あるいは外向的、神経質あるいは安定的、経験に対して非開放的あるいは開放的、調和的あるいは敵対的、きまじめあるいは無頓着である。ある大辞典に出ている人格特性をあらわす一万八〇〇〇語の形容詞のほとんどは、「漫然とした」「不注意な」「迎合的」「短気な」「偏狭な」「無作法な」「自分に甘い」「利己的な」「疑い深い」「非協力的な」「頼りにならない」など、非難されるべき点や短所を含めて、五因子のどれかに結びつく。パーソナリティの主要五因子はすべて遺伝的で、典型的な集団に見られるばらつきの四〇から五〇パーセントが遺伝子と結びついている。内向的で、神経質で、偏狭で、利己的で、頼りにならないという哀れな人がそうなった原因の一部は、おそらく遺伝子にある。人に比べていずれかの傾向が強いという私たちの場合も、たぶんそうだろう。

部分的に遺伝的なのは不愉快な気質だけでなく、現実の結果をともなう実際の行動もそうである。嘘をつく、盗む、喧嘩をする、物を壊すといった反社会的な行動をとりたがる傾向は、部分的に遺伝的である（ただし、遺伝的特性はすべてそうであるが、環境によってあらわれやすさにちがいがある）[52]。老人からなけなしの貯金をだましとる、レイプをくり返す、コンビニエンス・ストアに押し入って床に伏せた従業員を撃つなど、凶悪な行動をとる人たちは、しばしば「サイコパシー〔精神病質〕」あるいは「反社会性人格障害」と診断される[53]。サイコパスのほとんどは、子どものころから性悪の徴候を示す。たいていは普通の家庭環境に育ち、困惑した親ができる限りの努力をしたにもかかわらず、年下の子どもをいじめ、動物を残酷にあつかい、常習的に嘘をつき、同情心や自責の念をもつことができないという子どもだった。心理の専門家の多くはこれを、遺伝的な素因によるが、なかには早期の脳障害によるものもあると考えている[54]。いずれにしても、遺伝学や神経科学は、問題の核心がかならずしも親や社会にあるのではないことを示している。

それに遺伝子は、けっして運命を決定するものではないが、人間は機械のなかの幽霊であるという直観とも両立しない。あなたがいま選択に悩んでいるとしよう——どっちの職につこうか、結婚をしようかどうしようか、誰に投票しようか、今日はどの服を着ようか。ようやく心を決めたときに電話が鳴る。相手は、いままでいるとは知らなかった一卵性双生児のきょうだいだった。楽しく会話をしているうちに、彼女もたったいま同じ職を選び、同じころに結婚することを決め、同じ大統領候補に投票するつもりになっていて、着ているシャツの色も同じであることがわかった——あなたの居所を突きとめた行動遺伝学者が、そうに決まっていると断言したとおりに。意思決定をした「あなた」は、実際にどの程度の自由裁量権をもっていたのだろうか。あなたのお母さんの卵管のなかで何十年も前に起こった出来事にもとづいて、あらかじめ結果を予測することが、少なくとも確率的には可能だったとしたら。

人間心理を解読する進化心理学

生物学と文化をつなぐ四つめの架け橋は、心の系統発生史と適応機能を研究する進化心理学である。[55] それは心の「デザイン」あるいは「目的」を、神秘的あるいは目的論的な意味ではなく、自然界に広くある、エンジニアリングに似たものとして理解できるのではないかという希望をいだかせる。そうしたエンジニアリングのしるしはあらゆるところに見られる。眼は像を形成するためにデザインされているように見えるし、心臓は血液を送りだすためにデザインされているように見え、翼は鳥を飛翔させるためにデザインされているように見える。

もちろんダーウィンが示したように、自然界のデザインという錯覚は自然選択で説明できる。たしかに眼は偶然に生じたにしてはあまりにもよくできている。どんなイボも腫瘍も大変異の産物も、偶然に水晶体や虹彩や網膜や涙管ができてそれが像を形成するように完璧に配置されるなどという幸運は望めないだろう。しかし眼は、自分の姿に似せて人間を創造した宇宙の設計者によってつくられたエンジニアリングの傑作でもない。人間の眼はほかの生物の眼と気味が悪いほどよく似ているし、たとえば逆に配置されているように見える網膜など、絶滅した祖先の気まぐれな痕跡ももっている。[56] 現在の私たちがもっている器官は、祖先がもっていた器官の複製で、その器官のデザインがほかのものよりもよく機能したから、祖先が私たちの祖先になれたのである。[57] 自然選択は、私たちの知るかぎりエンジニアリングをシミュレートできる唯一の物理的プロセスであるが、それは、あるものがどれほどうまく機能するかが、そういう姿になった原因として作用する唯一のプロセスであるからだ。

進化理論は、人間を含む生命の理解の中心をなす。私たちは、あらゆる生きものと同様に自然選択の結果である。祖先が生きのび、配偶相手を見つけ、子どもをつくることを可能にした特性を受け継いだから、私たちはここまできた。この重大な事実が、私たちのもっとも根元的な闘いを説明する。なぜ、〔シェイクスピアが言うように〕恩知らずの子をもつことが蛇の牙に咬まれるよりも激しい苦痛なのか、なぜ十分な資産をもつ独身男性は妻を求めているはずだということが事実として普遍的に認められているのか、なぜ、私たちは〔ディラン・トマスの詩にあるように〕あのやさしい夜のなかに素直に入っていかず、光が消えていくことに逆らって激怒するのか。

進化理論が人間理解の中心をなすのは、人類のなかに見られるデザインのしるしが心臓や眼にとどまらないからである。眼は、いくらエンジニアリングがすばらしくても、脳がなければ役に立たない。眼から脳に送り込まれるのは、スクリーンセーバーのような意味のないパターンではなく、神経回路が外界の表象を計算するための原素材である。計算された表象は別の回路に送り込まれ、その回路は、事象に原因を結びつけ、有用な予測を可能にするカテゴリーにあてはめることによって世界を了解する。そしてその了解が、空腹感、恐れ、愛情、好奇心、地位や尊敬の追求といった動機のために役立つ。前述のように、私たちには苦もなくできる能力（事象のカテゴリー化、原因と結果の演繹、相反する目標の追求）が、知能システムのデザインの主要な課題になっていて、ロボットの設計者は同じものをつくろうとがんばっているが、まだ成功できないでいる。

したがって人間の心のエンジニアリングのしるしは、遠くさかのぼる。心理学がつねに進化論的であるのはそのためである。認知や情動の能力は以前から、非ランダムで、複雑、有用なものと見なされ、したがって神によるデザインか自然選択のいずれかの産物にちがいないと見なされてきた。しかし心理学に明示的なかたちで進化理論がもち込まれることは、最近までめったになかった。多くのトピックは、進化をもちださなくても、何が適応的であるか日常的な直観だけで十分にわかるからである。奥行き知覚があれば、動物が崖から落ちたり木にぶつかったりしなくてすむとか、喉が渇いたという感覚は脱水を防止するとか、何がうまくいって何がうまくいかなかったかを憶えているのは記憶がないよりも都合がいいとか、そういうことを進化生物学者に教えてもらう必要はない。

しかし精神生活のほかの面、とりわけ社会的な領域では、ある能力の機能を推測するのはそれほど簡単ではない。自然選択はある環境のなかで繁殖を得意とする生物個体を選好する。その環境が石と草と蛇からなっているなら、どんな戦略がうまくいって、どんな戦略がうまくいかないかは、かなり明瞭である。しかし問題の環境が同じ種の他のメンバーからなり、それぞれが独自の戦略を進化させている場合は、それほど明瞭ではない。その進化ゲームのなかでは、単婚のほうがいいのか複婚のほうがいいのか。温和な態度がいいのか攻撃的であるほうがいいのか。協力的なほうがいいのか利己的であるほうがいいのか。子どもに甘いほうがいいのか厳しいほうがいいのか。楽観的なのと現実的なのと悲観的なのではどれがいいのか。

このような問いに直観は役に立たない。だから心理学に進化生物学がもち込まれることが多くなってきている。進化生物学者は私たちに、人びとの幸福につながる集団の団結、暴力の回避、一夫一婦の単婚、美的快楽、自尊心などを「適応」と考えるのが誤りであることを教えてくれる。日常生活で「適応的」であるものは、かならずしも専門的な意味での「適応」――種の進化史において自然選択によって選好された特性――ではない。自然選択は、もっとも効率のいい自己複製子［遺伝子］がほかのものを繁殖でしのぎ、集団内で優勢になるという、道徳とは無関係のプロセスである。したがって選択された遺伝子は、リチャード・ドーキンスのメタファーで言えば「利己的な」遺伝子である――より正確には、自分自身のコピーをもっとも多くつくる、誇大妄想者のような遺伝子である[58]。適応は、遺伝子によってもたらされ、遺伝子がメタファーとしての強迫的願望を充足するのに役立つものであって、人間の願望も充足するかどうかは関係がない。これは、人間の能力はなんのためにデザインされたのかということについての日常的な直観とは著しく異なる概念である。

遺伝子が誇大妄想者のようであるといっても、だから好意や協力関係が進化できないという意味ではない――重力の法則があるから、飛行能力は進化できないとは言えないのと同じである。これが意味しているのは、好意は空を飛ぶのと同様に、なんとなく起こる何かではなく、説明を要する特別な事態だということである。好意が進化できるのは特定の状況においてのみであり、一連の認知力と情動のささえを必要とする。したがって好意（やそのほかの社会的動機）は、あってあたりまえのものととらえてしまわず、スポットライトのもとに引っぱりださなくてはならない。進化生物学者は、一九七〇年代の社会生物学革命のなかで、生物はよりよくなるために進化するというそれまでのあいまいなとらえかたに代わって、生物が子どもや配偶相手やきょうだいや友人や他人や敵と交流するときに、どんな種類の動機が進化する見込みが高いかという演繹的手法をもちこんだ。

その予測が、狩猟採集民の生活様式(人類が進化したときの生活様式)に関する基本的事実と結びつけられたとき、それまで不可解だった精神のパーツが、奥行き知覚や渇きの調節のためのパーツと同じくらい理解しやすい論理的根拠をもっていることが判明した。たとえば審美眼は、健康と生殖能力のしるしを示す顔に引きつけられる——もし審美眼が、最適の配偶相手を見つけるのに役立つために進化したとしたら、当然そうであろうと予測されるとおりに。[59] 共感、感謝の念、罪悪感、怒りなどの情動は、人びとが嘘つきや裏切り者の餌食にならずに協同による恩恵を得ることを可能にする。[60] タフだという評判や復讐への熱意は、警察に電話をするというわけにいかない世界では、攻撃に対する最良の防御である。[61] 子どもが話し言葉を本能的に獲得するのに書き言葉のほうはひたいに汗して憶えなくてはならないのは、話し言葉が何万年あるいは何十万年も前から人間の生活の特徴であるのに対し、書き言葉は普及速度の遅い近年の発明だからだ。[62]

とは言ってもこれは、人びとが文字どおり自分の遺伝子を複製するためにがんばっているという意味ではない——もし心がそのように働いているとしたら、男は精子バンクの前に行列をつくり、女はお金を払って自分の卵子を不妊のカップルに提供するはずだ。そうではなく、私たちが受け継いでいる学習や思考や感情のシステムは、祖先が進化した環境のなかで平均的に生存と繁殖の促進につながったであろうデザインをもっているという意味である。人は食べることが好きだ。ジャンクフードがなかった世界では食べ物の栄養成分など考えなくても、それが良好な栄養状態につながった。人はセックスが好きで子どもが好きだ。避妊をしない世界では、遺伝子はそれで十分にうまくやれた。

なぜ石版は空白ではありえないのか

現実の時間のなかで生物を行動に駆り立てるメカニズムと、進化的時間のなかで生物のデザインを形成したメカニズムとのちがいは重要なので、専門用語を使うことになるが説明しておく。行動の至近要因は、現実の時間のなかで行動のスイッチを入れるメカニズムで、たとえば人を食行動や性行為に駆り立てる空腹感や性欲がそうである。究極要因は、至近要因の進化につながった適応の根本的理由で、たとえば私たちに空腹感や性の衝動をあたえた栄養や生殖の必要性である。至近要因と究極要因の区別は私たち自身を理解するうえで不可欠なのだが、それは「なぜあの人はあのような行動をしたのか」という種類のあらゆる問いに対する答えが、この二つでちがうからである。簡単な例をあげれば、人は、究極的には生殖のためにセックスを求める（セックスの究極要因は生殖だから）。しかし至近的にはセックスが生殖に結びつかないようにする（セックスの至近要因は快楽だから）。

究極的な目的と至近的な目的とのちがいは、私たちがブランク・スレートではないことを、また別の角度から立証する。人間がつねに健康や幸福など、究極的にも至近的にも意味のある明白な報酬のためにがんばっているのなら、心に装備されているのは幸福や健康を望む欲求と、その望みの達成に役立つ因果関係の計算方法だけだというもっともらしい仮定もできるだろう。しかし人はしばしば、至近的な安寧幸福を壊すような欲求をもつ。はっきりと口にだせない欲求、人びと(や社会)が根絶しようとしてもできない欲求である。たとえば隣人の夫や妻を強く求める。わが身をすり減らして早死にする。ささいな侮辱に激怒する。継子《ままこ》を愛せない。闘争も逃走もできないストレッサーに反応して体に緊急態勢をとらせる。近所どうしの見栄のはりあいや、会社の出世競争で疲弊する。平凡だが信頼できるパートナーよりもセクシーで危険なパートナーを好む。個人として不可解なこれらの欲動は、わかりやすい進化的根拠をもっている。そして、心には、個人的な安寧幸福という一般的欲求だけがあるのではなく、自然選択によって形成されたたくさんの欲望があることを示唆する。

進化心理学は石版が空白ではない理由も説明する。心は進化的競争のなかできたえあげられた。したがって活動性をもたない記憶媒体のような心は、高度なテクノロジーを装備したライバル――正確な知覚システムや、ぬけめのない問題解決や巧妙な戦略のための仕掛けや、精度の高いフィードバック回路を備えたライバルに先んじられてしまったはずだ。それに、もし私たちの心が本当にどうにでもできる順応性をもっていたら、ライバルに簡単に操作され、自分自身のためではなくライバルのためになるようにつくりあげられたり、条件づけをされたりしてしまうだろう。どうにでもできる心はたちまち淘汰されてしまう。

人間科学の研究者たちは、心は複雑な普遍的デザインをもつように進化したという仮説の細部を詰めはじめている。一部の人類学者は、かつて文化間のちがいを吹聴するのに使われた民族誌の記録に目を向け、あらゆる文化に驚くほど細目にわたる習性や好みの共通性が存在することを発見した。考えかたや感じかたや生きかたの共通性を見ると、人間は、人類学者のドナルド・ブラウンがチョムスキーの普遍文法《ユニヴァーサル・グラマー》にならって普遍民族《ユニヴァーサル・ピープル》と名づけた単一の部族のように思える。[63]これまでに記録されたあらゆる社会であまねく見られる特性は、ヘビに対する恐怖心から論理演算子、ロマンティックな愛からユーモラスな愚弄、詩から食べ物のタブー、所有品の交換から死者に対する哀悼まで、何百にもおよぶ。これはあらゆる普遍的な行動が、人間本性の普遍的な構成要素を直接に反映しているということではない――普遍的行動の多くは心の普遍的属性や、身体の普遍的属性や、世界の普遍的属性との相互作用から生じる。しかしそうではあっても、ユニヴァーサル・ピープルのきわめて細かくくわしい描写は、心がブランク・スレートであるとか、文化はどこまでも多様でありうるとかいう直観に衝撃をあたえるものであるし、リストのなかには、そのような直観から生じた説のほぼすべてを論破するものもある。ブラウンのあげた項目を全部見ていただくのが一番いいと思うので、彼の許可を得て、そのリストを付録として掲載した（本巻巻末収載）。

自然選択が人間に、普遍的で複雑な心をあたえたという考え方は、他の方面からも支持を受けている。かつて乳児の世界はごちゃごちゃ、がやがやと混乱した世界であると考えられていたが、今日の小児心理学者はもはやそのようには考えていない。月齢の低い乳児にも、心の基本的なカテゴリー（物体や人間や道具についてのカテゴリー）が存在することを示す発見があったからである。[64] 考古学者や古生物学者は、先史時代の人間が野蛮な穴居人ではなく、芸術、儀式、物々交換、暴力、協力、技術、シンボルなどをともなう精神活動をしていたことを発見した。[65] 霊長類学者は、私たちの毛深い親戚が、条件づけをまっている実験動物のラットとはちがって、概念、空間感覚、道具の使用、嫉妬、親としての愛情、互恵的関係、仲裁、性差などを含め、かつて人類に固有と考えられていた多数の複雑な能力を備えていることを発見した。[66] これほど多くの心的能力が、あらゆる社会に見られ、文化を獲得する以前の子どもにも、文化をほとんどあるいはまったくもたない動物にも見られる以上、心はもはや、文化によって形づくられる、無定形の塊であるとは思えない。

失墜した「高貴な野蛮人」

しかし新しい進化的な考えかたによって、もっとも容赦なく誤りを暴かれたのは、高貴な野蛮人説である。全面的に高貴なものはなんであれ、自然選択の産物にはなりにくい。

次世代への継承を競う遺伝子間の競争では、高貴な人はびりになりがちだからだ。利害の対立は生きものの世界ではどこにでも見られる。二頭の動物が同じ魚を食べたり、同じ配偶者を独占したりするのが不可能である以上、当然である。社会的動機は、その動機を生みだした遺伝子のコピーをできるだけ多くする適応的な性質であるかぎり、そうした対立のなかで優勢になるようにデザインされているはずであるが、優勢になる方法の一つは競争相手を無力化することである。ウィリアム・ジェイムズが、この点をやや仰々しすぎる表現で述べている。「大量殺人を次から次にうまく実行してきた者の直系の後継者たるわれわれは、たとえ温和な美徳をあわせもっていようとも、いまだくすぶりつづけ、いつでも燃えあがる態勢にある邪悪な性格特性をひきずっている。彼らがそれによって他者を害し、自分自身は無傷で、数多くの大量殺戮を生き抜いてきた特性を」[67]。

ルソーから、第1章で引用した感謝祭の特集記事の担当者にいたるまで、多数の知識人が、平和を愛好し、平等主義で、生態系を大事にする先住民というイメージをいだいてきた。しかしこの二〇年間、人類学者は、ほのぼのとしたあいまいなステレオタイプを受け入れるのではなく、国家成立以前の社会の生と死に関するデータを集めてきた。彼らは何を発見したか？　てっとりばやく言えば、ホッブズが正しく、ルソーはまちがっていた。

まず、暴力というものをまったく知らない部族がどこかにいるという話は、都市伝説であることが判明した。マーガレット・ミードが書いた、平和を愛好するニューギニア人や性に無頓着なサモア人の話も、おざなりの調査にもとづいたもので、実はとんでもないほどまちがっていた。デレク・フリーマンがのちに証拠資料を提供したとおり、サモアでは、婚礼の夜を迎えた娘が処女ではなかったという理由で父親が娘を殴ったり殺したりすることもあるし、処女を口説けない若者がレイプをして駆け落ちを強要することもあるし、妻を寝取られた夫の親族が姦夫を襲って殺すこともある。[68]エリザベス・マーシャル・トーマスはカラハリ砂漠のクンサン族を「無害な人たち《ハームレス・ピープル》」と呼び、それを著書のタイトルとした。しかし人類学者たちがデータを集積できる程度に長く滞在しはじめると、すぐに、クンサン族の殺人発生率がアメリカの都心部のそれよりも高いことがわかった。また、クンサン族のある集団が、殺人の報復をするために、殺人者の属する集団にしのびより、男も女も子どもも寝ているあいだに皆殺しにするという事件があったばかりだということもわかった。[69]しかしクンサン族は実在するだけましである。一九七〇年代はじめに、『ニューヨークタイムズ・マガジン』が、フィリピンの多雨林のなかで、対立や暴力や武器に相当する言葉をまったくもたない「穏やかなタサデイ族」が発見されたと報道した。しかしこのタサデイ族は、実は木の葉をまとって写真におさまったその地域の農民で、すべてはフェルディナンド・マルコスの旧友たちが彼らの「ホームランド」を保護区に指定して、採掘権や伐採権を独占するためのつくりごとだったのである。[70]

人類学者や歴史学者は死者の数も数えている。知識人の多くは、国家成立以前の社会で

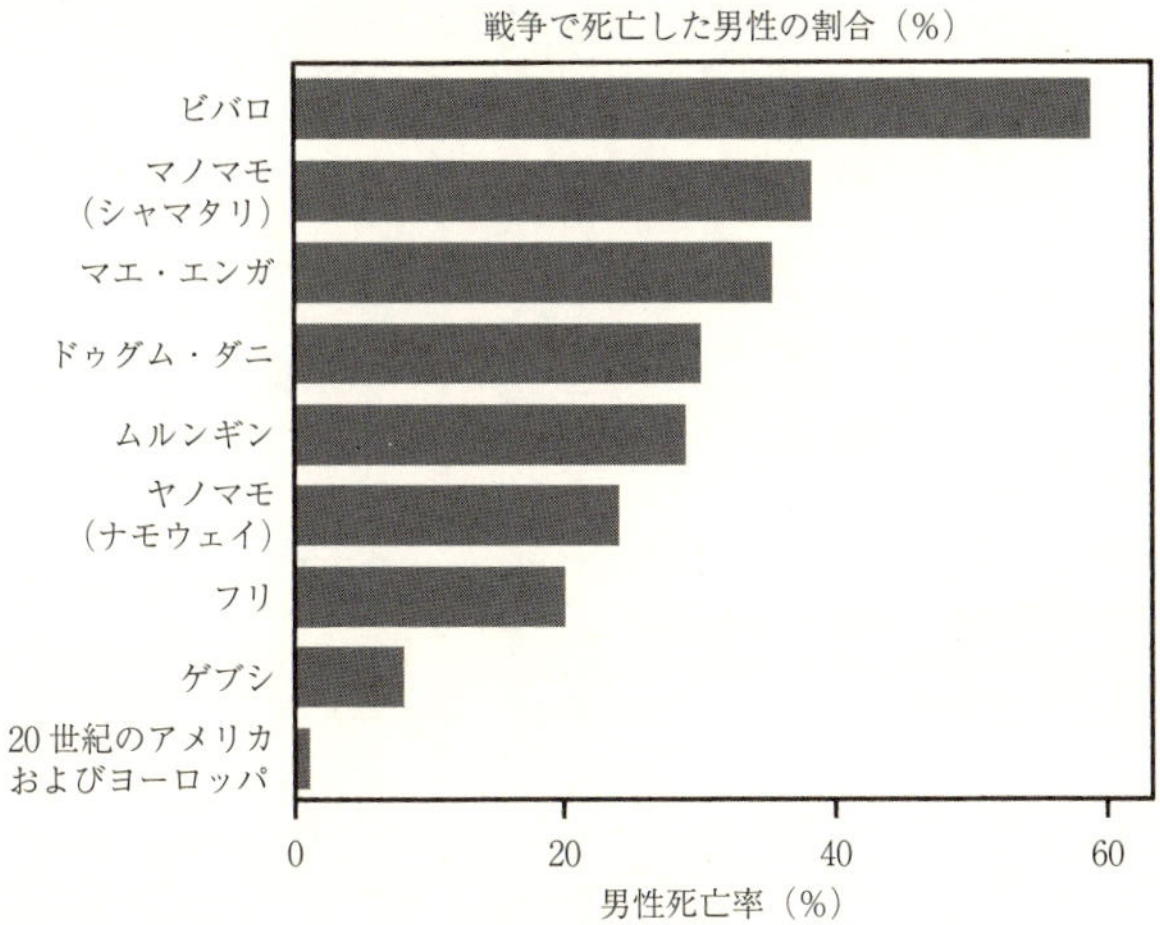

図3-2

戦死者の数が少ないことを、原始的な戦争が儀式的である証拠として喧伝しているが、彼らは総勢五〇人の部族集団の死者二名は、アメリカなみの規模の国に換算すれば死者一〇〇〇万人に相当することに気づいていない。図3-2のグラフは、考古学者のローレンス・キーリーが、データを入手できる社会についてまとめた、戦争で死亡した男性の割合である。[71]

棒グラフの上から八本は、一〇パーセント弱から六〇パーセント弱までの範囲にあるが、これらは南アメリカおよびニューギニアの土着の人びとについてのデータである。そして一番下のほとんど見えない棒が、二つの世界大戦を含めた二〇世紀のアメリカおよびヨーロッパのデータである。それに先住民の戦いは儀式的ではなく真剣だと、キーリーもそのほかの研究者も特筆している。彼らの多くは、もてる技術の許すかぎり最大の破壊力をもつ武器をつくり、できれば敵を皆殺しにし、捕虜を拷問し、戦勝の記念に敵の体の一部を切り取ったり、食べたりする。[72]

戦争をする社会の数を数えても、同様にぞっとする数字がでてくる。人類学者のキャロル・エンバーは一九七八年に、狩猟採集社会の九〇パーセントは戦争を経験し、六四パーセントは少なくとも二年に一度、戦争をしていると算出した。[73] しかもこの九〇パーセントという数字でさえ見積もりが少なすぎる可能性がある。人類学者が一つの部族を調べる研究期間の関係で、一〇年に一回程度の戦争勃発がデータからもれている可能性が多々あるからである（一九一八年から一九三八年のあいだに平和好きのヨーロッパ人を研究した人類学者を想像してみよう）。一九七二年に人類学者W・T・ディヴェールが三七カ国の狩猟採集者の集団九九を対象におこなった調査では、その時点で戦争中だった集団が六八、五年から二五年前に戦争を経験した集団が二〇で、残りもすべてそれ以前に戦争があった。[74] ドナルド・ブラウンは、これらを含めた民族誌学の調査にもとづいて、対立、レイプ、復讐、嫉妬、支配、男の連合的結束による暴力を人間の普遍性に含めている。[75]

もちろん、国家成立以前の社会に暴力があることを認めるのに人びとが躊躇するのは理解できる。何世紀ものあいだ、「野蛮な野蛮人」というステレオタイプが、土着の人びとを殺して彼らの土地を奪う口実として使われていたからだ。しかし、彼らに対する重大な犯罪を非難するために、平和を愛好するエコロジー意識の高い人たちという、まちがった絵を描く必要はない。まるで大量虐殺が悪いのは、犠牲者が善良な人たちである場合に限られるかのように。

人間が進化した環境と同種の環境において暴力が広くいきわたっているのは、人類が死の願望をもっているとか、生まれつき血に飢えているとか、なわばり意識があるとかいう意味ではない。知能をもつ種のメンバーには、平和に生きることを試みる進化的な理由が十分にある。数多くのコンピュータ・シミュレーションや数理モデルで、協力は、協力者が認知と情動の能力を適切に備えた脳をもっていれば、進化的観点から割に合うことが示されている。[76] したがって対立は人間の普遍的特性であるが、対立の解決もまた人間の普遍的特性である。人はみな、不快で野蛮なあらゆる動機と一緒に、もっとやさしく穏やかな動機もたくさん示す。道徳感や正義感やコミュニティ意識、行動の選択に際して結果を予想する能力、子どもや配偶者や友人に対する愛情。[77] ある集団の人びとが暴力に従事するか平和のために働くかは、どちらのセットの動機がかかわっているかによって決まる。これについてはあとの章でくわしくとりあげる。

しかしこのような保証で、だれもがほっと安心するというわけではない。これらは現代知識社会の三つめの大事な前提をくずしてしまうからだ。愛や意志や良心は、伝統的に魂の守備範囲とされ、単なる「生物学的」機能の対極に置かれてきた。もしこれらの能力も「生物学的」であるなら――すなわち、脳の回路のなかで実行される進化適応であるなら、幽霊はますます仕事が少なくなり、年金をもらって退職したほうがいいということになる。

第4章　文化と科学を結びつける

文化もまた人間本性に結びつく

私はバビロンのすべての男と同様に地方総督であり、すべての男と同様に奴隷である。見ろ、私の右手には人さし指がない。見ろ、マントの裂けめから腹の赤いいれずみが見える。これは第二の文字の「ベス」だ。満月の夜には、このシンボルが、私にギメルの印をつけた男たちを支配する力をあたえ、また私をアレフの印をつけた者たちに従わせる。その、アレフの印をつけた者たちは、月のない夜にはギメルの印をつけた者たちに従う義務がある。私は明け方の薄明かりのなか、地下室のなかで黒い祭壇の前に立ち、聖なる牡牛の喉を切り裂いた。私は一度、太陰暦の一年のあいだ、姿が目に見えないものとされたことがある。叫んでも、だれも私の声を気にとめず、パンを盗んでも首をはねられなかった。（中略）

私がこの奇怪と言ってもいいほどの波瀾を経験するのは、ある制度、つまりはくじのせいなのだ。このくじは、他の国々では知られていないか、不完全なかたちでなされているか、こっそり実行されているかだ。[1]

ホルへ・ルイス・ボルヘスの「バビロンのくじ」は、文化とは、受身の個々人に不可解なかたちで降りかかってくる役割やシンボルであるという考えがもっともよく表現された作品ではないかと思う。そのくじは、当たりがないと賞金が繰り越しになって、そのうちだれかが大当たりを引きあてる、よくあるゲームとしてはじまった。しかし運営者は緊張感をもりあげるために、引き当てた人が賞金をもらうのではなく罰金を払わなくてはいけないナンバーをいくつか設定した。次には罰金を払わない人が投獄されるようになり、やがて金銭によらないさまざまな罰と報酬が設定されるようになっていった。くじは統制を受けず、強制的で、無限の権能をもつものとなり、どんどん謎めいていった。どんな仕組みで動いているのかが人びとの推測の対象になり、やがては存続しているのかどうかさえ推測の対象になった。

人間の文化は一見すると、とてつもなく多様なボルヘスのくじのように見える。ホモサピエンスのメンバーは、蛆虫やミミズ、ウシの尿、人肉にいたるまであらゆるものを摂取する。体にたくさん穴を開けた西洋の若者でもたじろぐような方法で、体をしばったり、切ったり、傷跡をつけたり、のばしたりする。若者が年下の少年から日常的にフェラチオをされるとか、親が五歳児どうしの結婚を決めるなど、異常な性的慣習を公認する。文化にこのような外見上の気まぐれなバリエーションがあるところから、文化は脳や遺伝子や進化とはつながりのない別個の世界に生きているという教義が自然にみちびかれる。そしてその分離は、生物学的要素によっては何も書き込まれず、文化がいっさいの書き込みをする石版という概念に依拠している。ここまではずっと石版は空白ではないという話をしてきたが、ここからは文化も全体像のなかに入れる。それによって、生命科学から人間本性の科学を通って社会科学や人文学や芸術にいたる統合が完成する。

この章では、文化はくじのようなものだという信念に代わる考えを展開する。文化はむしろ、人間の表現形質の一部と見なせる——すなわち私たちが生存し、繁栄し、系統を永続させることを可能にしている特有のデザインの一部と見なせる。人類は知識を利用する協同的な種であり、文化はその生活様式から自然に生じる。ここで、これからする話の概要をあげておく。私たちが「文化」と呼んでいる現象は、人びとの発見がもちよられて累積されるにつれて、また労働の調整や紛争解決のためのしきたりができるにつれて発生する。時間的、地理的に別々になった集団が、それぞれ別の発見やしきたりを累積すると、私たちはそれを複数の文化と見る。したがってさまざまに異なる文化は遺伝子の種類のちがいに由来するのではないが（ボアズと彼の後継者はその点については正しかったが）、文化は遺伝子と別の世界に生きているわけではないし、不定形の心に形を刻印するわけでもない。

直観心理学――文化獲得のメカニズム

文化を人間本性の科学に結びつける最初のステップは、文化は、重要ではあるが、皮膚から人間の体のなかに浸透する毒気のようなものではないと認識することである。文化は、私たちが学習と呼ぶ偉業を達成する神経回路に依拠している。それらの神経回路は、私たちに無差別の模倣をさせるのではなく、驚くほど精妙な仕組みで働いて文化の伝達を可能にしなくてはならない。したがって心の生得的な能力に注目することは、学習や文化や社会化に注目することとの二者択一ではなく、むしろそれらがどのように働いているかを解明しようとすることなのである。

例として母語をとりあげてみよう。ある人の母語は、学習された文化スキルのすぐれた典型である。話し言葉に接して何かを学習するのはオウムも人間の子どもも同じだが、子どもはオウムとはちがって、音波から単語や文法を抽象し、それを使って無数の新しい文を発し理解する、心のアルゴリズム［問題解決のための処理手順］をもっている。生得的な言語能力とは、実は言語を学習する生得的なメカニズムなのである。[2] 同様に、子どもが文化を学習するときも、ビデオカメラのように光景や音を受動的に記録するだけでは学習できない。子どもは、他者の行動の根底にある信念や価値観を抽象する心の仕掛けを装備していなくては、その文化の適格なメンバーにはなれないのである。[3]

文化を学ぶ行為は、たとえささやかな行為であっても（親や仲間の行動をまねることでも）、見かけよりずっと複雑である。他者からなんの苦もなく学んでいるときに、私たちの心で何が進行しているかを理解するには、ほかの種類の心をもっていたらどうであるかを想像する必要があるが、さいわい認知科学者が、ロボットや、動物や、精神に障害のある人たちの心を綿密に調べて、すでにそうした想像をしてくれている。

人工知能研究者のロドニー・ブルックスは、模倣学習のできるロボットをつくるために、コンピュータサイエンスでよく使われている学習テクニックを応用しようとして、次のような問題に直面した。

> ロボットが、ガラス瓶を開ける人を観察している。その人はロボットに近づいて、瓶をロボットのそばのテーブルに置く。そして両手をこすってから瓶のふたをとる作業にとりかかる。片手でガラス瓶をおさえ、もう片方の手でふたをもち、ふたを反時計回りにまわして開ける。開けている途中で手を止め、ひたいをぬぐい、ロボットがどうしているかをちらりと見る。それからふたを開ける作業を再開する。ロボットはその行為を模倣しようとする。［しかし］どれが重要な部分（たとえば、ふたを反時計回りにまわす部分）

で、どれが重要ではない部分（たとえば、ひたいをぬぐう部分）なのだろうか？……いったいどうすればロボットは、この経験で得られた知識を抽象して、類似の状況に適用できるのだろうか？[4]

ロボットは、模倣する相手の心を見通す能力を装備し、それによってその人の目的を推測し、その人の行動のなかから、目的を達成するためにした行動だけを選びとれるようになる必要がある、というのがその答えである。認知科学者はこの能力を直観心理学、素朴心理学、あるいは「心の理論」と呼ぶ（ここでいう「理論」は、科学者の明示的な信念ではなく、人や動物、あるいはロボットがもつ暗黙の信念を指している）。この能力をもてる見込みのあるロボットは、いまのところ存在しない。

他者の目的をうまく推測できないもう一つの心は、チンパンジーの心である。ニム・チンプスキーという名で知られるチンパンジーにサイン・ランゲージを訓練した心理学者のローラ・ペティートは、大学構内の住居でニムと一年間ともに暮らした。ニムは一見するとペティートが皿を洗うのを「まね」しているように見えたが、重要なちがいがあった。ニムがスポンジでこすった皿は、こする前よりいくらかでもきれいになっているとはかぎらなかったし、きれいな皿をわたされたときも、ニムはそれが汚れているかのように「洗った」。ニムは「洗う」という概念、すなわち何かを液体できれいにするという概念を把握しておらず、こする動作を模倣して、手のうえにお湯が流れる感覚を楽しんでいただけだった。同様のことが、多くの実験者によってあきらかにされている。チンパンジーなどの霊長類は（「さるまね」という言葉もあるように）模倣がうまいとされているが、人間がするようなやりかたで模倣をする（ただ動作をまねるのではなく、他者の意図を反復する）能力は未熟で、それは彼らの直観心理学（心の理論）が未熟なためである。[5]

他者の信念や意図を認識する装備をもたない心は、たとえなんらかの方法で学習ができたとしても、文化を永続させるようなたぐいの学習はできない。自閉症の人たちは、この種の障害があり、地図や図表のような物理的表象は把握できるのだが、心的表象が把握できない――すなわち、他者の心が読めない。[6] たしかに模倣はできるが、奇妙なやりかたでする。一部の人たちは、自分自身で文を組み立てるのに必要な文法的パターンの抽象をしないで、他者の言葉を逐語的にそのまままくり返す、反響言語という傾向をもつ。自分の言葉で話せるようになった自閉症の人も、しばしば you を自分の名前のように使う。それは自分が人から you と言われるからで、you という語が、だれがだれに対して言っているか、その関係によって定義される語であるということがわからない。自閉症の子どもは、たとえば親がコップをひっくり返して、「あら！」と言うと、「あら」をコップを指す言葉として使う場合がある――これは、ふつうの子どもが、音声と時間的に重なった事象を結びつけるだけで言葉を学習できるという経験主義的な説に対する反証になる。自閉症の子どもにこうした傾向が見られるのは、知能が低いためではない。自閉症の子どもは、ほかの問題なら答えがだせるし（人並み以上に優れている場合さえある）、自閉症ではない精神発達遅滞の子どもは、言語や模倣についてこれと同じような変わった傾向は示さない。自閉症は強い遺伝的基盤をもつ生得的な神経学的病態なのである。[7] 自閉症の例をロボットやチンパンジーと考えあわせると、文化の学習が可能なのは、神経学的に正常な人たちが、学習をなしとげるための装置を生まれつきもっているからにほかならないということにあらためて気づかされる。

ホモサピエンスの子ども時代が長いのは、おとなとしてひとり立ちする前に、厖大な文化の情報を取り込めるようにするための適応だとよく言われる。もし文化の学習が特別な心理的装備に依存しているのなら、その装備が低年齢のうちに作動し活動しているのが見られるはずである。そしてそれは実際に見られる。

一歳半の子どもを対象にした実験によれば、子どもは重なりあう事象を無差別に結びつけているのではない。子どもは、他者の行動をまねる前にその意図を見抜く、直観心理学を備えているのだ。おとなが一歳半の子どもに「あれはトーマよ」というふうに、ある言葉を初めて言うと、子どもはそれを、そのとき自分自身が見ていたおもちゃの名前として憶えるのではなく、そのおとなが見ていたおもちゃの名前として憶える。[8] おとながちょっとした道具に触れて、それがふとした動作であることを（「おっと！」と言うことによって）

示すと、その動作をまねしてみようとさえしない。しかしそのおとなが同じ動作をして、それが意図した動作であることを示すと、まねをする。[9] おとなが何かをしようとして（ブザーを押そうとする、あるいは釘のまわりにひもを巻こうとするなどして）失敗すると、おとなが実際にした動作ではなく、しようとしたことをまねする。[10] 私は子どもの言語獲得を研究している者としてつねづね驚嘆しているのだが、子どもは早くから言語の論理をつかみ、三歳までには日常の話し言葉のほとんどを使えるようになる。[11] ひょっとするとこれも、文化獲得の装置をできるだけ早く、成長中の脳がそれをあつかえるようになりしだいすぐにオンラインにしようとする、ゲノムの試みなのかもしれない。

人はなぜ文化的慣習にしたがうのか

このように私たちの心は、他者の目的を読みとって、意図された行為を模倣できるようにデザインされたメカニズムを備えている。しかしなぜ私たちは、そうしたいと思うのだろうか？　私たちは文化を獲得するのはいいことだと、あたりまえのようにとらえているが、文化を獲得する行為はしばしば嘲笑的に語られる。港湾労働者で哲学者のエリック・ホッファーは、「人は自由にしたいことができるとき、たいていたがいのまねをする」と書いた。それに、この本質的な人間の能力を動物の行動と同一視するメタファーもたくさんある。さるまね、オウム返し、コピーキャット、群れの心理という言葉もあるし、ヒツジャレミングのメタファーもある。

人が近所の人たちと同じことをしたがる強い衝動をもっていることは、社会心理学者によって豊富に示されている。実験者が、協力者を募って奇妙な行動をするように依頼し、その人たちのなかに何も知らない被験者をまぜると、多数あるいは大多数の被験者がその行動に追随する。たとえば自分の目を信用せずに、まわりの人が長い線を「短い」、短い線を「長い」と言えばそれに追随し、ヒーターの通気口から煙がでていてもまわりの人が平気なら自分も平気でアンケート用紙に回答を書き、まわりがみんなそうすると、(『どっきりカメラ』の一場面のように)はっきりした理由もなしにいきなり服をぬいで下着姿になる[12]。しかし、社会心理学者の指摘によれば、周囲にあわせた行動は、仕組まれた実験のなかではどれほど滑稽に見えようとも、社会生活のなかではまぎれもない論理的根拠をもっている――正確に言えば、二つもっている[13]。

一つめは情報志向で、ほかの人たちの知識や判断から恩恵を受けたいという欲求である。委員会というものにうんざりしているベテラン委員たちは、集団のIQはメンバーのなかで最低のIQ値をメンバーの人数で割ったものだと言うが、それは悲観的すぎる。言語や直観心理学や協力の意志を備えた種は、現在や過去のメンバーが苦労して手にした発見を集団で保有することができるので、独居性の種よりも利口になる。狩猟採集民は道具をつくり、火を管理し、獲物の裏をかき、植物を解毒するノウハウを集積して、ゼロからそれを再構築できるメンバーが一人もいなくても、集団としての創意工夫によって生きていくことができる。また、行動の連携をとることによって（たとえば集団で獲物を追う、採集に行くときに順番に残って子どもの面倒を見るなど）、あたかも頭や手足をたくさんもった大きな動物のように行動して、頑固な個人主義者にはできない芸当を達成できる。それに、たがいにつながった多人数の眼や耳や頭は、弱点や特異性をもつ一人分のそれよりもはるかに強い。イディッシュには、不平分子や陰謀説論者に現実を確認させる言いまわしがある――世界全体が狂っているわけではない。

私たちが文化と呼ぶものの大部分は、集積された地域の知恵である。手工芸品のつくりかた、食べ物の選びかた、予期しないさずかりものの分配のしかたなど。人類学者のなかには、マーヴィン・ハリスのように、任意に見える慣習でさえ、実は生態的な問題の解決策なのかもしれないと論じる人たちもいる。[14] インドでは、牛は本当に神聖でなくてはならないのだ、とハリスは指摘する。牛は食物（ミルクやバター）や、燃料（糞）や、動力（鋤《すき》を引く力）を提供する貴重な存在なので、牛を守る慣習は、いわば金の卵を産むガチョウを殺す誘惑をとどめる働きをしているのだ。また、生殖が根拠になっているのではないかと思われる文化的差異もある。[15] 男が父系の家族と一緒に暮らして妻や子の面倒を見る社会もあるし、母系の家族と一緒に暮らして姉妹や姪や甥の面倒を見る社会もある。後者の形式は、男が長いあいだ家を離れなくてはならず、不倫が比較的多く、妻の産んだ子どもが自分の子であるという確信がもてない社会で見られる傾向がある。男の母親が産んだ娘は、だれとだれが寝ているかにかかわらず、男と血のつながった近親であるから、母方居住によって、男は自分の遺伝子の一部を確実にもっている子どもに投資することができる。

　もちろんあらゆる文化的慣習が直接的な経済的あるいは遺伝的利点をもっていると論じられるのはプロクルステスくらいのものだろう［プロクルステスはギリシア神話に登場する山賊。旅人をとらえ、寝台の大きさにあわせてその手足を無理やり引き伸ばしたり切り落としたりするところから、物事を一定の枠にはめ込もうとすることを「プロクルステスの寝台」という］。慣行にしたがう根拠となる二つめの動機は規準志向、すなわち、どんなものであってもコミュニティの規準にしたがいたいという欲求である。しかしこれも、一見そう見えるほどレミングのように愚かしいわけではない。文化的慣習の多くは、形式は任意だが、存在理由は任意ではない。車が道路の右側を走る、あるいは逆に左側を走ることに妥当な理由はないが、同じ側を走ることには十分な理由がある。したがってどちら側を走るかを任意に選択し、みんながその選択にしたがうのはおおいに意味がある。経済学者が協力平衡と呼ぶ、任意ではあるが協調性のある選択には、このほかにも貨幣、指定された休日、ある言語の単語を構成する音と意味の組み合わせなどがある。

　みなが共有する任意の慣習は、人生の諸事はたいてい連続しているのに、決定は二者択一的に下さなくてはならない場合が多いという事実に対処するのにも役立つ[16]。子どもは瞬間的におとなになるのではないし、交際中のカップルも瞬間的に夫婦になるわけではない。第三者は、通過儀礼や、その現代版であるＩＤカードや結婚証明書などの書類のおかげで、あいまいなケースをどうあつかうか（子どもとしてあつかうか、それともおとなとしてあつかうか、決まった相手のいる人としてあつかうか、それともつきあえる相手としてあつかうか）を、あれこれといつまでも議論をせずに決定することができる。

そして一番あいまいなカテゴリーは他者の意図である。彼は手を組む相手として誠意のある人間だろうか（せまい塹壕《ざんごう》に一緒に入りたいと思うような相手だろうか）、それとも状況が厳しくなったら手を引く卑怯者だろうか？　彼の気持ちは実父の一族とともにあるのだろうか、それとも義父の一族とともにあるのだろうか？　彼女は疑わしい「陽気な未亡人」なのだろうか、それともくよくよせずに元気に生きていこうとしているだけなのだろうか？　彼は私を無視しているのだろうか、それとも急いでいるだけなのだろうか？　加入の儀式、部族の記章、定められた服喪期間、儀式化された呼びかけかたなどは、これらの問いの決定的な答えにはならないかもしれないが、それがなければ人びとの頭上にたれこめていたであろう疑惑の暗雲を払いのけることはできる。

約束事《コンヴエンシヨン》は、十分に広く確立されると、実際は人びとの心のなかにしか存在しないのに、一種の実在になる。哲学者のジョン・サールは著書『社会的実在の構築（*The Construction of Social Reality*）』（実在の社会的構築とまちがえないように）のなかで、ある種の事実が客観的な真実であるのは、それが真実であるかのように人びとがふるまうからだと指摘している。[17] たとえば、ジョージ・W・ブッシュは第四三代のアメリカ大統領である、O・J・シンプソンは無罪になった、ボストン・セルティクスは一九八六年にNBA優勝をはたした、ビッグマックは（これを執筆している時点で）二ドル六二セントである、というのは事実であって意見ではない。しかし、これらは客観的事実ではあるが、カドミウムの原子番号や、クジラを哺乳類とする分類のような、物理的世界に関する事実ではない。約束事はコミュニティの大多数のメンバーの心に共有される理解のうちにあり、通常は、ある人たちに権力や地位をあたえる（あるいはあたえない）合意のうちにある。

複雑な社会の生活は社会的実在のうえにつくられており、社会的実在のもっともわかりやすい例はお金と法の支配である。しかしある社会的事実が事実であるのは、もっぱら人びとがそれを事実と扱おうとする気があるかどうかにかかっている。社会的事実はコミュニティに特有である。それは外国の貨幣がまともにあつかわれなかったり、指導者を自称する人間の権威が認められなかったりしたときによくわかる。また、集団心理の変化にともなって消えてしまうこともある。たとえば超インフレーションで通貨が無価値になることもあるし、人びとが警察や軍隊を公然と無視したために体制が崩壊することもある（サールは、毛沢東の「政治権力は銃身から生まれる」という言葉は半分しか正しくないと指摘している。どんな体制もあらゆる市民にたえず銃を向けておくわけにはいかないので、政治権力は、同時に十分な数の人びとの恐怖心をあやつれる体制の能力から生じるという指摘である)。社会的実在は集団のなかだけに存在するが、個々人の認知能力に依存する――権力や地位をあたえるというおおやけの合意を理解し、ほかの人びとがそうしているかぎりはそれを尊重するという能力である。

いったいどのようにして、心理的な事象(考案、みせかけ、ある種の人をあるやりかたで扱うという決定など)が社会的文化的な事実(伝統、慣習、気風、生きかたなど)に変わるのだろうか? 認知人類学者のダン・スペルベルは、文化は心的表象の疫学、すなわち考えかたや慣行が人から人へ広がっていく現象として理解されるべきだと言う。[18] 今日、多くの科学者が、疫学(病気はどのように広まるか)や集団生物学(遺伝子や生物はどのように広まるか)の数学的手法を使って、文化進化をモデル化している。[19] そうしたモデルによって、人びとがほかの人の考案を採用する傾向がどのようにして、伝染病、山火事、雪玉、ティッピング・ポイント[徐々に進行してきた現象が爆発的に拡大する臨界点]といったメタファーで理解されているような様式で広まるかが示されている。個人の心理が集団の文化に変わるのである。

文化間に差異が生じる理由

したがって文化とは、人びとが生活の助けとするために集積した、技術的、社会的な考案のプールであり、たまたま降りかかってきた任意の役割やシンボルの集合ではない。この考えは、何が文化どうしの差異や類似性を生みだしているのかを説明するのに役立つ。部族の分派がその地を離れ、両者が海や山や非武装地帯によって分断されたら、障壁に隔てられた一方の考案がもう一方に広まっていくすべはなくなる。それぞれの集団で、発見やしきたりの集積が独自に変化していくにつれて、集積の内容はたがいに分かれていって、集団はちがう文化をもつようになる。二つの集団が大声をあげれば届く距離の範囲にとどまっている場合でも、たがいの関係に敵意があれば、どちら側の人間であるかを示す目印として、それぞれちがう行動様式が導入されて、差異はさらに拡大するかもしれない。この分岐や差別化は、おそらく文化進化のもっともはっきりした例である言語の進化で容易に見られる。また、ダーウィンが指摘したように、種の起源もこれによく似ており、種はしばしば集団が二つに分かれて子孫が異なる方向に進化したときに生じる。[20] 言語や種と同様に、文化も新しく分かれたものほど似ているという傾向がある。たとえばイタリアとフランスの伝統文化は、マオリやハワイの文化よりもたがいに似ている。

文化の心理学的なルーツは、文化のなかに変わるものと変わらないものがある理由の説明にも役立つ。集団の慣行のなかには、初めてそれを変えようと試みる者に大きなコストを課すために、きわめて大きな慣性をもっているものがある。左側走行から右側走行への切り替えを、断固として慣行にしたがわない一個人や草の根運動からはじめるのは不可能で、実行するならトップダウンでするしかないだろう（実際にスウェーデンで、一九六七年九月三日日曜の午前五時に、トップダウンによる切り替えが実施された）。ほかの例をあげるなら、敵意をもった隣人が完全武装しているときに武器を捨てる、通常のキーボードの文字配列をやめる、王様は裸だと指摘する、などがそうである。

しかし伝統的な文化も変化はするし、たいていの人が思っているよりも劇的に変化する。今日、文化の多様性を保全するのは至高の美徳と見なされているが、その多様な文化の構成員たちはかならずしもそういうふうには考えていない。人びとには欲しいものや必要なものがあるし、いろいろな文化が接触すると、ある文化に属する人びとが、自分たちよりも近隣の人たちのほうがそうした欲求をよく満たしていることにどうしても気づいてしまう。それに気づいた彼らは、歴史が語っているように、いちばんうまくいく方法を恥も外聞もなく借用する。文化は、自己保存の一枚岩にはほど遠く、穴だらけでたえず流動している。言語はこの点でも明快な例である。純粋主義者がたえず嘆き、言語学界が制約的措置をとっているにもかかわらず、一世紀前と同じように話されている言語は一つもない。それは現代の英語をシェイクスピアの言葉と、あるいはシェイクスピアの言葉をチョーサーの言葉と比べてみればわかる。それに「伝統的な」慣行のなかには、驚くほど新しいものがたくさんある。ハシディズム派のユダヤ人の先祖は、レヴァントの砂漠で黒い服や裏に毛皮のついた帽子を身につけていたわけではないし、大草原のインディアンは、ヨーロッパ人がやってくるまで馬に乗っていなかった。お国料理も根は浅い。アイルランドのジャガイモ、ハンガリーのパプリカ、イタリアのトマト、インドや中国のトウガラシ、アフリカのキャッサバは新世界からきた植物で、コロンブスがアメリカ大陸に到着したあとに、「伝統的な」産地にもち込まれたものである。[21]

文化は自律的なシステムであるというボアズの主張のもとになった事実、すなわち文化的差異も、文化は生活の道具であるという考えかたで説明づけることができる。地球上でもっとも明白な文化的差異は、物質的な成功度のちがいである。かつてヨーロッパとアジアに由来する文化は、アフリカや南北アメリカやオーストラリアや太平洋地域の文化の多くを破壊した。ヨーロッパやアジアのなかでさえ、諸文化の運命はさまざまで、豊かな芸術や科学技術をもつ広大な文明を発展させた文化もあれば、貧困にはまって征服者に抵抗することもできない文化もあった。どうして少数のスペイン人集団が大西洋を渡って巨大なインカ帝国やアステカ帝国を滅ぼせたのか、なぜその逆ではなかったのか。なぜ、アフリカの部族が逆にヨーロッパを植民地化しなかったのか。すぐにでてくるのは、豊かな征服者のほうがすぐれた技術や複雑な政治的経済的組織をもっていたからという答えだが、しかしそれは、なぜ一部の文化はほかの文化に比べて複雑な様式を発達させるのかという疑問を生じさせるだけだ。

ボアズは、こうした格差をそれぞれの人種の生物学的な進化程度のちがいによるとしていた一九世紀の有害な人種科学の打破に貢献した。彼の後継者たちはその立場から、行動は文化によって決定され、文化は生物学的要素から独立であるとした[22]。そのために、残念ながら文化間の驚くほどのちがいは説明されないままになり、あたかもバビロンのくじによって出てきたランダムな結果であるかのように扱われた。さらに言えば、ちがいはただ説明されなかっただけでなく、口にされることすらなかった。それは、一部の文化がほかの文化に比べて技術的に進んでいるという観察結果が、先進社会のほうが原始的な社会よりもいいという一種の道徳的な判断としてまちがって解釈されるのではないかというおそれからだった。しかし、一部の文化がほかの文化よりも、すべての人が望むことがら（たとえば健康や快適さ）をうまく獲得しているのは、誰の目にもあきらかである。文化は気まぐれに多様化するという教義は、一部の文化は科学やテクノロジーや政治機構を発達させるのに必要なものをもっているが、ほかの文化はそれをもっていないという私的な見解に対して、説得力のある反論にはならない。

しかし最近、二人の研究者がそれぞれ独自に、文化間の差異を説明するのに人種をもちだす必要はないということを決定的に示した。二人はともに、文化を個々人の心とは別に存在する任意のシンボル体系と見なす標準社会科学モデルをしりぞけることによって、この結論に到達した。その一人、経済学者のトマス・ソーウェルは、三部作『人種と文化（*Race and Culture*）』『移民と文化（*Migrations and Cultures*）』、『征服者と文化（*Conquests and Cultures*)』のなかで、彼の文化的差異の分析の出発点を次のように説明している。

文化は、琥珀《こはく》のなかの蝶のように保存されたシンボリックなパターンではない。文化の居場所は博物館ではなく、日常の実際的行動のなかであり、文化はそこで、競合する目的や競合する他文化のストレスを受けて進化する。文化は単に、たたえられるべき静的な「差異」として存在するのではなく、物事を処理する方法としてたがいに優劣を争う。その優劣とは、観察者から見た優劣ではなく、なめらかではない人生の現実に対処し、何かをめざす人びと自身から見た優劣である。[23]

もう一人は生理学者のジャレド・ダイアモンドで、彼は進化心理学のアイディアを提起し、また科学と人文学とくに歴史学との統合を提案している。[24] 著書『銃・病原菌・鉄(*Guns, Germs, and Steel*)』では、単に何かのあとに何かが次々とつながっているのが歴史だという標準的な前提をしりぞけ、何万年にもわたる人類史全体を人類進化と生態学の文脈のなかで説明づける試みをした。[25] ソーウェルとダイアモンドは、人間の社会の運命は偶然によって決まるのでもなければ人種によって決まるのでもなく、ほかの社会の考案を取り入れようとする動因と、地理的、生態的な変動が結びついて決まるということを、きちんとした裏づけをもって主張した。

ダイアモンドは一からはじめた。人類はその進化史のほとんどを狩猟採集民として暮らした。文明の付属物――定住生活、都市、労働の分担、政治機構、職業軍隊、筆記、冶金――は、およそ一万年前にはじまった農耕から生じた。農耕は、栽培化や家畜化が可能な植物や動物に依存するが、それに向いた種は少数しかない。それらの種がたまたま、肥沃な三日月地帯や中国、中央アメリカ、南アメリカなど、世界の少数の地域に密集していた。最初の文明はそれらの地域に発生した。

それ以降は、地理的な条件が運命を決めた。世界最大の陸塊であるユーラシア大陸は、局所の発明が集まった巨大なため池のような地域であると、ダイアモンドとソーウェルは指摘している。交易者や滞在者や征服者が各地の発明を集めたり広めたりし、活動の中心地に住む人びとはそれを集結させ、高度な技術をひとまとめにできる。またユーラシア大陸は東西にのびているが、アフリカ大陸や南北アメリカ大陸は南北にのびている。緯度が同じ地域は気候も似ているので、ある地域で栽培化された作物や家畜化された動物を、緯度線に沿って東西に広げていくのは容易にできる。しかし経度線に沿って南北に広げていくのは、何しろ数百マイル行くと気候が温帯から熱帯に変わるので、容易ではない。たとえば馬はアジアのステップ地域で家畜化され、そこから西のヨーロッパと東の中国に広がっていったが、アンデスで家畜化されたラマやアルパカは、北のメキシコには広がらなかったので、マヤ文明やアステカ文明には荷を運ぶ動物がいないままだった。また、近年まで、重い物を（交易者や彼らのアイディアと一緒に）遠くまで運ぶ方法は、水路に限られていた。ヨーロッパや一部のアジアは、溝や切れ込みの多い地形に恵まれていて、天然の港や航行可能な川がたくさんあるが、アフリカやオーストラリアはちがう。

　したがってユーラシアが世界を征服したのは、ユーラシア人が利口だったからではなく、「三人寄れば文殊の知恵」という原則を最大限に利用できたからである。イギリスなど、ヨーロッパの侵略国家の「文化」はどれも、実際は大ヒットの発明を何千マイル、何千年という距離と時間を超えて集めたコレクションである。そのコレクションは、中東からきた穀類やアルファベット文字、中国からきた火薬や紙、ウクライナからきた家畜化された馬など、多数からなっている。しかし不可避的に孤立したオーストラリアやアフリカや南北アメリカは、数少ない自前の技術でなんとかするしかなく、多元的な文化をもつ征服者にはとてもかなわなかった。ユーラシア大陸や（のちの）南北アメリカ大陸でも、内部の山の多い地形（たとえばアパラチア地方、バルカン諸国、スコットランド高地などの地形）によって孤立した文化は、周囲の広大な人間のネットワークに比べて、何世紀も遅れていた。

　極端な例はタスマニア島である、とダイアモンドは指摘している。一九世紀にヨーロッパ人によってほぼ絶滅させられたタスマニア人は、歴史に記録されたなかで技術的にもっとも原始的な人たちだった。彼らはオーストラリア本島のアボリジニとはちがって、火を起こす技術も、ブーメランや投槍器も、特殊化した石器も、柄《え》のついた斧も、カヌーも、縫い針も、魚を獲る技能ももっていなかった。驚くべきことに、考古学の記録によれば、一万年前にオーストラリア本島からやってきた彼らの祖先はそれらの技術をもっていた。しかしその後、タスマニア島と本島を結ぶ陸橋が海面下に沈み、島はほかの世界から切り離された。ダイアモンドは、どんな技術でも、歴史のどこかの時点である文化から失われる可能性はあると推測している。原料が不足するようになって、その原料を必要とする生産物がつくられなくなったのかもしれない。あるいは、一世代の熟練した職人がみな大嵐で死んでしまったのかもしれない。先史時代にラッダイト〔技術革新の反対者〕のような人たちがいたのかもしれないし、あるいは独断的指導者が常軌を逸したなんらかの理由でその営みをタブーにしたのかもしれない。こうしたことがある文化で起こっても、その文化がほかの文化と接触をもっている場合には、近隣の人びとが享受しているより高い生活水準を貪欲に求める人びとによって、失われた技術はいずれ再び獲得されるだろう。しかし孤立したタスマニア島では、人びとは技術が失われるたびに一からやり直さなくてはならず、生活水準はしだいに下がっていった。

標準社会科学モデルの究極の皮肉は、このモデルができたそもそもの目的――さまざまな社会の運勢のちがいを、人種をもちださずに説明する――を達成できなかったことである。ソーウェルとダイアモンドが提起した、今日のもっともすぐれた説明は、これを全面的に文化によって説明しているが、それが依拠しているのは、文化が人間の欲求を形成するという見かたではなく、文化を人間の欲求の産物と見なす見かたである。

「統合」の役割

したがって歴史と文化は心理学にもとづかせることができ、心理学は計算論、神経科学、遺伝学、進化論にもとづかせることができる。しかしこの種の話は多数の非科学者を警戒させる。彼らは、統合《コンシリエンス》というのは煙幕で、実は白衣を着た実利主義者に、人文学や芸術や社会科学を強引に乗っ取られるのではないかと恐れている。人文学や芸術や社会科学の豊かな内容が、ニューロンや遺伝子や進化の推進力がどうしたとかいう一般的な話に書き換えられてしまうかもしれない。これはしばしば「還元主義」と呼ばれるシナリオだが、統合がこれを必要としない理由を示して本章の締めくくりとしたい。

還元主義には、コレステロールと同じように、いいものと悪いものがある。悪い還元主義（「貪欲な還元主義」あるいは「破壊的な還元主義」とも呼ばれる）は、ある現象を最小の要素やもっとも単純な要素で説明しようとする試みである。貪欲な還元主義は、架空の議論ではない。神経細胞膜の生物物理やシナプスの分子構造を研究することによって、教育や紛争解決やその他の社会問題にブレイクスルー［突破口］をもたらせると信じている（少なくとも補助金をだす政府機関に対してそう言っている）科学者を、私は数人知っている。しかし貪欲な還元主義は、けっして多数派の見解ではないし、なぜまちがっているかを簡単に示せる。哲学者のヒラリー・パトナムが指摘したように、丸い穴に四角い栓ははめ込めないという単純な事実でも、分子や原子という立場からは説明できず、堅さ（栓を堅くしているのがなんであるかに関係なく）や外形といった上位レベルの分析によってしか説明できない。[26] それに社会学や文学や歴史学が生物学で置き換えられると本当に思っているなら、なぜそこでやめてしまうのだろうか？　生物学を化学に、化学を物理学に分解できたとして、第一次世界大戦の原因を電子やクォークの立場から説明しようとしたとする。たとえ第一次世界大戦が、途方もなく複雑なパターンで動く途方もない数のクォークでできていたとしても、そういう記述の方法からはどんな洞察も得られない。

いい還元主義（階層的還元主義とも呼ばれる）は、ある知識分野をほかの知識分野で置き換えるのではなく、それらを結びつける、あるいは一つにまとめることからなる。ある分野で基本単位として使われているものが、別の分野ではさらに細かく分析される。複数の分野の知識が結びつくとブラックボックスが開かれて、いわば約束手形が現金化されるように、それぞれの分野がたがいの知識を実際的に使えるようになる。たとえば地理学者が、アフリカ大陸の海岸線がアメリカ大陸の海岸線とぴったりあうのは、かつて隣接していた陸塊が別々のプレートの上にのっていて、そのプレートが離れていったからだと説明する。なぜプレートが動いたのかという問いは地質学者にまわされ、地質学者は、プレートを押し離すマグマの噴出の話をする。どうしてマグマがそんなに熱くなるのかという点については、物理学者に頼んで地球のコアやマントルで起こっている反応の解説をしてもらう。どの科学者も不可欠だ。地理学者が孤立していたら、大陸の移動に魔法をもちださなくてはならないだろうし、物理学者が孤立していたら、南アメリカ大陸の形を予測することはできないだろう。

生物学と文化をつなぐ架け橋についても同じことが言える。人間本性の科学の偉大な理論家たちは、精神生活は、一番下のレベルだけでなく、いくつかのレベルの分析において理解されなくてはならないという固い信念をもっている。言語学者のノーム・チョムスキー、計算論的神経科学者のディヴィッド・マー、行動生物学者のニコ・ティンバーゲンはそれぞれ独自に、心の能力を理解するために必要な分析レベルのセットを選定している。それらの分析レベルには、その能力の機能（究極の進化的な意味において何を達成するか）、リアルタイム・オペレーション（至近的に、時々刻々どのように働くか）、神経組織のなかでどのように実行されるか、個人においてどのように発達するか、種のなかでどのように進化したか、などが含まれる。[27] たとえば言語は、無数の思考を伝達しあうようにデザインされた、組み合わせの文法にもとづいている。それが人びとによって、記憶参照と規則適用の相互作用を介してリアルタイムで利用されている。それを実行しているのは左大脳半球の中心に位置する領域のネットワークで、このネットワークは記憶、計画、言葉の意味、文法を協調させなくてはならない。言語は生後三年のあいだに、喃語《なんご》から単語、単語の組み合わせへと発達し、単語の組み合わせには規則を過剰適用したと思われるまちがいも見られる。言語は、それまでの霊長類が使っていた声道と神経回路を改造して進化したのであるが、それは、私たちの祖先がその改造のおかげで、社会的なつながりのある、知識の豊かな生活様式のなかで繁栄することができたからである。以上のレベルはどれも、ほかのいずれとも置き換えることはできないが、ほかから孤立した状態では、完全には理解できない。

チョムスキーはこれらのすべてを、さらに別のレベルの分析と区別している（その分析は、彼自身はほとんど使っていないが、ほかの言語学者から引用されている）。先に述べた観点は言語を、たとえば私の頭のなかにあるカナダ英語の知識のように、内的、個人的存在として扱う。しかし言語は外的存在としても理解できる。すなわち、一五〇〇年の歴史をもち、全世界に数えきれない方言や混種語がある、オクスフォード英語辞典に五〇万語が掲載された、全体としての「英語」としても理解できる。外的な言語は、さまざまな場所と時代に生きる何億もの人びとの内的言語をプールした抽象概念である。それは、たがいに会話をかわす実在の人間の心のなかにある内的言語なしには存在できないが、個々人の内的知識に還元することもできない。たとえば「英語は日本語よりも語彙が多い」という言明は、たとえ日本語の話し手よりもたくさんの語彙をもつ英語の話し手が一人もいなくても真実でありうる。

英語は、一人の頭のなかで起こった出来事ではなく、幅広い歴史的な出来事によって形成された。それらの出来事のなかには、英語が非アングロサクソンの言葉に影響を受けた中世のスカンジナヴィアおよびノルマン人の侵攻、長母音の発音をごちゃまぜにして、スペル体系に不規則な混乱を残した一五世紀の大母音推移、多様な英語（アメリカ英語、オーストラリア英語、シンガポール英語）を新たにつくりだした大英帝国の拡大、みんなが同じウェブページを読み、同じテレビ番組を観ることで言語を再び均質化させるかもしれない電子メディアの発達などがある。

同時に、それらの影響力を理解するには、生身の人間の思考プロセスを考慮に入れる必要がある。フランス語の単語を英語に吸収したときにそれを再分析したブリトン人。writhe-wrothe, crow-crew のような形をとる不規則動詞の過去形を憶えられずに、規則動詞に転換した子どもたち。庶民と差をつけるために凝った発音を好んで用いた貴族。子音をのみこんで不明瞭な発音をし、（もとは maked や haved だった）made や had を私たちに残した人たち。I had the house built を最初に I had built the house に変えて、意図せず英語に完了形をあたえた才気ある話し手たち。言語は、それを話す人間の心を通して受け継がれながら、世代ごとにつくられるのだ。[28]

外的言語は言うまでもなく、すぐれた文化の一例であり、社会科学者や人文系学者の守備範囲の分野である。脳や進化から個人の認知プロセス、巨大な文化体系まで、たがいにつながりのある数種の分析レベルで言語を理解できるという事実は、文化と生物学的要素とのあいだに結びつきがある可能性を示す。ほかの知識領域での結びつきもたくさんの可能性が示されており、これから本書の随所に登場する。道徳感覚は法的、倫理的規準を明確にする。血縁の心理は社会政治的な取り決めを理解する助けになる。攻撃の精神状態は戦争や紛争解決を理解する助けになる。性差はジェンダー・ポリティクスに関係する。美意識や情動は芸術に対する理解を啓発する。

社会的、文化的レベルの分析を心理学的、生物学的レベルの分析と結びつけることにどんな利点があるのだろうか？　美の普遍性、言語の論理、道徳感覚の構成要素など、一つの学問分野のなかにとどまっていてはけっして得られない発見の喜びが得られる。異なる分野の科学が一つになることによってしか得られない十分な理解——たとえば筋肉は磁性のある小さなツメ車装置《ラチェット》、花は昆虫を誘い込む仕掛け、虹は白色光を構成する波長がばらばらになったものという理解——も得られる。それは切手の収集と探偵の仕事とのちがいであり、専門用語をふりまわすことと洞察を提供することのちがいであり、単にこれはこうだと言うことと、なぜ可能性のあったほかの様式ではなくそのようになったかを説明することのちがいである。『モンティ・パイソンズ・フライングサーカス』というコメディ番組のなかのトークショーのパロディで、恐竜の専門家がブロントサウルスについての自分の新説を披露する。「ブロントサウルスはみんな片端が細いんです。まんなかはずっと太くて、また先のほうが細くなっています」。私たちが笑うのは、彼女が対象を根本的な法則で説明していない——いい意味での「還元」をしていないからだ。understand（理解する）という語も、字義は stand under（下に立つ）で、より深いレベルの分析に下りていくことを暗示している。

私たちが生命に対する理解を深めることができたのは、生きている体はかつて考えられていたような震える原形質ではなく、分子の仕掛けで構成されているという発見や、鳥が空高く飛ぶのは物理法則の否定ではなく物理法則を利用しているという発見を通してだった。同様に、私たち自身や文化に対する理解を深めることができるのは、心はブランク・スレートや無定形の塊や不可解な幽霊ではなく、思考や感情や学習のための複雑な神経回路によって構成されているという発見を通してなのである。

第5章 ブランク・スレートの最後の抵抗

人間本性への科学的異議

人間の本性は科学的なトピックであり、新たな事実がでてくれば、それにつれて私たちがもつ人間本性の概念も変化する。そうした新事実のなかには、ある理論が心に生得的な構造を多くあたえすぎていることを示唆するものもある。たとえば言語能力には、おそらく名詞、動詞、形容詞、前置詞などが備わっているのではなく、話し言葉の名詞らしい部分と動詞らしい部分との区別が備わっているだけだと思われる。また、ある理論が心にあたえている生得的な構造が少なすぎると判明する場合もある。パーソナリティに関する現行の理論では、別々に育てられた一卵性双生児が二人ともリストバンドが好きで、二人とも混んだエレベーターのなかでくしゃみのまねをして人を驚かすのが好きだという事例の説明がつかない。

また、感覚から入ってくる情報を心がどのように使っているのかも、まだよくわかっていない。言語や社会的相互作用のための能力がいったんできあがって動きはじめると、ある種の学習は、あとで使うための情報（たとえば人の名前や新しく制定された法律の内容）を単に記録しているだけなのかもしれない。また、ダイアルの設定やスイッチの切り替えや平均値の計算に似た、装置は決まっているがパラメータは未定で、局所的な環境の変動にあわせることができるという方式も考えられる。正常な環境から得られる情報、すなわち重力の存在や、視野のなかの色や線の恒常性などを利用して感覚運動系を調整するという方法もとられているだろう。生まれと育ちが相互作用をしていそうな道筋はほかにもあって、それらの多くが両者の区別をあいまいにする。

本書は、正確な全体像がどのようなものであると判明しようと、普遍的で複雑な人間の本性がその一部を構成しているはずだという見解に立っている。私は、心がひとそろいの情動や、動因や、推論と伝達の能力を備えていること、それらが通文化的な共通の論理をもっていて、消したり根本的にデザインしなおしたりするのはむずかしいこと、人類進化の歴史のなかで自然選択によって形成されたもので、基本デザインの一部（と、ばらつきの一部）をゲノムの情報に負っていることを信じるだけの根拠があると考えている。この全般的な像は、現在と未来の多様な理論や、予測できるさまざまな科学の発見を取り入れる態勢にある。

しかし、どんな理論や発見でも取り入れられるわけではない。ひょっとすると、生得的な神経回路を特殊化できるだけの情報がゲノムにないという科学的発見や、知られているかぎりのどんなメカニズムでも生得的な回路を脳のなかに配線することはできないという科学的発見がなされるかもしれない。あるいは、脳は、ほとんどどんな感覚入力のパターンでも取り込めて、どんな目的にもあうように自己を組織化できる汎用の素材でできているという発見がされるかもしれない。前者の発見は生得的な組織化を不可能にし、後者の発見はそれを不要にする。こうした発見は、もしなされれば、人間の本性という概念そのものに疑いをさしはさむ。それらは人間の本性というものに対する道徳的、政治的な異議ではなく（これについてはあとでとりあげる）、科学的な異議である。もしそのような発見の兆しが見えているのなら、注意深く検討すべきだろう。

　この章では、複雑な人間本性が存在する可能性を疑わせるものとして解釈される場合がときどきある、科学的成果を三つとりあげる。一つめはヒトゲノム・プロジェクトの成果である。二〇〇一年にヒトゲノムの塩基配列が発表されたとき、遺伝学者たちは、遺伝子の数が予想よりも少ないことに驚いた。算定された遺伝子の数はおよそ三万四〇〇〇個で、予想されていた五万個から一〇万個という数字を大きくはずれていた。[1] 一部の論説は、予想よりも少ない遺伝子数によって、生得的な素質や傾向があるという主張はすべて論駁されるという結論をだした。たくさんの書き込みをするには書字板が小さすぎるという理由である。なかには、自由意志という概念の正しさを立証するものだという見解まであった。

機械が小さければそれだけ幽霊のための場所が増えるという意見である。

　二つめの問題は、認知プロセスを解明するために使われるニューラルネットワークのコンピュータモデルからくる。こうした人工のニューラルネットワークは、入力の統計的なパターンの学習を得意とするものが多い。コネクショニズムと呼ばれる学派の認知科学者のなかには、人間のあらゆる認知は、対人的な推論や言語といった特定の能力にあわせた生得的な設定をほとんどあるいはまったくもちださずに、汎用《ジェネリック》のニューラルネットワークで説明できると言う人たちもいる。第2章で触れたように、コネクショニズムの創始者であるデイヴィッド・ラメルハートとジェイムズ・マクレランドは、人がラットより利口なのは連合皮質を多くもっており、それを組織化する文化が環境にあるためにすぎないと述べている。

　三つめは、胎児期や乳幼児期に脳がどのように発達するか、実験動物が学習するときに脳がどのようにその経験を記録するかを調べる、神経可塑性の研究からくる。近年の神経科学では、学習や活動や感覚入力によって脳が変化するという研究報告がされているが、そうした発見に対するひねった解釈の一つに、超可塑性とでも呼べそうなものがある。この立場によると、大脳皮質（知覚、思考、言語、記憶にたずさわる複雑な灰白質）は、環境の構造や要求によってどういうふうにでもなる変幻自在な物質である。ブランク・スレートが塑性《プラスティック》のあるスレートになるのだ。

コネクショニズムと超可塑性は、西極の認知科学者のあいだで人気がある。完全なブランク・スレートは否定するものの、生得的な組織化は注意や記憶の単純なバイアスだけに限定したいという研究者たちである。また超可塑性は、教育や社会政策の場において神経科学の重要性を高めたいと思っている神経科学者にとっても、乳幼児の発達を促進する製品や、学習障害を治す製品や、老化を遅らせる製品を売る起業家にとっても魅力がある。そして科学の外では、三つの成果すべてが、生物学の侵入を押し戻したいと思っている一部の人文学系の学者に歓迎されている。[2] 貧弱なゲノムとコネクショニズムと超可塑性は、ブランク・スレートの最後の砦なのだ。

この章の要点は、これらの主張がブランク・スレートの教義の正当性を立証するものではなく、ブランク・スレートの所産であるということにある。多くの人は（少数の科学者を含めて）、心は生得的な構造をもちえないという信念や、生得的な構造は（たとえ存在しても）遺伝子にコード化され、脳のなかで発達する仕組みはごく単純なものだろうという見解に合致する証拠だけを（ときには奇怪なやり方で）選択的に読みとってきたのである。

最初に言っておいたほうがいいと思うが、私はこれらの、最後にして最良のブランク・スレート説はきわめてあやしいと考えている。論理の筋さえ通っていないと言ってもいい。何ごとも無からは生じないのであるから、脳の複雑さはどこかから生じなくてはならない。環境だけから生じることはありえない。脳のいちばん大事な働きは決まった目標を達成することで、環境はそれらの目標がどんなものかをいっさい知らないからだ。ある環境は、ダムをつくる生きものや、星をたよりに移動する生きものや、メスを引きつけるために鳴く生きものや、木ににおいをつける生きものや、ソネットを書く生きものなど、さまざまな生きものを収容できる。人間の話し言葉の断片は、ある種にとっては避難警報だが、別の種にとっては自分の発声のレパートリーに組み入れる新たなおもしろい音である。そして三つめの種にとっては、文法的分析の基礎資料である。世界の情報は、あなたがそれをどうあつかうかを指定しない。

また脳組織は、所有者に便利な能力をさずける精霊のようなものではない。脳組織は物理的メカニズムであり、特定の方法で入力を出力に転換する物質の配置である。単一の汎用物質が、奥行きを知覚する、手の動きをコントロールする、配偶相手を引きつける、子どもを育てる、捕食者から逃れる、獲物の裏をかくといったことを、ある程度の特殊化なしにできるとはとても信じられない。脳がこうした問題を「可塑性」のおかげで解決できると言うのは、魔法のおかげでできると言うのと変わりがない。

それでもこの章では、これらの人間本性に対する最新の科学的な異議を慎重に検討する。それぞれの発見は、たとえそこから引きだされたとんでもない結論の裏づけはしてなくても、そのものとしては重要であるし、ブランク・スレートの最後のささえを検討、評価すれば、それに代わる科学的主張を適切にまとめることができるからだ。

遺伝子の数というトリック

ヒトゲノムはしばしば人類の本質と見なされるので、二〇〇一年に塩基配列が発表されたとき、解説者たちが大急ぎで補足説明をしたのは、当然と言えば当然だった。公式チームとゲノム解読を競った企業の代表だったクレイグ・ヴェンターは、ある記者会見で、予測よりも少ない遺伝子数は、「われわれは生物学決定主義という考えが正しいとするのに十分なだけの遺伝子をもっていない。決定的なのは環境だ」ということを示していると述べた。イギリスでは『ガーディアン』紙が、「あかされた人間行動の秘密　遺伝子ではなく環境が行動の鍵」という見出しをつけた。[3] 別のイギリスの新聞は論説記事の締めくくりに、「私たちはこれまで考えられてきたよりも自由らしい」と述べ、この所見は「基礎環境に恵まれなくとも、あらゆる人が潜在能力をもっていると信じる左派にとっては励ましだが、支配階級と原罪が好きな右派にとっては破滅的だ」とした。[4]

これらがすべて三万四〇〇〇個という数字からきているのだ！　それでは、どれくらいの数の遺伝子があれば、人類の多様性が遺伝コードに組み込まれていると言えるのか。人間は思っていたよりも自由ではない、あるいは、右派が正しくて左派がまちがっていると言えるのか。五万？　一五万？　逆に、もし遺伝子が二万個しかないと判明していたとしたら、私たちはもっと自由に、環境はより重要になって、左派はもっと励まされるのだろうか？　実は、これらの数字が意味するところはだれにもわからない。どれくらいの遺伝子があれば組み込みモジュールのシステムがつくれるのか、汎用の学習プログラムがつくれるのか、その中間に位置する何かがつくれるのか、だれ一人としてまったくわかっていない——原罪や支配階級の優位性についてはなおさらである。遺伝子が脳をつくる仕組みがわかっていない現状では、遺伝子の数は単なる数字にすぎない。

信じられないという方は、遺伝子数がおよそ一万八〇〇〇個の線虫（*Caenorhabditis elegans*）のことを考えてほしい。ゲノム論説者の論理にしたがえば線虫はヒトの倍の自由と多様さと潜在性をもっているはずだ。しかし実際は、微小なこの虫は、厳密な遺伝プログラムによって成長する九五九個の細胞からなっており、神経系も配線設計の決まった三〇二個のニューロン（神経細胞）からなっている。行動について言えば、食べる、配偶する、特定のにおいに近づき特定のにおいを避ける、というくらいだ。これだけでも、私たちの行動の自由や多様性が、複雑な生物学的構造からきていて、単純な構造からきているのではないことはあきらかだ。

ではなぜ一〇〇兆個の細胞と一〇〇〇億個のニューロンをもつヒトが、卑小な虫のたった二倍の遺伝子しか必要としないのか。これは正真正銘の謎である。多くの生物学者は、ヒトの遺伝子が実際よりも少なく数えられていると考えている。ゲノムの遺伝子数はいまのところ推定値でしかなく、文字どおり数えあげることはできない。遺伝子算定プログラムはDNAの塩基配列を調べて、現在知られている遺伝子に似た塩基配列や、タンパク質をつくる活動中の塩基配列を探す。[5] したがってヒトに固有の遺伝子や、発育している胎児の脳のなかでしか活動しない遺伝子（人間の本性にもっとも関係する遺伝子）や、そのほかのめだたない遺伝子が検出されずに、算定からもれてしまっている可能性がある。ほかの推定値として五万七〇〇〇個、七万五〇〇〇個、あるいは一二万個という数字もあげられている。[6] しかし、たとえヒトの遺伝子数が線虫の二倍ではなく六倍であったとしても、謎は残る。

この謎をじっくり考えている生物学者の多くは、人間は私たちが考えていたほど複雑ではないという結論はだしていない。彼らがだしているのは、ゲノムの遺伝子数は生物の複雑さとはあまり関係がないという結論である。[7] 遺伝子と構成要素は、二万個の遺伝子をもつ生物は二万個の構成要素をもち、三万個の遺伝子をもつ生物は三万個の構成要素をもつという対応関係にはない。遺伝子はタンパク質を指定し、そのタンパク質の一部が生物個体の肉や体液になる。しかしそのほかのタンパク質は、遺伝子のスイッチをオンやオフにする、遺伝子の活動性を促進あるいは低下させる、ほかのタンパク質を切ったりつないだりして新たな組み合わせをつくるなどの働きをしている。ジェイムズ・ワトソンは、このくらいの数の遺伝子ならこのくらいのことができると考える直観的な想定を修正すべきだと指摘している。「役者が三万人でてくる芝居を想像してみよう。きっと頭が混乱する」。

遺伝子がどのように相互作用するかによって、同じ数の遺伝子をもつ生物でも、組み立てプロセスの複雑さにちがいがでる。単純な生物では、遺伝子の多くは単に一つのタンパク質をつくり、それをごたまぜのなかに放りだす。複雑な生物の場合は、ある遺伝子が二番めの遺伝子のスイッチをオンにして、それが三番めの遺伝子の活動性を（四番めの遺伝子が活性化している場合にかぎって）高め、それがもとの遺伝子のスイッチを（五番めの遺伝子が不活性である場合にかぎって）オフにする、というような仕組みがある。これが、同じ数の遺伝子から複雑な生物を作りだせるレシピになる。したがってある生物の複雑さは遺伝子数だけでなく、各遺伝子とほかの遺伝子との相互作用の複雑さによっても左右される。[8]また、遺伝子が一つ加わると単に要素が一つ増えたというだけでなく、遺伝子がほかの遺伝子と相互作用できるルートの数が倍化されるので、生物の複雑さは、ゲノムにある活性遺伝子と不活性遺伝子の可能な組み合わせの数によって決まる。遺伝学者のジャン・ミシエル・クラヴリーは、複雑さは、2（活性あるいは不活性）を遺伝子の数だけ累乗した数で見積もれるのではないかと提言している。この尺度を用いると、ヒトゲノムは線虫ゲノムの二倍複雑なのではなく、2^{16000}倍（1のあとにゼロが四八〇〇個）も複雑だということになる。[9]

ゲノムの複雑さが遺伝子数に反映されない理由は、ほかにも二つある。第一に、遺伝子はタンパク質を一つだけではなく、複数つくることができる。遺伝子は通常、タンパク質をコードしているDNA部分（エクソン）にコードしていないDNA部分（イントロン）がはさまって分断されている。雑誌の記事に宣伝広告がはさまって記事が分断されているのにちょっと似ている。その遺伝子の断片が、いくつかの方式でつなぎあわされる。ある遺伝子がA、B、C、Dという四つのエクソンからなっていて、ABC、ABD、ACD……に対応するタンパク質ができるとすると、可能性として一〇種類もタンパク質ができる。この傾向は、単純な生物よりも複雑な生物に多く見られる。[10]

第二に、三万四〇〇〇個の遺伝子は、ヒトゲノムの約三パーセントを占めているにすぎない。残りはタンパク質をコードしていないDNAからなっていて、そうしたDNAはこれまで、「がらくた《ジャンク》」と呼ばれて無視されてきた。しかしある生物学者が近ごろ述べたとおり、「〝ジャンクDNA〟という呼び名はわれわれの無知のあらわれ」である。[11]非コーディングDNAのサイズや位置や内容が、近くの遺伝子の活性化やタンパク質合成に大きな影響をおよぼす場合がある。ゲノムの非コーディング領域にある何十億という塩基の情報も、三万四〇〇〇個の遺伝子に含まれる情報に加えて、ヒトの仕様書の一部なのである。

このようにヒトゲノムには、人間が線虫とほとんど変わらないくらい単純なのはすばらしいという奇怪な声明とは裏腹に、複雑な脳をつくるだけの能力が十分にある。言うまでもなく、「人類の驚異的な多様性は、遺伝コードに組み込まれてはいない」が、それを理解するのに遺伝子の数を数える必要はない――そんなことは、日本で育った子どもは日本語を話すが、その子をイギリスで育てていれば英語を話したはずだという事実からすでにわかっている。これは読者がこの本の随所で出合うシンドロームの一例である。すなわち、ほかの論拠にたてばもっと簡単にできたであろう道徳的な主張を正当化するために、見る影もないほどゆがめられてしまった科学的所見、というシンドロームである。

コネクショニズムの利点と限界

ブランク・スレートの科学的な防御の二つめはコネクショニズム、すなわち脳は統計的パターンを学習する、コンピュータ上でシミュレートされた人工のニューラルネットワーク(神経回路網)のようなものだという理論からくる。[12]

認知科学者は、脳の命令セット(連合の貯蔵と呼びだし、要素の配列、注意の集中)を構成する基本プロセスが、密に結びついたニューロンのネットワークとして実行されている点は認めている。問題は、環境による形成を受けた汎用《ジェネリック》のネットワークで人間の心理のすべてを説明できるのか、それともゲノムは言語、視覚、道徳心、恐怖心、性欲、直観心理学など、個々の領域の要求にあわせてそれぞれ別のネットワークをつくるのか、ということである。コネクショニストは、むろんブランク・スレートは信じていないが、機械としてそれに一番近い汎用の学習装置は信じている。

ニューラルネットワークとはなんだろうか？　コネクショニストはこの用語を実際の脳内の神経回路ではなく、ニューロンと神経回路のメタファーにもとづいた一種のコンピュータ・プログラムを指す言葉として使っている。もっともよくあるアプローチでは、「ニューロン」が活動性の状態によって情報を伝達する。その活動性のレベルは、一つの単純な特徴の存在または不在（あるいは確実性の強さや程度）を示す。その特徴は色であったり、ある傾斜をもつ直線であったり、アルファベットの一文字であったり、ある動物の属性（たとえば四脚）であったりする。

ニューロンのネットワークは、どのニューロンが活動しているかによって、さまざまな概念を表象できる。「黄色」「飛ぶ」「歌う」を示すニューロンが活動していれば、そのネットワークはカナリアのことを考えている。「銀色」「飛ぶ」「轟音をたてる」なら飛行機のことを考えている。人工のニューラルネットワークは次のような様式で計算をする。ニューロンとニューロンはシナプスに似た働きをする結合部でつながっている。各ニューロンはほかのニューロンからの入力をカウントし、その総量に応じて活動性のレベルを変化させる。ネットワークは、結合の強さが入力によって変化する仕組みによって学習する。結合の強さは、入力ニューロンが出力ニューロンを興奮させる、あるいは抑制する見込みを決定する。

コネクショニズムのネットワークは、ニューロンが何をあらわしているか、あらかじめどのくらい配線されているか、訓練によってどのくらい結合が変わるかによって、さまざまな物事の計算を学習することができる。各ニューロンがほかのすべてのニューロンと結合していたら、そのネットワークは一セットの対象物の特徴の相関関係を取り込むことができる。たとえばたくさんの鳥についての記述を提示されると、羽があって鳴くものは飛ぶ傾向があるとか、羽があって飛ぶものは鳴く傾向があるとか、鳴いて飛ぶものは羽がある傾向があるといった予測ができるようになる。出力層と結合した入力層をもつネットワークなら、やわらかくて小さい飛行体は動物だが、金属製の大きな飛行体は乗り物であるというふうに、アイディアどうしの結びつけを学習できる。出力層がそれよりも前の層にフィードバックしているネットワークなら、単語を構成する音のような、順序づけのある配列を次々と出力することができる。

ニューラルネットワークの魅力は、訓練を自動的に一般化して、類似した新たなアイテムに適用するという点にある。もしあるネットワークが、「トラはケロッグのコーンフレークを食べる」という訓練をされていたら、そのネットワークは「ライオンはケロッグのコーンフレークを食べる」という一般化をする傾向をもつだろう。それは、「ケロッグのコーンフレークを食べる」が「トラ」と結びつけられているのではなく、「ほえる」や「ヒゲがある」といったより単純な特徴と結びつけられていて、それらがライオンの特徴表現の一部でもあるからだ。コネクショニズム学派は、ロックやヒュームやミルに支持されていた連合主義学派と同様に、このような一般化が知能の核心であると主張する。もしそうなら、高度に訓練されているが、それ以外の点ではジェネリックなニューラルネットワークで知能を説明づけることができる。

コンピュータ・モデルの研究者はしばしば、モデルが原則としてうまくいくことを証明するために、単純化した課題（いわゆるトイプロブレム）を実行させる。そうすると、そのモデルはもっと現実的な課題にも「拡大」できるのか、それとも批判者が言うように、モデル研究者は「月に行こうとして木に登っている」にすぎないのかという疑問がでてくる。ここにコネクショニズムの問題点がある。単純なコネクショニズムのネットワークは、単語を並べたリストを読む、定型化された動物の特徴を憶えるといった限定された課題については、みごとな記憶力や一般化の能力を示す。しかし、文を理解するとか生きものについて推論をするなど、もっと実際的な人間の知能の妙技を再現するには、あまりにも力不足である。

人間は単に、似た物事や一緒に起こる傾向のある物事をゆるく結びつけているのではない。人間がもつ組み合わせ方式の心は、何が何についての真であるか、だれがだれについてどこでなぜ何をしたのか、という命題をあつかう。そしてそれは、ジェネリックなコネクショニズムのネットワークで使われている統一的なニューロンのつながりよりも、高度な計算構造を要求する。それはルールや変数や、命題や目標状態や、さまざまな種類のデータ構造を備え、システムとして組織されている論理装置を要求する。この点はゲイリー・マーカス、マーヴィン・ミンスキー、シーモア・パパート、ジェリー・フォーダー、ゼノン・ピリシン、ジョン・アンダーソン、トム・ビーヴァー、ロバート・ハドリーをはじめとする多数の認知科学者が主張しているところでもあり、ジョン・ハメル、ロケンドラ・シャストリ、ポール・スモレンスキーなど、コネクショニズム派に属さないニューラルネットワーク・モデル研究者が認めているところでもある。[13] コネクショニズムの限界については、これまで学術論文でも一般書でもかなり詳細に書いてきたので、ここでは私の論点の概要だけをあげることにする。[14]

私は著書『心の仕組み（*How the Mind Works*）』の「コネクトプラズム」という節で、私たちが完成した思考（たとえば文の意味）を理解するときの基礎になっていて、ジェネリックなネットワークで表象するのはむずかしい、単純な論理的関係を示した。[15] その一つは種類と個との区別、たとえばアヒル一般と特定のアヒルとの区別である。アヒル一般と個としてのアヒルはどちらも同じ特徴（泳ぐ、ガアガアと鳴く、羽があるなど）をもっているので、標準的なコネクショニズムのモデルでは、同じ活動ユニットによって表象される。しかし人間はそのちがいを知っている。

二番めの合成性は、いくつかの単純な思考を単に総和するのではなく、それらの関係性にもとづいた複雑な思考を新たに抱く能力である。たとえば「ネコはネズミを追いかける」という思考は、「ネコ」「ネズミ」「追いかける」というユニットのそれぞれを活性化しても捕捉できない。そのようなパターンは、「ネコを追いかけているネズミ」もあらわすからだ。

三番めは量化（あるいは変数の束縛）と呼ばれるもので、一部の人びと（some of the people）をいつも（all the time）ばかにすることと、すべての人びと（all the people）を時々（some of the time）ばかにすることを区別する能力である。x、y、括弧、それに「すべての x について」といった言明などの計算論的な対応物なしには、モデルはこのちがいを識別できない。

四番めは再帰性、すなわち一つの思考を別の思考にはめ込んで入れ子構造にする能力である。私たちはこの能力のおかげで、「エルヴィスは生きている」という考えを抱くだけでなく、「エルヴィスは生きているという『ナショナル・インクワイラー』紙の報道を信じている人たちがいる」という考えや、「エルヴィスは生きているという『ナショナル・インクワイラー』紙の報道を信じている人たちがいるのは驚くべきことだ」という考えを抱くことができる。コネクショニストのネットワークは、これらの命題を重ねあわせ、いろいろな主語と述語をごちゃまぜにしてしまうだろう。

とらえにくい才能の五番めは、ファジーな推論ではなくカテゴリー的な推論をする能力、すなわちボブ・ディランはあまり祖父らしくないがそれでも祖父であると理解したり、トガリネズミはネズミに似ているが齧歯類《げっし》ではないと理解したりする能力である。対象物の属性を表すニューロンがあるだけで、ルールや変数や定義のための設定がなければ、ネットワークはステレオタイプを頼りにして非定型的な例にまどわされてしまう。

ニューラルネットワークは言語を操作できるか

私は著書『言葉とルール（*Words and Rules*）』のなかで、言語の本質を説明するために、ジェネリックな連合ネットワークの能力を試すテストケースとして用いられてきたある現象を細かく検討した。それは単語や単語の一部をあわせて新しい組み合わせをつくる現象である。人びとは言葉のきれはしを記憶するだけでなく、新しい言葉をつくりだす。単純な例は英語の過去形である。to spam（スパムする）、to snarf（取り込む）といった新造語の過去形は、辞書を引いて調べなくても、spammed と snarfed だと直観的にわかる。新しい組み合わせをつくる才能は、早くも二歳で、We holded the baby rabbits や Horton heared a Who のように、不規則動詞にも規則動詞の過去形の語尾を適用するというかたちで見られる。[16]

この能力は、二種類の心の計算操作に注目するとわかりやすい。held や heard のような不規則形は、他の語と同じように記憶に格納され、記憶から呼びだされる。一方、walk-walked のような規則形は、「その動詞に -ed を加える」という心のなかの文法規則によって生みだすことができる。この規則が、記憶が役に立たないときにも適用されて、たとえばspamのように聞き覚えのない言葉で過去形が記憶にないときや、heardのような不規則動詞の過去形を思いだせない子どもが、なんらかのかたちで時制を表現しなくてはいけないときなどに使われる。動詞に接尾語をつけるのは、語や句を組み合わせて新しい文をつくりだし、それによって新しい考えを表現するという、人間の重要な才能のほんの小さな一例にすぎない。これは第3章で紹介した認知革命の新しいアイディアの一つであり、先にあげたコネクショニズムの論理的課題の一つでもある。

コネクショニストは過去時制を実験台として使い、人間の創造性の典型例である過去形を、規則を使わずに、また記憶のシステムと文法的組み合わせのシステムによる分業もせずに、再現できるかどうかを見てきた。一連のコンピュータ・モデルに、単純なパターンの連合ネットワークを使って過去形を生みださせようとしてきたのである。この連合ネットワークは通常、動詞の原形の音と過去形の音、たとえば-amと-ammed、-ingと-ungを結びつける。そうすると、トラからライオンへの一般化のように、類推によって新しい形をつくりだすことができるようになる。crammedで訓練したモデルはspammedを推測でき、foldedで訓練したモデルはholdedと表現する傾向を示す。

しかし人間の話者は、単に音と音を結びつけているのではないから、モデルは人間と同じようにはできない。失敗の原因は論理的関係をあつかう機構が欠けているところにある。

ほとんどのモデルは、既知の語と音が異なっていて、したがって類推による一般化ができない新しい語につまずいてしまう。たとえば frilg という新奇な動詞をあたえられると、人がするように frilged とはせず、freezled のような妙な寄せ集めをつくる。それは、代数の x や文法の「動詞」のような、あるカテゴリーのどんなメンバーにも、その属性がどの程度に既知であるかにかかわらず適用できる、変数という仕掛けをもっていないためである（人間はこの仕掛けのおかげで、ファジーな推論ではなく、カテゴリーによる推論ができる）。ネットワークは音と音を結びつけることしかできないので、訓練された語のどれとも音のちがう新しい動詞に遭遇すると、ネットワークで発見できるなかでもっともよく似たものの寄せ集めをするのである。

またモデルは、音は同じだが過去形がちがう動詞――たとえば ring the bell―rang the bell と ring the city―ringed the city もうまく区別できない。これは標準モデルが音だけを表象し、さまざまな活用を要する動詞の文法的なちがいがわからないためである。ここで重要なのは「鳴り響く」という意味の ring（過去形は rang）のような単純な語根と、「円形に囲む、丸印で囲む」という意味の ring（過去形は ringed）のように名詞から派生した動詞とのちがいである。このちがいを登録するには、言語を使うシステムは、単なるユニットの集まりではなく、合成的なデータ構造（たとえば「名詞の ring からつくられた動詞」）を備えていなくてはならない。

さらに、コネクショニズムのネットワークは入力の統計（それぞれの音のパターンをもつ動詞にどれくらい多く遭遇したか）をきっちり追っているという問題もある。このためにネットワークは、小さな子どもが突然 -ed の規則を発見して holded や heared のようなまちがいをしはじめる現象を説明できない。コネクショニストのモデル研究者は、ネットワークを規則動詞ぜめにする（そして -ed をしっかり刻みつける）ことでしか、こうしたまちがいを誘発できないが、それは実際の子どもたちの体験とはまるでちがう。また、認知神経科学から得られる大量の所見が示すところによれば、（規則動詞を含む）文法的な組み合わせと、（不規則動詞を含む）語彙の検索は、単一の連合ネットワークではなく、脳内の異なるシステムによってあつかわれている。

これはニューラルネットワークが文の意味や活用変化の課題をあつかえないということではない（思考は一種の脳計算であるという考えそのものが、心にできることをすべて再現するなんらかのニューラルネットワークを要求するので、あつかえたほうがいい）。問題は、十分に訓練されていればジェネリックなモデルであらゆることができるという信条にある。たくさんのモデル研究者がネットワークを強化、改良し、あるいは組み合わせて、より複雑で強力なシステムにしてきた。彼らはニューラルハードウェアの一部を「動詞句」「前置詞」といった抽象的なシンボルの専用にし、メカニズム（たとえば同期発火パターン）を追加し、それらをまとめて合成的、再帰的なシンボル構造に相当するものにした。単語や、英語の接尾辞や、重要な文法的区別のためのニューロンの列を組み込んだ。メモリから不規則形を検索するネットワークと、動詞と接尾辞を結びつけるネットワークからなる、複合システムを組み立てた[17]。

補強の下位ネットワークを組み合わせたシステムをつくれば、あらゆる批判をのがれることができるだろう。しかしそれはもはやジェネリックなニューラルネットワークではない！　それは、人間が得意とする課題を計算するために、生得的にあつらえられた複雑なシステムである。『石のスープ』という民話で、浮浪者が石でスープをつくるといつわって、ある女の台所を借りる。そして味をよくするためだといって、少しずつ材料をもらっては鍋に入れ、とうとうその女が提供した材料で、栄養たっぷりのおいしいスープをつくってしまう。生得的なものは何も必要とせずに、ジェネリックなニューラルネットワークから知能をつくりあげると主張するコネクショニズムのモデル研究者たちも、これと似たようなことをしている。ニューラルネットワークを賢くするデザイン選択（それぞれのニューロンに何を表象させるか、それらのニューロンをどのように配線するか、どんな種類のネットワークを組み合わせて上位のシステムにするかなど）は、モデルが模倣している心の一部をなす生得的な組織化を体現している。それらは一般的にそのモデルの製作者が、トランジスタやダイオードの箱をかきまわす発明者のように、都合にあわせて自作するのだが、本物の脳のなかでは自然選択によって進化したはずだ（実際、一部のネットワークでは、モデルのアーキテクチャが自然選択のシミュレーションによって進化する）[18]。それ以外には、先行する学習エピソードの一部によってネットワークを現在の学習に備える状態にするという代案しかないが、この場合ももちろん、最初に学習プロセスをスタートさせるネットワークになんらかの生得的な特殊化がなくてははじまらない。

したがって、ニューラルネットワークは心的構造を統計的学習に置き換えられるという風説は正しくない。単純でジェネリックなネットワークは、ふつうの人間の思考や発話の要求にこたえられない。複雑な特殊化されたネットワークはいわば石のスープで、興味深い仕事のほとんどがネットワークの生得的な設定によってなされている。このことがいったん認識されると、ニューラルネットワーク・モデルは、複雑な人間本性が存在するという見解に代わるものではなく、その見解の補完に必要不可欠なものとなる[19]。それは認知の基本的なステップと脳の生理的活動とのギャップに橋をかけ、生物学と文化をつなぐ長い説明の鎖のなかの重要なリンクとなる。

脳は可塑性をもつか

神経科学はその歴史のほとんどの期間、困った問題に直面していた。脳が、あたかも細部にわたって生得的に特化しているように見えたからである。身体であれば、その人の生活経験がおよぼした影響がたくさん見られる。日焼けした体もあれば青白い体もあり、ごつごつした体やすべすべした体、やせた体や太った体や整った体もある。しかし脳には、そのようなしるしが何も見つからなかった。この図式はどこかがまちがっているはずだ。人は大量の学習をする。言葉や文化も学習するし、ノウハウや事実のデータベースも学習する。それに七五〇メガバイトのゲノムで脳内の一〇〇兆個のシナプスの一つ一つを規定するのはおそらく不可能だろう。脳が入力に反応してなんらかの変化をするのはまちがいない。問題は「いかに」である。

私たちは、その「いかに」をようやく理解しはじめたところだ。神経可塑性の研究は活発である。脳がどのように胎児期に配線され、誕生後に調整されるかに関する発見が毎週のように見られる。何十年間も、だれ一人として脳内で変化するものを何も見つけられなかったのであるから、可塑性の発見が「生まれか育ちか」の振り子をひと押ししたのは驚くにあたらない。一部には可塑性を人間の潜在性が拡大される前触れと見なし、やがて脳の力を利用することによって、育児や教育やセラピーや老化に大変革がもたらされるという見かたもある。脳の可塑性は、脳が生得的に組織化された重要な構造をもっていない証拠だと主張する宣言もいくつかされている。[20] たとえばジェフリー・エルマンおよび西極のコネクショニストのチームは著書『認知発達と生得性』のなかで、さまざまな物事（言葉、人、物体など）をそれぞれちがう方法で考えるからにすぎない生得的な素因は、単に、生物個体が「学習に先だって特定の入力情報を大量に経験」できるようにするための「注意振り向け装置」として脳内に組み込まれているのではないかと書いている。[21] また、理論神経科学者のスティーヴン・クォーツとテレンス・セイノフスキーは、「構成主義者マニフェスト」で、「皮質はタブラ・ラサではないが……早期段階ではおおむね等しい潜在力をもっている」、したがって生得論者の説は「説得力がない」と書いている。[22]

神経の発達と可塑性が、人類の知の最大級のフロンティアであるのは疑いがない。線状のDNAが、私たちを考えさせ、感じさせ、学習させる複雑な三次元の器官の組み立てを指令する仕組みは、想像力をゆさぶる問題であり、神経科学者が何十年も取り組んできた問題であり、私たちが「科学の終焉」に近づいているという示唆のあやまりをあばく問題でもある。

それに発見そのものも、おもしろくて刺激的である。大脳皮質（脳の外層をなす灰白質）はながらく、別々の機能をもつ領域に分かれていると考えられてきた。身体各部を表象する領域もあれば、視野や音の世界を表象する領域もあり、言語や思考の諸面にもっぱら関与する領域もある。しかしいまでは、これらの境界が学習や実践にともなって移動する場合があることがわかっている（これは脳組織が文字どおり成長したり縮んだりするという意味ではなく、皮質を電極やスキャン装置で調べたときに、ある能力の領野が終わって別の能力の領野がはじまる境界線の位置が変わっている場合があるという意味である）。たとえばバイオリニストは左手の指を表象する皮質領域が拡大している。[23] 人やサルが、形を認識する、ある空間的な位置を注視するなどの簡単な課題を練習するとき、その仕事を引き受けた皮質の一部、あるいは個々のニューロンが観察できる。[24]

脳組織が新しい課題に再配分される現象は、感覚や身体の一部を失った人びとにおいてとりわけ劇的に見られる。先天盲の人は視覚皮質を点字の読み取りに使う。[25] 先天聾《ろう》の人は聴覚皮質の一部を手話の処理に使う。[26] 手足を切断する手術を受けた人は、失われた手や足に関与していた皮質をほかの身体部位の表象に使う。[27] 低年齢の子どもは、成人なら無能力者になってしまうような外傷を脳に受けても、比較的正常に成長できる——成人で言語や論理的推論の土台となる左半球をそっくり切除された場合でさえ、そうである。[28] これらはすべて、知覚や認知のプロセスへの脳組織の配分が、永久的に、また組織の厳密な局所的位置にもとづいておこなわれるのではなく、脳がどのように情報処理をするかに左右されることを示している。

この動的な組織の配分は、胎児期に脳が自分をつくりあげるときにも見ることができる。工場で組み立てられるコンピュータが、完成したのちに初めてスイッチを入れられるのとはちがって、脳は組み立てられているあいだも活動しており、その活動性が組み立ての過程に関与しているらしい。ネコなどの哺乳動物を対象とした実験によると、胎児期の発育中の脳の活動を化学的に抑えると、重大な異常をもった脳ができる場合がある。[29] それに皮質の発達は、受ける入力の種類によって左右される。神経科学者のムリガンカ・サーは、巧みな実験でフェレット〔イタチの仲間〕の脳を文字どおり配線変更し、眼からくる信号が、通常は耳からの信号を受けとる一次聴覚皮質に入力されるようにした。[30] それから聴覚皮質に電極を挿入して、それが多くの点で視覚皮質のようにふるまっていることを発見した。視野の位置が地図のようにでき、個々のニューロンも、ふつうの視覚皮質のニューロンのように、特定の方位や運動方向の線分や縞《しま》に反応した。フェレットは配線変更された脳を使って、視覚だけでしか探知できない対象物に向かって動くことさえできた。視覚入力によって、聴覚皮質が視覚皮質のように働くようになるからには、感覚皮質への入力は皮質の組織化を助けているにちがいない。

これらの発見は何を意味するのだろうか？　可塑性という言葉の字義どおり、脳は「いろいろな形をあたえられたり、成型されたり、塑造されたり、彫られたりできる」ということを示しているのだろうか？　このあと、その答えはノーであることを示す。[31] 脳が経験によって変化するという発見は、学習が考えられていたよりも強力だということを示しているのではない。また、脳が入力によって大規模に再形成されるとか、遺伝子は脳を形成しないとか、そういうことを示しているのでもない。実は、脳の可塑性の実例は、一見そう見えるほど根本的ではない。可塑性があるとされる皮質領域のふるまいは、まったく変化しなかった場合のふるまいと大差がないのである。それに脳発達に関する最近の発見によって、脳が大きな可塑性をもっているという考えは反証されている。これらの点を順に検討していこう。

学習力が高まるという誤解

学習によって脳が変化するという事実は、一部で言われているような、生まれと育ちの問題や人間の潜在性に大きく影響する根本的な発見ではない。ドミトリー・カラマーゾフも、一九世紀の牢獄で、思考が非物質的な魂ではなく震える神経の尾からくるという事実についてじっくりと考えれば、これと同じ結論を導きだせただろう。思考や行動が脳の物理的活動の産物であり、思考や行動が経験によって影響を受けるのなら、経験が脳の物理的構造に痕跡を残すのは当然である。

したがって、経験や学習や実践が脳に影響をおよぼすかどうかについて、科学的な疑問の余地はない。少しでもまともに考えれば、影響をおよぼすに決まっているとわかる。バイオリンを弾ける人の脳と弾けない人の脳にちがいがあるのも、手話や点字の熟練者の脳とふつうに話したり読んだりする人の脳にちがいがあるのも、驚くようなことではない。あなたが初対面の人に紹介されるとあなたの脳は変化する。ちょっとした噂話を聞いても、『セサミストリート』を観ても、ゴルフの打法を磨いても変化する。つまりどんな経験でも心に痕跡を残す。問題なのは、学習がどのようにして脳に影響をおよぼすのかという点である。記憶はタンパク質の配列に貯蔵されるのか、新しいニューロンやシナプスに貯蔵されるのか、それとも現存するシナプスの強度の変化によって貯蔵されるのか？　新しいスキルを学習すると、それはスキルの学習にもっぱら関与する器官（たとえば小脳や大脳基底核）だけに貯蔵されるのか、それとも皮質も調整されるのか？　器用さが向上するときは、使用する皮質の面積が増えるのか、それとも面積は変わらずにシナプスの密度が増すのか？　これらは重要な科学の問題だが、人が学習できるかどうか、どの程度にできるかといった問いについては何も語らない。練習を重ねたバイオリニストが初心者よりも上手なのはすでにわかっていることで、そうでなければ、そもそもその人たちの脳をスキャンしたりはしなかったはずだ。神経可塑性とは、学習や発達をほかの分析レベルでとらえた別称にすぎないのである。

これらはすべて明白なはずだが、今日では、学習に関するどんな陳腐な考えでも、神経学用語で飾られて重大な科学の新事実であるかのようにあつかわれている。『ニューヨーク・タイムズ』の見出しによれば、「会話療法で患者の脳の構造を変えることができると、ある精神科医が主張」している。[32] そうあってほしいものだ。でなければその精神科医は患者をだましていることになってしまう。小児神経科医のハリー・チュガニは『ボストン・グローブ』紙に、「環境の操作によって「子どもの」脳の発達は変わる」と語り、「攻撃性や暴力や不適切な刺激に囲まれている子どもは、それが脳の結合状態や行動に反映されている」と述べた。[33] それはそうだろう。環境が子どもになんらかの影響をあたえるとすれば、それは脳内の結合の変化によっているはずだ。『教育技術と社会（*Educational Technology and Society*）』という雑誌のある特別号は、「学習は学習者の脳のなかで起こっており、教育の方法や技術は生徒の脳におよぼす効果にもとづいて立案、評価されるべきであるという立場を検証する」ことを目的としていた。ゲストエディターの生物学者は、ほかに考えられるのは脳以外の器官（たとえば膵臓《すいぞう》）で起こる学習なのか、それとも非物質の魂のなかで起こる学習なのかという点については何も触れていない。ときには神経科学の教授でさえ、それがニュースだと思うのは機械のなかの幽霊の信者くらいだろうというものを「発見」として主張する。「脳がその結合を変えることができるという発見がされている。……人間は脳内のシナプス結合を変える能力をもっているのだ[34]」。それは結構。そうでなくては、私たちは永久的な記憶喪失者になってしまう。

この神経科学者は、「脳の研究結果やテクノロジーを使って、学習や作業の効率を高める製品を開発する」新興企業の重役でもあるが、このような目標をかかげる新興企業はほかにもたくさんある。「うまく照準をあわせて育てていけば、人間は無限の創造性をもっている」と語るコンサルタントは、クライアントに「自分の神経パターンをマップ」した図の書きかたを教えている。満足した顧客は、「年をとればとるほど、脳の結合や連合は増えていくのです。だからそれだけたくさんの情報が脳にたくわえられているはずです。それをうまく引きだせばいいだけなんです」と話している[35]。また、帰宅するときにいろいろなルートをとると老化防止になるという、神経科学を唱道する人たちの公的な発言を（なんの証拠もなしに）たくさんの人たちが信じている。[36] また、積み木やボールなどの玩具が「視覚や触覚の刺激になり」、「運動や追跡力を促進する」と気づいたマーケティングの天才もいる。これは「脳にもとづいた」育児や教育という、より大きな動向の一部をなしている。これについては、子どもに関する章（第19章）でまたとりあげる。[37]

これらの企業は、脳に影響をおよぼす種類の学習はどんなものでも、（たぶん脳に影響をあたえない種類の学習とはちがって）予想外にすごい、あるいは重大だ、強力だとほのめかし、機械のなかの幽霊に対する人びとの信仰をうまく利用する。しかしそれはまちがっている。学習はすべて脳に影響をおよぼす。学習がどのように脳に影響をあたえるかを科学者が発見するのはまちがいなく刺激的であるが、それによって学習そのものが広まったり深まったりするわけではない。

人間本性は脳全体のネットワークから生まれる

神経可塑性についての二つめの誤解は、「心のなかには、感覚にあらかじめなかったものは何もない」という信念にさかのぼることができる。皮質の可塑性についての発見でもっとも有名なのは、一次感覚皮質という、感覚信号を（視床や皮質下の組織を介して）最初に受けとる皮質に関するものである。ブランク・スレートを支えるために可塑性をもちだす人たちは、心は感覚体験からつくられるのだから、一次感覚皮質に可塑性があるなら、ほかの脳部位はもっと可塑性があるはずだという前提に立っている。たとえばある神経科学者は、サーの配線変更の実験は「遺伝子の力を重視する最近の傾向に対する挑戦」であり、「正常な脳の組織構造をつくりあげるうえでの環境要因の重要性をもっと考慮する方向に人びとを向かわせるだろう」と述べたとされている。[38]

だが脳が多数のパーツからなる複雑な器官であるなら、その教訓はでてこない。一次感覚皮質は心の基盤ではなく、脳のなかに多数ある仕掛けの一つであり、たまたま感覚分析の第一段階で、ある種の信号処理を専門にしているにすぎない。仮に一次感覚皮質が無定形で、すべての構造が入力によってできるとしよう。それは脳全体が無定形で、すべての構造が入力によってできることを意味するだろうか？　まったくちがう。まず、一次感覚皮質は巨大で複雑なシステムのほんの一部にすぎない。適切な見かたをしてもらうために、霊長類の視覚系の結線図をあげておく[39]（図5－1）。

一次視覚皮質は下のほうの「V1」と書かれたボックスである。視覚処理を専門にしている脳部位は一次視覚皮質を含めて五〇以上あり、たがいが精密に結合している（スパゲティのように見えるが、すべてがすべてと結合しているわけではない。理論的に可能な構成要素どうしの結合のうち、実際に脳内に存在するのはおよそ三分の一だけである）。一次視覚皮質だけではものは見えない。それどころか視覚系に深く埋もれているので、フランシス・クリ

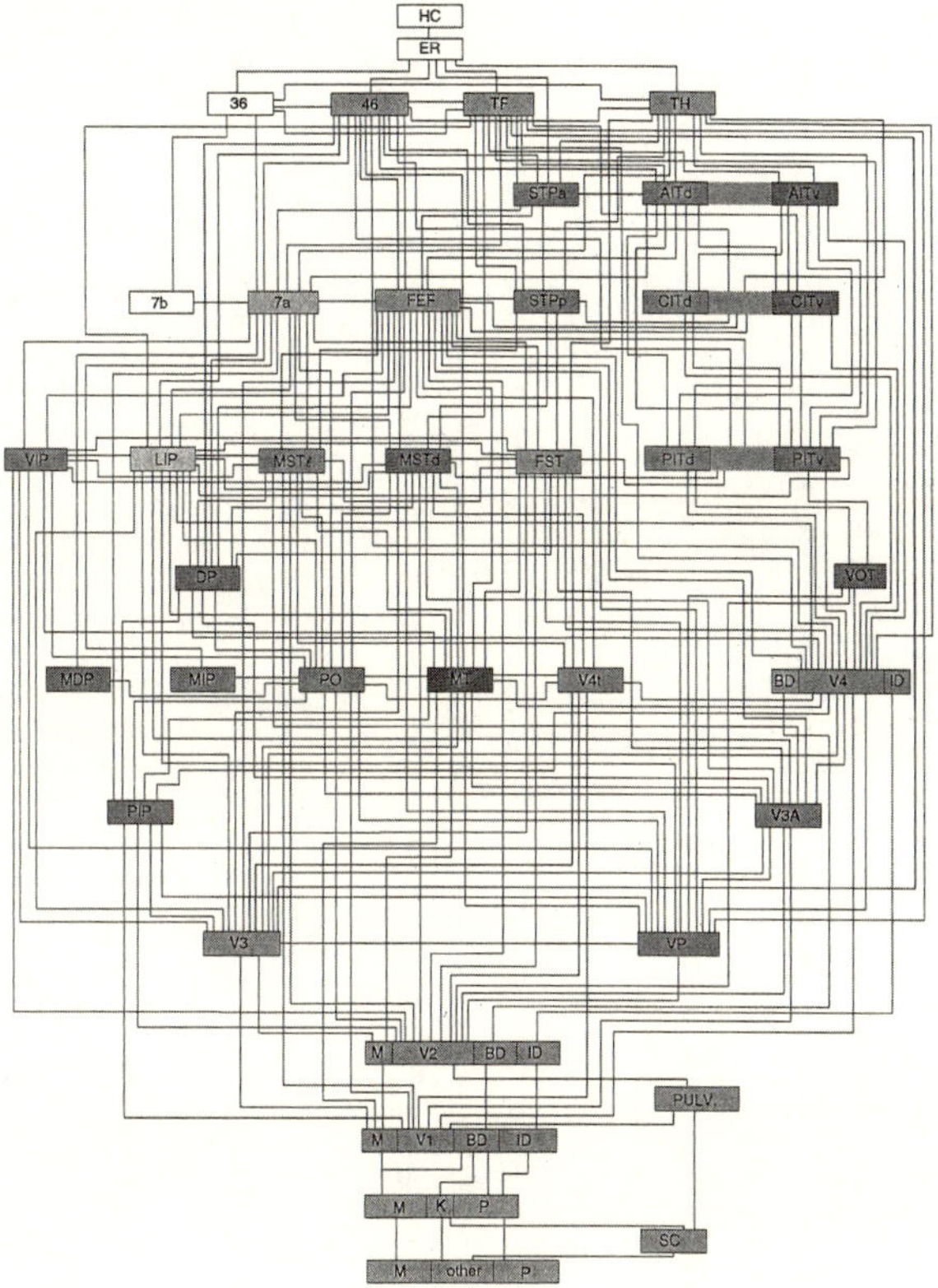
HC
ER
36
46
TF
TH
STPa
AITd
AITv
7b
7a
FEF
STPp
CITd
CITv
VIP
LIP
MSTl
MSTd
FST
PITd
PITv
DP
VOT
MDP
MIP
PO
MT
V4t
BD
V4
ID
PIP
V3A
V3
VP
M
V2
BD
ID
PULV.
M
V1
BD
ID
M
K
P
SC
M
other
P

図 5-1

ックと神経科学者のクリストフ・コッホは、一次視覚皮質で進行していることは何も意識にのぼらないと論じているほどだ。[40] 私たちが見るもの——見慣れた色のついた対象物がならんでいたり、特定の方向に動いていたりする光景は、この仕掛け全体の産物なのだ。したがって、仮にV1ボックスの内部が完全に入力によって決まるとしても、あとの視覚系の構造、すなわち五〇個のボックスとそれらの結合の存在を説明づけなくてはならない。このブロック図の全体が遺伝的に規定されていると言うつもりはないが、ほとんどの部分がそうであるのはほぼまちがいない。[41]

それにもちろん、視覚系そのものも大局的にとらえる必要がある。視覚系は脳の一部にすぎないからだ。大脳皮質には、解剖学的構造と結合状態によって区別できるおもな領野が五〇以上あるが、そのうちで視覚系が支配しているのは数個である。ほかの領野の多くは、言語、推論、プランニング、社会的スキルなど、別の機能の基盤になっている。それらがその計算の役割に対してどの程度まで遺伝的に準備されているのかはだれにもわからないが、遺伝的影響がかなり大きいことを示すヒントはある。[42] これらの区分は、たとえ皮質が発達中に感覚入力から遮断されていても、胎児期に確立する。発達の進行とともに、さまざまな領域でさまざまな遺伝子セットが活性化される。脳は、たとえば軸索（ニューロンの出力線維）を引き寄せたり追い払ったりして標的まで誘導する分子や、軸索を適切な場所にくっつけたり受け流したりする分子など、ニューロンどうしを結合するメカニズムをたくさんもっている。皮質領野の数やサイズや結合性は哺乳類のあいだでも種によって異なるし、人間とほかの霊長類のあいだでも異なる。この多様性を生みだした、進化の過程の遺伝的変化が解明されはじめている。[43] たとえば最近では、発達中の人間の脳と発達中のチンパンジーの脳で、ちがう遺伝子のセットが活性化されているという発見があった。[44]

皮質領野が別々の仕事に特化しているという可能性は、どの部分の皮質も顕微鏡で見るとよく似ているという事実によってあいまいにされてきた。しかし脳は情報処理システムなのだから、似ているのは問題にならない。顕微鏡で見るCDの微小なへこみは、何が録音されているかにかかわらず似ているし、別々の本にある文字のつらなりは、それを読めない人には同じに見える。情報をのせた媒体のなかでは、内容は要素の組み合わせパターン（脳の場合は微小な回路の細部）にあるのであって、物理的外見にあるのではない。

それに皮質は脳全体ではない。皮質の下には、人間の本性の重要な部分を駆動させる、ほかの脳器官がしまいこまれている。そのなかには記憶をまとめて心の地図をささえる海馬、経験に情動の色づけをする扁桃体、性的欲求などの欲求を調整する視床下部などがある。多くの神経科学者は、皮質の可塑性に強い印象を受けている人たちでも、皮質下の構造は可塑性がはるかに低いと認めている。[45] これは解剖学的構造について、ささいなあら捜しをしているのではない。一部の解説者は、神経可塑性の犠牲になるのは進化心理学だと名指しして、皮質の可変性は脳が進化による特殊化を維持できないことを証明するものだと述べている。[46] しかし進化心理学の提言のほとんどは、恐怖、性、愛、攻撃などの動機に関するもので、それらはおおむね皮質下の回路に属する。より一般的に言えば、だれの理論にもとづいても、生得的に形成された人間の能力は、感覚皮質の一区画ではなく、皮質および皮質下領域のネットワークのなかで実行されているはずである。

脳はいかにつくりあげられるか

もう一つ、脳に関する基本的なポイントが、近ごろの可塑性に対する熱狂のなかで見失われている。神経の活動性が脳の発達に不可欠であるという発見は、学習が脳の形成に不可欠であることを示すものでもないし、遺伝子が脳の形成をしないことを示すものでもない、というポイントである。

神経発達の研究はしばしば、生まれと育ちという枠組みで語られるが、それよりも発達生物学の問題として——まったく同じ細胞でできた塊がどのようにして機能する器官に分化するのかという問題としてとらえたほうが有意義ではないかと思う。そのようにとらえると、伝統的な連合主義の前提がさかさまになる。一次感覚皮質が脳のなかでもっとも安定した部位でそこから上の階層はさらに可塑性が高いというのではなく、一次感覚皮質が脳のなかでもっとも適切な発達を入力に依存している部位なのかもしれない。

脳を組み立てるとき、完璧な遺伝子の青写真があるかといえば、それは二つの理由から問題外である。第一に、ある遺伝子は、ゲノムのなかのほかの遺伝子からなる環境を含めて、環境のあらゆる細部を予測することはできない。遺伝子は全体としての生物個体が、栄養状態、ほかの遺伝子、生涯にわたる成長率、ランダムなゆらぎ、物理的および社会的環境などの変動にかかわらず適切に機能することを保証する適応的な発達プログラムを規定しなくてはならない。そしてそれは生物個体のほかの部分がどのように発達しているかというフィードバックを必要とする。

身体の発達を考えてみよう。大腿骨をつくる遺伝子は、てっぺんの丸い部分〔関節頭〕の正確な形を規定することはできない。関節頭は骨盤の関節窩《か》といっしょに関節をつくらなくてはならないが、関節窩は別の遺伝子や栄養分や年齢や偶然によって形成されるからだ。したがって関節頭と関節窩は、赤ちゃんが子宮のなかで足をけりあげたとき、たがいに対して回転しながら形状を調整する（これは、発育中の実験動物を麻痺させると、関節に重度の奇形ができることからわかる）。同様に、成長中の眼の水晶体を形成している遺伝子は、網膜がどれくらいうしろで形成されているかを知ることはできないし、網膜を形成している遺伝子のほうも事情は同じである。したがって赤ちゃんの脳は、網膜上の像の鮮明さに関するシグナルを使って眼球の物理的成長のスピードを下げたり上げたりするためのフィードバック・ループを備えている。これらは「可塑性」の好例であるが、可塑性のある素材というメタファーは誤解をまねきやすい。身体発達のメカニズムは、変化に富んだ環境が変化に富んだ器官を形成するようにはデザインされていない。話は反対で、環境が変化に富んでいるにもかかわらず、自分の役割をきちんとはたせるような一定の器官が発達することを保証するのである。

身体と同じく脳も、自分自身を作業システムにつくりあげるにはフィードバック回路を使わなくてはならない。なかでも感覚領域は、成長中の感覚器官に対処しなくてはならないので、とくにそうである。この理由からだけでも、脳の活動性がみずからの発達に関与しているという推測ができる――たとえ脳の最終的な状態が大腿骨や眼球の最終的な状態のように、ある意味で遺伝子に規定されているにしても。それが起こる仕組みはまだ大部分が謎であるが、神経刺激のパターンが遺伝子発現の引き金になり、一つの遺伝子が多くの遺伝子の引き金になることはわかっている。[47]すべての脳細胞が完全な遺伝プログラムを備えているのだから、神経活動が引き金となって、いくつかの別々の領域で生得的に組織化された神経回路が発達する仕掛けは、原理的には存在する。もしそうなら、その脳の活動性は脳を形成しているのではない。ある神経回路を脳のどこにつくるべきかをゲノムに知らせているにすぎない。

したがって極端な生得論者であっても、脳があたかも頭蓋骨内のGPS〔全地球測位システム〕のような、「左のこめかみと左耳のあいだに位置していれば、言語の回路になる」（あるいは恐怖の回路や、顔を認識する回路になる）といったルールにしたがって分化していンく考える必要はない。発達のプログラムは、発達中の脳部位で、刺激源や発火パターンや化学的環境やそのほかのシグナルの組み合わせによって引き金を引かれるのかもしれない。その最終結果が、さまざまな人のさまざまな脳部位に座す能力なのかもしれない。なんといっても脳は計算の器官であるし、情報の流れのパターンが同一であれば同じ計算が別々の場所で起こることもありうる。コンピュータのなかでは一つのファイルやプログラムが、メモリの別々の部分にあったり、ディスクのセクターにまたがって断片化されていたりするが、どんな場合でも同じように働く。成長中の脳が、演算命令に対する神経リソースの配分において、少なくともその程度に動的であったとしても、驚くにはあたらないだろう。

脳が完全な遺伝子の青写真に依存しているはずがないという考えには、もう一つ、ゲノムは限られたリソースだという理由がある。遺伝子は進化的時間を通してたえず突然変異しているし、自然選択はよくない遺伝子をゆっくりとしか排除できない。ほとんどの進化生物学者は、自然選択で維持できるのはあまり大きくないゲノムだけだと考えている。つまり複雑な脳のための遺伝子プランは、脳の適切な発達や働きに支障のない範囲で、最小限のサイズに圧縮されなければならない。ゲノムの半分以上はおもに脳で働くか、完全に脳だけで働いているのだが、それでも脳の結線図を規定するにはまるっきり足りない。

脳内の配線テクニック

脳の発達プログラムは臨機応変でなくてはならない。例として、両眼からでる軸索（出力線維）の一本一本を整然と脳につなぐという問題をとりあげてみよう。眼のなかで隣りあった点は脳のなかの隣りあった点につながれなくてはならないし（この関係はトポグラフィック・マッピングと呼ばれる）、脳内の両眼に相当する位置はたがいに近くなくてはいけないが、まざりあってしまってはいけない。

哺乳類の脳は、軸索の一本一本に遺伝子によって規定された所番地をあたえるのではなく、もっと利口な方法で結合を組織するのかもしれない。神経科学者のカーラ・シャッツはネコの脳発達の研究で、網膜の上を神経活動の波が、まず一つの方向に向かい、それから別の方向に向かっていくことを発見した。[48] これは、一つの眼の隣りあったニューロンは、しばしば同じ波面にぶつかるので、ほぼ同時に発火する傾向があるということである。別々の眼からでている軸索どうしや、同じ眼の遠く離れた部位からでている軸索どうしは、片方を通過する波がもう片方にはぶつからないので、活動性が相関しない。スタジアムのなかでファンがいろいろな方向に「ウェーブ」をしているとして、だれがいつ立ち上がったかを知っていれば、あなたは座席表を再現できる（同時に立ち上がった人は隣に座っているはずだから）。それと同じように脳も、どの入力ニューロンが同時に発火しているかに注意を払えば、両眼の空間的配置を再現できるはずだ。ニューラルネットワークの学習ルールの一つに、心理学者のD・O・ヘッブが最初に概要をあきらかにした、「一緒に発火するニューロンは一緒に配線されている。同期からはずれるニューロンはつながらない」というルールがある。ウェーブが何日、何週間と網膜を縦横に動くうちに、下流に位置する視床の視覚部位は、それぞれの眼に対して、隣接するニューロンが網膜の隣接する部位に反応するようなかたちに層を組織化できるはずだ。皮質も理論上、これと同じような方法で配線を組織化できると考えられる。[49]

　脳のどの部位が実際にこの自動インストールのテクニックを使っているかは、また別の問題である。視覚系が、トポグラフ的に組織化された配線を成長させるのに、このテクニックを必要とするとは思えない。おおまかなトポグラフィック・マップが遺伝子の直接的なコントロールのもとで発達するからである。それでも一部の神経科学者は、「一緒に発火、一緒に配線」テクニックが、マップをより正確にするためや、両眼からの入力を分離するために使われているのではないかと考えている。[50]これに対しても異論があるのだが、正しいという前提でその意味するところを考えてみよう。

「一緒に発火、一緒に配線」のプロセスは、理論上、眼球に周囲の世界を見つめさせることによって作動させられる。世界には、網膜の隣接部位を同時に刺激する線分や縁《エッジ》があり、脳が整然としたマップを構成あるいは微調整するのに必要な情報を提供する。しかしシャッツのネコの場合には、プロセスが環境からの入力をまったく受けずに動いている。

視覚系が発達するのは真っ暗な子宮のなかであり、ネコの眼が開く前、桿体《かんたい》や錐体が接続されて機能しはじめる前のことである。網膜のウェーブは脳の視覚領野が自身を配線しなくてはならない時期に、網膜の組織によって内因的に発生する。言い換えれば、眼がテストパターンを発生し、脳はそれを使って組み立てを完成する。通常は、眼からでる軸索は世界の事物についての情報を伝達するのだが、発達プログラムはそれらの軸索を転用して、どのニューロンとどのニューロンが同じ眼からきているか、あるいは同じ眼の同じ場所からきているかの情報を伝達する。私がおおまかなアナロジーを思いついたのは、ケーブルテレビの設置業者が、地階のどのケーブルが上階のどの部屋につながっているかを調べている様子をながめていたときだった。設置業者は「スクリーマー」と呼ばれるトーン・ジェネレータを寝室の端末にとりつけ、それから地下に走っていって、壁から束になってでているケーブルを一本ずつ調べて信号音を確認した。ケーブルはテレビの信号を上階に運ぶためにデザインされたもので、テスト・トーンを地階に運ぶためにデザインされたものではないが、設置のあいだは後者の用途に役立った。それは情報の伝送がどちらの目的にも有用であるからだ。ここから得られる教訓は、脳の発達が脳の活動性に依拠しているという発見は、学習や経験に関しては何も語っておらず、脳が情報伝達能力を利用して配線をつないでいるだけなのかもしれないということだ。

「一緒に発火、一緒に配線」は、特別な種類の配線の問題――感覚受容器の表面と、地図に似た皮質の表象とを結びつけるという問題を解くための一つの巧妙な方法である。この問題は視覚系だけでなく、触覚など、ほかの空間的な感覚にも存在する。それは、二次元の網膜表面から情報を受けとる一次視覚皮質の区画を順序よく並べていく問題が、二次元の皮膚表面から情報を受けとる一次体性感覚皮質の区画を順序よく並べていく問題と似ているからである。聴覚系もこの方法を使っているのかもしれない。さまざまな音の周波数（おおまかに言えばピッチ）をあらわす入力は、内耳の一次元の膜で生じているし、脳が聴覚でピッチをあつかう様式は、視覚や触覚で空間をあつかう様式と同じだからだ。

しかしこの方法は、ほかの脳部位では役に立たないだろう。たとえば嗅覚系は、まったくちがう方式でみずからを配線する。視覚や聴覚や触覚の情報がきちんと配置されて感覚皮質に入ってくるのとはちがって、においはごちゃまぜ状態でやってきて、においをつくりあげている多数の化合物が、鼻のなかにある受容体でそれぞれ別々に検出される。受容体はそれぞれ一つのニューロンと結合し、脳に信号を送り込む。嗅覚の場合、ゲノムはそれぞれの軸索を脳内のそれぞれの場所に配線するのに別々の遺伝子をあてており、その数は全部で一〇〇〇個ほどである。ゲノムは驚くような方法で遺伝子の節約をしている。各遺伝子が生産するタンパク質が二度使われるのだ。一度は鼻のなかで空気中の化学物質を検出する受容体として、そして二度めは脳のなかで、その化学物質に対応する軸索の末端が嗅球内の適切な位置をめざすための探子として使われる。[51]

嚥下《えんげ》反射などの固定した行動パターンを起こす延髄、恐怖をはじめとする情動をあつかう扁桃体、社会的推論に関与する前頭前野腹内側部の皮質など、そのほかの脳部位にはまた別の配線の問題がある。「一緒に発火、一緒に配線」のテクニックは、世界やほかの脳部位の冗長性をそのまま再現しなくてはならない感覚地図などの構造、たとえば視覚や触覚や聴覚の一次感覚皮質にとっては、理想的な方法かもしれない。しかしほかの領域は、においをかぐ、のみ込む、危険を避ける、友達をつくるなど、さまざまな機能をもつように進化しており、もっと複雑なテクニックで配線される必要がある。これは、本章の初めにあげた論点――環境は生物個体のさまざまな部位に、その部位の目的がなんであるかを教えることはできない――から必然的にでてくる結果である。

超可塑性の教義は、一次感覚皮質で発見された可塑性を、脳のほかの場所で起こっている出来事のメタファーとして使っている。それはあまりいいメタファーではないというのが、次の二つのセクションの要点である。もし感覚皮質の可塑性が、精神生活全体が可塑性をもっているしるしであるなら、自分自身や他人の気にいらない部分を簡単に変えられるはずだ。視覚とはまったくちがう性的指向を取りあげてみよう。ゲイ男性は、最初にホルモンが変化する思春期あたりに、ほかの男性に心をひかれるようになる。なぜ一部の少年がゲイになるのか――遺伝子によるのか、胎児期のホルモンの影響か、そのほかの生物学的な原因のせいか、もっぱら偶然によるのか――は、だれにもわからないが、私の論点はゲイになることよりも、ふつうの異性愛者になることに関係している。世間がゲイに対してあまり寛大ではなかった過去には、不幸なゲイ男性はしばしば性的指向を変えるために精神分析医を訪れた（ときにはそれを強制された）。今日でさえ、宗教団体のなかには、ゲイのメンバーに異性愛を「選ぶ」ように圧力をかけるところがある。彼らには、精神分析、完璧な「一緒に発火、一緒に配線」の論理を使った条件づけテクニック（たとえば、性的に喚起しているときに『プレイボーイ』のとじこみを見せるという方法）など、いろいろな方法が押しつけられてきたが、それらの方法はどれもうまくいかない[52]。少数の疑わしい例外（おそらく欲求の変化ではなく、意識的な自己コントロールだと思われる例）を別にすれば、ほとんどのゲイ男性の性的指向は経験によってはくつがえされない。心の一部は可塑的ではないし、感覚皮質が配線する仕組みに関してどんな発見があろうと、その事実は変わらない。

脳が無定形に変化しないことを示す例

脳は私たちが可塑性と呼んでいる変化が進行しているとき、実際に何をしているのだろうか？　ある解説者は、可塑性は「水をワインに変えるキリストに相当するもの」であり、したがって脳の各部は進化によってその役割に特化してきたとするあらゆる説に対する反証になると述べた[53]。奇跡を信じていない人たちは懐疑的である。神経組織は、要求されればどんなものにでもなれる魔法の物質ではなく、因果法則にしたがうメカニズムである。顕著な可塑性の例をよく見ると、その変化は結局、奇跡ではないことがわかる。どんなケースでも、変化した皮質は、通常の皮質と大きく異なることは何もしていないのである。

可塑性の実例のほとんどは、一次感覚皮質の再マッピングに関係している。切断された指や動かなくなった指を担当していた脳領域が隣の指に乗っ取られる場合もあるし、刺激を受けた指を担当する脳領域が隣の領域にくいこんで範囲を拡大する場合もある。入力の重みづけをやりなおす脳の能力は本当に驚異的だが、乗っ取られた皮質がする情報処理の種類は基本的に変わっていない——皮質は依然として、皮膚の表面や関節の角度についての情報を処理しているのだ。それに指や視野の一部の表象は、いくら刺激を受けても無限に大きくなるわけではない。脳の本質的な配線がそれを妨げる。[54]

盲目の人で起こる、点字による視覚皮質の乗っ取りはどうだろうか？　一見すると本物の実体的変化のように思えるが、たぶんそうではない。私たちが目撃しているのは、どんな能力でも皮質の空き区画をどれでも手あたりしだいに乗っ取るという現象ではない。点字の読み取りは、見る行為と同じ方法で視覚皮質の構造を使うのかもしれない。

神経解剖学では昔から、ほかの脳領域からの情報を視覚皮質に下ろす線維が、眼からの情報を上げる線維と同じくらいたくさんあることが知られていた。[55]これらトップダウンの結合にはいくつかの使い道があるらしい。視野の一部に注意のスポットライトをあてる、視覚をほかの感覚と協調させる、画素をグループにまとめる、心的イメージすなわち心の眼で事物を視覚化する能力を実行するなどである[56]。盲目の人たちは、これらのあらかじめ配線されているトップダウンの結合を使って点字を読んでいるだけなのかもしれない。目隠しをされた人が、手のなかに置かれたものをイメージできるのと同じように、点の列を触りながら「イメージ」しているのかもしれない――もちろんスピードははるかに速いが（盲者が空間的情報を含む心的イメージを――おそらくは視覚イメージさえ、もっていることは、研究で確証されている）[57]。視覚皮質は点字の読み取りに必要な種類の計算に向いている。晴眼者の場合、眼はあたりを見渡しながら、中心窩という網膜のまんなかにある解像力の高い部分に細部をおとしこむ。これは点字の列を両手でたどりながら、解像力の高い指先の皮膚に細部をおとしこむのに似ている。したがって視覚系は、眼からの入力がない盲者の場合にも、晴眼者とほとんど同じように機能しているのではないだろうか。長年にわたって触覚の世界をイメージし、点字の細部に注意を向けることによって、視覚皮質はほかの脳部位からの本来的な入力を最大限に生かすようになる。

聾の場合も、感覚の一つが自分に適した神経回路の支配を乗っ取っているのであって、どんな空き領域にでも入りこんでいるのではない。ローラ・ペティートたちの研究によって、聾者は側頭葉の上側頭回という部位（一次聴覚皮質に近い領域）を使って手話のサインの構成要素を認識していることがわかったが、これは健聴者が話し言葉の音声を処理している部位である。また聾者が外側《がいそく》前頭前野を使ってサインを記憶から読みだしていることもわかっているが、健聴者もこの部位を使って言葉を記憶から読みだしている。[58] これは意外なことではないはずだ。言語学では昔からよく知られていることだが、手話言語は音声言語とよく似た体系をしている。語も文法もあるし、音声言語の音韻的ルールが意味のない音を組み合わせて意味のある単語にするのと同じように、意味のない身ぶりを組み合わせて意味のあるサインにする音韻的ルールまである。[59] しかも音声言語は部分的にモジュール構成になっていて、単語やルールの表象と、それを耳や口とつなぐ入出力システムとを区別することができる。もっとも単純に解釈すれば、ペティートたちもこの解釈を支持しているのだが、手話者が採用している皮質領域は、発話自体に特化しているのではなく、言語（語やルール）に特化しているということになる。聾者のこの領域がしていることは、健聴者のこの領域がしていることと同じなのである。

さてそれでは、もっとも驚異的な可塑性の話に移ろう。聴覚視床や聴覚皮質が眼からの入力を受けるように配線変更されて、視覚視床や視覚皮質のように働くようになったフェレットの話である。この場合も水がワインに変わったわけでない。サーたちは、方向変更された入力によって聴覚脳の実際の配線が変わったのではなく、シナプスの強度のパターンが変わっただけだと述べている。したがって転用された聴覚脳は、多くの点で正常な視覚脳とはちがっていた。[60] 転用された聴覚脳の視野の表象は正常な視覚脳の表象よりもあいまいで無秩序だったが、それは組織が視覚ではなく聴覚の分析に最適化されているためである。たとえば聴覚皮質にできていた視野のマップは、左右方向のほうが上下方向よりもはるかに正確だった。これは左右方向が聴覚皮質の横軸にそってマップされたためで、正常な動物の聴覚皮質では、横軸にそってさまざまな音の周波数が表象され、周波数の順にきちんと配列された内耳からの入力を受けとるようになっている。これに対して上下方向は聴覚皮質の縦軸にそってマップされたのであるが、縦軸上は正常の場合、同じ周波数の入力を受けとるようになっている。またサーは、一次聴覚皮質とそのほかの聴覚領域との結合関係（二〇三ページの視覚系配線図に相当するもの）は、入力が変更されても変化しなかったと述べている。

このように入力のパターンは、感覚皮質のある区画をその入力にぴったりあうように調整することはできるが、それができるのは、すでに存在する配線の制限の範囲内においてのみである。サーは、配線変更されたフェレットの聴覚皮質が視覚情報をともかくも処理できるのは、ある種のシグナル処理が、なまの感覚入力に対して、それが視覚、聴覚、触覚のいずれの入力であるかにかかわりなく、有効に働くからではないかと示唆している。

この見解にたてば、感覚視床や感覚皮質の機能の一つは、入力に対してモダリティ［視覚、聴覚、触覚］にかかわらないステレオタイプの操作を実行することである。特定の様式の感覚入力がその基本情報を提供し、それが伝達され処理される。……もし正常に組織化された中心的な聴覚構造が、視覚入力によってまったく変化しない、あるいは重大な変化をしないのであれば、手術をしたフェレットの視覚入力で観察された操作と似た操作が正常なフェレットの聴覚経路でも実行されていると推測できるであろう。言い換えれば、視覚入力が聴覚経路に誘導されるようにした動物は、聴覚視床や聴覚皮質で正常に起こっているはずの働きと同じ働きの一部をのぞき見る別の窓を提供しているのだ。[61]

聴覚皮質が本来的に視覚入力の分析に適しているという提言は、とっぴな考えではない。すでに述べたが、聴覚における周波数（ピッチ）は視覚における空間とよく似ている。心はピッチのちがう音源を、ちがう場所にある物体のように扱い、ピッチのジャンプを空間的移動のように扱う。[62] これは、光景に対して実行される分析の一部が音に対して実行される分析と同じかもしれないということであり、少なくとも部分的には同種の回路で計算できる可能性があるという意味である。耳からの入力はさまざまな周波数をあらわし、眼からの入力はさまざまな位置の点をあらわす。感覚皮質のニューロンは（視覚皮質でも聴覚皮質でも）、付近の入力線維から情報を受けて単純なパターンを抽出する。だから通常はなめらかに上がったり下がったりする音の流れや、豊かな音色や澄んだ音色、特定の場所から来る音などを検知する聴覚皮質のニューロンが、配線変更されたフェレットでは、自動的に特定の傾きをした線分や、場所や、運動の方向を検知できるようになるのかもしれない。

これは一次聴覚皮質がそのままただちに視覚入力をあつかえるという意味ではない。一次聴覚皮質は視覚入力のパターンに応えてシナプスの結合を調整しなくてはならない。配線変更されたフェレットは、発達中の感覚皮質が機能するシステムに自己組織化していく仕組みを実際に示す、すばらしい実験例である。しかしこれは、ほかの可塑性の例と同様に、感覚からの入力が、無定形の脳をどうにでも都合のいい形に変えられるということを示すものではない。皮質は、一定の種類の計算を実行するための固有の構造をもっている。「可塑性」の例の多くは、入力とその構造とをうまくあわせることで成立しているのではないかと考えられる。

脳の構造は遺伝子で決まる

ディスカバリー・チャンネルの番組を観ている人は、産道から生まれ落ちたヌーやシマウマの赤ちゃんが、一、二分のあいだ震える脚をよろめかせ、それから感覚も動因も運動制御も完全に機能した状態で母親のまわりを跳ねまわるシーンを見たことがあるだろう。経験によって脳が組織されたにしてはあまりに速すぎるので、誕生前に脳を形成する遺伝的なメカニズムがあるにちがいない。神経科学者がこのことに気づいたのは、可塑性がはやりだす前だった。デイヴィッド・ヒューベルとトーステン・ウィーゼルは最初期の視覚研究で、サルの微小回路が誕生時にかなり完成していることをあきらかにした。[63]ネコの視覚系は発達の臨界期の経験によって（生まれた直後から、暗いところや縞模様のある円筒のなかで育てられたり、片眼のまぶたを縫いつけた状態で育てられたりすることによって）変化するという、彼らの有名な実験結果でさえ、視覚系を維持し、ネコの成長にしたがって調整するのに経験が必要であるということを示しているにすぎない。脳をはじめから配線するのに経験が必要だということを示しているのではない。

遺伝子の誘導のもとで脳が自己組織化するおおまかな仕組みはわかっている。[64]皮質の形成がまだ完了していないうちに、さまざまな領野を構成することになっているニューロンが組織されて「原地図《プロトマップ》」ができる。プロトマップの各領野を構成するニューロンは、さまざまな属性や、入力線維を引き寄せる分子メカニズムや、入力に対する反応パターンを備えている。軸索は、周囲の液体に溶けている、あるいは付近の細胞の細胞膜に付着している多種類の分子によって、引き寄せられたり、追い払われたりする。それに成長中の皮質のさまざまな部位では、それぞれちがう遺伝子セットが発現する。神経科学者のローレンス・カッツは、「一緒に発火、一緒に配線」が一種の「ドグマ」になって、こうした遺伝子メカニズムを神経科学者が徹底的に研究するさまたげになっていると嘆いている。[65]

しかし流れは変わりつつあるし、感覚からの情報が何もなくても脳部位が自己組織化できることを示す発見もでてきている。カッツのチームは『サイエンス』誌が「異端」と呼んだ実験で、発育中のフェレットの片眼あるいは両眼を切除し、視覚皮質にまったく入力がされないようにした。それにもかかわらず、できあがった視覚皮質は両眼からの結合関係が標準的な配置になっていた。[66]

遺伝子操作をしたマウスは、とりわけ重要な手がかりを提供する。それは単一の遺伝子をノックアウトするほうが、ニューロンをそこなったり脳をスライスしたりする従来のテクニックよりも精確さにすぐれているためである。ある研究チームは、シナプスが完全に停止してニューロンの信号伝達ができないマウスをつくりだした。そのマウスの脳はかなりの程度に正常に発達し、層構造も神経線維の経路もシナプスも正しい位置にあった[67]（この脳は誕生後に急速に衰退したのであるが、この事実も、神経活動が、脳の配線よりも脳の維持にとって重要である可能性を示している）。別のチームがつくりだしたマウスは、視床の機能が欠失し皮質への入力がまったくなかった。しかしその皮質は、それぞれ発現遺伝子のセットがちがう、正常な層や領野に分化した。[68] 三つめの研究はこれとは逆に、分子勾配を設定する遺伝子の一つを欠失させた。分子勾配は個々の場所で遺伝子の引き金を引いて脳の組織化を助ける。この遺伝子の欠失は大きな影響をおよぼした。皮質領野の境界がひどくゆがんでしまったのである。[69] ノックアウト・マウスを使ったこれらの研究は、神経活動よりも遺伝子のほうが皮質の組織化に重要だという可能性を示している。神経活動が、種や発達段階や脳部位によって決まる一定の役割をはたしているのはまちがいないが、それは脳の能力の一つであって、脳の構造を生みだすもとではない。

私たち人間についてはどうだろうか？　ここで思いだしてほしいのだが、先に述べたように、近年の双生児研究によって、皮質の解剖学的構造、具体的にはさまざまな皮質領野の灰白質の量が、遺伝子の支配下にあり、知能その他の心理学的な特性の差異と対応していることがあきらかにされている。[70]それに人間の脳の可塑性を示した実例は、遺伝子による組織化がかなりの程度にあることを否定するものではない。可塑性の例としてよく引用されるものに、切断された身体部位や麻痺した身体部位を担当していた皮質がほかの身体部位に再配分された人間やサルの実例がある。しかし、いったんつくりあげられた脳が入力によって変化したという事実は、その入力が脳を一から成型したということを意味するものではない。手術で手や足を切断された人たちのほとんどは幻肢を体験する。これは、失った手や足がまだあると感じる、詳細で鮮明な幻覚である。驚くべきことに、手や足がい、い、い、生まれつきない人たちも、かなりの割合でこの幻を体験する。[71]彼らは幻の手や足の構造を説明できるし（たとえば、存在しない足に何本の指を感じるかを言える）、話をしながら幻の手で身ぶりをしているのを感じる場合さえある。ある少女などは幻の指でかぞえて（！）算数の問題を解いた。こうした症例の多くを報告した心理学者のロナルド・メルザックは、脳には、身体の表象を担当する皮質領域や皮質下領域に分布する、生得的な「神経基質」があるという提言をしている。

人間の脳は無限の可塑性をもっているという印象は、低年齢の子どもたちが脳の損傷からしばしば回復するという実例にもよっている。しかし脳性麻痺（脳の奇形や早期の損傷による運動制御や発話の障害で、一生つづく）というものが存在する以上、子どもの脳の可塑性にさえ限界があるのはあきらかである。人間の超可塑性を支持する根拠とされたなかでもっとも有名だったのは、赤ちゃんのときに大脳半球をそっくり外科的に切除されても、一部の子どもは比較的正常に成長するという事実である。[72] しかしこれは、霊長類の脳が基本的に左右対称の器官であることから生じた特殊なケースかもしれない。人間の脳の代表的な非対称性（左脳優位の言語、右脳優位の空間的注意と一部の情動）は、ほぼ対称的なデザインのうえにのっているものだ。左右の半球がかなりの程度に同じ能力をもち、それと同時に、それぞれの半球を一部の能力に特化させ、一部の能力を衰退させるわずかな偏向をもつように遺伝的にプログラムされているとしたら、これはなんら驚くべきことではない。半球が一つなくなれば、残されたほうはもっている能力をフルに使わなくてはならなくなる。

左右の半球がともに皮質のある部位を失って、どちらも失われた部位の仕事を肩代わりできないという場合は、その子どもはどうなるだろうか？　もし皮質領域が代替可能で、可塑性があり、入力によって組織されるのなら、無傷の部位が失われた部位の機能を肩代わりするはずだ。その子は脳組織が少ないのでひょっとすると少し鈍いかもしれないが、人間の能力を完全に備えて成長するはずだ。しかし実際はちがうらしい。数十年前に、脳が一時的に酸素不足になって、左脳の標準的な言語領域とその位置に相当する右脳の領域を両方とも失った男児を神経科学者が研究した。その子は損傷を受けたとき、わずか生後一〇日だったが、発話と理解力に永久的な障害をもった子どもになったのである。[73]

この症例研究は、小児神経学の多くの症例報告と同様に、科学的に純粋ではないが、これとは別の二つの心的能力に関する最近の研究も、赤ちゃんの脳の可塑性は多くの人が考えているよりも小さいのではないかということを示している。一つは心理学者のマーサ・ファラーと共同研究者が報告した一六歳の少年の症例で、この少年は生後一日めに髄膜炎にかかり、視覚皮質と両側の側頭葉の最下部が損傷された。[74] 成人がこのような損傷を受けた場合は、顔を認識する能力が失われ、動物の認識もいくぶん困難になる。そしてたいていの場合は、文字や道具や家具などそのほかの形は認識できる。この少年は、まったくそのとおりの症状だった。言語知能は正常なのだが、顔がまったく認識できない。『ベイウォッチ』というお気に入りのテレビ番組の出演者の写真も、その番組を毎日一時間、一年半も観ているというのに認識できなかった。ほんのわずかの適切な脳部位がないだけで、一人の顔を一六年間見ていても、利用できる皮質がたくさんあっても、ほかの人たちを目で見て認識するという人間の基本的な能力を彼にあたえるのには十分ではなかったのである。

もう一つは神経科学者のスティーヴン・アンダーソン、ハナ・ダマシオ、アントニオ・ダマシオたちが報告した、幼いころに腹内側および眼窩《がんか》前頭皮質に損傷を受けた若年成人二名の検査結果である。[75] 損傷された部位は眼の上に位置し、共感や社会的スキルや自己管理に重要な脳部位である（この事実は、火薬をつめる鉄棒が脳を貫通した、鉄道工事人のフィネアス・ゲージの例で知られている）。損傷を受けて回復した子どもは二人とも、平均的なIQをもつ子どもとして、大学教育を受けた両親のもと、安定した家庭でふつうのきょうだいと一緒に育った。もし脳が本当に均質で可塑性があるのなら、健全な部位が正常な社会環境によって形成されて、損傷された部位の機能を肩代わりしていたはずだ。しかしどちらの子にもそういうことは起こらなかった。一歳三カ月のときに車にひかれた女児は、罰を受けても平気で嘘ばかりつく、扱いにくい子どもに育った。ティーンエイジャーになると万引きをし、親からも盗み、友だちもなく、共感も自責の念も見せず、自分が産んだ赤ちゃんにも危険なほど無関心だった。もう一人は若い男性で、生後三カ月のときに腫瘍でほぼ同じ部位を失った。彼も友だちがなく、怠惰で短気な、盗みをする人間に育った。二人とも素行の悪さに加えて、IQが正常範囲であるにもかかわらず、簡単な道徳的問題をきちんと考えることができなかった。たとえば、人が二人いてテレビのチャンネルについて意見があわない場合はどうすべきか、死にかけている妻を救うために薬を盗むべきかどうかといった設問に答えられなかった。

これらの症例は、超可塑性の教義を論破するだけではなく、二一世紀の遺伝学や神経科学に課題をあたえる。ゲノムはどのようにして発達中の脳をネットワークに分化させ、顔を認識するとか、他者の利益について考えるとかいった抽象的な計算問題のために備えさせるのだろうか？

生得的な本性が支持される理由

ブランク・スレートは最後の抵抗をしているが、これまで見てきたように、最新の科学を使ったその砦は、実体のない思いちがいである。ヒトゲノムの遺伝子数は生物学者が見込んでいた数よりも少ないかもしれないが、それはゲノムの遺伝子数が生物の複雑さとあまり関係がないということを示しているにすぎない。コネクショニストのネットワークは、認知の基礎の一部を説明するかもしれないが、それだけで思考や言語を説明するには不十分である――そうした課題を実行するには、あらかじめそのように設計され組み立てられていなくてはならないからである。神経可塑性は脳がもつ変幻自在の魔法の力ではなく、メガバイトのゲノムをテラバイト［10^{12}バイト］の脳に変えるのを助け、感覚皮質を入力に適合させ、学習と呼ばれるプロセスを実行する、一セットの道具である。

したがってゲノムもニューラルネットワークも神経可塑性も、この数十年間にあきらかになってきた複雑な人間本性の全体像のなかにきちんとはまる。もちろんそれは、厳密にプログラムされ、入力に影響されず、文化に拘束されず、細目にわたる概念や感情をあたえられた本性ではない。しかしそれは、見る、動く、計画する、話す、生命を維持する、環境を理解する、他者の世界に対処するといった要求にとりくむのに十分なものを備えた本性である。

ブランク・スレートの最後の砦がくずれた直後は、それに代わるものを検討するいい機会なので、ここで複雑な人間本性を支持する所見を私なりにまとめておく。一部は先の章でした議論のくり返しで、一部はこれからの章でする議論の先取りである。

単純に考えて、学習は、学習をするための生得的なメカニズムがなくてはありえない。そのメカニズムは、人間がなしとげるあらゆる種類の学習を説明できる強力なものでなくてはならない。学習可能性理論（学習が実行できる原則的な仕組みの数学的分析）[76]によれば、学習者が有限の入力セットから導きだすことのできる一般化はつねに無限にある。たとえば子どもが聞く文は、逐語的なくり返しをするもとにもなるし、それと同じ名詞と動詞の関係でいろいろな語の組み合わせをつくりだすもとにもなるし、根底にある文法を分析してそれにしたがって文をつくりだすもとにもなる。これと同じ論理的根拠で、だれかが食器を洗っている光景は、学習者に食器をきれいにする行動を起こさせることもあれば、お湯を手にかける行動を起こさせることもある。したがって学習者が学習に成功するには、入力からある結論を引きだし、ほかの結論は引きださないように制約されていなければならない。人工知能がこの点を裏づけている。人間に似た芸当をするようにプログラムされているコンピュータやロボットは、必ず複雑なモジュールをたくさん付与されている。[77]

進化生物学は、複雑な適応が生物の世界に普遍的であること、自然選択がその進化を、複雑な認知的、行動的適応も含めて可能にしていることをあきらかにしてきた。[78] 動物の行動を自然生息地で調べた研究は、種がそれぞれ生得的に異なる動因や能力をもっていること、その一部（鳥の天測航行や、食物の貯蔵など）は、特殊化した複雑な神経系を必要とすることをあきらかにしてきた。[79] 人間を進化的な観点から見た研究は、心理的な機能の多く（脂肪分に富んだ食べ物や、社会的地位や、危険な性的関係を求める欲求など）が、現在の環境の実際的な要求ではなく、私たちの祖先が暮らしていた環境の進化的要求に適応していることをあきらかにしてきた。[80] そして人類学の調査は、体験のあらゆる様相に付随する何百という普遍的特性が、文化のちがいを超えて世界中に存在することをあきらかにしてきた。[81]

認知科学者は、さまざまな知識領域で種類の異なる表象や処理——たとえば言葉や言語のルールや、物理的世界を理解するための永続する物体という概念や、他者を理解するための心の理論——が使われていることを発見してきた。[82] そして発達心理学は、これら異なるモードの体験の解釈が、早期から作動しはじめることを——すなわち乳児は物体、数、顔、道具、言語などの人間の認知領域を基本的に把握しているということを示してきた。[83]

ヒトゲノムは、遺伝子領域と非コーディング領域の両方に、複雑な生物の構築を導く莫大な量の情報を含んでいる。特定の遺伝子が認知や言語やパーソナリティの諸面と結びつけられる例がどんどん増えている。[84] 心理学的な特性にばらつきがあるとき、そのばらつきの多くは遺伝子の違いからきている。一緒に育ったか別々に育ったかにかかわらず、一卵性双生児は二卵性双生児よりも似ているし、実のきょうだいは養子縁組によるきょうだいよりも似ている。[85] ある人の気質やパーソナリティは、人生の早期にあらわれ、生涯を通してかなり一定している。[86] それにパーソナリティにも知能にも、所属する文化の個々の家庭環境の影響はほとんどあるいはまったく見られない——同じ家庭で育った子どもが似ているのは、おもに遺伝子を共有しているためである。[87]

最後に、脳の基本構造が遺伝子のコントロールのもとで発達することが、神経科学者によって示されている。学習も可塑性も重要だが、脳の諸システムは生得的な特殊化の徴候を示しており、任意にたがいの代わりをつとめることはできない。[88]

ここまでの三つの章は、複雑な人間本性を支持する現在の科学的な実例を要約して示してきた。このあとは、それが含意する影響や結果について述べていく。

Ⅱ

知の欺瞞

——科学から顔をそむける知識人たち

二〇世紀後半のなかばになると、二〇世紀前半の社会科学者の理念が当然の勝利を享受するようになった。優生思想、社会ダーウィニズム、植民地支配、ディケンズの小説にでてくるような子どもに対する処遇、教養ある人びとの人種差別意識や性差別意識、女性やマイノリティに対する公的な差別などが、西洋社会の主流から一掃されるか、一掃とまではいかなくても急速に消えていったのである。

それと同時に、それまでは平等や進歩という理念によってあいまいになっていたブランク・スレートの教義にあらが見えはじめた。人間の本性に関する新しい諸科学が盛んになるにつれて、思考が物理的過程であること、人びとが心理学的に同一なクローンではないこと、性差は首から上にも首から下と同じくあること、人間の脳も進化のプロセスをのがれなかったこと、すべての文化に属する人びとが、進化生物学の新しい考えによって解明されそうな心的特性を共有していることなどが、しだいにあきらかになってきたのである。

これらの進展が知識人に一つの選択をあたえた。冷静な人たちなら、そうした発見は機会の平等、権利の平等という政治的な理念には無関係であると説明できたかもしれない。それらの理念は人びとをどうあつかうべきかという道徳的な見解であって、人はどんなふうであるかという科学上の仮説ではないのだから、と。人を奴隷にしたり、迫害したり、差別したり、殺したりするのは、良識ある科学者がどんなデータや理論を提供するかにかかわらず、まちがいに決まっている。

しかし当時は冷静な頭脳の時代ではなかった。道徳的な見解と科学上の見解とを切り離していれば、実験的研究やフィールド研究でどんな所見がでても、時計の針が戻ることにはならなかったはずだが、多くの知識人は世界屈指の著名な科学者の一部も含め、あらゆる努力を払ってこの二つを結びつけようとした。人間の本性に関する発見は、進歩的な理念を脅かすと考えられていたため、恐怖と嫌悪をもって迎えられた。これらはすべて過去の話として歴史の本のなかに退いていたかもしれない。かつては急進派を自称していた当の知識人たちがいまは権威になっているという事実がなかったら、そして彼らが種《たね》をまきちらした人間本性に対する恐怖心が現代の知識社会に根をおろしているという事実がなかったら。

第Ⅱ部では、人間本性に関する新しい諸科学に対する、政治的に動機づけられた反応をとりあげる。この敵意はもともと左派の頭からでてきたものだったが、右派でもふつうになってきており、右派の代表的な発言者たちは左派の道徳的な反発の一部と同じ理由から憤激している。第6章では、人間の本性についての新しい考えに対する反応としてでてきた欺瞞を順にとりあげる。そして第7章では、それらの反応が、ブランク・スレートや高貴な野蛮人や機械のなかの幽霊を支持するための道徳的要請からでてきたものであることをあきらかにする。

第6章

不当な政治的攻撃

それは一九七〇年代にはじまった

私が一九七六年にハーヴァード大学の大学院生として初めて聴いた講演は、有名なコンピュータ科学者のジョゼフ・ワイゼンバウムの講演だった。彼は早くから人工知能（AI）に貢献した一人で、イライザというプログラム――てっきりコンピュータが会話をしていると思わせるが、実は録音された当意即妙な答えを滔々《とうとう》としゃべっているだけというプログラム――をつくった人として記憶されている。ワイゼンバウムは当時、著書『コンピュータ・パワー――人工知能と人間の理性（*Computer Power and Human Reason*）』をだしたばかりで、人工知能や認知モデルを批判したこの本は、「ここ一〇年間でもっとも重要なコンピュータの本」と称賛されていた。私はこの本について、議論が少なくて道徳家ぶった話が多すぎると感じていた（たとえば彼は、人工知能の分野のある種のアイディア、すなわち神経系とコンピュータの混成というSFのような提案などは、「まったく反道徳的である」

とし、「それらは、考えるだけで教養ある市民に嫌悪感を起こさせるにちがいない。……そんなことを考えるなんて、提案者の生命観は、生命の連続体としての自分自身に対する見解は、いったいどうなってしまったのだろうかと思わずにいられない」と書いていた)[1]。もっとも、何が書いてあろうと、その日の午後に科学センターで待ちうけていた講演に対する「予習」にはならなかっただろう。

ワイゼンバウムは、コンピュータ科学者のアラン・ニューウェルとハーバート・サイモンがつくった、類推に依拠するＡＩプログラム、すなわち一つの問題の解答がわかると、その解答を論理構造の似たほかの問題にも適用するプログラムについて論じた。これは実はペンタゴンがヴェトナムの対ゲリラ戦の作戦を練るのに役立つようにデザインされたプログラムだ、とワイゼンバウムは言い、話を続けた。ヴェトコンは「水のなかを泳ぐ魚のようにジャングルのなかを動きまわる」と言われていた。この情報をあたえると、プログラムは、池の水を抜けば魚がむきだしになるように、ジャングルを裸にすればヴェトコンがむきだしになると推定できる。ワイゼンバウムは次に、コンピュータによる音声認識の研究に話を転じ、音声認識の研究をする理由として考えられるのは一つだけで、ＣＩＡが同時に何百万台という電話の会話をモニターするためだと言った。そして聴衆のなかの学生たちに、このテーマをボイコットしろと勧めた。しかし、と彼は言い添えた。君たちが私の助言を無視しても別にかまわない。二〇〇〇年には、われわれはみな死んでいると確信じているからだ――彼はこのことについていささかの疑念ももっていなかった。そして彼は、若い世代を奮起させるこの説示をもって話を終えた。

人類が死滅するという風説は結局とんでもない誇張だったわけだが、その午後のほかの予言も大差はなかった。推論に類推を使うのは、悪魔の仕事であるどころか、今日では認知科学のおもな研究テーマの一つであるし、人間を利口にしている重要な鍵であると広く考えられている。音声認識のソフトウェアは電話情報サービスで日常的に使われているし、家庭用のコンピュータにもセットされ、障害者や反復運動過多損傷〔同じ動作のくり返しによって起こる腱、神経、筋肉などの痛みや炎症。手を酷使する職業の人たちや、コンピュータ・ユーザに多く見られる〕の人たちに重宝がられている。そしてワイゼンバウムがした批判は、人間本性の科学に対する敵意が明確化した一九七〇年代の大学生活を特徴づける、政治的パラノイアと道徳の誇示を想起させるものとなっている。

それは私が想像していた、アメリカのアテネ〔ハーヴァード大学のある、学問の府としてのボストンを指す〕らしい学問的なやりとりとはちがっていたが、たぶん私は驚くべきではなかったのだろう。歴史上のどの時代を見ても、意見の衝突には声高な善悪の決めつけや悪口や誇張や、もっとひどい事柄がつきものである。科学の前進基地では、攻撃されるのは考えであって人ではなく、検証可能な事実と政治的意見は切り離されているはずだった。しかし科学が人間の本性というテーマに向かって進みはじめたとき、傍観者たちは、たとえば彗星の起源やトカゲの分類についての発見に対するのとはちがう反応を示し、科学者たちは、人間という種が得意とする、道徳主義的なものの見かたに立ち戻ったのである。

人間の本性についての研究のはじまりは、どんな時代であっても論議を呼んだであろうが、とくに注目を集める具合の悪い時期にぶつかった。一九七〇年代には多くの知識人が政治的な急進派になっていた。マルクス主義が正しく、リベラリズムは意気地なしのものだった。そしてマルクスは、「各時代に支配的な考えは、支配階級の考えだった」と宣言していた。人間の本性というものに対する従来の懸念が強硬な左派のイデオロギーと混ぜあわされ、人間の心を生物学的な文脈で検討する科学者は反動的体制の手先と見なされるようになったのである。批判者たちは、自分たちは「急進的科学《ラディカル・サイエンス》運動」の一部であると宣言し、自分たちに都合のいいレッテルを世間に通用させた。[2]

ワイゼンバウムの嫌悪を招いたのは、心とメカニズムを一つにしようとする、人工知能および認知科学の内部の試みだったが、ほかの人間本性の科学も辛辣な反応を引き起こした。一九七一年に心理学者のリチャード・ハーンスタインが『アトランティック・マンスリー』誌に「IQ」というタイトルの文章を書いた。[3] ハーンスタインの議論は、彼自身が最初に指摘したように、あたりまえの議論と見なされるべきものだった。ハーンスタインは次のように書いた。社会的地位は、人種や家柄や相続財産など、たまたま受け継いだものによって決まってしまう度合いが減ってくるにつれて、才能、とくに（現代の経済においては）知能によって決まる度合いが高くなるだろう。知能の差異は部分的に遺伝するし、知的な人は知的な人と結婚する傾向があるので、社会が公正になれば、それまでよりも遺伝子にもとづいて階層化されるようになるだろう。利口な人がより上層に進出し、彼らの子どもがそこにとどまる傾向がでてくるだろう。この議論の基本部分は、数学的必然性――非遺伝的な要因による社会的地位の分散比が下がれば、遺伝的要因による分散比はどうしても上がる――にもとづいているので、あたりまえと見なされるべきである。この議論が完全なまちがいになるのは、知的才能にもとづく社会的地位のばらつきがまったくないか（これは人びとが、才能のある人を優先的に採用したり取引の相手にしたりしない場合に限られる）、知能に遺伝的なばらつきがまったくない場合（この場合、人間はブランク・スレートかクローンでなくてはならない）だけである。

ハーンスタインの議論には、人種間の平均的知能の差異が生得的であるという含意はないし、彼自身が、自分はそのような主張をしているのではないとはっきり否定している（人種間の平均的知能の差異が生得的であるというのは、心理学者のアーサー・ジェンセンがこれより二年前に言いだした、別の仮説である）[4]。学校の人種隔離撤廃から一世代もたたず、公民権法の制定から一〇年もたっていなかったころであるから、資料によって実証されていた黒人と白人の平均ＩＱスコアの差は、機会の差によるものとして容易に説明できたはずだ。

しかもハーンスタインの三段論法に、遺伝的に階層化された社会では黒人が底辺になるという含みがあると見なすことは、黒人は平均的に見て遺伝的に知能が低いという根拠のない前提を議論につけ加えることになるが、それはハーンスタインが努めて避けた前提だった。

だが影響力のある精神医学者のアルヴィン・ポーセントは、ハーンスタインは「黒人の敵となった。彼の見解はアメリカの黒人すべての生存に対する脅威である」と書き、「言論の自由を主張するハーンスタインを擁護するために旗を振るべきだろうか?」と修辞的にたずねた。ボストン地域の各大学で、「ハーヴァード大学教授のファシスト的な嘘と闘おう」と書いたビラが配られ、ハーヴァードスクエアに貼られた彼の写真の下には、「人種差別指名手配」という文字と、彼の論文からの意図的な誤引用が五つ書かれていた。ハーンスタインは殺してやるという脅迫を受け、どこへ講演に行っても会場がシュプレヒコールをあげる群衆でいっぱいになるため、研究テーマだったハトの学習について語ることさえできなくなった。たとえばプリンストン大学では学生が講堂の扉を封鎖して、IQ論争についての質問に無理やり答えさせると宣言した。招いた大学が身の安全を保証できないという理由でキャンセルになった講演もいくつかあった。[5]

人間には生まれつきの差があるというトピックは、あきらかな政治的含意をもつ。これについてはあとの章で検討する。しかしなかには、人間には生まれつきの共通点があるという、友好的であいまいな主張をしたために怒りをかった学者もいる。心理学者のポール・エクマンは一九六〇年代の終わりに、ほほえみ、険しい顔、冷笑、しかめ面などの表情が、それまで西洋と一度も接触がなかった狩猟採集民も含めて世界中で見られ、意味も理解されることを発見し、それらの所見は、ダーウィンが一八七二年の『人間および動物の情動表現』という本に書いた二つの主張を裏づけるものであると論じた。一つは、人間の情動表現は進化の過程であたえられたものであるという主張、もう一つは、人種はすべて最近になって共通祖先から分岐したという主張で、これはダーウィンの時代には過激な意見だった。[6] このように高尚な内容だったにもかかわらず、マーガレット・ミードはエクマンの研究を「とんでもない」「ぞっとする」「面よごし」だと評した——これでも反応としては穏やかなほうだった。[7] アメリカ人類学会の年次大会では、聴衆のなかにいたアラン・ロマックス〔アメリカの著名な民俗音楽研究家〕が立ちあがり、エクマンの考えはファシストの考えであるから話をさせるなと叫んだ。またあるときは、アフリカ系アメリカ人の活動家が、黒人の表情は白人の表情と変わらないという主張は人種差別だといって非難した。急進派の怒りをかったのは人類の生得的な能力についての主張だけではなく、どんな生物の話であろうと生得的な能力に関する主張はすべてそうだった。神経科学者のトーステン・ウィーゼルが、ネコの神経系は誕生時におおむね完成していることをあきらかにした、デイヴィッド・ヒューベルとの歴史的な共同研究の結果を発表したとき、ある神経科学者は彼のことをファシスト呼ばわりし、彼がまちがっていることを証明してみせると断言した。

今なお続く攻撃

これらの抗議の一部は時代のあらわれで、急進的な風潮が下火になるにつれて消えていった。しかし進化に関する二冊の本に対する反応は何十年もつづき、知識社会の主流の一部となった。

一つは一九七五年に出版されたE・O・ウィルソンの『社会生物学(*Sociobiology*)』である。[8]『社会生物学』は動物の行動に関する厖大な文献を、ジョージ・ウィリアムズ、ウィリアム・ハミルトン、ジョン・メイナード・スミス、ロバート・トリヴァースらの自然選択についての新しい考えを用いてまとめあげた大著で、コミュニケーション、利他的行動、攻撃性、性、子育ての進化についての原則を概説し、それらを昆虫、魚、鳥などの社会性動物のおもな分類群に適用している。また第二七章ではホモサピエンスに同様の適用をし、私たち人類を動物界のその他の分類群と同じようにあつかっている。そのほかにも、社会間の普遍性や変動に関する文献の概説、言語とそれが文化におよぼす影響についての考察、普遍性の一部は(道徳意識も含めて)自然選択によって形成された人間の本性からきている可能性があるという仮説などが書かれている。ウィルソンは、この考えが生物学と社会科学や哲学とを結びつけるのではないかという希望を表明した。それは彼がのちの著書『知の挑戦（*Consilience*）』でした議論の前触れだった。

『社会生物学』に対する最初の攻撃は、主たる異論に的をしぼっておこなわれた。人類学者のマーシャル・サーリンズは本一冊分の批判を書き、「悪趣味な社会生物学」をデュルケームやクローバーの超有機体という見解（文化や社会は、個々の人間やその思考や感情とは別の世界に生きているという信念）に対する挑戦と定義した。サーリンズは、「悪趣味な社会生物学は人間の社会的行動を生物としての要求や動因のあらわれとして説明し、そのような傾向は生物進化によって人間の本性のなかに構築されたとする」と書いた。[9] そして自分がなわばりとする学問分野への侵入を懸念する気持ちを認めながらつけ加えた。「中心的な問題は、文化の自律性と文化研究の自律性だということになる。『社会生物学』は、物自体としての文化、あるいは人間の特徴であり象徴である創造性としての文化がもつ全一性に挑戦しているのだ[10]」。

サーリンズの本は『生物学の利用と濫用（*The Use and Abuse of Biology*）』という。濫用とされたものの一例は、ハミルトンの包括適応度の理論が、人間の生活で家族のきずなが重要であるわけを説明するのに役立つのではないかという考えだった。ハミルトンは、血縁者のために犠牲を払う傾向がなぜ進化できたのかを示した。血縁者は遺伝子を共有しているので、生物個体に働きかけて血縁者を助けさせる遺伝子は、間接的に自分のコピーを助けることになる。あたえた恩恵にかかったコストが、血縁者が受けた利得に近縁度による調整を加えたもの（たとえば相手が両親を同じくするきょうだいや子どもなら二分の一、いとこなら八分の一）よりも少なければ、その遺伝子は繁栄する。そんなはずはない、とサーリンズは書いた。ほとんどの文化は分数をあらわす言葉をもっていない。したがって人びとは、どの血縁者にどの程度の恩恵をあたえればいいかを示す、近縁度の係数を計算することができない。彼の異議は、至近要因と究極要因を混同した教科書的な例である。それは、ほとんどの文化は立体視の基盤である三角法の計算ができないので、人びとは奥行き視ができないと言うのと同じようなものだ。

いずれにせよ、話は「悪趣味」だけではすまなかった。『ニューヨーク・レヴュー・オブ・ブックス』に、著名な生物学者のC・H・ウォディントンによる好意的な書評につづいて、「社会生物学研究グループ」（ウィルソンの同業者二名と、古生物学者のスティーヴン・ジェイ・グールドと、遺伝学者のリチャード・レウォンティンを含むグループ）による、「〝社会生物学〟に反対する」という痛烈な弾劾文が掲載され、広く流通した。この文書の署名者たちは、ウィルソンを優生思想や、社会ダーウィニズムや、知能には生得的な人種差があるというジェンセンの仮説の支持者と同列にあつかったあと、次のように書いた。

このような決定論者の理論がくり返され生き残るのは、現状に対して、また階級や人種や性別にもとづいた一定集団の特権が存在することに対して、それを遺伝的に正当とする理由を提供する傾向がつねにあるためだ。……これらの理論は、断種法にも、一九一〇年から一九三〇年のアメリカの制限的な移民法の制定にも、ナチスドイツのガス室設置につながった優生政策にも、重要な根拠を提供した。

……ウィルソンの本は、環境の影響（たとえば文化の伝達）だけでなく、研究者の個人的、社会階級的な偏見もまた、切り離すのが非常にむずかしいということを例示している。ウィルソンは、社会の制度を社会問題に対する責任から逃れさせることによってその制度を支持するような仕事をしてきた、生物学決定論者たちの長い行列に仲間入りをしたのである。[11]

彼らはまた、ウィルソンは「大量虐殺のよい点」を考察し、「奴隷制のような制度を……生物界に〝普遍的〟に存在するという理由で、人間社会にあるのが自然と思えるようにした」と非難した。さらに、結びつきがあまり明瞭ではないかもしれないという配慮からか、署名者の一人は別の場所に、「先の分析では……優生理論をナチスドイツの大量虐殺に変化させたのは、社会生物学的な研究が提供した概念構成だった」と書いた。[12]

確かに『社会生物学』の最終章のなかには、批判すべき事柄が見いだせるだろう。今日では、ウィルソンがあげた普遍性のなかに不正確なところや粗すぎるところがあるのがわかっているし、道徳的推論がいずれ進化生物学にとって代わられるという彼の主張は確かにまちがっている。しかし「〝社会生物学〟に反対する」の批判は、あきらかに誤っていた。ウィルソンは、人間の社会が厳密な遺伝子の公式にしたがうと信じている「決定論者」であると決めつけられた。しかし彼は次のように書いたのである。

「人間の社会について」もっとも容易に検証できる第一の特性は、統計的なことがらである。社会組織のパラメータは……ほかのどの霊長類よりも人間の集団において変動が大きい。……なぜ人間の社会はこれほど融通性があるのだろうか[13]?

またウィルソンは、人びとが人種や階層や性や個人のゲノムによって決定される社会階級に閉じ込められていると考えているという非難もされた。しかし実際には、彼は「社会的地位が遺伝的に固定されてしまうという証拠はほとんどない[14]」「人間の集団どうしは遺伝的にあまりちがわない[15]」と書いている。しかも、次のようにも述べている。

人間の社会がきわめて複雑な水準に到達したのは、構成員が、事実上どんなに特殊化した役割でもはたせ、状況によってはそれらを交換できるだけの知能と融通性をもっているからである。現代人は一人で何役もこなす役者で、おそらくは、たえず変化する環境からの要求によってその能力を限度いっぱいまでひきだされる。[16]

攻撃の不可避性(彼がもっていると非難された、もう一つの危険な考え)に関して言えば、ウィルソンが書いたのは、人類の進化の過程で「攻撃性が抑制され、霊長類の支配形態が複雑な社会的スキルに置き換えられた[17]」である。ウィルソン(終生かわらぬリベラル派の民主党員)が、個人的偏見に導かれて人種差別や性差別、不平等、奴隷制、大量虐殺などを擁護したという非難はとりわけアンフェアだったし、無責任でもあった。ウィルソンは、そういう宣言だけを読み、彼の本を読んでいない人たちに、中傷やいやがらせの標的にされたからである。[18]

ハーヴァード大学では、ビラの配布やティーチインがおこなわれ、抗議者が拡声器でウィルソンの免職を要求し、彼の教室にはシュプレヒコールをあげる学生たちが乱入した。彼が他大学で話をしたときには、彼を「右翼の家父長制提唱者」と呼び、講演で騒ぎたてるように人びとをあおるポスターが貼られた。[19] 一九七八年の全米科学振興協会の大会では、ウィルソンが講演をはじめようとしたとき、プラカード(その一つには鉤十字《かぎ》が描かれていた)をもった一団が、「人種差別主義者のウィルソン、逃げ隠れはできないぞ。おまえを大量虐殺罪で告発する」と叫びながら演壇に押し寄せた。そして抗議者の一人がマイクをつかんで聴衆に向かって演説をしているあいだに、別の一人がウィルソンに水差しの水を浴びせた。

『社会生物学』の悪評が高まるにつれて、問題にされたアイディアの多くを考えだしたハミルトンやトリヴァースもピケ隊の標的にされるようになり、それらのアイディアを講義しようとした人類学者のアーヴィン・デヴォアやライオネル・タイガーも同様の目にあった。トリヴァースが人種差別主義や右翼による抑圧の手先だというほのめかしは、彼自身が政治的にラディカルであり、ブラックパンサーの支持者で、ヒューイ・ニュートンの学問分野での協力者でもあっただけに、とりわけ腹立たしいものだった。[20]トリヴァースは、社会生物学はむしろ政治的進展の力になると論じた。それは、生物は家族や集団や種の利益のために進化したのではない、なぜならばそうした集団を構成する個体はたがいに遺伝的な利害が対立しており、自分の利益を守るように淘汰されるはずだからという洞察に根ざしている。この考えは、権力者はみんなのために統治するという心地よい信念をただちにくつがえし、女性や若い世代など、社会生活の隠れた行為者にスポットライトをあてる。また社会生物学は、利他的行動の進化的根拠を発見し、公正さの感覚が人びとの心に深い基盤をもっていること、私たちの生物としての性質に反するものではないことを示した。そして、(最高の嘘つきは自分の嘘を信じ込む嘘つきであるため)自己欺瞞が進化した可能性が高いという所見は、内省を奨励し、偽善や堕落を減らすのに役立つ[21](トリヴァースやそのほかの「左翼進化論者」の政治的信念については、あとでまた触れる)。

トリヴァースはのちに、社会生物学に対する攻撃について、次のように書いた。「攻撃者の一部は著名な生物学者だったが、その攻撃は知的に脆弱で怠惰に思えた。政治的な闘いで戦略的にいくらか有利そうに見えれば、はなはだしい論理の誤りも許されていた。……われわれは権力側の手先だから権力側の代弁者で、エリート支配者が不公正な利益を保持する［欺瞞を］深めるために雇われたのだと、同じ権力側の手先である彼らは言った。個人が究極的に自分の利益になるようなやりかたで（ときにはそれと意識せず）議論をする傾向をもつのは、進化的な推論からでてくることだが、悪がそれほど完全に片方の手先の一団にあって、徳は完全にもう一方にあるというのは直観的に言ってありそうにない[22]」。

トリヴァースの念頭にあった「著名な生物学者」とはグールドとレウォンティンで、二人はイギリスの神経科学者、スティーヴン・ローズとともに、ラディカル・サイエンス運動の知的指導者だった。彼らは二五年間、行動遺伝学や社会生物学（のちには進化心理学）、性差や精神障害などの政治的に微妙なテーマの神経科学を相手に、うまずたゆまず退却戦を戦ってきた[23]。ウィルソンのほかに、おもな標的となったのはリチャード・ドーキンスである。ドーキンスが一九七六年にだした『利己的な遺伝子』は、ウィルソンと同じアイディアの多くをカバーしているが、動物学的な詳細ではなく、新しい進化学説の論理に焦点をあわせている。彼はこの本のなかで、人間についてはほとんど何も語っていない。

「決定論」「還元主義」という批判は正しいか

ウィルソンとドーキンスに対するラディカル・サイエンティストの反論は、「決定論」と「還元主義」の二語に要約できる。[24] 彼らの書いたものには、この二つの言葉がふりまかれ、専門的な意味としてではなく、あいまいな悪口として使われている。例として、レウォンティン、ローズ、それに心理学者のレオン・カミンが書いた『遺伝子にあるのではない（*Not in Our Genes*）』という、挑戦的なタイトルの本から代表的な部分を二カ所紹介する。

社会生物学は、人間の存在を還元主義的、生物決定論的に説明する。その信奉者は……現在および過去の社会のありかたの細部が、特定の遺伝子活動の不可避的な発現だと主張する。[25]

［還元主義者は］人間社会の属性は……社会を構成する個々の人間の個人的な行動や傾向の総和にすぎないと論じる。たとえば社会が「攻撃的」なのは、その社会を構成する個々人が「攻撃的」だからだと言う。[26]

先に引用したウィルソンの言葉を見れば、彼がそのようなばかげた信念を述べていないことがわかる。もちろんドーキンスもそうだ。たとえば彼は、哺乳類のオスはメスに比べて性的パートナーをたくさん求める傾向があるという考察のあと、一パラグラフを人間の社会にあて、そのなかで次のように書いている。

この驚くべき多様性は、人間の生活様式がおもに遺伝子ではなく文化によって決定されていることを示している。しかしそうは言っても、進化論的根拠によって予測できるように、人間の男が一般的に不特定多数を性の相手にする傾向をもち、女が単婚を求める傾向をもっている可能性はある。個々の社会で、この二つの傾向のどちらが勝つかは、文化的環境の詳細によって決まる。それはさまざまな動物種において、それが生態系の詳細によって決まるのと同じである。[27]

「決定論」「還元主義」は正確にはどういう意味なのだろうか？　数学者が使う厳密な意味においては、「決定論的な」システムとは、諸状態が先行の状態によって、確率的にではなく、絶対的な確度をもって引き起こされるシステムである。ドーキンスにせよだれにせよ、まともな生物学者は、人間の行動が決定論的だと提言しようなどとは夢にも思わない――それは、人間は機会あるごとに不特定多数との性行為や、攻撃的な行動や、利己的な行動に走るはずだと言うのと変わらない。ラディカル・サイエンティストや彼らが影響をあたえた多くの知識人のあいだでは、「決定論」は本来の意味とは正反対の意味にとられてしまっている。人びとが一定の環境で一定の様式の行動をする傾向をもつという主張を指す言葉として使われているのだ。これは、ゼロよりも多い確率を一〇〇パーセントの確率と同一視するブランク・スレート説がいかに頑強であるかを示すしるしである。生得性はゼロというのが唯一受け入れられる信念で、そこから離れるものはすべて同じ扱いなのである。

遺伝的決定論についてはここまでにして、次は「還元主義」（第4章で考察した概念）と、ドーキンスは、あらゆる特性にそれぞれ独自の遺伝子があると考えている、「もっとも還元主義的な社会生物学者」だという主張について検討してみよう。レウォンティン、ローズ、カミンは、生物は実際には、還元主義に代わるもの――彼らが「弁証法的進化論」と呼ぶもの――にしたがって動いているという考えを読者に教えこもうとしている。

> たとえば、ケーキを焼くことを考えてみよう。できあがったものの味は、さまざまな時間、高温にさらされた成分（バター、砂糖、小麦粉など）の複雑な相互作用の結果であり、各成分のすべてが最終産物に寄与しているが、小麦粉が何パーセントでバターが何パーセントというふうに分離することはできない。[28]

ここでドーキンスにコメントさせよう。

このように表現すると、この弁証法的生物学はおおいに筋が通っているように見える。私も弁証法的生物学者になれそうなくらいだ。しかし考えてみるとこのケーキの話は、どこかで聞いたような気がするが。そうそう、ここにあった。もっとも還元主義的な社会生物学者が書いた一九八一年の文章のなかに。

「……料理本のレシピに一語一語したがっていくと、最後にオーヴンからケーキがでてくる。そのケーキを細かく砕いて、このかけらはレシピの最初の言葉、こっちは二番めの言葉に相当すると言うことはできない。上にのっているチェリーのような小さな例外を除けば、レシピの言葉とケーキの〝小片〟とのあいだに一対一の対応はない。レシピ全体がケーキ全体に対応しているのだ」。

もちろん私は、ケーキについての先取権を主張するつもりはない。……しかしこの小さな偶然がローズやレウォンティンを躊躇させるのではないかという期待はもっている。彼らの標的は、彼らがそうであってほしいと切に願っているような、どうしようもなく単純な原子還元主義者なのだろうか[29]？

それどころか還元主義だという非難はあべこべで、レウォンティンもローズも、自分自身の研究においては、現象を遺伝子や分子のレベルで説明する正真正銘の還元主義生物学者である。それに対してドーキンスは動物行動学者であり、自然生息地での動物の行動について書いている。またウィルソンは、生態学の研究のパイオニアであり、分子生物学者が「鳥だの森だの」の生物学とばかにしたように言う、絶滅の危機に瀕したフィールドを情熱的に擁護している。

レウォンティンとローズとカミンは、どの手もうまくいかなかったので、ついに重大な証拠になりそうな言葉をドーキンスからの引用として書いた——「それら〔遺伝子〕が私たちの体や心を支配している」[30]。これは非常に決定論的に聞こえる。しかしドーキンスが実際に書いたのは、「それらが私たちの体や心をつくりだした」[31]というまったくちがう文章である。レウォンティンは改竄《かいざん》したこの引用を、五カ所で使っている。[32]

これら、トリヴァースの言う「はなはだしい誤り」を、なんとか寛大に解釈することができるだろうか？　一つの可能性として、ドーキンスやウィルソンが、利他的行動や一夫一婦婚や攻撃性といった社会行動の進化を論じるなかで、「Xの遺伝子」という表現を使っていることがあげられるかもしれない。レウォンティン、ローズ、グールドはこの言葉を、その行動の唯一の原因としてつねにその行動を引き起こす遺伝子を指しているものと考えて、くり返し攻撃した。しかしドーキンスは、この言葉は、その遺伝子座を占める別の遺伝子と比べて、ある行動の確率を上げる遺伝子を指すとはっきり述べている。そしてその確率は、進化的時間を通してその遺伝子とともにあったほかの遺伝子と、その遺伝子をもつ個体が生きてきた環境について計算された平均である。この非還元主義的、非決定論的な使いかたの「Xの遺伝子」という言葉は、遺伝学者や進化生物学者のあいだでは日常的に使われているが、それは彼らの仕事に不可欠だからだ。ある行動がある遺伝子の影響を受けているのはまちがいない。そうでなければライオンが子羊とちがうふるまいをする理由も、メンドリが自分の卵を食べてしまわずに抱く理由も、牡鹿が角で突きあってスナネズミは突きあわない理由も説明できない。進化生物学で重要なのはこれらの動物が、ほかの作用をする遺伝子ではなく、それらの遺伝子をもつにいたった、なりゆきを説明することである。ある遺伝子の作用は、すべての環境で同一ではないかもしれないし、すべてのゲノムにおいても同一ではないかもしれないが、その遺伝子の平均的な作用というものはあるはずだ。自然選択によって選ばれるのはその平均である（すべての条件が同じであるとして）。「Xの遺伝子」の「の」が意味するのは、それだけのことである。進化生物学者であるグールドやレウォンティンが、この用法を本当にとりちがえたとはちょっと信じられないが、仮にそうだとしたら、それは二五年間の的はずれな攻撃の説明になるだろう。

人はどこまで低級になれるのだろうか？　対立者の性生活を嘲笑するなどは、学者の生活を題材にした悪質な風刺小説にでてきそうな話だ。しかしレウォンティン、ローズ、カミンは、社会学者のスティーヴン・ゴールドバーグの、女性は他者の感情を操作する技術にたけているという提言を引きあいにだして、「ゴールドバーグが誘惑に弱いことが暴露されている感動的な場面だ」とコメントした。[33] またのちには、ドナルド・サイモンズの先駆的な著書『人間の性の進化（*The Evolution of Human Sexuality*）』のなかの、あらゆる社会において性は一般的に女性のサービスあるいは好意と見なされているということを示した章に触れて、「社会生物学の本を読むと、のぞき魔になって、提唱者の自伝的回想をのぞき見ているような気がする」とコメントした。[34] ローズはこのジョークがかなり気にいったらしく、一四年後に著書『ライフライン――決定論を超えた生物学（*Lifelines: Biology Beyond Determinism*）』のなかでもくり返している。[35]

人類学のスキャンダル？

こうした手法は過去のものだと思いたいが、そういう希望をくじく出来事が二〇〇〇年に起こった。人類学者は昔から、人間の攻撃性を生物学的な文脈のなかで論じる人を敵視してきた。一九七六年のアメリカ人類学会では、『社会生物学』が非難され、それをテーマとする二つのシンポジウムを禁止する動議がもう少しで可決されかかったし、一九八三年には、デレク・フリーマンの『マーガレット・ミードとサモア（*Margaret Mead and Samoa*）』を「出来が悪く、非科学的で、無責任で、誤解をまねく」と決めつける動議が実際に可決された。[36] しかしそれは、そのあとに起こった出来事に比べればまだ穏やかだった。

二〇〇〇年九月に人類学者のテレンス・ターナーとレスリー・スポンセルが、学会の理事たちに宛てて、ジャーナリストのパトリック・ティアニーがまもなく人類学のスキャンダルをすっぱぬく本をだすと警告する手紙を送った[37]（この手紙はすぐにサイバースペース全体に広がった）。容疑者は、現代科学としてのヒト遺伝学を創始した一人である遺伝学者のジェイムズ・ニールと、三〇年にわたるアマゾンのヤノマモ族研究で有名な人類学者のナポレオン・シャグノンだった。ターナーとスポンセルは次のように書いた。

この悪夢のようなストーリー——（ヨーゼフ・メンゲレとまではいかなくとも）ジョゼフ・コンラッドのイメージさえしのぐ人類学の暗部が、（まさに私たちの目の前で）世間に知られ、多くの人類学者も、人類学という学問分野全体も、裁判にかけられるのです。ゲラ刷りを読んだもう一人の人は、この本は人類学を根底から揺るがすにちがいないと言っています。人類学界はこの本によって、腐敗し堕落した主人公たちがどのようにしてこんなにも長いあいだその毒を広めながら、一方では、西洋世界全体から大きな尊敬を受けてきたか、数世代の学部学生が彼らの嘘を人類学の入門的な概論として学んできたかを理解するはずです。これは二度とあってはならないことです。

この告発は本当に衝撃であった。ターナーとスポンセルは、ニールとシャグノンを、ヤノマモ族を故意にはしかに感染させ（はしかは、現地人のあいだではしばしば命にかかわる）、ニールの「優生学的に偏向した遺伝学説」を検証するために、治療をしなかったとして非難した。ターナーとスポンセルによれば、その学説は、狩猟採集民の一夫多妻の首長は、妻を争う暴力的な競争によって選択された「生得的な能力」の「優性遺伝子」をもっているので、甘やかされた西洋人よりも生物学的に適者であるというものだった。ターナーとスポンセルによれば、ニールは、「大衆を自由に繁殖させ、弱者を感傷的に支援する民主主義」はまちがっていると信じていた。彼らは、「このファシスト的な優生思想には、社会を繁殖隔離された小さな社会に再編成して、遺伝的にすぐれた男が台頭し、リーダーシップや女をめぐる競争に負けた男たちを支配、排除、あるいは従属させ、一族の女をハーレムにまとめることができるようにすべきだという政治的含意があきらかにある」と推測した。

シャグノンに対する告発もぞっとするようなものだった。シャグノンはヤノマモ族に関する著書や論文のなかで、彼らの頻繁な戦争や襲撃を記録し、人殺しに参加したことのある男のほうがない男よりも妻や子の数が多いというデータを提示していた[38]（この所見は物議をかもす。もしそうした報いが、人類が進化した、国家成立以前の社会に典型的であったのなら、暴力の戦略的使用が進化時間を通して淘汰によって選ばれてきたはずだからだ）。ターナーとスポンセルは、シャグノンがデータを捏造し、（ヤノマモ族の情報提供者に報酬として渡した鍋やナイフをめぐる大騒ぎを起こさせて）ヤノマモ族のあいだに暴力の原因をつくり、また、記録映画用に命がけの戦いを演出したと告発した。そしてシャグノンが描いたヤノマモ族の姿は、金鉱採掘業者が彼らの土地に侵入するのを正当化するために利用されたが、その侵入は彼がベネズエラの「腹黒い」政治家たちと結託して教唆したものだと非難した。ヤノマモ族が病気や採掘業者の略奪で人命を失っているのは疑いがないので、これらの悲劇や犯罪をシャグノンのせいにするのは、文字どおり彼を大量殺戮の罪で告発することを意味する。ターナーとスポンセルは、おまけとして、ティアニーの本には「シャグノンが村人たちに、性の相手として少女を要求したことに触れた」部分もあるとつけ加えた。

　それからまもなく「科学者が人種の学説を検証するためにアマゾンのインディオを殺害」というような見出しが世界中にでまわり、つづいてティアニーの本の抜粋が『ニューヨーカー』誌に掲載されたあと、『黄金郷の暗闇――アマゾンを破壊した科学者とジャーナリスト（*Darkness in El Dorado: How Scientists and Journalists Devastated the Amazon*）』と題するその本が出版された[39]。出版社の弁護士による名誉毀損対策のチェックで、センセーショナルな告発の一部は削除されるか、弱い表現に訂正されるか、あるいはベネズエラ人ジャーナリストや個人を特定できない情報提供者の発言だということにされていたが、告発の内容は残った[40]。

暴かれた策略

ターナーとスポンセルは、ニールに対する告発は「われわれが知っている状況から推測したものにすぎない。文書になった、あるいは記録にとったニールの言葉というかたちの〝決定的証拠〟はない」と認めた。しかしこれは控えめな表現であったことが判明した。数日のうちに、それらの出来事を直接に知っている学者たち（歴史学者、疫学者、人類学者、映画製作者）が、告発の内容を一つ一つ覆したのである。[41]

ジェイムズ・ニール（彼はこの告発の少し前に故人となった）は、堕落した優生主義者であるどころか、敬愛された科学者で、つねに優生学を攻撃していた。ヒト遺伝学から古い優生学の学説を追放し、立派な科学にしたのは彼の功績であるとしばしば言われているくらいだ。ターナーとスポンセルが彼に帰したばかげた説は、一見しただけでも支離滅裂で科学的な素養にかけている（たとえば彼らは、「優性遺伝子」を支配遺伝子と混同している）。いずれにしても、ニールがそれに少しでも近い考えをもっていたという証拠はまったくない。ニールとシャグノンがすでにはじまっていたはしかの流行に驚き、その蔓延を抑えるために果敢な努力をしたことは、記録によって示されている。彼らが投与したワクチンは、ティアニーはそれが流行の原因であると非難したのだが、世界中で何億という人に投与されており、はしかの伝染の原因になったことは一度もない。おそらく、ニールとシャグノンの努力によって、ヤノマモ族の人びとが何百人も命びろいをしたはずだ。[42] 主張の誤りを指摘する疫学者の公式声明を突きつけられたティアニーは、「当時、話を聞いた専門家の意見は、いまおおやけに発言している人たちの意見とは非常にちがっていた」とへたな弁解をした[43]。

ニールとシャグノンが、でかけていった先にうっかりはしかをもち込まなかったかどうかはだれにもわからないが、それはありそうにない。何万平方マイルにもわたって広がっていたヤノマモ族は、シャグノンやニールよりもはるかに多くほかのヨーロッパ人と接触があった。何千人もの宣教師や貿易業者や採掘業者や冒険家がこの地域を動きまわっていたからだ。シャグノン自身、カトリックのサレジオ会の宣教師が、ある初期流行の発生源らしいと記録していた。シャグノンはそのほかに、布教団がヤノマモ族に猟銃を提供していることを批判していたためもあって、宣教師たちの根深い敵意を買っていた。ティアニーに情報を提供したヤノマモ族のほとんどが布教団と関係のある人たちだったのは偶然ではない。

シャグノンに対する告発も、ニールに対する告発に劣らず、すみやかにくずれた。シャグノンは、ティアニーの非難とは裏腹に、ヤノマモ族の暴力を誇張したり、暴力以外の生活様式を無視したりはしていない。それどころか、彼らの紛争解決の方法を綿密に記述している[44]。シャグノンが暴力をもち込んだという示唆は、まったく信じられない。ヤノマモ族の襲撃や戦争は、一八〇〇年代のなかばから伝えられているし、二〇世紀前半を通して文書に記録されている。シャグノンがアマゾンに足を踏み入れるはるか前のことである（実情を伝える文書の一つに、『ナパニユマ――アマゾン原住民と暮らした女（*Yanoáma: The Story of Helena Valero, a Girl Kidnapped by Amazonian Indians*）』という一人称で語られた本がある）[45]。それにシャグノンの主たる経験的主張は、科学の大原則である独立した再現性を満たしている。国家成立以前の社会の戦争による死亡率を調査した数字を見ると、図3-2（一三七ページ）にあるとおり、シャグノンが見積もったヤノマモ族のデータはその範囲内にある[46]。殺人者のほうが妻や子の数が多いという、もっとも論議を呼んだ主張も、解釈について異論があるとはいえ、ほかの集団でも所見としてあがっている。ティアニーは、ある本がシャグノンの誤りを立証しているとして、その内容の要約を紹介しているが、それをその本の著者自身の言葉と対照してみるのは有益だと思う。ティアニーは次のように書いている。

ヒバロ族にとって首狩りは、すべての男がおこなわなくてはならない風習であり、十代の若者に要求される男の通過儀礼である。ここでも、ほとんどの男が戦争で死ぬ。しかし、ヒバロの指導者のなかでは、もっとも多く首を獲得した人たちの妻の数はもっとも少なく、もっとも多くの妻をもっている人たちが獲得した首の数はもっとも少なかった[47]。

著者の人類学者、エルサ・レドモンドが実際に書いたのは、次の文章である。

人を殺したことのあるヤノマモ族の男は、より多くの妻をもつ傾向がある。妻は、襲撃した村からさらってくる場合と、通常の縁組による場合があって、縁組では彼らは魅力的な相手と見なされる。これはヒバロ族の戦争指導者にもあてはまり、彼らは四人から六人くらいの妻をもっているようだ。事実、一九三〇年代にウパノ川流域にいた、ツキあるいはホセ・グランデという名の偉大な戦争指導者は、一一人の妻をもっていた。名高い戦士は子どもの数も多いが、これはおもに、彼らが婚姻に恵まれるためである。[48]

ターナーとスポンセルは昔からシャグノンを激しく批判していた（本の内容を知って衝撃を受けたというふりはしていたが、彼らがティアニーの本のおもな情報源だったのは、偶然ではない）。彼らは高貴な野蛮人の教義を擁護するイデオロギー上の方針をもっていることを率直に認めている。スポンセルは、自分が「平和の人類学」に傾倒しているのは「もっと平和で非暴力的な世界」を促進するためで、それは「人間の本性に潜在している」と信じていると書いた。[49] 彼は「暴力や競争をダーウィン的に強調する」ことに反対しており、「先史時代の大部分は、非暴力と平和が一般標準で、人間どうしの殺しあいはおそらくまれだった」[50]と言明している。そして彼は、シャグノンに対する批判のかなりの部分が、

「人間の行動を生物学的に説明することや、生物学還元主義の可能性や、それにともなう政治的な含意に対するほとんど自動的な反発」[51]からきていることさえ認めている。

同様にラディカル・サイエンスの時代におなじみになったのは、中道やリベラルでさえ反動的と見なす失地回復主義の左派である。ティアニーによればニールは「大衆を自由に繁殖させ、感傷的な弱者支援をする民主主義は自然選択に反して」[52]おり、したがって「優生学的にあやまっている」という確信をもっていた。しかし実際は、ニールは政治的リベラルで、貧しい子どものための予算が老化の研究に流れることに反対していた。老化の研究は金持ちを利すると考えてのことである。また彼は、出産前のケアや、青少年の医療や、教育の質の普遍化も支持していた。[53]シャグノンについて言えば、ティアニーは彼を「好戦的反共産主義者、自由市場支持者」と呼んでいる。その根拠は？　それは、シャグノンのことを「自分が左派と見なす人びとに対して偏執的な態度をとる、一種の右翼的人物だ」と述べた、ターナー（！）からの引用である。そして、右翼的傾向をもつようになったのは、シャグノンが育ったミシガン州の田舎が、「人とちがうことが歓迎されず、反共産主義的な感情と結びついた外国人嫌いが激しく、ジョゼフ・マッカーシー上院議員が強い支持を受けている」土地柄だったからだと読者に説明している。そして、シャグノンは「［マッカーシーの］精神をまるごと受け継いだ」マッカーシーの「子ども」だと結論づけている。ところがシャグノンは、つねに民主党に投票してきた政治的中道なのである。[54]

ティアニーのまえがきにある自伝的な説明は意味深い。「私は徐々にオブザーバーから擁護者へと変わった……伝統的、客観的なジャーナリズムはもはや私の選択肢ではなかった」[55]。ティアニーは、ヤノマモ族の暴力についての記事が、彼らは原始的な野蛮人だから立ち退かせるか同化させたほうが彼ら自身のためにいいというイメージをもたせるために、侵入者に利用されるのではないかと考えている。この観点に立てば、シャグノンのような情報を伝達する人を中傷することは、高尚な社会活動であり、現地人の文化を存続させるためのステップである（シャグノン自身がたびたびヤノマモ族の利益を守るための活動をしているという事実はともかくとして）。

ヨーロッパ人がもち込んだ病気や五〇〇年におよぶ大量殺戮によって多数のアメリカ先住民が命を奪われたのは、本当に大きな歴史上の犯罪である。しかし、彼らの生活様式が同化の圧力によって永久に消えてしまう前に記録しておこうとがんばっている一握りの現代の科学者に、その罪をなすりつけるのはおかしい。それに危険な戦略でもある。土着の人びとは、もちろん自分たちの土地で生きていく権利をもっている。それは彼らが（あらゆる人間社会と同様に）暴力行為や戦争をする傾向をもっているかどうかにかかわらない。先住民の存続を高貴な野蛮人の教義に結びつける自称「擁護者」は、自分を厳しい立場に追い込んでしまう。それにあわない事実がでてきたら、意図せずに先住民の権利を弱めてしまうか、どんな手段を使ってでも事実を抑圧しなくてはならないか、どちらかになってしまうからだ。

人間本性の科学が中傷される二つの理由

人間の本性に関する主張が論争の的になるのは、何も驚くべきことではない。そうした主張はどんなものでも、綿密に吟味され、論理や実証の欠点を指摘されるべきである。それは科学の仮説がすべてそうされるべきなのと同じことである。しかし人間の本性に関する新しい科学への批判は、通常の学問的議論の範囲をはるかに超えるところまで行ってしまった。嫌がらせ、中傷、誤伝、引用の改竄、そして最近のひどい誹謗文書である。こうした狭量な行動には二つの理由があると思う。

一つは、二〇世紀にブランク・スレートが擁護者の心のなかで神聖な教義となり、完璧な信仰をもって公言するか、全面的に棄てるかのどちらかでなくてはならないものになってしまったことである。このような白か黒かの考えかたをもっているのでなければ、行動のある面は生得的であるという見解を行動のあらゆる面が生得的であるという見解に転換したり、遺伝的特性は人間にかかわる諸事に影響をあたえるという見解を人間にかかわる諸事を決定するという見解に転換したりはできないだろう。知能の差異が一〇〇パーセント環境によっていることが神学として必要なのでなければ、非遺伝的要因の分散比が下がれば遺伝的要因の分散比が上がるという数学的にあたりまえの事実に、だれも腹を立てたりはしないだろう。心がぬぐわれた石版であることがどうしても必要だというのでなければ、人間の本性は、私たちが喜んでいるときに、顔をしかめさせるのではなく、私たちをほほえませるという主張に対して、だれも怒りくるったりはしないはずだ。

二つめの理由は、「ラディカルな」思索家たちが、自分自身の善悪の決めかたにとらわれてしまっていることだ。人種差別や性差別や戦争や政治的不平等がまちがっているのは、人間の本性というようなものはないからだという怠惰な議論（人間の本性がどうであるかにかかわらず、道徳的にいやしむべきことだからまちがっているという考えとは異なる主張）にとらわれてしまったために、彼ら自身の論法では、人間の本性に関するあらゆる発見は、そうした社会悪は結局のところそれほど悪いものではないと言っているのに等しいということになってしまった。したがって、その発見をした異端者の信用を落とすことがますます急務となった。大事なことがかかっているのだから、標準的な科学の議論のしかたで目的が達成できなければほかの戦略を採用しなくてはならない、ということになってしまったのだ。

第7章　すべては詭弁だった——「三位一体」信仰を検討する

　行動科学は意気地なしには向いていない。行動科学の研究者たちは、選んだ研究テーマや遭遇したデータのせいで、一夜にして嫌われ者の有名人になってしまうかもしれないからだ。選んだテーマによっては（たとえばデイケア、性行動、子ども時代の記憶、物質濫用［薬物濫用およびアルコール濫用］の治療などを選ぶと）、悪口やいやがらせ、政治家からの干渉、身体的攻撃などを受けることもある。[1] 左利きのような、あたりさわりのないテーマでさえ、落とし穴になる。一九九一年に心理学者のスタンリー・コーレンとダイアン・ハルパーンが、左利きの人は平均して右利きの人よりも、胎児期や出生前後に問題が多く、事故の犠牲者になりやすく、死ぬのが早いという統計を医学雑誌に発表した。そしてすぐに、激怒した左利きの人やその支持者から罵詈《ばり》雑言《ぞうごん》を浴びた。訴訟を起こすという脅しを受けたほか、殺してやるという脅しも多数あったし、このテーマを禁止にした学術誌もあった。[2]
　前章で触れた汚い策略も、こうした話と同じように、自分にとって耳ざわりな、行動に関する主張に対して腹を立てているにすぎないのだろうか。それとも私が示唆したように、ブランク・スレート、高貴な野蛮人、機械のなかの幽霊を意味や道徳心の源として守ろうとする体系的な流れの一部なのだろうか？　ラディカル・サイエンス運動のおもだった理論家はブランク・スレートを信じていることを否定している。したがって彼らの立場を慎重に検討するのが公正というものだろう。また、彼らの政治的対立者である同時代の右派からの、人間本性の科学に対する攻撃についてもあわせて検討することにする。

信者たちのディベート戦術

ラディカル・サイエンティストはブランク・スレートをほんとうに信じることができるのだろうか？　現実ばなれした世界に住む一部の学者なら、その教義が妥当なものに見えるかもしれない。しかし、ニューロンや遺伝子の機械的な世界に住む実際的な科学者たちが、ほんとうに、精神《サイキ》が周囲の環境から脳にしみ込むなどと考えることができるのだろうか？　彼らは、それを抽象的には否定しているが、具体的に見ると、彼らが二〇世紀初期のタブラ・ラサ社会科学という伝統のなかに位置しているのは明白である。スティーヴン・ジェイ・グールド、リチャード・レウォンティンほかの、「〝社会生物学〟に反対する」宣言の署名者たちは次のように書いた。

私たちは、人間の行動に遺伝的構成要素があることを否定しているのではない。しかし人間の行動の普遍性は、戦争、女性に対する性的搾取、交換の媒体としての貨幣の使用といった、変動の多い各論的な習慣のなかよりも、摂食や排泄や睡眠といった総論的なもののなかにより多く発見されるのではないかと考えている。[3]

狡猾な論点の組み立てかたに注目しよう。貨幣が遺伝的にコードされた普遍性であるという見解はあまりにもばかげているので（ちなみに、ウィルソンはこれまで一度もそんなことを言っていない）、代わりにどんなものをもってきても、これよりは説得力があるように見えるはずだ。しかしその代わりに彼らがあげたものを、誤った二項対立の一部分としてではなく、言葉どおりにとらえるなら、グールドとレウォンティンは、人間の行動の遺伝的構成要素は、主として「摂食や排泄や睡眠といった総論的なもののなかに」発見されると言っているようだ。石版のほかの部分はおそらく何も書かれていない、と。

このディベート戦術（まずブランク・スレートを否定し、それからそれを架空の論敵と対抗させて、もっともらしく見せるやりかた）は、このほかにも、ラディカル・サイエンティストの文章のなかに見られる。たとえばグールドは書いている、

したがって、ウィルソンに対する私の批判は、非生物学的な「環境決定論」を引き合い

にだすものではない。あらゆる人間行動の能力をそなえ、そのいずれについても素因をあたえられていない脳をともなった生物学的潜在性という概念を、特定の行動特性のための特定の遺伝子があるという生物学的決定論の考えと対抗させているにすぎない。[4]

「生物学的決定論」――すなわち一〇〇パーセントの確かさで、遺伝子が行動を生じさせる――という考えや、あらゆる行動特性が独自の遺伝子をもっているという考えは、あきらかにばかげている（むろんウィルソンは、そんな考えを抱いたことはない）。したがってグールドの二項対立では、「生物学的潜在性」が唯一のもっともな選択肢として残る。しかしそれは何を意味するのだろうか？　脳が「あらゆる人間行動の能力」を備えているという主張は、ほとんどトートロジーである。いったい脳が、あらゆる人間行動の能力を備えていないということがありうるだろうか？　そして、脳がどんな人間行動についても素因をあたえられていないという主張は、ブランク・スレート説の一バージョンにすぎない。「いずれについても素因をあたえられていない」とは文字どおり、あらゆる人間行動が同一の発生確率をもっているという意味である。したがってこの立場に立てば、もし断食や禁欲、自分の体に釘を突き刺す、自分の子どもを殺すといった行動を、地球上のどこかでだれかがしたとすると、脳は、食べ物やセックスを楽しむ、自分の体を守る、自分の子どもをかわいがるといった別の選択肢との比較において、そうしたふるまいを避けるような素因を何もあたえられていないということになる。

レウォンティン、ローズ、カミンは、人間はブランク・スレートだと言っているわけではないと述べている。[5] しかし彼らが人間の本性について認めている譲歩は二つだけである。一つは、証拠や論理にもとづいてでてきた譲歩ではなく、政治的な譲歩である——「もし［ブランク・スレートが］事実だったら、社会進化はありえないことになる」。彼らはこの「議論」を支持するためにマルクスの権威にたより、「人間は状況や教育の所産であるから、変化した人間は別の状況や変化した教育の所産であるという唯物論の教義は、状況を変えるのは人間であること、教育者自身が教育を必要とすることを忘れている」というマルクスの言葉を引用している。[6] そして彼ら自身の見解として、「人間の本性について言えるまともなことは、それは自己の歴史を構築するために〝備わっている〟ということだけだ」[7]と書いている。そこには、人間の精神構造（言語能力、家族愛、性的衝動、典型的な恐怖心などなど）についてのほかの言説はみな、「まとも」ではないという含みがある。

レウォンティン、ローズ、カミンは生物学的要素についても一つの譲歩をしている——それは、心や脳の組織化についてではなく、体の大きさについてである。彼らは「人間の身長が六インチしかなかったら、私たちが知っている人間の文化はなかっただろう」と書き、小人は火を制御することも、岩をつるはしで砕くことも、言語を支えるのに十分な大きさの脳をもつこともできないからだとしている。これが、人間の生物学的要素が社会生活に影響をあたえる可能性として、彼らが唯一認めていることである。

　レウォンティンはそれから八年後に、人間の生得性についてのこの説をくり返し述べた。「人間の遺伝子についてもっとも重要な事実は、私たちをいまの大きさにし、いまのようにたくさんの結合をもつ中枢神経系を備えさせるのに役立っているという事実である」[8]。ここでもレトリックを注意深く解読する必要がある。この文章を文字どおりに受けとると、レウォンティンが言及しているのは、人間の遺伝子に関する「もっとも重要な事実」だけである。そうすると、この文章も文字どおりに受けとるなら意味をなさない。遺伝子の何千、何万という作用はすべて私たちが存在するために必要なものであるのに、それに順位をつけて、一つか二つをリストのトップにもってくることができるだろうか？　私たちの身長は、私たちが心臓や肺や眼をもっているという事実よりも重要だろうか？　シナプスの数は、ナトリウムポンプ［細胞膜にある、ナトリウムイオンを細胞外にくみだす分子機構］よりも重要だろうか？　ナトリウムポンプがないと、陽イオンがたまってニューロンの働きが停止してしまうのだが。この文章を文字どおりに受けとるのは意味がない。文脈にあう唯一のまともな読みかたをするなら、この文章は、人間の心にとって重要な遺伝子に関する事実はそれだけだと言っている。つまり脳でおもに発現する、あるいは脳だけで発現する何万もの遺伝子は、脳に多数の結合をあたえるという以外には重要なことは何もしていないと言っているのだ。結合のパターンや脳の組織化（海馬、扁桃体、視床下部、領野に区分された大脳皮質などの構造への組織化）はランダムである（あるいは、それと同然である）。遺伝子は脳に複数の記憶システムや、複雑な視覚経路や運動経路や、一つの言語を学習する能力や、情動のレパートリーなどをあたえない（あるいは、遺伝子はそうした能力を提供しているが、それらは「重要」ではない）。そう言っているのである。

レウォンティンは、どんな赤ちゃんでも、「その子の才能や好み、傾向、能力、適性、先祖の人種にかかわりなく、医師にも、弁護士にも、商人にも、それどころか乞食や泥棒にも仕立てあげられる」というジョン・ワトソンの主張を現代的にした本を書いた。その本の表紙の内容抜粋には、「遺伝的資質は精神および身体の発達に可塑性をあたえるので、私たちはみなそれぞれ、誕生から死までの人生において、人種や階級や性別にかかわらず、人間の範囲内にあるどんなアイデンティティでも発達させることができる」とある。[9] ワトソンは自分が「自分の知っている事実の範囲を超えている」ことを認めていたが、それは許容できる。彼が執筆をした時点では事実は何もなかったからだ。しかしレウォンティンの本にある、あらゆる人がどんなアイデンティティでももつことができるという主張は（たとえ人種や性別や階級が等価であるとしても）、六〇年間の行動遺伝学の研究を無視したものであり、なみはずれて純粋な信仰の公言である。レウォンティンは一九九二年の著書の結びとして、かつてデュルケームが生物的なものと文化的なもののあいだに置いた壁をふたたび構築する一節を書き、遺伝子は「まったく新しい水準の因果関係、すなわち独自の法則と独自の性質をもつ社会的相互作用によって置き換えられた。そしてそれは、社会活動という比類のないかたちの経験を通してのみ理解され、探究される」[10]とした。

したがって、グールド、レウォンティン、ローズは、ブランク・スレートを信じていることを否定しているが、進化や遺伝現象に対する彼らの譲歩――それらによって私たちは、食べ、眠り、排尿排便をし、リスよりも大きくなり、社会変化をもたらすことができる――を見ると、彼らがロック自身よりも極端な経験主義者であることがわかる。ロックは、少なくとも「理解する」ための生得的な能力が必要であることを認識していたのだから。

「高貴な野蛮人」をめぐる詭弁

高貴な野蛮人も、人間本性に関する科学を批判する人たちのあいだで大事にされている教義である。ウィルソンは『社会生物学』で、先史時代には部族間の戦争がふつうのことだったと述べた。反社会生物学者は、それが「歴史学や人類学の諸研究にもとづいて強く反駁されている」と言明した。私は、アシュリー・モンタギューの著書『人間と攻撃性(*Man and Aggression*)』にまとめられている、それらの「諸研究」を調べてみたが、実際のところ、それらは動物行動学者のコンラート・ローレンツ、劇作家のロバート・アードリー、小説家のウィリアム・ゴールディング(『蝿の王』の著者)の著書に対する敵意ある書評にすぎなかった[11]。たしかに批判の一部は妥当なものだった――アードリーやローレンツは、攻撃は水圧の解放のようなものである、進化は種に有利になるように働くなどの古い学説を信じていた。しかしアードリーやローレンツをより強く批判してきたのは社会生物学者自身である(たとえばドーキンスは『利己的な遺伝子』の二ページめに、「これらの本の難点は、著者たちが全面的かつ完全にまちがっていることだ」と書いた)。いずれにせよそれらの書評には、部族間戦争についてのデータはほとんど何もなかった。それはモンタギューの著書についても同様で、多数の行動主義者が「本能」という概念に対して加えてきた攻撃を焼きなおしただけのものだった。データが示されている章もあるが、その一つはユート・インディアンの戦争と襲撃に関するローレンツの主張に対して、ほかの先住民グループよりも多くはない(!)と述べて「論駁」している。

それから二〇年あとに、グールドが「ホモサピエンスは邪悪な種でも破壊的な種でもない」と書いた。この議論は、彼が「大きな非対称」と呼ぶものからきている。「善良で親切な人びとがそれ以外の人びとより何千倍も多い」のは「本質的な真実」であると彼は書いている。[12] それに「記録に残らない小さな親切の一万回分が、悲しいことに、非常にまれな一度の残酷さと相殺される」。[13] この「本質的な真実」を構成している統計はどこからともなく引っぱりだされたもので、確実にまちがっている。サイコパスは、絶対に「善良で親切な人びと」ではないが、男性人口のおよそ三から四パーセントを構成しており、〇・何パーセントということはない。[14] 仮にこの数字を受け入れたとしても、この議論は、ある種を「邪悪で破壊的な種」と見なすには、その種が、荒れ狂った状態が永久につづく錯乱者のように、いかなるときも邪悪で破壊的でなくてはならないという前提に立っている。しかし、一万回の親切な行為を一回で相殺してしまう行為だからこそ、私たちはそれを「邪悪」と呼ぶのだ。それに人類全体を、まるで私たちが天国の門の前に集団で立っているかのように、ひとまとめに裁定することに意味があるのだろうか？　問題は、私たちの種が「邪悪で破壊的」であるかどうかではなく、私たちが邪悪で破壊的な動機を、思いやりのある建設的な動機とともにもっているかどうかである。もしもっているなら、それがどんなものであるか、どのように働くかを理解しようと試みることができる。

グールドは戦争への動機を人間進化の文脈のなかで理解しようとする試みには、どんなものであれ反対してきた。「大量殺戮の事例のそれぞれを無数の社会的善行と対応させられるし、残忍なバンド［小規模血縁集団］は平和的な氏族《クラン》と対にできる」[15]からだ。ここでも比率が手品のようにどこからともなくでてくる。第3章に示したデータ（一三七ページ）は、「平和的な氏族」が存在しないか、存在しても「残忍なバンド」よりもかなり数が少ないことを示している。[16]しかしグールドにとっては、そうした事実は関係がない。彼は道徳上の理由から、平和的な氏族の存在を信じる必要があるからだ。善であれ悪であれ、そのほかの何についてであれ、人間がどんな素因ももっていない場合にかぎって、大量虐殺に反対する根拠をもてると彼は提言する。次の引用を見ると、彼が自分の反対する進化心理学者の立場をどのように想像しているかがわかる。

人間が大量殺戮をする潜在的な素質をもっている理由の説明のなかでいちばん多くでまわっているのは、進化生物学を不幸の源として、また全面的な道徳的責任から逃れる究極の免責として引き合いにだす説明だろう。……よそ者嫌い《ゼノフォビア》ではなく、殺しの経験もない集団は、よそ者を区別してやっつける性向をコードした遺伝子をたっぷりもった集団に、まちがいなく滅ぼされてしまうだろう。人間と類縁関係がいちばん近いチンパンジーは、団結して隣接集団のメンバーを組織的に殺す。おそらく私たちも、そうした行動をするようにプログラムされているのではないか。このぞっとするような属性は、歯や石以上に破壊的な武器がなかった時代には、集団の生存を促進した。核兵器のある世界では、そのころから変わっていない（そしておそらくは変えられない）遺伝的性質が、人類の破滅をもたらすかもしれないが（そこまではなくても、悲劇を拡大させる）、そのような道徳的欠陥を責めることはできない。いまわしい遺伝子が私たちを闇の生物にしてしまったのだから。[17]

グールドはこの一節で、なぜ人間の暴力を進化によって解明できると科学者が考えるかを多少とも合理的に要約している。しかし、そこにとんでもなく的はずれな推論（「道徳的責任から逃れる究極の免責」「責めることはできない」）をさりげなくつけ加えている。あたかも、科学者もそう考える以外に選択肢をもたないかのように。彼はこのエッセイを次のように締めくくっている。

一五二五年に、何千人というドイツの農民が惨殺され……ミケランジェロはメディチ礼拝堂の制作にとりくんだ……この対立する二項はどちらも私たちが進化させた共通の人間性をあらわしている。私たちは最終的にどちらを選ぶのだろうか？　大量虐殺や破壊行為につながる道に対しては、その道は必要ない、私たちには別の道があるという立場をとろうではないか。[18]

この文章には、人類の進化した性質を理解することによって大量虐殺の原因が解明できるかもしれないと考えている人はみな、実は大量虐殺に賛成の立場をとっている（！）という含意がある。

ラディカル・サイエンティストの政治的表明

三位一体の第三のメンバーである、機械のなかの幽霊についてはどうだろうか？　ラディカル・サイエンティストは徹底した物質主義者であるから、非物質の魂など信じられない。しかし彼らは、明確に述べられた代案に対しても、同じくらい嫌な気分になる。それが、私たちはみずからが選んだどんな社会制度でも集団として実行できるという政治的信条に制限をかけるからだ。デカルトのジレンマについて書いたライルの言葉をアレンジして、ラディカル・サイエンティストにあてはめるとこうなる。彼らは、科学的な洞察力をもった人間としては、生物学の主張を認めざるをえないが、政治的な人間としては、そうした主張に付随する、気力をそがれるような追加項目を受け入れられない。なかでも人間の本性は時計仕掛けと複雑さの程度がちがうだけだという項目は、とくに受け入れられない。

通常であれば、学者の学問的議論を検討しているときにその人の政治的信条をもちだすのはフェアではないが、科学的信条と政治的信条は切り離せないと主張しているのはレウォンティンとローズである。レウォンティンは生物学者のリチャード・レヴィンズと共著で、『弁証法的生物学者（*The Dialectical Biologist*）』という本を書き、フリードリッヒ・エンゲルスにささげた（「彼［エンゲルス］は何度も誤解をしたが、重要な場面では正しくとらえた」）。その本のなかで彼らは、「私たちは進化遺伝学や生態学の分野で実際に仕事をしている科学者として、マルクス主義の哲学を研究の指針とすることを試み、いくつかの成功をおさめてきた[19]」と書いている。レウォンティン、ローズ、カミンは『遺伝子にあるのではない』のなかで、自分たちは「ともに、社会的により公正な（社会主義の）社会という展望に強い関心をもっている」と言明した。[20]彼らはその本のなかで、「還元主義」に対する異議を次のように表現している。

経済的還元をすべての人間行動の根底にある説明原理とするこうした考えには、毛沢東のような革命の実践者や理論家を対置させることができるだろう。彼らは世界を解釈しかつ変化させる、人間の意識の力に立脚しており、生物学的なものと社会的なものを、二つの異なった領域として、あるいは分離可能な行動の構成要素としてではなく、存在論的に隣接するものとして理解する、本質的な弁証法的統一の理解にもとづいた力に立脚している。[21]

レウォンティンとローズが、マルクスやエンゲルスや毛沢東の「弁証法的」アプローチに肩入れしているという事実によって、彼らが人間の本性を否定し、同時にそれを否定していることを否定している理由が理解できる。彼らの見解によれば、つねに変化する環境との相互作用から切り離して論じることのできる、永続的な人間の本性が存在する、という考えそのものがつまらないまちがいである。そのまちがいは、単に環境との相互作用を無視しているというだけではない——レウォンティンとローズはそのような架空の議論をすでに打ち負かしていた。彼らによれば、重大なあやまりはそもそも行動を、人間の本性と（社会を含む）人間の環境との相互作用として分析しようとするところにある。[22] 頭のなかでその二つを別々にすることと自体、たとえ二つがどのように相互作用をしているかを見るのが目的であったとしても、「生物と環境を引き離すことを前提としている」。それはこの二つが「存在論的に隣接する」という弁証法的な理解の原則と矛盾する——どんな生物も真空中では生きられないという瑣末な意味においてだけではなく、存在のあらゆる様相において分離不能であるという意味においても。

生物と環境の弁証法は歴史的にたえず変化し、生物と環境はどちらも他方の直接的原因ではないので、生物はその弁証法を変化させることができる。よってローズは、くり返し「決定論者」に反対して、「私たちは、みずから選択した環境になくても、みずからの未来を構築する能力をもつ」[23]と宣言している——おそらくマルクスの「人間はみずからの歴史をつくるが、好きなようにつくるのではない。直接に遭遇し、あたえられ、過去から伝えられた状況のもとでそれをつくる」という言明にならったものだろう。しかしローズは、その「私たち」がだれであるかを一度も説明していない。もし、その「私たち」が高度に構造化された神経回路ではないのだとしたら——その構造をある程度まで遺伝子と進化によって獲得しなくてはならない神経回路ではないのだとしたら、だれであるかを。この教義は「機械のなかの代名詞」と呼ぶことができる。

グールドはローズやレウォンティンのような教条主義者ではないが、彼も複数形一人称代名詞を、あたかもそれが、人間にかかわる諸事に遺伝子や進化が関係していることの反証になるかのように使っている。「私たちは……どちらを選ぶのだろうか？　……私たちには別の道があるという立場をとろうではないか」。そして彼も、私たちが自らの歴史をつくるというマルクスの「すばらしい格言」を引用し、マルクスが自由意志という概念の正当性を示したと考えている。

マルクス自身は、人間と自然誌《ナチュラル・ヒストリー》との差異について、ほとんどの同時代人よりもはるかに明敏な見解をもっていた。彼は意識の進化や、その結果としての社会的、経済的組織化の発達によって、差異の要素や、私たちがふつう「自由意志」と名づけている意志の作用が導入されたことを理解していた。[24]

本当に明敏なのは、自由意志を「意志の作用」という同義語で説明し（「差異の要素」が何を意味しているのかさっぱりわからないが、この言葉のあるなしにかかわらず）、それを同様に謎めいた「意識の進化」というものに帰する議論である。基本的にローズとグールドは、自然選択され遺伝的に組織化された脳を一方に置き、平和や正義や平等をもう一方に置くという、彼らの考えだした二項対立を、なんとか道理にかなったものにしようとがんばっている。第Ⅲ部で、その二項対立が誤りであることがわかるだろう。

「機械のなかの代名詞」という教義は、ラディカル・サイエンティストの世界観の不用意な手落ちではない。それは、急進的な政治変化を求める強い気持ちや、「ブルジョア」民主制に対する敵意（レウォンティンは「ブルジョア」をののしりの言葉として何度も使っている）と呼応している。もし「私たち」が本当に生物としてのありかたに束縛されていないのなら、「私たち」は、見通しさえたてば、正しいと思う急進的変化のヴィジョンを実行できるだろう。しかし「私たち」が不完全な進化の産物である（知識や知恵に限界をもち、地位や力に誘惑され、自己欺瞞や道徳的優位という錯覚にまどわされている）なら、「私たち」はそのような歴史を構築する前によく考えたほうがいい。政治についての章（第16章）で説明するように、立憲民主制は、「私たち」はつねに傲慢さや堕落に弱いという、人間の本性を色眼鏡で見た見解にもとづいている。民主主義制度の抑制と均衡が明確に設定されたのは、危険を招きやすい不完全な人間の野心を行き詰まらせるためなのである。

当惑する宗教的右派たち

もちろん機械のなかの幽霊は、政治的左派よりも政治的右派にとってはるかに大事なものである。心理学者のモートン・ハントは著書『新ノーナッシング党――人間本性の科学的研究の政敵（*The New Know-nothings: The Political Foes of the Scientific Study of Human Nature*）』で、政敵が左派の人たち、右派の人たち、その中間で種々の単一争点にそれぞれ固執している人たちからなっていることを示している。[25]極左の怒りを先に検討してきたのは、大学や主流刊行物を論戦の場として攻撃が展開されてきたからである。極右の人たちも同様に腹を立ててきたが、彼らは最近まで、別の標的にねらいを定め、別の戦場で闘ってきた。

人間本性の科学に対する右派の反対でもっとも古くからあるのは、宗教部門、とくにキリスト教原理主義からの反対である。進化論を信じない人は当然、心の進化を信じようとしないし、非物質の魂を信じる人は当然、思考や感情が脳組織の情報処理からなっているのを信じようとしない。

進化論に対する宗教的な反対をあおっているのは、いくつかの道徳上の恐怖や不安である。いちばん明白な恐怖のもとは、進化の事実が、聖書にある創世物語が文字どおりに真実であることや、それにもとづく宗教の権威に疑問を投げかけることである。ある創造論者の聖職者はこの点を、「もし聖書に生物学上の誤解があるとしたら、聖書が道徳や救済について語っている部分をどうして信頼できるだろうか?」と表現している。[26]

しかし進化論に対する反対は、聖書の文字どおりの解釈を擁護したいという気持ちだけで起こっているのではない。現代の宗教人は聖書にある奇跡のすべてを文字どおりに信じてはいないかもしれないが、人間は神の姿に似せてつくられ、大きな目的のために、すなわち神の命令にしたがって道徳的な生活をするために地上に置かれたということは信じている。そしてもし人間が、自己複製する化学物質の突然変異と淘汰による偶然の産物だったら、道徳は根拠をもたなくなって、私たちは生物としての衝動に愚かしくしたがうことになってしまうのではないかと懸念している。下院の司法委員会でこの危険性を証言したある創造論者は、「おまえも俺もただの哺乳動物さ／だから『ディスカバリー・チャンネル』でやっているようにやろうぜ」というロックソングの歌詞を引用した[27]。一九九九年にコロラド州のコロンバイン高校で生徒二人が起こした銃乱射事件のあと、下院の共和党副院内総務のトム・ディレイは、このような暴力は、「わが国の学校教育が子どもたちに、人間は原始のスープから進化した栄光ある類人猿にすぎないと教えている」かぎり避けられないと述べた[28]。

進化論に対する右派の反対でもっとも有害なのは、創造論運動の活動家によるアメリカの科学教育の改悪である。一九六八年の連邦最高裁判所判決まで、各州は進化論を学校教育で全面的に禁止することができた。それ以降も創造論者たちは、合法的方法として通用するだろうと彼らが考えるいろいろな方法で、進化論の教育を妨げてきた。たとえば科学の習熟度チェックの標準項目から進化論をはずす。「一つの説にすぎない」という但し書きを要求する。カリキュラムの内容を骨抜きにする。進化論をきちんととりあげている教科書の採用に反対する、あるいは創造論をとりあげている教科書を押しつけるなど。全米科学教育センターが把握している最近のデータによると、四〇の州でおよそ週に一件の割合でこのような作戦が新たにとられている。[29]

宗教的右派は進化論だけではなく、神経科学にも当惑している。脳科学は機械のなかの幽霊を追い払うことにより、それに依拠する二つの道徳的教義を弱体化させる。一つは、人はそれぞれ魂をもち、その魂が価値観を見つけ、自由意志を行使し、自分の選択に責任をもつという考えである。もし行動が、魂ではなく、化学の法則にしたがう脳の神経回路によってコントロールされているのなら、選択や価値観は神話になり、道徳的責任が存在する可能性も消えてしまう。創造論者を擁護するジョン・ウエストの言葉で言うなら、「人間（とその信念）が、本当に心をもたない物質的存在の所産であるなら、人間の生活に意味をあたえるもの——宗教や道徳や美——は、客観的基盤をもっていないということになる」。[30]

もう一つの道徳的教義は（こちらはキリスト教の宗派のすべてではなく、一部に見られるだけだが）、魂は受精のときに体に入り、死ぬときに出ていくので、生命の権利をもつ人を定義するという考えである。この教義は妊娠中絶や、安楽死や、胚盤胞からの幹細胞の採取を殺人に相当する行為と見なす。また、人間を動物と根本的に区別し、ヒトクローンを神の命令をおかすものととらえる。神経科学者の言葉——自己あるいは魂は神経活動に帰属するもので、その神経活動は胚の脳のなかで徐々に発達し、動物の脳にも見られ、老化や病気で少しずつ衰えていく——は、これらのすべてを脅かしているように思えるのだ

（この問題は第13章でまたとりあげる）。

魂はどこへ消えた？——保守主義知識人の嘆き

しかし、人間本性の科学に対する右派の反対は、聖書擁護者やテレビ伝道師だけと結びついているのではない。いま進化論は、先の新保守主義運動の知的な理論家だった人たちからも疑問をなげかけられている。彼らはインテリジェント・デザインと呼ばれる、もともと生化学者のマイケル・ベーエが考えだした仮説を採用している。[31] 細胞の分子機械はより単純なかたちでは機能しない。したがって自然選択で少しずつ進化できたはずがない、とベーエは論じた。そうではなく、知性のある設計者によって考えだされたものにちがいない。設計者は、理屈のうえでは高度に進歩したエイリアンでもいいわけだが、神にちがいないという言外の意がこの説にこめられているのはだれにでもわかる。

生物学者はベーエの議論をいくつかの理由から否定している。[32] 生化学の「還元不能の複雑さ」についての彼の独特の主張は、証明不能か単なるまちがいである。彼は、まだ進化の筋道が解明されていないあらゆる現象をとりあげて、それを初期設定によるデザインのせいにしている。そして知性のある設計者の話になると、ベーエは突然、科学的な綿密さをいっさい放棄して、その設計者がどこから来たのか、どのように機能するのかを問題にしない。それに、進化の過程が知性や目的を備えているどころか、無駄が多くて残酷であることを示す圧倒的な証拠を無視している。
それにもかかわらずインテリジェント・デザインは、アーヴィング・クリストル、ロバート・ボーク、ロジャー・キンボール、ガートルード・ヒメルファーブなど、指導的な新保守主義者に信奉された。ほかにも保守派知識人が、道徳上の理由から創造論を支持してきた。たとえば法学教授のフィリップ・ジョンソン、著述家のウィリアム・F・バックリー、コラムニストのトム・ベセル、そして気がかりなことに、生命倫理学者のレオン・カース（ジョージ・W・ブッシュが新たに設立した生命倫理評議会の議長で、アメリカの生物学および医学の政策をつくる側の一人）もそうである。[33] また、「否定可能なダーウィン」と題する話が、驚くべきことに、『コメンタリー』誌で大きく扱われた。これは、かつては非宗教者のユダヤ人知識人が議論をする場であった雑誌が、いまは教皇よりも進化論に対して懐疑的だということである。[34]
こうした世界的な思索家たちが、本当にダーウィニズムはまちがっていると確信しているのか、まちがっていると人びとが思い込むことが重要だと考えているのか、さだかではない。スコープス・モンキー裁判［一九二五年にテネシー州デイトンで、公立学校で教えることを禁じられていた進化論を授業で教えた生物学教師のスコープスが罪に問われた裁判］を題材にした、『風の行方』というドラマの一場面で、一日を法廷ですごしたあとの起訴人と弁護士（検察側のウィリアム・ジェニングズ・ブライアンと弁護士のクラレンス・ダロウをモデルにしている）が一緒にくつろいでいる。起訴人が、テネシー州の人びとのことを指して言う。

彼らは単純な人たちなのだよ、ヘンリー。気の毒な人たちだ。懸命に働いて、何か信じるべき美しいものが必要なのだ。なぜ君はそれを取りあげたいと思うのかね。彼らにはそれしかないのに。

これはネオコン〔新保守主義者〕たちの姿勢とあまり変わらない。クリストルは書いている。

人間の条件について動かぬ事実が一つあるとしたら、それは、どんなコミュニティも、メンバーが意味のない世界で意味のない生活を送っているという確信をもったら――あるいはそうではないかと疑うだけでも、存続できないということである。[35]

彼はそこから必然的にでてくる教訓的な結論をくわしく書いている。

さまざまな種類の人にとってのさまざまな種類の真実がある。子どもに適した真実、学生に適した真実、教育のあるおとなに適した真実、きわめて教養の高いおとなに適した真実。だから、だれもが利用できる一セットの真実があるべきだという意見は、現代民主主義の誤謬である。それはうまくいかない。[36]

サイエンスライターのロナルド・ベイリーが述べているとおり、「皮肉なことに、今日では多くの現代保守主義者が、宗教は〝人民のアヘンだ〟というカール・マルクスに熱く賛同し、心からありがたがる」のだ。[37]多くの保守主義知識人がキリスト教原理主義者と一緒になって、神経科学や進化心理学は、魂や永遠の価値や自由意志を説明で簡単に片づけてしまうと非難している。カースは書いている。

現代合理主義の指導的な陣営である科学とともに到来したのは、世界の神秘的要素をどんどん取り除いていく動きだった。恋に落ちることは、まだあるはずだが、現代的な気質の人にとってそれは、魂を打つ美（アフロディテ）を見て、魔力をもつもの（エロス）にとりつかれるという説明ではなく、視床下部のまだ同定されていないポリペプチドホルモンの濃度の上昇によると説明されるべきものである。宗教的な感受性や理解もうすれている。たとえ大多数のアメリカ人が神を信仰すると告白しているのは事実であっても、それはほとんどの場合、その神を前に裁きの恐怖に震えるような神ではない[38]。

同様に、ジャーナリストのアンドルー・ファーガソンは読者に対して、進化心理学は「あなたに戦慄をあたえるはずだ」と書き、なぜならば「行動が道徳的であるか、美徳のあらわれであるかどうかは、この新しい科学や物質主義全般には下せない判断である」からだと警告している[39]。そして、その新しい科学は、人間は「肉体をもったあやつり人形」にすぎないと主張しているが、それは「人類はそのはじまりから魂をあたえられ、神に創造された、かぎりなく尊い人びとである」という伝統的なユダヤ・キリスト教の見解からのおそろしい変化であると書いている[40]。

左派を揶揄する著述家のトム・ウルフでさえ（彼は神経科学や進化心理学を高く評価しているのだが）、道徳的な影響を懸念し、「お気の毒ですが、あなたの魂は死んでしまいました」というエッセイのなかで、科学が魂（「価値観の最後の避難場所」）を最終的に殺してしまったとき、「そのあとに続くぞっとするようなカーニバルが〝あらゆる価値観の全面的な失墜〟という［ニーチェの］言葉を実現するかもしれない」と書いている。

自己という見解――自らを鍛錬し、目先の満足を追わず、性的欲望を抑え、攻撃や犯罪行動への短絡を止める自己。勉学や実践や不屈の努力や、不利な状況にあってもあきらめない態度をとおして、知性を向上させ、独力でみずからを人生の高みに引き上げることのできる自己。甲斐性と気概で成功するというこの古風な見解はすでに消えかかり……消えようとしている……[41]

「自己抑制はどうなるのだろうか？」と彼は問う。「もし人びとが、この幽霊のような自己は存在さえしないと信じ、それが脳の画像分析で決定的に証明されたら、いったいどうなるのだろう？」[42]

左派も右派も戦々競々

皮肉なことに、現代の人間本性の否定においては、政治的に対極にいる党派の人びとが、ふだんはたがいの姿を見るだけでも耐えられないというのに、奇妙な同盟関係にある。「〝社会生物学〟に反対する」の署名者たちが、ウィルソンの説のような理論が、「ナチスドイツのガス室設置につながった優生政策にも、重要な基盤を提供した」と書いたことを思いだしてほしい。二〇〇一年五月にルイジアナ州下院議会の教育委員会が、「アドルフ・ヒトラーたちは、ダーウィンや彼が影響をあたえた者たちの人種差別的見解を利用し……人種的に劣っているとされた何百万という人びとの全滅を正当化した」という決議案をだした。[43]（最終的には否決された）この決議案の発起人は、グールドの一節を援用したが、彼が創造論者のプロパガンダに好意的に引用されたのはこれが初めてではない[44]。グールドは創造論に精力的に反対しているが、心や道徳性を進化で説明できるという考えにも精力的に反対しており、その考えこそ、創造論者がもっとも恐れているダーウィニズムの含意なのである。

左派も右派も、人間本性に関する新しい科学が道徳的責任という観念を脅かすという点で見解が一致している。ウィルソンが、人間も多くの哺乳類と同様に、オスのほうがメスよりも複数の性的パートナーをもちたがる欲求が強いと述べたとき、ローズは、彼が実際にはこう言っているのだと非難した。

ご婦人方は、お連れ合いがだれとでも寝ると責めてはいけません。それはお連れ合いの責任ではなく、そのように遺伝的にプログラムされているからなのです[45]。

半分本気のトム・ウルフの文章と読み比べてみよう。

人類のオスは一夫多妻、すなわち法的な配偶相手に不誠実であることを遺伝的に組み込まれている。雑誌購読者の男ならだれでもすぐにわかるだろう（三〇〇万年の進化が私をそのようにつくったのだ[46]！）。

一方の派では、グールドが修辞的な問いかけをしている。

なぜ私たちは、暴力や性差別の責任を遺伝子になすりつけるのだろうか[47]？

そしてもう一方の派でも、ファーガソンが同じ点を問題にしている。

この「科学的信念」は……自由意志や個人の責任や普遍的な道徳についてのいかなる見解もむしばんでしまうらしい[48]。

ローズやグールドにとって機械のなかの幽霊は、意のままに歴史を構築し世界を変えることのできる「私たち」である。カースやウルフにとってのそれは、宗教の教えにしたがって道徳的判断をする「魂」である。しかし彼らはみな、遺伝学や神経科学や進化論を、この還元不能の自由選択の座を脅かすものととらえている。

知識社会は変化できるか

それでは、今日の知識社会はどうなるのだろうか？　人間本性の科学に対する宗教的右派からの敵意は増していくだろうが、右派の影響は、知的風潮を変化させるというよりも、政治家への直接的な訴えというかたちででてくるであろう。宗教的右派による知識社会の主流への食い込みは、進化学説そのものへの反対によって制限されるはずだからだ。創造論と呼ぶかインテリジェント・デザインという婉曲表現で呼ぶかはともかく、自然選択学説の否定は、この学説の正しさを示す厖大な証拠の重みでいずれつぶれるだろう。しかしこの否定がつぶれるまでに、科学教育や生物医学《バイオメディカル》の研究にこのうえどれほどのダメージをあたえるかはわからない。

一方、急進的左派からの敵意は、現代の知識社会にかなりの爪痕を残すだろう。ラディカル・サイエンティストと呼ばれる人たちがいまでは権威になっているからだ。私はこれまで、生物学のことはすべてグールドやレウォンティンから学んだと、誇らしげに語る社会科学者や認知科学者に多数出会った。[49] レウォンティンを進化論や遺伝学の無謬の教皇と見なしてその見解にしたがう知識人はたくさんいるし、彼の弟子だった生物学の哲学者も大勢いる。人類進化や遺伝学の新刊書がでるたびに、イギリスの新聞や雑誌にきまってローズの冷笑的な書評が掲載される。グールドについて言えば、ある本の推薦文にアイザック・アシモフが「グールドはけっしてまちがわない」と、おそらく皮肉ではなく書いているが、これは多くのジャーナリストや社会科学者の態度そのものである。『ニューヨーク』誌に近ごろ掲載されたある記事は、ジャーナリストのロバート・ライトを「ストーカー」

「ペニス羨望」をもった「青二才」呼ばわりしているが、それは彼が無謀にも自前の論理と事実でグールドを批判したためだった。[50]

ラディカル・サイエンティストが受けている尊敬の一部は彼らが受けてしかるべきものである。科学上の業績を別にしても、レウォンティンは多数の科学的、社会的な問題を鋭く分析しているし、グールドは自然誌に関するすばらしいエッセイを何百篇も書いている。そしてローズは記憶の神経科学についてすぐれた本を書いた。しかし彼らは、知の風景のなかで巧妙な位置取りもしてきた。そのあたりのことを、生物学者のジョン・オルコックは「スティーヴン・ジェイ・グールドは暴力を憎み、声を大にして性差別に反対し、ナチスを嫌悪し、集団殺戮に身ぶるいし、いつも天使の側にいる。いったいだれが、そんな人間と論争できるだろうか？」と説明している。[51] ラディカル・サイエンティストがこのようなかたちで議論をのがれていたために、他者に対する彼らのアンフェアな攻撃の内容が一般通念の一部になってしまったのである。

今日、多数のライターが、行動遺伝学を優生学と不用意に同一視し、あたかも行動の遺伝的相関の研究が、子どもをもつかどうかの判断の押しつけと同じであるかのようにとらえている。進化心理学と社会ダーウィニズムを同一視し、あたかも人間の進化のルーツを研究することが貧者の置かれている立場を正当化することと同じであるかのようにとらえている。この混同は、科学にうとい人たちばかりではなく、『サイエンティフィック・アメリカン』や『サイエンス』のような一流雑誌でも見られる。[52] 歴史学者のツヴェタン・トドロフは、ウィルソンが著書『知の挑戦』で知の領域を区分するのはもはや時代遅れになってきていると論じたあとで、いやみたっぷりに、「ウィルソンに次作の提案をしたい……ヒトラーが採用した教義である社会ダーウィニズムを分析し、社会生物学とのちがいを分析する本だ」と書いた。[53] また、ヒトゲノム・プロジェクトが二〇〇一年に完了した際には、計画の責任者たちが「遺伝子決定論」、すなわち「その人の特質がすべてゲノムに〝組み込まれて〟いる」という、だれにも支持されていない信念に対して形式的な批判をした。[54]

急進派の社会構築主義を受け入れている科学者はたくさんいるが、それは同じ意見だからというよりも、研究のことで頭がいっぱいなのに、そのうえ窓の下にピケ隊がいるなどというやっかいな事態をかかえるのはまっぴらだからだ。人類学者のジョン・トゥービーと心理学者のレダ・コスミデスが指摘しているように、生物現象は人間社会の秩序と本来的に分断されているという教義は、「現代の学究生活の政治的地雷原をわたる安全通行権」を科学者に提供する。[55] あとで見るように、今日でさえブランク・スレートや高貴な野蛮人に異議をとなえる人たちは、ときにデモ隊に黙らせられたり、ナチスのように糾弾されたりする。そうした攻撃は、たとえ散発的であっても威圧的な雰囲気をつくりだし、学問を広い範囲で大きくゆがめてしまう。

しかし知的風潮は変化の徴候を見せつつある。人間の本性に関する考えは、まだ一部の学者や権威からは忌み嫌われているが、聞く耳をもつ人もでてきている。生物科学や認知科学によってもたらされる、心についての新しい洞察を知りたいという声が、科学者からも、芸術家や人文系の学者や法理論家からも、思慮深い一般人からもでている。それにラディカル・サイエンス運動は、修辞的には成功したが、経験的には不毛であることがわかってきた。この二五年間のデータは、ラディカル・サイエンス運動の予言に寛大ではなかった。チンパンジーは、モンタギューが主張したような平和な菜食主義者ではないし、知能の遺伝率がゼロ同然だという話も、IQが脳と無関係の「具象化」だという話も、パーソナリティや社会行動が遺伝的基盤をまったくもっていないという話も、ジェンダーの差異がもっぱら「心理的、文化的な期待」の所産だという話も、残忍なバンドの数が平和的な氏族の数と同じだという話も、ことごとくちがう。[56]今日では、科学研究を「マルクス哲学の意識的な適用」によって導くという考えには当惑するしかないし、進化心理学者のマーティン・デイリーが指摘したように、『弁証法生物学』誌の第一号を埋められるだけの数の研究は、いまだに実現していない[57]」のである。

これに対して社会生物学は、サーリンズが予測したような一時的な流行では終わらなかった。オルコックが二〇〇一年にだした、『社会生物学の勝利（*The Triumph of Sociobiology*）』という本のタイトルが、それをあますところなく語っている。動物行動の研究分野では、もうだれも「社会生物学」や「利己的な遺伝子」を話題にしないが、それはそれらの考えが科学の不可欠な部分になっているからだ。[58] 人間の研究では、人間の主要な体験領域（美、母性、血縁意識、道徳性、協力、セクシュアリティ、暴力など）で、進化心理学が唯一の筋道のとおった理論を提供し、刺激的な新しい実験的研究の分野を生みだしている。[59] 行動遺伝学はパーソナリティの研究をふたたび活気づけており、今後もヒトゲノム・プロジェクトで得られた知識を応用して拡大の一途をたどるだろう。[60] 認知神経科学はこれからもしりごみをせず、新しいツールを心と行動のあらゆる面に、感情的、政治的な論争を招きそうなものも含めて適用していくだろう。

問題は、人間の本性がこれからますます、心や脳や遺伝子や進化の科学によって説明されていくかどうかではなく、私たちがその知識をどうあつかっていくかである。平等、進歩、責任、人の価値といった理念はどんな含意をもっているのだろうか？ 人間本性の科学に反対する左派や右派の人たちはある一点については正しい。それはこれらが、きわめて重要な問いだという点である。しかしだからこそなおさら、恐怖心や嫌悪感をもってではなく、理性をもってそれらに対峙しなくてはならない。それが次の第Ⅲ部の目標である。

III

四つの恐怖を克服する

——不平等・不道徳・無責任・ニヒリズム

ガリレオが一六三三年に、異端審問所から望まぬ注目を受けたとき、そこには天文学の論点よりも大きな問題がかかっていた。ガリレオは、太陽が地球のまわりを回っているのではなく、地球が太陽のまわりを回っているのだと言明することによって、たとえばヨシュアが「日よ、とどまれ」と何度も命令している一節など、聖書が字義どおりに真実であることをはっきりと否定したのである。しかも彼は、宇宙に道徳的秩序があるという説にも疑問を投げかけていた。

中世に発達したその説によれば、宇宙は月の天球層によって、そこから上の完璧な不変の天国と、そこから下の腐敗し堕落した地上とに分かれている（「月下のものの本性を変える」ことはできないというサミュエル・ジョンソンの但し書きはここからきている）。月のまわりには内惑星や太陽や外惑星や恒星の天球層があって、それぞれを高位の天使が回転させている。そのすべてを囲むのは神の住む天国である。月の天球層のなか、すなわち天使よりも少し低いところに人間の魂があり、そこから下にむかって順に人間の体、動物（獣、鳥、魚、昆虫の順）、植物、鉱物、無生物の要素、九層の魔物とつづき、最後の地球の中心に地獄の魔王がいる。したがって宇宙は階層的に配置され、大いなる存在の連鎖をなしている。

大いなる連鎖は道徳的な含意に満ちていた。私たちの住むところは宇宙のまんなかにあると考えられており、それは、私たちの存在や行動の重要性をあらわしていた。人びとはそれぞれ適切な地位で(王、公爵、あるいは小作人として)自分の人生を生き、死後はその魂が高所にのぼったり、低所に沈んだりするとされた。人間の居場所が全体から見て卑しい位置にあることをだれも忘れてはならず、天国を見上げてその完璧さをかいま見なくてはならなかった。そして、いつも飢饉や蛮行の危険にせまられている世界で、大いなる連鎖は、自然の物事には秩序があるという安心感をあたえた。あらゆるものが宇宙の秩序のなかで結びついているので、惑星が天球層からさまよいでれば混沌が起こる。アレグザンダー・ポープが書いているように、「どんな輪でも自然の連鎖からたたき落とせば、たとえ十分の一であれ一万分の一であれ、同じように鎖は壊れる」[1]。

輪をたたくガリレオは、これらの道徳的含意を見逃さなかった。単に経験的根拠にたって、太陽黒点や、新星や、木星のまわりをさまよう衛星の存在によって、堕落した地球と不変の天国という区別の誤りが立証されたと議論すればすむというわけにはいかないことを、ガリレオは承知していた。彼は、地球中心説に付随する道徳的な装飾も、その経験的主張と同様に疑わしいので、もしこの説が誤りであるとわかっても、だれも悪い事態にはおちいらないという議論もしたのである。『天文対話』に、ガリレオの分身が、不変であり不可変であることの何がそんなに偉大なのかと考えるくだりがある。

私は、大地はたえずさまざまな変遷や変化や生成などがあるからこそ、高貴でありみごとであるのだと考えています。もしどんな変化もなくて、全体が巨大な砂漠か碧玉《へきぎょく》の山だったら、またもし、洪水のときに大地をおおった水が凍りつき、巨大な氷の塊になったままだったら、そこでは何も生まれず変遷も変化もないでしょうが、私はそれを、宇宙のなかの無用の塊、いっさいの活動がないもの、簡単に言えば余計なもの、本質的に存在しないものと見なすでしょう。これは生きている動物と死んだ動物とのちがいとまったく同じです。月や木星や、そのほかすべての天体についても同じことが言えます。

……不滅性や不変性といったものを称揚する人たちは、かみ砕いて言うなら、いつまでも生きつづけたいという願望や、いつかは死ぬという恐怖のためにそう言っているのだと思います。彼らは、もし人間が不死だったら、自分たちがこの世に生まれてくることはなかったということを考えていません。そのような人たちは、メドゥーサの首に出会うのがふさわしいのです。碧玉かダイアモンドの像に変えてもらえば、より完璧になれるのですから。[2]

今日の私たちはガリレオのように物事を見ている。宇宙の岩石や気体の三次元的配置が、善悪や人生の意味や目的と関係しなくてはならない理由を想像するのはむずかしい。ガリレオの時代の道徳感が最終的に天文学的事実に順応したのは、現実を認めざるをえなかったからでもあるが、道徳性が大いなる存在の連鎖となんらかの関係があるという考えそのものが、そもそもばかげていたからでもある。

私たちはいまこれと似た転換期にあると私は思う。ブランク・スレート（空白の石版）は今日の大いなる存在の連鎖である――すなわち、人生の意味や道徳の論理的根拠として広く受け入れられ、かつ、その時代の科学から攻撃されている教義である。ガリレオ以降の世紀においてそうだったように、私たちの道徳感もいずれは生物学的事実に順応するだろう。それは、事実は事実で動かせないからでもあるが、ブランク・スレートという道徳認定書がにせものだからでもある。

第Ⅲ部では、ブランク・スレートなきあとに、新たな人生の意味と道徳性の概念が生きのびる理由を示す。とは言っても、新興カルトの指導者のように新奇な人生哲学を提唱するのではない。これから展開する議論は、何世紀も前から存在し、歴史上の偉大な思想家によって提言されたものばかりだ。私の目的は、それらを一カ所に書き記して、人間本性の科学が提起しているように見える道徳に関する疑義と結びつけ、なぜそれらの科学がニーチェ的なあらゆる価値観の失墜を引き起こさないのか、その理由を再確認することである。

人間の本性に関する懸念は、次の四つの恐怖に要約できる。

- ●もし人びとに生まれつきの差異があるのなら、迫害や差別が正当化されるのではないか。
- ●もし人びとが生まれつき不道徳なのであれば、人間の条件を改善するという望みはむなしくなるのではないか。
- ●もし人びとが生物現象の所産であるのなら、自由意志は神話になり、人に自分の行動の責任をとらせることができなくなるのではないか。
- ●もし人びとが生物現象の所産であるのなら、人生には高尚な意味や目的は何もないということになるのではないか。

以上四つのそれぞれに一章をあてる。そしてまず最初に、恐怖の基盤を説明する――人間の本性に関するどの主張が問題なのか、なぜそれらが危険な結果につながると考えられているのかという説明である。次に、それぞれの論理が誤りであること――そうした結果は起こらないということを示す。しかしまだ終わりではない。それは単に、人間本性に関する主張は、多くの人が考えているほど危険ではない、という話ではない。人間本性の存在を否定することは、多くの人が考えているよりも危険になりうる、という話である。そうなると、人間本性に関する主張を道徳的な思惑をまじえずに客観的に検討し、それらが真実であると判明したときにうまく受け入れていく方法を考えだすことがどうしても必要になる。

第8章　もし生まれついての差異があるのならば……

懸念される三つの悪

ブランク・スレートの教義が道徳的に受ける最大のポイントは、ゼロはゼロに等しいという単純な算数による。これがブランク・スレートを、いわば政治的平等の保証人にしている。白紙は白紙であるから、私たちがみなブランク・スレートなら、みな同じにちがいないという理屈になる。しかし生まれたての赤ちゃんの石版が白紙状態ではないとしたら、赤ちゃんによってそれぞれ別の書き込みがされている可能性がある。才能や能力や関心や好みに生まれつきの個人差や性差、階級による差、人種による差があるかもしれない。そしてそれが、三つの悪につながるかもしれないという考えがでてくる。

一つめは偏見である。もし人間の集団どうしに生物学的な差異があるとしたら、一部の集団の構成員に対する差別が合理的と見なされるかもしれない。二つめは社会ダーウィニズムである。もし集団どうしの生活状態のちがい（たとえば収入や地位や犯罪率などのちがい）が生得的な資質に起因しているとしたら、そうした差異を差別のせいにすることはできないので、当事者のせいにして不平等を許容することが容易になる。三つめは優生思想である。もし人びとに、ほかの人びとが高く評価したり嫌悪したりするような生物学的なちがいがあるとしたら、生物学的介入によって社会の改善をはかろうとする試みを誘うかもしれない――すなわち、子どもをもつことを奨励あるいは妨害する、もつかどうかの判断を人びとの手から取りあげる、あるいは人びとを無条件に殺すなどの行為が誘発されるかもしれない。ナチスが「最終解決」を実行したのは、彼らがユダヤ人などの民族集団が生物学的に劣っていると考えたからだった。したがって生得的な差異の発見が恐ろしい結果を生むのではないかという恐怖から、多くの知識人がそのような差異は存在しないと主張し、それどころか、人間の本性というものは存在しないとさえ主張してきた。もし存在したら、生得的な差異が存在可能になるからである。

　私は、この線にそった論理が展開されたら、ただちに警報ベルが鳴るようになっていればいいのにと思う。私たちは、人間に関する予測可能ないかなる発見であれ、そのような恐ろしい含意をもちうると認めるべきではない。問題なのは、人びとがたがいにちがっているかもしれないという可能性ではない。差異があるかどうかは事実に関する問いであり、あると判明するか、ないと判明するかのどちらかである。問題なのは、もし人びとに差異があると判明したら、差別や迫害や集団殺戮がＯＫになるだろうという論理の筋道である。

基本的な価値観（たとえば平等や人権）を、明日にも論破されるかもしれないブランク・スレートについての推測の人質にすべきではない。本章では、これらの価値観を、もっと確実な基盤のうえに置くにはどうしたらいいかを検討する。

民族集団間に根本的なちがいはないが……

懸念されているのはどんな種類の差異なのだろうか？　性差や個人差に関する最近の所見は、ジェンダーと子どもに関する章（第18、19章）でとりあげ、あわせてそれが何を含意し、何を含意しないかを検討する。ここではもっと総論的に、人類進化と遺伝学の知識にもとづいた長期的な研究によって、どのような種類の差異が判明する可能性があるのか、それらがどのような道徳的問題を提起するのかを示す。

本書の主なテーマは人間の本性――すなわち、ホモサピエンスの健全なメンバーに普遍的にあたえられた認知および情動の能力である。サミュエル・ジョンソンは「私たちはみな同じ動機によって動かされ、同じ誤謬にまどわされ、同じ希望に元気づけられ、同じ危険によって妨害され、同じ欲求にからめとられ、同じ快楽に誘惑される」と書いた。[1] 私たちが人間本性を共有していることを示す証拠は豊富にあるが、それは個人や人種や性による差異も本性のなかにあるという意味ではない。「人間の本性は似ているが、習慣によってちがいがでる（性相《あい》近し、習相《あい》遠し）[2]」と書いた孔子は、正しかったのかもしれない。

現代生物学の教えによれば、人びとを似せる力は人びとをちがわせる力と同じではない[3]（さらに言えば、研究する科学者にもちがう傾向があり、類似性は進化心理学者によって、差異は行動遺伝学者によって研究されることが多い）。自然選択は、有効な遺伝子（よく機能する器官をつくる遺伝子）の密度を高め、役に立たない遺伝子を取り除くことによって、種の全体設計が標準的なものに均質化するように働く。したがって何が私たちを動かしているのかという話になれば、私たちは似たものどうしである。私たちはみな、同じ身体器官（二つの眼、一つの肝臓、四つの部屋に仕切られた心臓）をもっているのと同様に、同じ精神器官をもっている。一番わかりやすいのは言語の場合で、神経学的に問題のない子どもはみな、どんな人間の言語でも獲得できるように装備されている。しかしこのことは言語だけでなく、心のほかのパーツにもあてはまる。ブランク・スレートを捨て去ることによって、人間の精神面の統一性のほうが差異よりもはるかによくあきらかにされてきたのである。[4]

私たちはみなとてもよく似ているが、もちろんクローンではない。一卵性双生児を除けば、各人は遺伝子的に唯一の存在である。それはランダムな突然変異がゲノムに潜入し、除去されるのに時間がかかり、有性生殖によって個人ができるときに新しい組み合わせのなかに一緒に混ぜあわされるからである。自然選択はタンパク質の小さなランダム変異というかたちで、ある程度、微細レベルの遺伝子の異種性を保存する傾向がある。そのような変異は、生物個体の分子の錠前の組み合わせをいじり、その個体の子どもが、錠前を破るためにたえず進化している病原体の一歩先を行けるようにする。

生物種はすべて遺伝子の変異性をもっているが、ホモサピエンスは変異が少ない部類に属する。遺伝学者は私たちを「小さな」種と呼ぶ。人間がゴキブリのように地球上にはびこっていることを考えると悪い冗談のように聞こえるが、人間に見られる遺伝的変異の量が、個体数の少ない種で予期されるくらいの量しかないという意味でそのように呼ばれている。[5] たとえばチンパンジーは、人間とは比べものにならないほど個体数が少ないが、遺伝的差異は人間よりも多い。これは私たちの祖先が、進化の歴史のかなり最近（一〇万年前よりも近い時期）に、個体数が激減する隘路《ボトルネック》をくぐり抜け、それに対応して遺伝子変異の量も少なくなったためである。人類は生きのびて立ち直り、およそ一万年前の農耕の発明ののちに人口の爆発を経験した。その爆発で、人数が少なかったころにいきわたっていた遺伝子のコピーがたくさん繁殖した。そのあとは、新しいバージョンの遺伝子がたくさん累積されるほどの時間がまだ経過していないのである。

ボトルネック後のいろいろな時期に人種間の差異が生じた。皮膚や髪のちがいは、ほかの人種の人びとを見るときに目につきやすいが、実際は直観をだますトリックである。人種の差異はおもに気候への適応である。皮膚の色素は熱帯地方の日焼けどめ、まぶたのふくらみはツンドラ地帯のゴーグルだった。自然の力にさらされる身体部位は、ほかの人の目に触れる部位でもあり、人の目をあざむいて人種間の差異が実際よりも根深いように思わせる。[6] 局所の気候への適応が皮膚に集団間の差異をつくるのとは反対に、隣接する集団の内部を類似させる進化の力もある。稀な遺伝子は風土病をのがれやすいので、たとえ一方の集団のメンバーがもう一方の集団のメンバーと配偶する頻度が低くても、吸い取り紙のうえのインクのように、ある集団から隣接の集団へと吸いとられる。[7] たとえばユダヤ人が、最近までユダヤ人どうしで結婚する傾向にあったにもかかわらず、世界中の非ユダヤ人の隣人たちと遺伝的に似ているのはこの理由による。一世代に一度、異邦人の関係する姦通や情事やレイプがあるだけでも、時が経過すれば十分に遺伝子の国境があいまいになる。[8]

以上の話をすべて考慮に入れると、次のように理解できる。人びとは質的に同じであるが、量的に異なっている場合がある。その量的な差異は生物学的に見ると小さく、また、民族集団間や人種間よりも、一つの民族集団内や人種内にはるかに多く見られる。これらは心強い所見である。ある民族集団のメンバーはみな似ている、あるいは、ある民族集団と別の民族集団は根本的にちがうと考える人種差別主義のイデオロギーはすべて、人間の生物学についてのまちがった前提に基づいているのだ。

しかし生物学は、完全に私たちを解放してくれるわけではない。個々人は遺伝的に同一ではないし、身体のあらゆる部位に影響をおよぼす差異が、脳だけを例外にするとは考えにくい。それに人種間や民族集団間の遺伝的差異は、個人差にくらべればずっと小さいとはいえ、存在しないわけではない（それは、そのような遺伝的差異が身体的な差異を生じさせたり、テイ＝サックス病や鎌状赤血球性貧血などの遺伝病の罹病性に差異を生じさせたりすることからわかる）。今日では、人種は存在せず、まったくの社会的構築にすぎないという言いかたが好まれている。それは、「カラード」「ヒスパニック」「アジア人／太平洋諸島民」といった役所的な分類や、「黒人」のワンドロップ・ルール［かつて南部の州で採用されていた、一滴でも黒人の血が混じっていれば黒人と分類するというルール］についてはたしかに真実であるが、全般的な人間の差異については言いすぎである。生物人類学者のヴィンセント・サリッチは、人種とは、近親交配のある大規模な家族にすぎないと指摘している。したがって人種の区別は、固定されたカテゴリーどうしの厳密な境界ではないにしても、ある程度の生物学的事実をともなっているのではないかと考えられる。人間は、単一の開祖集団から進化してきた親戚どうしであるが、ヨーロッパ人は何千年間もおもにヨーロッパ人どうしで交配してきたので、アフリカ人やアジア人よりもヨーロッパ人どうしのほうが平均して近い関係にある。逆も同様である。昔は海や砂漠や山脈のせいで、ランダムに配偶者を選ぶことができなかったために、私たちが人種と呼ぶ大規模な近親交配の家族は、いまもまだ識別が可能で、それぞれ遺伝子頻度の分布がいくらかちがう。理論的には、ばらつきのある遺伝子の一部がパーソナリティや知能に影響をおよぼしている可能性がある（ただしそのような差異はどれも、せいぜい平均にあてはまるだけで、集団の構成員どうしには大きな重なりがある）。これは遺伝的差異があると予想されているとか、あることを示す証拠があるとか言っているのではなく、生物学的に可能性があると言っているにすぎない。（ちなみに私自身は、もっとも議論されている人種差、すなわちアメリカの黒人と白人のＩＱの格差の場合、近年の所見は遺伝的説明を必要としないという見解をもっている。トマス・ソーウエルは、二〇世紀の大半において、ＩＱの民族差が世界中の通例であって例外ではなかったことを資料によって示している。[9] また、南欧や東欧からアメリカにきた移民、アメリカの山地住民の子ども、イギリスの運河船で育った子ども、ヘブリディーズ諸島のゲール語を話す子どもなど、文化の主流からはずれていたマイノリティ集団のＩＱ値は、平均してマジョリティよりも低かった。その差は少なくとも、今日の黒人と白人の格差と同じくらいはあったが、数世代のうちに解消された。奴隷制や隔離政策のもとでアフリカ系アメリカ人が経験した状況は、多くの理由から、移民や孤立した僻地住民の状況とはちがうので、主流の文化的パターンへの推移はもっと長くかかる可能性がある。[10]）

それから性の問題がある。民族集団や人種の差異がいずれも生物学的に小さくて散在的であるのに対して、男女は少なくとも一点において大きく体系的に異なっている。生殖器官のちがいである。進化的な見地から、男と女は、それらの器官をどのように使うかを支配している神経系に——すなわちセクシュアリティや親としての本能や配偶戦略になんらかの差異があるのではないかと考えられる。同様の論理から、両性がともに直面する問題に関与する神経系、たとえば一般的知能のための神経系などにはそれほどの差異はないと推測できる（これについては第18章でとりあげる）。

差異はあっても差別は減らせる

それでは、生物学の発見は人種差別や性差別を正当化できるのだろうか？　とんでもない！　偏狭な差別を告発するのは、人間は生物学的に区別がつかないという、事実についての主張ではない。個人を、その個人が属する集団の平均的特性にしたがって判断することを糾弾する道徳的姿勢である。開かれた社会は、雇用や昇進や給与や入学や刑事裁判に際して、人種や性や民族を無視することを選択しているが、それはそれ以外のやりかたが道徳的に不快だからである。人種や性や民族にもとづいて人を差別するのは不当であり、本人にはどうにもできない特性にペナルティを科すことになる。アフリカ系アメリカ人や女性やそのほかの集団が奴隷にされたり虐げられたりしていた過去の不正義を存続させることになる。社会を敵対する派に分裂させ、恐ろしい迫害にまでエスカレートさせかねない。しかし差別に反対するこれらの議論はどれも、人間の集団は遺伝的に区別が可能か不可能かという問題に依拠してはいない。

人間の本性という概念は、差別につながるどころか、差別に反対する根拠になる。ここで重要なのが、生得的なばらつきと生得的な普遍性との区別である。人間にはＩＱ、体力など、ばらつきのある特性がたくさんあるが、それにもかかわらず、あらゆる人が一定の共通した特性をもっていると推定できる。奴隷でいたいという人はいない。屈辱を受けるのが好きだという人もいない。不公正な扱いを受けること、すなわち本人にはどうにもできない特性にしたがって扱われるのを好む人もいない。私たちが差別や奴隷制に対して憎悪を感じるのは、ある特性について人びとにどれほど大きなばらつきがあろうと、これらについてはばらつきがないという確信から来ている。ついでながらこの確信とは対照的に、人間には本来備わっているものは何もないという、進歩的とされる教義には、奴隷状態やおとしめられた状態を楽しく感じるように条件づけをすることが可能だという含みがある。

政治的平等は経験的仮説ではなく道徳的姿勢であるという考えは、歴史上の著名な平等の主唱者たちによって表明されている。独立宣言は、「われわれは、以下の事実を自明のことと考える。すべての人は生まれながらにして平等である」と宣言している。起草者のトマス・ジェファーソンは、これは権利の平等を指したもので、生物学的に同じであるという意味ではないとはっきり述べている。たとえば一八一三年にジョン・アダムズに宛てた手紙のなかで、「生まれながらの貴族という人がいるというご意見には同意します。その根拠は美徳と才能です。……経験が証明しているように、人間の道徳的、身体的な質はよくも悪くも、ある程度は父から息子に伝わります」[11]（独立宣言が当初は白人男性だけに適用されたという事実や、ジェファーソンが実生活では平等主義者とはほど遠かったという事実は、この議論に影響しない。ジェファーソンは、白人男性のあいだに生得的な差異があると認めたうえで、なお白人男性のあいだの政治的平等という、彼の時代に革新的だった考えを擁護したのである)。エイブラハム・リンカンも、独立宣言の署名者は「すべての人が、肌の色、体の大きさ、知能、道徳的発達、社会的力量などにおいて平等であると言っているのではなく」、「ある決まった譲渡されえない権利」に関してのみ平等であると言っているのだと考えていた[12]。

生物学と人間の本性について考えている、現代のもっとも影響力のある人たちのなかにも、同じ区別を導きだした人たちがいる。現代進化理論の創始者の一人であるエルンスト・マイアは、四十年近い論争を賢明にも予測して、一九六三年にこう書いている。

あきらかに非同一であるにもかかわらず平等というのは、いくぶん洗練された概念で、理解するにはある程度の道徳水準を必要とするが、それを備えていない人たちがたくさんいるようだ。そういう人たちはむしろ、人間が多様であることを否定し、平等と同一性を同等と見なす。あるいは人類は生物の世界の例外で、形態や構造の性質だけが遺伝子に支配され、心や性格は「条件づけ」あるいはほかの非遺伝的な要因に帰せられると主張する。このような文章の書き手は、双生児研究や、動物の非形態的な特性の遺伝子分析の結果を都合よく無視している。このような、あきらかにまちがった前提にもとづいたイデオロギーは大失敗につながるだけである。このイデオロギーによる人間平等の擁護は、同一性の主張にもとづいており、同一性が存在しないことが証明されれば、そのとたんに、平等に対する支持も失われてしまうからだ。[13]

ノーム・チョムスキーも、「心理学とイデオロギー」と題する論文で、同じ点を強調した。チョムスキーは、（第6章でとりあげた）ハーンスタインのIQに関する議論には同意していないが、ハーンスタインが人種差別主義者だという一般的な非難は否定し、そうした事実を危険なものとして糾弾するほかのラディカル・サイエンティストたちとは距離を置いている。

人種とIQの相関は（存在することが示されたとしても）、各人が人種カテゴリーにあてはめられ、自己の権利をもった個人としてではなく、カテゴリーの典型として扱われる人種差別主義の社会を除けば、社会的な影響を何もともなわない。ハーンスタインは、身長とIQに相関関係がある可能性に言及している。そのことにどんな社会的重要性があるだろうか？　もちろん何もない。私たちの社会は身長による差別に苦しんでいるわけではないからだ。私たちは、各成人を「身長一八〇センチ未満」「身長一八〇センチ以上」といったカテゴリーにあてはめ、それによってその人がどんな教育を受けるべきか、どこに住むべきか、どんな仕事につくべきかを考えようと主張したりはしない。その人がどんな人であるかは、彼の身長カテゴリーに属する人たちの平均ＩＱとはまったく関係がない。人種差別のない社会では、人種カテゴリーもこれと同様に大きな意味をもたないだろう。ある人種バックグラウンドをもつ人たちの平均ＩＱは、特定の個人がどんな人であるかとは無関係である。（中略）

ついでながら私は、ＩＱは遺伝性かもしれない、おそらくはそうだろうという話を、これほど多くの解説者が不穏なものと見なしていることに驚いている。相対的な身長の高さや、音楽の才能や、一〇〇メートル走のタイムが部分的に遺伝子によって決定されていると判明したら、それも不穏なことなのだろうか？　なぜこれらの問いについてなんらかの予断をもたなくてはならないのだろうか。これらの問いに対する答えが、内容のいかんにかかわらず、どのように（現状の知識における）まじめな科学の問題や、まともな社会の社会慣習に関係しているというのだろうか。[14]

このような高尚な姿勢を聞かされても安心できないという読者もいるかもしれない。もしどんな民族集団も男女も、あらゆる才能がまったく同じだったら、差別は単なる自己欺瞞だということになり、人びとは事実がわかりしだいそれを捨てるだろう。しかし同一ではなかったら、差異を考慮に入れるのは合理的だということになる。そして結局、ベイズの定理［未来の事象の発生確率を、その事象の過去の発生頻度から推定するための統計的手法］にしたがえば、予測をしなくてはならない意思決定者（たとえば、ある人がある専門職で成功するかどうかを予測しなくてはならない立場の人）は、事前確率（たとえば、その集団に属する人たちの基本的な成功率）を計算に入れるべきだということになる。人種や性に平均的なちがいがあるなら、人種による選別やジェンダーのステレオタイプ化は、保険統計的に見て健全であり、人種や性別の情報が偏見をいだかせる目的で使われないと期待するのは無邪気にすぎるということになるだろう。したがって人びとを個人として扱う方針という細い藁に、差別を減らす望みがすべてぶらさがっているように見えてしまう。

この心配に対する直接の答えは、その危険は集団間の差異が遺伝によるものであるか環境によるものであるかにかかわらず生じる、ということである。平均は平均であるから、統計を判断材料にする意思決定者は、原因ではなく統計だけを気にかけるべきである。

それに差別が経済的見地から見て合理的になりうるという事実が本当に危険になるのは、どんな犠牲を払っても容赦のない経済的な最適化を選ぶという政策がとられる場合だけである。しかし実際には、経済的効率よりも道徳原理を優先する政策が数多くとられている。たとえば選挙権を売るのは違法だし、自分の臓器や子どもを売るのも違法である――経済学的には、自発的な取引は双方にとっていいことだという議論も成り立つが、それでも違法とされている。現代民主主義においてはこうした決定が当然のこととされているし、私たちは人種偏見やジェンダー偏見を許さない公政策や私的な社会慣習を断固として選択することができる。[15]

集団に差異があっても差別を減らせる方法は、道徳的、法的な禁止だけではない。個人の資質に関する情報がたくさんあれば、人種全体の平均や男女平均がその人に対する統計的判断におよぼす影響は小さくなる。したがって差別に対する最善の対策は、より精密かつ広範囲に心的能力を把握できる検査を実施することである。そうした検査で個人に関する予測的な情報が豊富に提供されれば、だれも人種やジェンダーの要因に関心をもたなくなるからだ（しかしこれは、政治的に見込みのないアイディアである）。

差別（個人が属する集団の統計的に予測される特性を用いて、個人に関する判断をするという意味においての差別）は、かならずしも不道徳ではないし、少なくとも私たちは、つねにそれを不道徳なこととととらえているわけではない。だれかの行動を完全に予測するには、魂を見通すX線装置が必要だろう。だれかの行動を手もちのツール（検査、面接、経歴のチェック、推薦状など）で予測することでさえ、徹底的にするとしたら、際限のないリソースが要求される。限られた時間とリソースで判断を下さなくてはならず、ある種のエラーが高くつくような場合には、その人を判断する基礎としてなんらかの特性を使わざるを得ない。そういう場合は必然的に、その人をステレオタイプにしたがって判断することになる。

二つの集団の重なりが非常に小さくて、片方を無条件に差別しても心苦しくないというケースもある。たとえば、地球上のあらゆるチンパンジーにテストをすれば、読み書きの学習ができそうなチンパンジーが見つかる可能性はないとは言えないが、それでもチンパンジーは学校に入れないという判断にはだれも反対しないだろう。私たちが、人間の教育をチンパンジーにしても無駄だという種差別的なステレオタイプを採用するのは、例外が発見される可能性は、すべてのチンパンジーをしらみつぶしに調べるコストにみあうほど高くないという判断からきている。

もっと現実的な状況においては、差別が正当と認められるかどうかをケースバイケースで判断しなくてはならない。ティーンエイジャーに運転免許の取得権や選挙権を認めないのは一種の年齢差別であり、責任能力のある若年者に対しては不公正である。しかし私たちは、精神の成熟度を調べる検査を開発する経済的なコストも、たとえば車を木にぶつける若者といった分類の誤りによる道徳的コストも支払う気にはなれない。たいていの人は人種による選別――「黒人で車を運転している」という判断で車を停止させ運転者を尋問する行為に啞然とする。しかし二〇〇一年に世界貿易センターやペンタゴンを襲ったテロ以来、世論調査を受けたアメリカ人のおよそ半数は、民族による選別――「アラブ人で飛行機に乗っている」という判断で乗客を取り調べること――に反対しないと回答した。[16] この二つを区別する人は、マリファナの密売人を捕まえる便益《ベネフイツト》は、無実の黒人ドライバーにあたえる害よりも大きくないが、自爆ハイジャッカーを阻止する便益は無実のアラブ人旅行者にあたえる害を上まわると考えているにちがいない。コスト便益分析は、ときに人種にもとづく優先を正当化するためにも使われる——人種が多様な職場や大学の便益は、白人に不利な差別のコストを上まわると考えられているのだ。

　男性と女性がすべての面で同じではない可能性も、方針の決定者に選択の機会をあたえる。女性よりも男性のほうが子どもができたときに退職する見込みが少ないからという理由で、男性のほうを管理職に採用する銀行は非難されるべきであろう。それでは、女性のほうが男性よりも子どもに性的虐待をする見込みが少ないからという理由で、女性のほうをベビーシッターとして雇う夫婦も非難されるべきだろうか？　たいていの人は、ある犯罪の処罰は、だれがそれを犯したかにかかわらず同一であるべきだと考えている。しかし、男女の典型的な性的情動を知っていても、一六歳の少女を誘った男と、一六歳の少年を誘った女に同じ処罰を適用すべきなのだろうか？

　これらは民主主義国の国民が、差別にどう対処すべきかを判断するときに直面する問題の一部である。ポイントは、集団の差異が絶対に差別の根拠として使われないようになっているかどうかではない。差別の根拠として使われなくてはならないわけではなく、場合によっては道徳的な理由にもとづいてそのように使われるべきではないと決定できるようになっているかどうかである。

生物学的差異と社会正義は両立する

したがってブランク・スレートは、人種差別や性差別と戦うために必要不可欠なものではない。また、社会ダーウィニズム——富者も貧者もその状態に値するのだから、経済的正義の原理を捨てて極端なレッセフェールの政策をとるべきだという信念——と闘うために必要不可欠なものでもない。

社会階級が遺伝子となんらかの関係があるという考えは、社会ダーウィニズムに対する恐怖心のために、現代の知識人からプルトニウムのような扱いを受けている。しかし社会階級と遺伝子にまったくなんの関係もないと想像するのはむずかしい。哲学者のロバート・ノージックがあげた例をあてはめるなら、仮に一〇〇万人の人がパヴァロッティの歌を聴くのに喜んで一〇ドル払うのに私の歌には払いたがらないとして、それが一つには、二人のあいだに遺伝的な差異があるためだとする。そうするとパヴァロッティは私より一〇〇〇万ドルも金持ちになり、社会が完全に公正であっても、私の遺伝子が私を締めだす経済的階層のなかで暮らすだろう。[17] これは、もし人びとが、よりすぐれた生まれつきの才能の成果により多くのお金を払うとしたら、そうした才能の持ち主のところにたくさんの報酬がいくというむきだしの事実である。そういうことが起こりえないのは、人びとが決められたカーストにがんじがらめになっている場合か、すべての経済取引を国が管理している場合か、私たちがブランク・スレートであるために生まれつきの才能というものがない場合だけである。

左派を中心に驚くほどの数の知識人が、生まれつきの才能などというものはないと、とりわけ知能について、否定をしている。スティーヴン・ジェイ・グールドの一九八一年のベストセラー『人間の測りまちがい（*The Mismeasure of Man*）』は、「知能があたかも単一の存在として、脳のなかに位置しているかのように抽象化して、その量を各人に一つの数字であらわし、その数値を使って人びとを単一の価値づけをしたランクに分け、虐げられた恵まれない集団（人種、階級、性）は生まれつき劣っているのでその地位がふさわしいとしてしまう」ことの誤りをあばくために書かれた。[18] また哲学者のヒラリー・パトナムは、知能という概念は「エリート主義」という資本主義社会に特有の社会理論の一部であると論じた。

競争の少ない社会体制のもとでは、エリート主義の理論が別の理論——平等主義という理論によって置き換えられるだろう。この理論は、ふつうの人びとがなんでも自分の関心のあることをでき、①意欲が十分にあって、②全力で取り組めば、それをうまくできると言うかもしれない。[19]

言い換えれば、意欲が十分にあって全力で取り組めば、だれでもリチャード・ファインマンやタイガー・ウッズのようになれるということである。

私は大学人が知能の存在を否定しているのを読むと、まったく非現実的だと感じる。大学人は知能にとりつかれている。彼らは学生の入学資格を検討するときや、教員や職員を採用するとき、そしてとくにたがいのうわさをするときに、長々と知能を論じる。一般市民や政策決定者も、政治姿勢がどうであるかにかかわらず、この概念を無視することはできない。ＩＱは無意味だと言う人たちも、ＩＱ六四の殺人犯が死刑になるという話や、子どものＩＱを五ポイント下げてしまう含鉛塗料を除去する話［アメリカでは、鉛中毒による子どもの知能低下に関連して、鉛を含む塗料が大きな問題として扱われている］や、ジョージ・Ｗ・ブッシュの大統領としての資質の話になると、たちまちＩＱを引き合いにだす。いずれにしても今日では、知能が個人の安定した属性の一つであること、脳の特徴（全体的なサイズ、前頭葉の灰白質の量、神経伝導の速度、大脳のグルコース代謝など）と関連づけられること、部分的に遺伝すること、そして収入や社会的地位など、人生の結果の一部が知能から予測されることを示す所見が豊富にある。[20]

しかし生得的な才能の存在が、社会ダーウィニズムにつながるわけではない。前者は後者につながるにちがいないという懸念は二つの誤謬にもとづいている。一つは遺伝学の社会的影響についての議論をしばしば汚染する、全か無かの精神構造である。生得的な差異は社会的地位に寄与する一因であるという見込みは、唯一の要因だという意味ではない。ほかにも単なる運、受け継いだ財産、人種偏見や階級偏見、機会不平等(教育の機会やコネなどの不平等)、文化資本(経済的成功をうながす習慣や価値観)などの要因がある。才能が関係すると認めることは、偏見や機会不平等は関係がないという意味ではない。

しかし、これはさらに重要なことだが、たとえ受け継いだ才能が社会的経済的な成功につながるとしても、だからその成功は道徳的な意味で当然そうあってしかるべきものだということにはならない。社会ダーウィニズムは、何が正しいかが進化でわかる、すなわち「よいこと」とはせんじつめれば「進化的な成功」と言えるというスペンサーの前提にもとづいている。この前提は「自然主義的誤謬」(自然界で見られる出来事はよいことだという信念)の例として、悪い意味で人びとに記憶されている(それにスペンサーは、富や権力や地位といった社会的成功と進化的成功を混同しているが、進化的な成功度とは生存力のある子どもの数である)。自然主義的誤謬は、道徳哲学者のG・E・ムーアが一九〇三年の著書『倫理学原理』で使った言葉であるが、この本がスペンサーの倫理観を抹殺した。[21] ムーアは「ヒュームのギロチン」、すなわち、何かが真実であることをどんなに説得力をもって示しても、それが真実であるべきだという結論は論理的に導きだせないという議論を適用し、「この行為は進化的な成功度が高いが、よいことだろうか?」と問うのは理にかなっていると述べた。この問いが意味をなすという事実からだけでも、進化的成功と善が同じではないことがわかる。

生物学的な差異と社会正義という概念は本当に両立できるのだろうか？　まちがいなくできる。哲学者のジョン・ロールズは、有名な『正義論』のなかで、自分が生まれつき受け継ぐことになる才能や地位について何も知らない、「無知のベール」をかぶった利己的な行為主体《エージエント》――自分が取りつくことになる機械について何も知らない幽霊――の交渉によってできる社会契約というものを想像してみなさいと言った。公正な社会とは、それらの肉体をもたない魂が、社会的あるいは遺伝的に不利な札を配られるかもしれないことを承知のうえで生まれてくることに同意するような社会であると彼は論じたのである。[22] もしあなたが、これが妥当な正義の概念であることに同意し、その行為者が幅広い社会的安全保障や、（暮らし向きをよくしようという各人の動機をそぐほどではない程度に）再分配効果のある課税を主張するだろうということに同意するなら、あなたは、たとえ社会的地位の差は一〇〇パーセント遺伝性であると考えていても、社会補償政策の正当性を示すことができる。それらの政策は文字どおり正義の問題であって、個々人を区別することができないことの結果ではない。

さらに言えば、能力の生得的な差異が存在することによって、ロールズの社会正義の概念はいっそう鋭く適切なものになる。もし人間がブランク・スレートで、社会の差別がすべて取り除かれていたら、もっとも貧しい人は、自分のもっている標準的な才能をあまり活かさない道を自分で選んだにちがいないから貧しくてもしかたがない、と言われるだろう。しかし才能に個人差があるなら、偏見のない社会でせいいっぱい努力をしても貧しいという場合もありうる。それは不正義だから修正されるべきだとロールズ派の人は言うだろうが、それは、能力に個人差があるという認識がなければ、見過ごされてしまうだろう。

自由と平等のバランスをどうとるか

私は何人かの人たちから、このように仰々しい議論は私たちが生きる危険な世界には高級すぎると言われた。個人差があることを示す所見はたしかにあるが、社会科学のデータはけっして完全ではないし、個人差があるという結論が偏狭な人間や社会ダーウィニズムの信奉者に悪用される可能性もあるのだから、慎重すぎるくらい慎重にして、人間は同じだという帰無仮説［検定の直接的な対象になる仮説で、これが棄却されると対立仮説の正しさが支持される。棄却されることを期待して立てる場合が多い］を保持すべきではないだろうか、という意見だ。私たちは、たとえ人間が遺伝的に異なると確信していても、人間は同じだというフィクションのほうが悪用されにくいので、そちらを広めたいと思うのではないかという意見もある。

この議論は、ブランク・スレートにはいい道徳的含意しかなく、人間本性の理論には悪い道徳的含意しかないというまちがった考えにもとづいている。人間の差異の場合も、人間の普遍性の場合と同じように、危険は両面的である。ちがう立場にある人たちが、生得的能力にちがいがあると誤って考えられれば、差別や機会不平等が見過ごされる可能性がある。「貧者の窮状が自然の法則によるのではなく、制度によっているとすれば、私たちの罪は大きい」というダーウィンの言葉がある。しかし、ちがう立場にある人たちが誤って同じだと考えられたとすれば、その人たちが公明正大に得た報酬がねたまれて、出る杭を打つような強制力のある政策がとられるかもしれない。経済学者のフリードリッヒ・ハイエクは、「人間が生まれつき平等だというのは正しくない。……もし彼らを平等に扱ったとしたら、その結果はその人の実際の位置に対して不平等になるにちがいない。……[したがって]平等な位置に置く唯一の方法は、さまざまな扱いをすることであろう。よって法の前の平等と実質的な平等は、異なるだけではなく、たがいに衝突する」と書いた。[23]哲学者のアイザイア・バーリンやカール・ポパーやロバート・ノージックも同様の指摘をしている。

平等の名のもとにおこなわれる不平等な扱いには、さまざまなものがある。その一部、たとえば金持ちからしぼりとる税金、高い固定資産税、学業成績ではなく年齢によるクラス分け、特定の人種や地域に有利な割り当て枠や優先枠、私費医療やそのほかの自主取引の禁止などは、擁護する人もいれば非難する人もいる。しかし、なかには本当に危険になりうるものもある。スタート地点ではみんな同じなのに一部の人が裕福になると思い込まされていたら、裕福な人たちはほかの人よりも強欲なのだという結論がだされるかもしれない。能力に差があると判断されるなら改善措置は富の再配分になるが、罪悪が成功の原因だと判断されれば、改善措置は復讐に変わってしまう。二〇世紀には平等主義の名のもとに多数の残虐行為がおこなわれ、成功しているのは犯罪性の証拠だと見なされた人たちが標的になった。ソ連ではクラーク（「ブルジョア農民」）がレーニンやスターリンに殺された。中国の文化大革命では、教師や旧地主や「富裕な農民」が侮辱され、拷問され、殺された。クメール・ルージュ体制下のカンボジアでは、都市の住人や読み書きのできる専門職の人たちが酷使されたり死刑になったりした。[24]教育と起業家精神があり、移り住んだ地域で成功した少数派、たとえば東アフリカおよびオセアニアのインド人、ナイジェリアのイボ族、トルコのアルメニア人、インドネシアおよびマレーシアの中国人、世界各地のユダヤ人などが居住地から追放されたり集団虐殺されたりしたのは、人目につく成功をおさめた彼らが寄生者や搾取者と見なされたためだった。[25]

人間がブランク・スレートではないということは、自由と実質的平等とのトレードオフ［二律背反の関係にあるものどうしのバランスをどうとるかという問題、またはそのバランス］が、あらゆる政治システムにつきものだということである。主要な政治哲学は、このトレードオフにどう対処しているかによって定義できる。社会ダーウィニスト右派は平等になんの価値も置かない。全体主義左派は自由になんの価値も置かない。ロールズ的左派は平等のために一部の自由を犠牲にする。リバタリアン右派は自由のために一部の平等を犠牲にする。何が最善のトレードオフであるかについて、賢明な人たちの意見は一致しないかもしれないが、トレードオフがまったくないふりをするのは賢明ではない。したがって、生得的な個人差に関する発見はどんなものでも、抑圧されるべき禁断の知識などではなく、むしろこうしたトレードオフを知的かつ人間的な方法で決定するのに役立つ情報になるだろう。

優生思想は現実的発想か

優生思想という妖怪も、差別や社会ダーウィニズムと同じくらい容易に処理できる。ここでも生物学的事実と人間の価値との区別が鍵になる。

人の知能や性格に遺伝的なちがいがあるなら、利口で性格のいい人間を選択的に育種できるのだろうか？　できるかもしれないが、遺伝現象や発生は複雑なので優生学の熱心な支持者が想像しているよりは、はるかにむずかしいだろう。選択的育種は、付加的な作用をおよぼす遺伝子、すなわちゲノムのほかの遺伝子に関係なく同じ影響力を発揮する遺伝子には効果的である。しかし、科学的才能や、運動能力、音楽の天分など、行動遺伝学で創発的と呼ばれるある種の特性は、一定の遺伝子の組み合わせによってのみ発現するので、つねに同一形質の子どもが生まれるように固定することはできない。[26]しかも遺伝子は環境が異なればちがうふるまいをする。生化学者（でラディカル・サイエンティスト）のジョージ・ウォールドは、ウィリアム・ショックリーが運営するノーベル賞受賞科学者の精子バンクから精液サンプルの提供を求められたとき、「ノーベル賞受賞者をつくるために精子がほしいのなら、貧しい移民の仕立屋だった私の父親のような人たちに連絡をとるべきでしょう。私の精子が世の中に何を提供したと思いますか？　二人のギタリストですよ！」[27]と答えた。

ある特性の育種が可能であるかどうかはともかくとして、それをするべきだろうか？それをするには、どの特性を選択すればいいかがわかるだけの賢明さと、そのような育種を実行できるだけの知識と、きわめて個人的な決断を人びとに奨励あるいは強制する押しつけがましさをもちあわせた政府が必要である。民主主義の世界では、たとえ将来のよりよい社会を約束するものであっても、政府がその種の権力をもつことに同意する人はほとんどいないだろう。個人の自由が犠牲になるのも、当局に濫用される可能性も、受け入れられない。

二〇世紀の優生思想は、ラディカル・サイエンティストが広めた信念とは裏腹に、右派ではなく左派が好んだ大義だった。[28] セオドア・ローズヴェルト、H・G・ウェルズ、エマ・ゴールドマン、ジョージ・バーナード・ショー、ハロルド・ラスキ、ジョン・メイナード・ケインズ、シドニー＆ベアトリス・ウェッブ、マーガレット・サンガー、それにマルクス主義生物学者のJ・B・S・ホールデイン、ハーマン・マラーなど大勢の進歩派やリベラルや社会主義者が優生学を支持した。支持者の顔ぶれがこんなふうになった理由を知るのはむずかしくない。保守派のカトリックや聖書地帯《バイブルベルト》のプロテスタントが優生学を嫌ったのは、知識人やエリート科学者が神のようにふるまおうとする試みだったためである。進歩派が優生学を好んだのは、優生学が現状維持ではなく改革の側に立ち、レッセフェールではなく行動主義、利己的ではなく社会責任の側に立っていたからだった。それに彼らは、社会的目標を達成するために国家の介入が拡大することも受け入れていた。多くの人が優生学を捨てたのは、アメリカや西欧、のちにはナチスドイツで、それがどのように強制断種につながったかを目撃してからだった。人間の本性によって提示される道徳的問題は、おなじみの左派右派の論争のなかにまぜ込むことはできず、対立する価値観という観点から新たに分析されなくてはならない。優生学の歴史は、このことを示す多数の例の一つなのである。

問題は生物学ではない

人間の本性という生物学的な概念と結びつけられるもののなかで、いちばん嫌なものはナチズムとの結びつきである。人間の本性という考えに対する反対は、それより何十年も前からあったが、第二次世界大戦後の知識社会で人間の本性がタブーになったのは、ホロコーストの苦い記憶がおもな原因だという点で、歴史家の意見は一致している。

ヒトラーはあきらかに、二〇世紀前半にでまわっていた粗悪版のダーウィニズムや遺伝学の影響を受けていたし、有害な信条を展開するうえでとりわけ自然選択や最適者生存を引き合いにした。彼は、淘汰の単位は集団であり集団間の闘争は国家の強さや活力のために必須だとする、極端な社会ダーウィニズムを信じていた。そして、その集団とは気質的、体質的に識別できる人種であり、その構成員は識別可能な生物学的性質を共有しており、人種によって強さ、勇敢さ、誠実さ、知能、公徳心などが異なると確信していた。また彼は、劣った人種が滅びるのは自然の叡智の一部である、優れた人種はその活力や美徳を遺伝的な純粋さに負っている、優れた人種は劣った人種との交雑によって劣化してしまう危険にさらされているとも書いている。彼はこのような信念を、侵略戦争や、ユダヤ人やジプシーやスラブ人やホモセクシュアルの集団虐殺を正当化するために使ったのである。[29]

ナチスによる生物学の悪用は、ゆがめられた考えが恐ろしい結果を招く場合があること、知識人は自分の考えが邪悪な目的のために悪用されないように、それなりの用心をする責任があることをあらためて思い起こさせる。しかしその責任のなかには、学界のいがみあいで表現上の効果をあげるために安易にナチズムの恐怖をもちだして、それを矮小化してしまわないようにすることも含まれる。自分と意見が異なる人をナチズムと結びつけたところで、それはヒトラーの犠牲者の記憶のために、あるいはそのほかの集団虐殺を防止する努力のために何かをしたことにはならない。それらが深刻な出来事であるからこそ、私たちには原因を正確に特定する特別な責任がある。

ある考えがまちがっている、あるいは邪悪であるのは、ナチスが悪用したからではない。歴史家のロバート・リチャーズが、ナチスと進化生物学に結びつきがあるという主張に関して書いているように、「そのように漠然とした類似性で十分であるなら、私たちはみな絞首台に追い立てられなくてはならない」[30]。実際、ナチスが悪用した考えを検閲して禁止するとしたら、進化論や遺伝学を人間行動に適用するのをやめるというだけではすまない。進化や遺伝の研究をすべて検閲し禁止しなくてはならなくなる。そしてヒトラーがゆがめてナチズムの土台にしたそのほかの多数の考え、たとえば次にあげるようなものも抑圧しなくてはならなくなる。

●病原体理論　ナチスはたびたびパストゥールやコッホを引き合いにして、ユダヤ人は伝染性の病原菌のようなもので、伝染病をおさえるために根絶しなくてはならないと論じた。

●ロマンティシズム、環境主義、自然への愛　ナチスは、自国民を自然と土地に神秘的な結びつきをもつように運命づけられた人びととととらえるドイツ文化のロマンティシズムを強調した。これに対してユダヤ人やその他のマイノリティは、堕落した都市に根をおろしていた。

●言語学　アーリア人という概念は、言語学者が仮定した先史時代のインド＝ヨーロッパ語族にもとづいていた。インド＝ヨーロッパ語族は数千年前に本拠地から広がって、ヨーロッパとアジアのほとんどを征服したと考えられていた。

●宗教的信仰　ヒトラーはキリスト教を嫌っていたが、無神論者ではなく、神によって定められた計画を実行しているのだという確信に鼓舞されていた。[31]

ナチスの歪曲に対する反応で科学がゆがめられてしまう危険性があるというのは、単なる仮定ではない。科学史家のロバート・プロクターは、喫煙が癌の原因になることをアメリカの公衆衛生当局がなかなか認めなかったのは、もともとはナチスがこの関係を確証したためだったことをあきらかにしている。[32]また、ドイツで生化学研究がふるわなくなったのは、ナチズムの連想がなかなか消えないためだと論じるドイツ人科学者もいる。[33]

ヒトラーが悪なのは、三〇〇〇万人を死にいたらしめ、数えきれない人びとに想像を絶する苦しみをあたえたからであって、彼の信念が生物学に（あるいは言語学や自然や喫煙や神に）言及したからではない。彼の行為による罪を、事実に関する彼の信念のあらゆる面になすりつけるのは、逆効果にしかならない。考えはほかの考えと結びついているし、もし万一、ヒトラーの考えになにがしかの真実が含まれていると判明したとしても（たとえば人種になんらかの生物学的な実質があると判明したり、インド＝ヨーロッパ語族が本当に征服部族であったと判明したりしても）、私たちは、ナチズムはさほど悪くなかったと認める気にはならないだろう。

生得論も反生得論も大量虐殺に結びつく

ナチの大量虐殺は、無数の政治的、科学的トピックスに対する姿勢を変化させた、特異な出来事だった。しかし二〇世紀にイデオロギーによって引き起こされた唯一の大量虐殺ではなかったし、知識人はそのほかの大量虐殺の教訓をようやくとり込みはじめたばかりである。ソ連や中国やカンボジアなどの全体主義国家の大量殺人はマルクス主義の名のもとにおこなわれた。ソ連の記録文書の公開や、中国やカンボジアの革命の資料や回想記の公表によって、第二次世界大戦と同様に痛ましい、歪曲されたイデオロギーの結果を再評価することがせまられている。いま歴史学者のあいだに、共産主義の大量処刑や強制連行や強制労働や人為的飢饉による死亡者が、一億人か「わずか」二五〇〇万人かという論争がある。彼らは、これらの残虐行為が道徳的にナチの大量虐殺よりも邪悪であるか、それとも同じくらいに「すぎない」かを議論している。[34]

それに驚くべき事実がある。ナチとマルクス主義者のイデオロギーはともに大量の殺人につながったが、両者の生物学的および心理学的な理論は反対だったという事実である。

マルクス主義者は人種という概念を相手にせず、遺伝子による継承という考えかたを嫌い、生物学的要素に根ざした人間の本性という考えそのものに敵意をもっていた[35]。マルクスとエンゲルスは著作のなかでブランク・スレートの教義を明示的に採用したわけではないが、人間の本性には永続的な属性はないという確たる見解をもっていた。人間の本性は、ある歴史的な時期における人間の集団と物質的環境との相互作用のなかにのみあり、人びとが環境を変え、同時に環境によって変わるにしたがって、たえず変化するという見解である[36]。したがって心は生得的な構造をもたず、歴史と社会的相互作用の弁証法的な過程から生じる。この点をマルクスは次のように述べている。

歴史はすべて人間本性の連続的な変化にほかならない[37]。

人間が環境をつくるのと同じくらいに、環境が人間をつくる[38]。

物質的生活の生産様式は社会的、政治的、知的生活の過程全般を左右する。人間の存在を決定するのは人間の意識ではない。反対に社会的存在が意識を決定するのだ[39]。

個々の人間の心は注目に値しないというデュルケームやクローバーの主張に先行して、

マルクスは書いている。

> 人間は、世界の外に身を置く抽象的存在ではない。人間は人間の世界であり国家であり社会である。人間の本質は各個人に本来的に備わっている抽象物ではない。人間の真の本性とは社会的関係の総体である。[40]

> 個人が問題になるのは、経済的カテゴリーを体現し、特定の階級関係や階級の利益を具現しているかぎりにおいてである。[41]

> 〔死は〕特定の個人に対する種の無慈悲な勝利に見え、個人と種が一つであることに矛盾するように思える。しかし特定の個人は一個の種生物にすぎず、そういうものとして死をまぬがれないのである。[42]

二〇世紀のマルクス支持者はブランク・スレート説や、可塑性のある素材というブランク・スレート説に関連するメタファーを採用した。レーニンはニコライ・ブハーリンの「資本主義時代の人間という材料から共産主義の人間をつくりだす[43]」という理念を支持した。レーニンの崇拝者だったマキシム・ゴーリキーは「レーニンにとっての労働者階級は、冶金技術者にとっての鉱石である」[44]と書き、「人間という原料を相手にするのは、材木を相手にするよりもはるかにずっとむずかしい」[45]と書いた（後者は強制労働でつくられた運河を称賛した文章の一部である）。六五〇〇万人の死に責任があったらしい人物の文章にも、ブランク・スレートのメタファーが見られる。

白紙はしみがまったくないので、もっとも新しく美しい言葉を書くことができ、もっとも新しく美しい絵を描くことができる。

——毛沢東[46]

二五万人の自国民を殺した政治運動の言説にもそれが見られる。

汚れていないのは、生まれたての赤ん坊だけだ。

——クメール・ルージュのスローガン[47]

政府が後援する大量殺人は、反生得論者の信念体系からも、生得論者の信念体系に劣らず容易にでてくるという新しい認識は、行動への生物学的アプローチを他に類を見ない不穏なものと見なす戦後の理解に大きな打撃をあたえる。国家による大量殺人の原因を正確に評価するには、ナチズムとマルクス主義によく似た軌跡をとらせた共通の信念を探し、またマルクス主義の名のもとにおこなわれた独特の残虐行為につながった、マルクス主義に固有の信念を探さなくてはならない。新潮流の歴史学者や哲学者は、まさにそれをしている。[48]

ナチズムとマルクス主義は人間をつくりかえたいという欲求を共有していた。「大規模に人間を変えることが必要だ」とマルクスは書き、「人類を新たにつくりだすという意志」が国家社会主義の中核であるとヒトラーは書いた。[49] 彼らはこの夢を追求する革命理想主義と暴君的確信も共有し、政策が人間にあたえる影響を通して段階的に改革や調整を進めていく忍耐をもちあわせていなかった。これだけでも惨事のレシピになる。アレクサンドル・ソルジェニーツィンは『収容所群島』のなかで、「マクベスの自己正当化は弱く、良心にさいなまれた。イアーゴでさえ子羊だった。シェイクスピア劇の悪人の想像力や精神力は一ダースの死体にも満たないところで終わってしまう。それは彼らがイデオロギーをもっていなかったからだ」と書いている。

マルクス社会主義と国家社会主義にイデオロギー的な結びつきがあるという考えは架空の話ではない。[50] ヒトラーはミュンヘンにいた一九一三年に、マルクスを注意深く読み、のちに二つのイデオロギーが共有することになる、決定的な前提を取りこんだと考えられる。[51] それは、歴史は集団どうしの対立の連続を運命づけられており、人間の条件の改善は、一つの集団がほかの集団に勝つことによってのみもたらされるという信念だった。その集団とは、ナチズムにとっては人種、マルクス主義者にとっては階級であり、対立とは、ナチズムにとっては社会ダーウィニズム、マルクス主義者にとっては階級闘争だった。運命の勝利者は、ナチズムにとってはアーリア人、マルクス主義者にとってはプロレタリアートだった。二つのイデオロギーはいったん実行されると、ほんの数歩で残虐行為につながっていった。闘争（しばしば暴力の婉曲表現として使われる）は、必然であり有益である。ある種の集団（非アーリア人、あるいはブルジョア）は道徳的に劣っており、人間の福利の向上は、それらの征服あるいは排除にかかっている。集団間闘争というイデオロギーは、暴力的対立を正当化するのに使われたことを別にしても、人間の社会心理のいやな特徴——人間を内集団と外集団に分け、外集団を人間以下に扱う傾向に火をつけた。集団が生物学的要素によって定義されると考えられているか、歴史によって定義されると考えられているかは問題ではない。心理学の実験的研究によって、人びとをなんらかの名目（たとえばコイン投げ）にもとづいて分けるだけで、たちまち集団間の敵意が生じうることが示されているからである。[52]

集団対集団の闘争というイデオロギーは、なぜマルクス主義とナチズムから類似の結果が生まれたかを説明する。そしてブランク・スレートというイデオロギーは、マルクス主義国家だけに見られる特徴の一部を説明する。

●もし才能や動因などの心理的特性に個人差がないのであれば、（前述のとおり）裕福な人はみな強欲な人間か盗っ人にちがいないということになる。クラークや、「富裕な」農民や、「ブルジョア」農民の大量殺人は、レーニンおよびスターリンのソ連、毛沢東の中国、ポルポト派のカンボジアの特徴だった。

●もし心が、生まれたときは無構造で、経験によって形成されるのであれば、適切な種類の心を望む社会は経験を管理しなくてはならない（「もっとも美しい詩が書けるのは白紙のうえである」[53]）。二〇世紀のマルクス主義国家は単なる独裁国家ではなく、全体主義の独裁国家だった。彼らは、育児、教育、服装、娯楽、建築、芸術、そして食べ物やセックスまで、生活のあらゆる面を管理しようとした。ソ連の作家たちは「人間の魂の技師」になるように命じられた。中国やカンボジアでは、強制的な公共食堂、男女別の成人寮、子どもを親から引き離すことなどが実験としてくり返された（そして人びとから嫌悪された）。

●もし人が社会環境によってつくられるなら、ブルジョアとして育つと永久に消えない心の汚れが残る（「汚れがないのは、生まれたての赤ん坊だけだ」）。革命以前の体制の地主や「富裕な農民」の子どもは、永久に汚名を負い、ブルジョア出身ということが遺伝的特性であるかのように、しつこく苦しめられた。しかも、出自は目に見えないが、第三者によって発見されうるので、人の「悪い素姓」をもちだすことが社会的競争の武器になった。そのために世の中の雰囲気が告発や過度の猜疑心に満ちたものになり、これらの体制下の生活はオーウェル風の悪夢になった。

●「社会」よりも家族の利益を大事にすることにつながるような人間の本性が存在しないとしたら、自分の区画の作物の生産量のほうが、収穫が国家に吸いとられる共同農場での生産量よりも多いという人は、強欲か怠惰にちがいないので相応の罰を受けなくてはならない。利己心ではなく恐怖心が労働の動機になるのだ。

●もっとも一般的な話として、もし個人の心が、社会という超有機体的な存在の交換可能な構成要素であるなら、個人ではなく社会が健康や福祉の自然単位であり、人間の努力の適切な受益者である。そこには個々人の権利が入り込む余地はない。

以上はどれも、ブランク・スレートを邪悪な教義として非難することを意図したものではない。それは人間本性の存在を信じることが邪悪な教義ではないのと同じである。両者とも、その旗印のもとにおこなわれた悪意に満ちた行動からは大きくへだたっており、事実にもとづく根拠によって評価されなくてはならない。しかし、人間本性の科学と二〇世紀の道徳的破局を単純に結びつける姿勢を打倒することは意図している。そうした軽薄な連想は、みずからを理解したいという私たちの欲求をさまたげ、破局の原因を理解する責務をさまたげる。もしその原因が、私たちが十分に理解していない私たちの一面となんらかの関係をもっているとしたら、なおさらそうである。

第9章

もし努力しても無駄ならば……

三つの悪徳――好戦性・性的衝動・利己心

しかしその頃は、自然が私の心の君主であり、
その巨大な姿が若い空想をとらえ、
型破りな望みに免状をあたえた。
諸国に何事もない穏やかな時代であっても
きっと私の心は
同じような欲求にとらわれただろう。
しかしその時代のヨーロッパは歓喜にふるえ
フランスは黄金の時の頂点にあり
人間の本性が生まれ変わったように思えた。

――ウィリアム・ワーズワース[1]

ワーズワースの回想のなかに、生得的な精神というものによって生じる二つめの不安が見いだされる。このロマン主義の詩人は、人間の本性は生まれ変われるという考えに心をおどらせている。その心を沈ませるものがあるとすれば、それは、人間の重大な欠陥や致命的な罪を永遠に負わされるという可能性だけだろう。ロマンティストの政治思想家も同じ受けとめかたをするが、それは不変の人間本性というものがあると、改革の希望がすべて砕かれるように思えるからである。もし人びとが芯まで腐っていて、たとえどんな手を尽くしても世界をめちゃめちゃにしてしまうとしたら、いったいだれが世界をよりよい場所にしようと試みるだろうか？　ルソーの著作が文学のロマン主義運動とフランス革命という歴史上の出来事の両方に刺激をあたえたのも、一九六〇年代にロマン主義の再現と急進的政治が歩調をあわせてでてきたのも、偶然ではない。哲学者のジョン・パスモアは、人間の本性を改善することによってよりよい世界を実現したいという熱望が、西洋思想にくり返しあらわれるモチーフであることをあきらかにし、「人間の完全化！　なんと物悲しいテーマだろう[2]」というD・H・ロレンスの言葉でそれを要約した。

永久的に邪悪な人間本性に対する恐れは二つのかたちをとる。一つは、人間の本性が不変なら社会改革は時間の無駄になるという実際的な恐れである。もう一つはもっと根の深い懸念で、自然のものはよいというロマン主義の信念に起因する。この懸念にしたがえば、不倫や暴力や自民族中心主義や利己主義が「自然」である――人間本性の一部である――という提言を科学者がしたら、その科学者は、それらの特性が避けられないと言っているだけでなく、よいとほのめかしていることになる。

人間は完全な存在になれないのではないかという恐れも、ブランク・スレートをとりまくほかの確信と同様に、二〇世紀の歴史という文脈のなかで見ると、ある程度は理解できる。人間は生まれつき好戦的だ、あるいはよそ者嫌いだという考えに嫌悪感をもつのは、戦争をたたえるイデオロギーに対する無理のない反応である。私が大学院生時代に出会った印象深い画像の一つに、ぬかるんだ戦場で死んでいる兵士の絵がある。軍服を着た幽霊が死体から浮きあがり、片腕を外套を着た顔のない男にまわし、もう片方の腕を胸をはだけたブロンドのワルキューレ［戦いの女神］にまわしている。説明には「熱烈な忠誠心をもって死と勝利を抱擁する人びとに幸いあれ」とある。それは、侵略戦争で砲弾の餌食になる兵士を募集する低級なポスターだったのだろうか？　それともプロイセンの軍人貴族の城にある、好戦的愛国精神の記念物だったのか？　いや、『死と勝利』は一九二二年に、偉大なアメリカの画家ジョン・シンガー・サージェントが描いた作品で、世界屈指の学術図書館であるハーヴァード大学ワイドナー記念図書館の目立つ場所に飾られているのだ。

神聖な学問の場に死を賛美する人物画が飾られているのは、数十年前に戦争を挑発する気風があったことを示す証拠である。戦争は、人や国を活気づけ、高揚させる、自然な野心の対象だと考えられていた。この信念が世界の指導者たちを夢遊病のように第一次世界大戦に向かわせ、何百万もの人が、前途にあるのは大量殺人だということも忘れ、いさんで入隊した。その戦争のあとの幻滅にはじまって、ヴェトナム戦争反対を頂点に、西洋人の感情は戦争賛美から後退してきた。映画『プライベート・ライアン』のように、戦闘員の勇気をたたえる近年の作品のなかでも、戦争は、悪を排除するために勇敢な人びとがおそろしい犠牲に耐える地獄として描かれ、「しあわせ」を感じるようなものとしては描かれていない。今日の現実の戦争は、戦死者を最小限にとどめる遠隔操作の装置で実行されるため、ときには戦争の目的が格下げされる。このような風潮のなかで、戦争は「自然」だという提言をすれば、憤激の反対宣言にあう。たとえば社会科学者は、人間が攻撃的な傾向をもっていると言うのは「科学的に正しくない」と主張する、「暴力に関する声明」をくり返しだしている[3]。

利己的な性的衝動は私たちの本性に根ざしているかもしれないという考えは、フェミニズムに敵視されている。女性は何千年間も、性差に関する仮定にもとづいたダブルスタンダードに苦しめられてきた。法や慣習は恋の火遊びをする女性を男性より厳しく罰した。父親や夫は、女性の外見や行動を制限することによってセクシュアリティの管理を女性から奪った。法制度は、被害者の服装や行動が抑えがたい衝動を喚起したと見なされれば、レイピストを無罪放免にしたり罰を軽減したりした。当局はハラスメントやストーカー行為や暴力などの犯罪を通常の求愛行動や結婚生活の範囲と見なし、被害者を鼻であしらった。フェミニズムの一部の学派は、このような不法行為を「自然」あるいは不可避なものとしてしまいそうな考えが受け入れられることを恐れて、男性のほうが女性よりも生まれつき性的欲求や性的嫉妬心が強いという示唆をすべて拒絶している。第7章で見たように、男性のほうが女性よりもカジュアル・セックスを求めるという見解は、右派からも左派からも非難されてきた。最近では、ランディ・ソーンヒルとクレイグ・パーマーが著書『レイプの自然史（*A Natural History of Rape*）』のなかに書いた、レイプは男性のセクシュアリティの結果であるという示唆が、いっそう激しい超党派の攻撃を受けている。フェミニスト・マジョリティ財団のスポークスパーソンは、この本は「犯罪を正当と見なし、被害者を責めているも同然」の、「反動的な恐ろしい」本であると述べた。[4]ディスカバリー研究所という創造論者団体のスポークスパーソンは、連邦議会の公聴会で、この本はアメリカが基盤とする道徳の骨組みを脅かしていると証言した。[5]

　政治的含意のある三つめの悪徳は利己心である。もし人間がほかの動物のように利己的な遺伝子に動かされているのなら利己心は避けられないと見なされ、徳目だということにさえなるかもしれない。この議論は最初からまちがっている。利己的な遺伝子はかならず利己的な生物をつくりだすわけではないからだ。しかしそれはそれとして、人は部族や社会や種の利益よりも、自分自身や家族や友人の利益に価値を置く傾向をもっているかもしれないという可能性を考えてみよう。その政治的含意は、社会はどのように組織されるべきかに関する、二つの主要な哲学のなかに明快に述べられており、それぞれが生得的な利己心について反対の想定をしている。

私たちが食事を期待する対象は、肉屋や酒屋やパン屋の慈悲心ではなく、自己利益に対する彼らの関心である。私たちは彼らの人間愛ではなく、自己愛に呼びかけるのだ。

——アダム・スミス

各人は能力に応じて提供し、必要に応じて受け取る。

——カール・マルクス

資本主義の解説者であるスミスは、人びとは自分の必要に応じて利己的に労働を提供し、自分の能力に応じて支払いを受ける（支払う者も利己的であるため）と想定している。共産主義と社会主義の設計者であるマルクスは、未来の社会主義の社会では、肉屋や酒屋やパン屋が慈悲心から、あるいは自己実現のために食事を提供すると想定している——そうでなければ、いったいどうして自分の必要に応じてではなく、能力に応じていそいそとがんばるだろうか？

共産主義や社会主義がもっとも合理的な形式の社会組織だと信じている人たちは、それらが利己的な本性と衝突すると言われるとびっくりする。それならば、政治信条にかかわりなく、個人的な利益の追求のために社会にコストを負わせている人たち——絶滅の危機にある種を獲る人、川を汚染する人、史跡をつぶしてショッピングモールをつくる人、公共の記念物にスプレーで落書きをする人、金属探知機で探知できない武器を発明する人などにも驚くべきだろう。これと同様にやっかいなのは、その行動を選んだ個人は意味のある結果を得られるが、みんながそれを選ぶと社会に負担をかけるという行動である。例をあげれば、港湾の魚の乱獲、共有地の過放牧、通勤の車で渋滞する高速道路、みんなが衝突に強いオフロード車に乗っているので自分を守るためにオフロード車を買うという行為などである。人間は利己的な傾向があるという示唆を嫌う人が多いのは、それらの示唆が、このような自滅的な行動パターンは避けられない、あるいは永続的な強制力のある手段を用いなければ減らせないということを意味しているように思えるからだ。

自然主義的誤謬と道徳主義的誤謬

完全な存在になれないことに対する恐怖心と、その結果として生じるブランク・スレート信奉は、一対の誤謬に根ざしている。自然主義的誤謬は、先に述べたとおり、自然で起ることはなんでもよいことだという信念である。この信念は、社会ダーウィニズムによって取り返しがつかないほど汚染されてしまったのではないかと考える人もいるかもしれないが、実際は一九六〇年代および七〇年代のロマン主義によって復活した。とくに環境主義者の運動は、自然には流血がつきものであるのに、自然環境の保護を促進するために自然のよさを訴える。たとえばオオカミ、クマ、サメといった捕食者は、年老いた生きものや体に不具合がある生きものを安楽死させる役割をもっているので、保護したり野生復帰させたりする価値があるというふうに修正したイメージをあたえられる。自然界というエデンから受け継いだものはすべて健全で適切であるから、攻撃性やレイプが、進化によって選好されたという意味で「自然」だという主張は、それがよいことだと言っているのに等しいということになるらしい。

　自然主義的誤謬は、すみやかにその逆命題の道徳主義的誤謬につながる。ある特性が道徳的なら、それは自然に根ざしたものにちがいないという誤謬である。つまり、「ある」が「べき」を含意しているだけでなく、「べき」が「ある」を含意しているのだ。自然《ネイチャー》は、人間の本性《ネイチャー》を含めて、よい特性だけをもつように定められている（無用の殺しも強奪も搾取もない）。あるいは特性をまったくもたない。それ以外の考えは恐ろしくて受け入れられないから。これが、自然主義的誤謬と道徳主義的誤謬があまりにもしばしば高貴な野蛮人やブランク・スレートと結びついている理由である。

自然主義的および道徳主義的誤謬の擁護者は架空の論者ではなく、なかには著名な学者や著述家もいる。たとえばソーンヒルが以前にレイプについて書いた文章に対して、フェミニスト研究者のスーザン・ブラウンミラーは「レイプを生物学化し、社会的あるいは〝道徳的〟要因を却下することが……レイプの是認につながるのは明白であろう。……レイプをほかの形態の暴力的反社会行動と切り離し、適応的意味という威厳をあたえるのは還元的、反動的である」と書いた。[6] この誤謬に注目しよう。もし何かが生物学で説明されると、それは「是認」されたことになり、適応的であることが示されると、「威厳」をあたえられたことになるというのだ。同様に、スティーヴン・ジェイ・グールドも動物のレイプについて、「鳥の生得的行動を、常軌を逸した人間の行動を指す古い名前で記述するまちがいによって、本物のレイプ――私たち人類のレイプが、ある種の人びとにとって進化的利点をもつ自然な行動なのかもしれないと、それとなく言っているのだ」と書いた。[7] つまり、ある行動が「自然」である、あるいは「進化的利点」をもっていると記述することは、ともかくもその行動を容認することだと暗に非難している。

道徳主義的誤謬が自然主義的誤謬と同様に、そう、誤謬であるのは、漫画の『アーロとジャニス』からもわかる（図9－1）。

この子は生物学を味方につけている。[8] 尊敬される進化生物学者のジョージ・ウィリアムズは、自然界は「はなはだしく不道徳」だと書いている。[9] 先見性も同情心ももたない自然

Arlo & Janis, reprinted by permission of Newspaper Enterprise Association, Inc.

図 9-1

選択は、「正直なところ、近視眼的な自己中心性を最大化するプロセスだと言える」。捕食者や寄生者に苦しめられる悲惨さに加えて、同じ種のメンバーは仲間にまったく同情を示さない。子殺し、きょうだい殺し、レイプは多くの動物で見られる。不倫はいわゆる一雌一雄関係の種でも普通に見られる。共食いは厳密な草食動物を除くあらゆる種にあると考えられている。戦いによる死は、たいていの動物種で、アメリカでもっとも暴力的な都市よりも多く見られる。[10] かつては生物学者が、飢えてやせたシカを殺すピューマの行為を慈悲深いものとして説明していたことに関して、ウィリアムズは次のように書いている。

動かしがたい事実として、シカにとっては食い殺されるのも飢え死にするのもつらい行く末だし、ピューマの運命もそれほどうらやましがられるようなものではない。生物学は、文化がユダヤ＝キリスト教の神学やロマン主義の伝統に支配されていなければ、おそらくもっと早くに成熟できていただろう。ベナレスでおこなわれた、「生は苦であり、老は苦であり、病は苦であり、死は苦である……」という［釈迦の］最初の説法のほうがよかったかもしれない。[11]

進化の所産に、道徳的に立派なところは何もないということを認識すれば、ある「自然な」特性を突きとめるのはそれを容認するのと同じではないかという恐れをもたずに、人間の心理を正直に記述できる。映画『アフリカの女王』で、キャサリン・ヘップバーンがハンフリー・ボガートに「オールナットさん、私たちは自然を超越するためにこの世界に置かれたのです」と言ったように。

自然主義的誤謬には、自然はよいという方向のほかに、不自然なものは悪いという方向もある。宗教右派および文化右派の解説者の多くは、彼らが生物学的に非定型だと感じる行動、たとえばホモセクシュアリティ、自発的に子どもをもたないこと、伝統的に男性のものとされる役割を担っている女性あるいはその逆などを、「不自然」だから非難されるべきだと考えている。たとえば人気トーク番組のホストを務めるローラ・シュレジンガーは、「私は人びとにまちがったことをやめさせ、正しいことをするようにさせている」と明言し、その改革運動の一環として、ゲイの人たちに、ホモセクシュアリティは「生物学的なあやまり」であるから性的指向を変えるための治療を受けるように求めている。この種の道徳的論法は、生物学について何も知らない人からしかでてこない。道徳的な人びとが絶賛する行動――配偶者に忠実であること、もう片方の頬を差しだすこと、すべての子どもをいとおしむこと、汝の隣人を汝自身のごとく愛すること――は、ほかの生物の世界では「生物学的なあやまり」であって、まったく不自然なのである。

不完全さを受け入れることが幸福につながる

自然主義の誤謬を認めるということは、人間本性に関する事実が私たちの選択と無関係だということを意味しない。[12] 政治学者のロジャー・マスターズは、生物学と人間にかかわる諸事との関連性を否定するために、あまりにも軽薄に自然主義的誤謬がもちだされていると述べ、「虫垂炎の症状があるから手術をしたほうがいいでしょうと医者から言われた患者が、まちがった論理的推論について文句を言うとは思えない」と指摘している。[13] 自然主義的誤謬を認めるということは、人間本性に関する発見は、単独で選択を指示するのではないという意味である。発見された事実は、価値観や問題解決の方法と組み合わされなくてはならない。虫垂炎だという事実と、健康は望ましいという価値観や、手術の痛みや費用より健康を得るという結果のほうが重要だという確信を考えあわせたうえで、手術を受けたほうがいいということになるのだ。

レイプが、男性のほうが女性よりも広い範囲での性的な出会いを求めるといった、人間本性のある特徴に根ざしているとしよう。女性がいつだれとセックスをするかをコントロールしたがるのも、人間本性の特徴であり、同じくらい深く進化に根ざしている。私たちの価値体系では、女性の利益が男性の利益より重要度が下であってはいけないし、自分の体に対するコントロールは、ほかの人の欲求にまさる基本的権利である。したがってレイプは、男性のセクシュアリティの本性となんらかの結びつきがあるかどうかにかかわらず、許されない。この計算に、「決定論者」や「本質主義者」の主張――女性はレイプを憎悪する――が必要であることに注目してほしい。この主張なしでは、レイプを防止する試みと、レイプを受け入れるように女性を社会化する試みのどちらを選ぶべきかを決めるすべがなくなってしまう。後者は、人間はどうにでも変えられる素材だという、進歩的とされる教義に完全に適合する考えである。

何が最良の問題解決法であるかが、これほど明白ではないケースもある。心理学者のマーティン・デイリーとマーゴ・ウィルソンは、実の親よりも継親に子どもの虐待がずっと多いことを示した。この発見はわかりきったことではなかった――育児の専門家の多くが、継親が虐待をするというのはシンデレラ物語に由来する神話であり、親であることは、だれでもできる「役割」だと主張している。デイリーとウィルソンがそもそも虐待の統計を調べたのは、進化心理学からでてくる予測を検証するためだった。[14] 親としての愛情「母性愛や父性愛」が進化の過程で選択されたのは、子どもを守って養育するように親を仕向けるからであり、その親の子どもも、親としての愛情を生じさせる遺伝子をおそらくもっているからである。他人の子どもが家族の輪のなかに入ってくる見込みのある種であれば、どんな種でも、実の子どもを好む傾向が自然選択によって選好されるだろう。自然選択の冷酷な計算では、血のつながりのない子どもへの投資は無駄になるからである。親の忍耐は、実の子よりも継子に対するほうがずっとはやく限界を超えやすく、極端な例ではそれが虐待につながる。

つまり、社会福祉関係の機関は継親を実の親よりもしっかり監視すべきだということなのか？　いや、あわてないで。大多数の親は、実の親も継親も虐待などしないのだから、継親を疑惑の目で見るのは何百万という無実の継親に対して不公正である。法学者のオーウェン・ジョーンズが指摘しているように、継親の育児についての進化論的分析は（これにかぎらず進化論的分析はみな）、自動的な政策的含意は何ももたない。そうではなく、トレードオフの内容をはっきりさせて、それに沿った最適な政策がいやおうなく選択されるようにするのだ。この場合のトレードオフは、継親を悪者あつかいして子どもの虐待を最小限にすることと、継親に対してできるだけ公正にして子どもの虐待が多くなるのは目をつぶることとのバランスをどこに置くかという問題である。[15] 人間は実子よりも継子に対して忍耐を失いやすいようにできているということを知らなかったら、私たちはこのトレードオフの一方の極端——継親による育児のリスクをまったく無視して、子どもの虐待が増えるのを許容すること——を、そういう認識もないまま盲目的に選んでしまうかもしれない。

人間の本性をあらゆる弱点も含めて理解すれば、政策だけでなく個人としての生活も豊かになる。継子のいる義理の家族が実の家族にくらべて幸福度が低くて壊れやすい傾向にあるのは、おもに、継親が時間と忍耐と金銭をどのくらい費やすべきかをめぐって緊張があるためである。にもかかわらず多くの継親は、配偶者に対する愛情のためもあって、継子に対してやさしく寛大である。しかしそうは言っても、親が自分の子どもに惜しみなくあたえる無意識の本能的な愛情と、賢明な継親が継子にあたえる意識的なやさしさや寛大さにはちがいがある。デイリーとウィルソンは、この違いを理解すれば結婚生活をよくすることができると述べている。[16] 厳密なしっぺ返し戦略［相手が協調したら次回は協調、裏切ったら次回は裏切るという戦略］の互恵主義にもとづく結婚生活は概して悲惨だが、うまくいっている結婚生活では、夫婦がそれぞれ、相手が長期にわたって払っている犠牲を高く評価している。自分の子どもに対するパートナーの意識的な思いやりに感謝するほうが、そうした思いやりをあたりまえのこととして要求し、パートナーが感じる心理的葛藤を嫌がるよりは、敵意や誤解を生むことが少なくてすむのではないだろうか。これは一つの例だが、私たちが実際にもっている完全とはいえない感情をありのままにとらえる現実主義のほうが、もちたいと願う理想的な感情について幻想をいだくよりも幸福をもたらすであろう例は、ほかにもたくさんある。

人間本性が道徳の輪を拡大させる

もし私たちが自然を超越するためにこの世界に置かれているのだとすれば、私たちはどのようにそれをするのだろうか？　神経コンピュータをつくる進化した遺伝子の因果の鎖のどこに、「価値観の選択」という非機械的に思える事象をあてはめる隙間が見つかるだろうか？　選択というものを考慮に入れると、幽霊を機械のなかに呼び戻すことになるのだろうか？

この問いはそれ自体がブランク・スレートの症状である。石版には何も書かれていないという考えから出発すると、ある生得的な欲求の存在が提言されたときに、それが何もないところにどさりと置かれるところを想像してしまう。すると石版には、それに歯止めをかけるものが何もないので、それは避けられない衝動だという結論になってしまう。利己的な考えは利己的な行動に翻訳され、攻撃的な衝動は生まれつきの殺人者をつくり、男は複数の性的パートナーをもちたがる傾向があるという話が、男は手あたりしだいに口説きまわるという意味になる。たとえば霊長類学者のマイケル・ギグリエリがナショナルパブリック・ラジオの『サイエンス・フライデイ』という番組に出演して、暴力をテーマにした著書について話をしたとき、インタビュアーは「レイプや殺人や戦争や、そのほか男がする悪いことを、せんじつめて言うなら、しかたがないこととして説明されていますよね——遺伝子に組み込まれているのだからしかたがないと？」とたずねた。[17]

しかし、心が多数のパーツからなるシステムであるなら、ある生得的な欲求は、たくさんある構成要素の一つにすぎない。一部の機能は私たちに貪欲さや情欲や悪意をあたえるかもしれないが、それとは別の機能が、共感や先見性、自尊心、人から尊敬されたいという欲求、自分自身の経験や隣人の経験から学ぶ能力などをあたえるだろう。それらはポルターガイストによるオカルト的な力ではなく、前頭前野をはじめとする脳部位に存在する物理的な回路であり、原始的な衝動に劣らない遺伝的な基盤や進化の歴史をもっている。ブランク・スレートと機械のなかの幽霊が、衝動は「生物的」だが思考や意思決定はちがうと人びとに思わせているだけなのである。

共感や先見性や自尊心の根底にある機能は、ほかの脳部位や身体部位から入力や指令を受けとる情報処理システムである。それらは言語の根底にある心的文法と同様に、組み合わせによるシステムであり、アイディアや行動方針をいくらでもだすことができる。これらのメカニズムに影響をあたえる情報を人びとがやりとりするとき、個人や社会に変化が起きる――たとえ私たちが本当に、肉体をもったあやつり人形や、美化された時計じかけや、利己的な遺伝子によってつくられた不恰好なロボットにすぎなくても。

人間の本性を認めることは、社会や道徳の進歩と適合するだけでなく、過去の長い年月にかけて起こった明白な進歩を説明する助けにもなる。明白な進歩とは、有史時代と先史時代を通して広く普及していた慣習――奴隷制、手足を切断する処罰、拷問による死刑、便宜上の大量殺人、際限のない血讐、問答無用のよそ者殺し、戦争の褒賞としてのレイプ、産児制限の一形式としての嬰児《えいじ》殺し、女性の法的所有——が世界の大部分の地域から消えたことである。

哲学者のピーター・シンガーは、一貫した道徳の進歩が固定した道徳感覚から生じることをあきらかにした。[18] 私たちが、ほかの人びとを共感の対象として扱い、害をおよぼしたり搾取したりするのを抑える良心をあたえられているとしよう。そして、ある生きものが人間と分類されるべきかどうかを判断するメカニズムも備わっているとする（植物を人間と分類して、食べずに飢え死にしたいとはだれも思わない）。シンガーは道徳の向上を、著書のタイトル『拡大する輪《サークル》（*The Expanding Circle*）』で説明している。人間はこれまで、道徳的配慮に値するとみなされる存在の範囲を心のなかで点線で囲み、それを拡大しつづけてきた。その輪は家族や村から氏族、部族、国、人種と拡大し、もっとも新しくは（世界人権宣言にもあるように）人間全体にまで拡大した。王族や貴族や財産所有者だけを含めていた輪がゆるみ、すべての人間を含むようになった。男性だけを含めていた輪が大きくなって、女性や子どもや嬰児も含むようになった。輪はじわじわと拡大して、犯罪者、戦争捕虜、敵側の市民、死にかけている人、精神障害者も含むようになった。

道徳的進歩の可能性はここで終わったわけではない。一部の人びとは輪を拡大して類人猿、温血動物、あるいは中枢神経系をもつ動物まで含めることを求めている。受精卵や胚盤胞や胎児や脳死者も含めるべきだと言う人たちもいるし、種、生態系、あるいは地球全体を含めるべきだと言う人たちもいる。人類の道徳の歴史の原動力であるこの感受性の大きな変化に、ブランク・スレートや機械のなかの幽霊は必要なかった。変化が生じるには、相手の利害を自分自身の利害と同じように扱う対象を輪のなかに入れ、輪の大きさをノブかスライド部で調整する道徳の仕掛けがあればこと足りる。

道徳の輪の拡大を起こすものとして、善に向かう謎の動因を想定する必要はない。拡大は、利己的な進化のプロセスと複雑なシステムの法則との相互作用によって起こるのではないかと考えられる。生物学者のジョン・メイナード・スミスとエオルシュ・サトマーリ、それにジャーナリストのロバート・ライトは、進化によってしだいに大きな協力が導きだされていく仕組みを説明している。[19] 生命史のなかでは、自己複製者がチームを組んで、それぞれが特殊化して仕事を分担し、協調して行動する現象がくり返し起こっている。これは自己複製者の置かれた状況がしばしばノンゼロサムゲーム、すなわち二人のプレイヤーが採用した戦略が双方をともに利するゲームであるからだ（これに対してゼロサムゲームでは、一人のプレイヤーの利益が、もう一人の損失になる）。これにぴったりのアナロジーがウィリアム・バトラー・イェーツの戯曲にある。盲目の男が足の悪い男をせおい、二人とも動きまわることができたという話だ。生命の進化の過程でも、これと同じような理由から自己複製する分子が共同して染色体になり、オルガネラ（細胞小器官）が共同して細胞になり、細胞が集団化して複雑な生物になり、生物が集まって社会になった。独立した行為主体《エージェント》が、自分の運命をより大きなシステムにゆだねることをくり返していったのは、生まれつき公徳心をもっていたためではなく、労働の分担から利益を受けたからであり、システムを構成するエージェントどうしの衝突をおさえる方法を発達させたからである。

人間の社会も、生物と同じように、時とともに複雑さや協力の度合いを増してきた。これもまた、情報交換や裏切り者の処罰の問題を解決しさえすれば、複数のエージェントがチームを組んで特殊化し、共有利益を追求するほうが都合がいいからである。もし私が自分では食べきれないほど果物をもっていて、あなたが自分では食べきれないほど肉をもっていたら、余剰分の交換は双方にとって都合がいい。共通の敵に直面したときは、ベンジャミン・フランクリンの言葉にもあるように、「われわれは一致団結《ハング・トゥギャザー》すべきだ。さもないと、みながばらばらにしばり首《ハング》になる」のである。

ライトは人間本性の三つの特徴が、協力者の輪を一貫して拡大させてきたと論じている。一つは世界がどのように動いているかを見抜くのに必要な認知力である。これは共有に値するノウハウと、物や情報をより大きなテリトリーに広げる能力を生む。そしてそれらが、取引で利益を得る機会を拡大する。二つめの言語は、技術の共有や、契約の取り結びや、協定の実行を可能にする。三つめは情動のレパートリー（共感、信頼、罪悪感、怒り、自己評価など）で、これは私たちを駆り立てて、新たな協力者を探し、彼らとの関係を維持し、搾取の可能性から身を守るようにさせる。これらの資質が、はるか昔に人類を道徳のエスカレーターに乗せた。心のなかの、尊重に値する人びとの輪は、同盟者や取引相手の物理的な輪と一緒に拡大した。技術が累積し、地球上で人びとが相互依存の関係をもつ地域が増えるにつれて敵意が減少する傾向にあるのは、だれかを殺してしまえばその人と取引するわけにはいかないという単純な理由による。

ノンゼロサムゲームは、たがいに助けあう能力だけではなく、たがいを害するのを避ける能力からも生じる。もめごとは、戦わずにすめば無駄が省けて両者とも利益を得られる場合が多い。これが誘因となって紛争解決の技術が発展する——調停、両者の顔をたてる手段、適度の弁償や罰、法律などである。霊長類学者のフランス・ドゥ・ヴァールは、初歩的な紛争解決が多くの霊長類に見られると述べている。[20]人間の紛争解決はどんな文化でもくまなく見られ、利害の衝突と同程度に普遍的である。[21]

拡大する輪が進化した理由（究極要因）は実利的でシニカルとさえ思えるかもしれないが、拡大する輪の心理（至近要因）はかならずしもそうではない。共感を拡大するためのノブは、いったん設定されて、協力や交換の恩恵を享受するように進化すると、よその人たちも自分たちに似ているという新たな情報によっても動かされる。かつて敵だった人たちの言葉や姿が共感の反応を誘いだす場合もある。歴史記録が自滅的な報復の循環に警告をあたえる場合もある。世界市民的な意識が、「運が悪ければ私もああなっていた」という考えにつながることもある。共感の拡大は、ほかの人びとに一定の行動を要請するには論理的な一貫性が要求されるというような、基本的な事柄からも起こりうる――自分たちがばかにして従わないルールを人に甘受しろとは言えないということに気づくからだ。自己中心的な態度や性差別的な態度、人種差別的な態度、よそ者嫌いの態度などは、みんなが単一の行動規範を遵守するという要求と論理的に矛盾する。[22]

したがって平和的共存は、人びとの心から利己的な欲求をたたきださなくては実現しないわけではない。それは一部の欲求（安全への欲求、協力の恩恵、普遍的な行動規範を考案して認める能力）を、目下の利益に対する欲求と対抗させることによって実現できる。人間の本性が固定しているからこそ（固定していても、ではなく）、道徳や社会が着実に進歩する道筋はたくさんある。右の話はそのうちのほんの少数を示したにすぎない。

ユートピア的ヴィジョンの欠陥

人間本性は粘土のように柔軟だという考えは、楽観論や意気の高揚につながると言われているが、よく考えてみればそのような評判に値しないことがわかる。もし本当にそうなら、社会は条件づけの技術を人間に適用して、避妊やエネルギーの節減や和解をし、混みあう都会を避けるように人びとの行動を形成すべきだと論じたB・F・スキナーは、偉大な人道主義者として賛美されたはずだ。[23] スキナーは確固たるブランク・スレートの信奉者で熱烈なユートピアンだった。彼のなみはずれて純粋なヴィジョンを見ると、人間本性の「楽観的な」否定が何を意味するかを検証することができる。望ましくない行動は遺伝子ではなく環境の所産であるという彼の前提を考慮するなら、環境をコントロールすべきだ——計画性のない強化スケジュールを計画的な強化スケジュールに置き換えるべきだということになる。

なぜほとんどの人はこのヴィジョンに嫌悪感をもつのだろうか？　スキナーの著書『自由への挑戦（*Beyond Freedom and Dignity*）』を批判した人たちは、行動がコントロール可能であることを疑う人はいない——頭に銃をつきつけたり、拷問にかけると脅したりするのは昔ながらのテクニックだ［そこまですれば確かに行動はコントロールできる］と指摘した。[24] スキナーが好んだオペラント条件づけという方法［動物の自発的な行動に強化刺激を随伴させて条件づけをする方法］でさえ、動物の体重が自由に餌を食べた場合の八〇パーセントになるまで飢えさせて、強化スケジュールが綿密に管理された箱のなかに閉じこめる必要があった。論点は人間の行動を変えられるかどうかではなく、どこまで犠牲を払って変えるのかなのである。

私たちが単なる環境の所産ではない以上、犠牲はかならず生じる。人はもともと、強化されたかどうかにかかわらず、快適さ、愛、家族、評価、自主性、美、自己表現などへの欲求をもっているし、その欲求を発動する自由を妨害されると苦痛を感じる。実際、人間の本性という観念をまじえずに心理的な苦痛を定義するのはむずかしい（若き日のマルクスでさえ、疎外の理論の基礎として、創造的な活動への衝動をもつ「種の性質」を引き合いにした）。私たちはときに、苦しみをあたえて行動をコントロールすることを選択する。たとえば不可避ではない苦しみを他者にあたえた人を罰するときがそうである。しかし、ほかの人びとの自由や幸福をなんらかのかたちで侵害することなしに行動を再形成できると偽ることはできない。人間の本性こそが、私たちが行動の操作者に自由をあけわたさない理由なのである。

人間の生得的な欲求は、ユートピアのヴィジョンや全体主義のヴィジョンをもっている人たちにとって厄介な存在であり、二つのヴィジョンはしばしば同じ道をたどる。ユートピアの足かせになるのはたいてい、伝染病や旱魃《かんばつ》ではなく人間の行動である。したがってユートピアンは行動をコントロールする方法を考えなくてはならないし、プロパガンダがうまく効果をあげない場合には、さらに強硬なテクニックが試される。二〇世紀のマルクス主義のユートピアンたちは、先に見たとおり、利己主義や家族の絆から解放されたタブラ・ラサを必要とし、全体主義の手段を使って石版をぬぐったり、新しい石版でやり直しをさせたりした。ベルトルト・ブレヒトが東ドイツ政府について述べたように「国民がよりよい行動をしなければ、政府はその国民を解任して新たな国民を選ぶ」のである。アイザイア・バーリン、ケネス・ミノーグ、ロバート・コンクエスト、ジョナサン・グラヴァー、ジェイムズ・スコット、ダニエル・チロットなど、「破壊された世紀について考えた」〔ロバート・コンクエストの著書『破壊された世紀を考える（*Reflections on a Ravaged Century*）』より〕政治哲学者や歴史学者は、ユートピアの夢を二〇世紀の悪夢のおもな原因の一つとしてあげている。[25] その意味では、ワーズワースの言う、人間の本性が「生まれ変わって」「歓喜にふるえる」革命期のフランスも、その後の展開はけっして容易ではなかった。

人間本性の否定が自由や幸福を犠牲にするかもしれないということを忘れていたのは、行動主義者やスターリン主義者だけではなかった。二〇世紀のマルクス主義は、権威主義的ハイモダニズムと呼ばれる知的潮流――「科学的」原理を使ってトップダウンに社会を再設計できるという考え――の一部だった。[26] たとえば建築家のル・コルビュジエは、伝統や好みはその時代の過密な都市の混沌を永続させるだけであるから、都市計画者はそれらに拘束されるべきではないと論じた。「人類が生まれかわる場所を建設しなくてはならない」と彼は書いた。「各人が全体との秩序ある関係のなかで生きるような場所を」。[27] ル・コルビュジエのユートピアでは、設計者が「真新しいテーブルクロス」（聞き覚えがありますね?）からスタートして、あらゆる建築物や公共の空間を「人間のニーズ」に役立つように立案する。それらのニーズについて、彼らはミニマルな考えをもっていた。各人が必要とするのは一定量の空気と熱と光、それに食べる、寝る、仕事をする、通勤するといった活動のための空間だけだと考えたのである。家族や友人との親密な集まりが「人間のニーズ」の一つかもしれないという考えが浮かばなかったル・コルビュジエは、キッチンに代わって大きな公共食堂を提案した。このほかにも、小さなグループが公共の場所で社交をするニーズがリストから抜けていたため、彼が設計した街は高速道路や大きなビルや巨大な広場で構成され、人びとが心地よくおしゃべりをする小さな広場も街角もなかった。家は「生活のための機械」なので、庭や装飾のような非効率的なものはなく、大規模な長方形の団地に効率よくつめこまれた。

パリやブエノスアイレスやリオデジャネイロをつぶし、科学的な原理にそって再建したいという、ル・コルビュジエの大望は挫折した。しかし彼は一九五〇年代にインドのパンジャブ州の州都であるチャンディガルを設計する白紙委任を受け、弟子の一人はブラジルの首都ブラジリアの建設をゼロから手がけた。今日ではどちらも、そこに住む公務員にも嫌われている魅力のない不毛の地として有名である。権威主義のハイモダニズムは、一九六〇年代にアメリカの多くの都市で実施された「都市再開発」計画のもとにもなって、活気に満ちた区域を高速道路や高層建築や吹きさらしの広場に変えた。

社会科学者もしばしば社会工学の夢に心を奪われてきた。小児精神医学者のブルース・ペリーは、ゲットーの母親が、可塑性のある脳が必要とする豊かな環境を子どもたちにあたえていないことを懸念し、「文化を変える」必要があると考えている。「育児方法を変え、子どもは実の親の所有物だという、有害で破壊的な見解を変える必要がある。人類は個人として進化したのではなく、共同体として進化した。……子どもは共同体に所属し、親に委託されているのだ」[28]。子どもを育児放棄や冷酷な扱いから救いだすことにはだれも反対できないが、もしペリーの言うとおりの文化の変革が実現すると、銃をもった男たちが、最新流行の育児理論にしたがっていない家庭を解体させるような事態が起こりうる。子どもについての章（第19章）で見るように、そうした流行のほとんどは、あらゆる親子の相関関係を因果関係の証拠として扱う、欠陥のある研究にもとづいている。アジア系アメリカ人やアフリカ系アメリカ人の親はしばしば小児発育の権威の助言を無視して、より伝統的、権威主義的な育児方法をとっているが、それが子どもたちに永続的な害をあたえているとは思えない[29]。しかし警察が育児の取り締まりをするようになったら、彼らは子どもを取りあげられてしまうだろう。

権威主義的フェミニズム

人間本性の概念にフェミニズムの理念と矛盾するところはまったくない。これについてはジェンダーについての章（第18章）で論じる。しかし一部のフェミニスト理論家はブランク・スレート説を支持し、それとともに、ジェンダーフリーの考えにもとづく構想を実行に移す全面的な権力を政府にあたえるような、権威主義的な政治哲学ももっている。シモーヌ・ド・ボーヴォワールは一九七五年のある対談で、「どんな女性も、家庭にとどまって子どもを育てることを認められるべきではありません。社会はまったくちがっているべきです。そのような選択肢があると、あまりにも多くの女性がそれを選ぶからこそ、女性はそのような選択肢をもつべきではないのです」と言った。[30] グロリア・スタイネムはもう少しリベラルで、一九七〇年の『タイム』誌に「[フェミニスト]革命は、主婦という選択肢を排除しない。夫の家政婦および／またはホステスでいることを望む女性は、家庭裁判所が決める割合にしたがって夫の給与の一部を受け取ることになるだろう」と書いた。[31] ベティ・フリーダンは二歳児保育の義務化に賛成だと明言している。[32] キャサリン・マッキノン（アンドレア・ドウォーキンとともにポルノを禁止する法律を要求している）は、「必要なのは、アンドレア・ドウォーキンのように文学を見通す目をもった人たちや、私のように法律の実体を見通す目をもった人たちが芸術を見抜いて、女性を題材とするビジュアルアートに妥協のない表現様式の範囲を新しく設けることだ」[33] と述べた。これは、社会の享受すべき芸術や文学を判断する役割を少数の知識人が不当に要求することに、どんな危険性がついてまわるかを忘れた発言である。

キャロル・ギリガンは『ニューヨークタイムズ・マガジン』のインタビューで、男児に吃音《きつおん》や多動性などの問題行動が見られるのは、男児に圧力をかけて母親から離れさせる文化規準に原因があるという、彼女の（ばかげた）理論がもつ意味を説明した。

Q　男性の生物学的要素は、私たちが男性の文化を変えることができないほど強力ではないということですか？

A　そのとおりです。男性が自分を育ててくれた人と離れることを称賛しない文化をつくらなくてはいけません。

Q　ここまでうかがったお話はすべて、男性が根本的に変わらないかぎり文化を刷新することはできないということをおっしゃっているようですが。

A　私はそう思っています。[34]

この話に、「新しい社会主義の人間」をつくるという試みと同じ響きを聞きとって、驚いたある読者は、「このようなことがうまくいくといまだに信じている人がいるのでしょうか？　しかも学界に」と投稿した。[35]彼の懸念は正しかった。学校には、子どものジェンダー・アイデンティフィケーションが定まっていない「好機」があるというまちがった考えを植えつけられた教師がたくさんいる。そのような教師はこの時期を利用して男の子らしさをもみ消すために、同性だけの遊びのグループや誕生パーティを禁止し、ジェンダーの型にはまらない活動を強制し、男の子が休み時間に走ったり、「泥棒とおまわりさんごっこ」をしたりするのをやめさせている。[36]哲学者のクリスティーナ・ホフ・ソマーズは著書『少年たちにしかけられた戦争（*The War Against Boys*）』のなかで、このような取り組みは「余計なお世話で、虐待的であり、自由社会で教育者にまかされている権限の範囲を超えるものだ」という正しい指摘をしている。[37]

フェミニズムに必要なのはブランク・スレート説などではなく、明確な人間本性の概念である。今日のフェミニストがもっとも差し迫った問題の一つとしてあげているのは、開発途上国の女性が置かれた状況である。多くの地域で、女の胎児が選択的に中絶され、嬰児が殺され、少女は栄養状態が悪くて学校にも行けず、青春期に性器を切除され、若い女性は頭から足先まですっぽりとおおいかくされ、不義をおかした女性は石を投げつけられて殺され、夫に先立たれた妻は、夫の火葬のときに火のなかに飛び込むものとされている。多くの学術グループに存在する相対主義の風潮は、これらの恐ろしい出来事を批判することを許さない。これらが他文化の慣習で、文化は人間と同じように不可侵の権利をもった超有機体だからだ。フェミニスト哲学者のマーサ・ヌスバウムはこのわなから逃れるために、たとえば身体保全、良心の自由、政治参加などは、すべての人間が行使する権利をもつ「中心機能的能力」であるとした。彼女はこの提言に対して、傲慢なヨーロッパ人が貧しい人びとに彼らが何を望むべきかを指図する、植民地主義的な「文明化の使命」あるいは「白人女性の責務」をになっているという批判を受けた。しかしヌスバウムの道徳議論は、もし彼女の言う「能力」が直接的あるいは間接的に、普遍的な人間の本性に根ざしているとすれば、擁護できる。人間の本性は、人類のどんなメンバーにもあてはまる苦痛を見わける尺度になるからだ。

　人間の本性が存在するという考えは、私たちに迫害や暴力や強欲さを永遠に負わせる反動的な教義ではない。有害な行動を減らす努力はもちろんすべきであって、それは飢えや病気や自然災害などの苦しみを減らす努力をするのと同じである。しかし私たちは、やっかいな自然界の事実を否定することによってそうした苦しみと闘うのではない。事実の一部をほかの事実と対抗させることによって闘うのだ。社会の変化をめざす努力を効果的なものにするためには、ある種の変化を可能にしている認知的、道徳的リソースを突きとめなくてはならない。そしてその努力を人道的なものにするためには、ある種の変化を望ましいものにしている、普遍的な喜びや苦しみを認識しなくてはならない。

第10章　もしすべてがあらかじめ決定されているのならば……

「私ではなく遺伝子のせいだ」！

決定論という言葉は、進化論や遺伝学に言及した行動傾向の説明に対する（不正確な）野次として頻繁に使われているが、この章でとりあげる決定論はそちらではなく、本来の意味での決定論、すなわち哲学の入門コースにでてくる「自由意志」と対置される概念である。この意味での決定論の恐怖をとらえた五行戯詩がある。

若い男がこう言いました。
「なんてこった！　つらいよね、
決まった溝のうえを行くように
運命づけられていると思うとね。
つまりさ、バスじゃなくて路面電車だってこと」

機械のなかの幽霊という旧来の概念では、私たちの体には自己あるいは魂が宿っていて、体が実行すべき行動を選択する。それらの選択は、ビリヤードの球が別の球にあたってそれをコーナーポケットに落とし込むような現象とはちがって、先行する物理的事象に支配されない。人間の行動は遺伝的に形成された脳の生理的活動によって生じるという考えは、この旧来の見解を論破するように思える。その考えが正しければ、人間の行動は分子活動の自動的な結果だということになって、因果によらない行動選択者の入る余地は残らないと思われるからだ。

決定論に対する恐怖の一つは、ぽっかりあいた存在不安、本当は自分の選択を自分が支配していないという不安である。何もかも脳の状態によってあらかじめ決まっているのなら、正しい行動をしなくてはと悩んだり苦しんだりするのはすべて無意味に思える。もしあなたがこの不安に苦しんでいるのなら、次の実験をお勧めする。これから二、三日のあいだ、意識的に自分の行動を気にするのをやめる。すでに決まっているのだから、気にしても時間の無駄だ。思いつきで行動し、瞬間に生き、気が向いたことをする。いや、本気でそうしろと勧めているわけじゃない。しかし、もし実際に意思決定をやめてみたらどうなるかをちょっとのあいだ考えてみると、存在不安に対して精神安定剤のように効くはずだ。何かを選ぶという体験は、脳の働きがどうなっているかにかかわらず、フィクションではない。それは現実の神経的プロセスで、結果の見通しにしたがって行動を選択するという明白な機能をともなっている。それは感覚からの情報に反応し、その情報には他者からの勧告も含まれる。あなたはその外には出られないし、あなた抜きで勝手に進行させることもできない。それは、それがあなただからだ。仮にいちばん強固なタイプの決定論が本当であっても、どのみちあなたはそれをどうすることもできない。決定論に関するあなたの不安も、あなたがその不安にどう対処するかも、決定されているのだから。これが決定論についての存在不安であり、まったく時間の無駄である。

　もう少し実際的な恐怖は、「切り裂きジャックだって、これが人間の本性だといって言い訳をするにちがいない」というＡ・Ａ・ミルンの言葉にあらわれている。人間の本性を理解すると、個人の責任という考えが食われてしまうのではないかという恐怖である。旧来の見解では、自己あるいは魂が何をすべきかを選択し、悪い結果がでたら責任をとる。ハリー・トルーマンのデスクに置かれていたモットーと同様に、責任はすべてここにある。しかしある行動を脳や遺伝子や進化の歴史に帰するなら、個人に責任をとらせることはできないような気がする。生物学が完璧な口実、無罪放免の切り札、究極の診断書になる。すでに見たように、こうした非難をしているのは、魂を守りたい宗教右派や文化右派、それにみずからの選択によらない状況にあっても未来を構築できる「私たち」を守りたい学界左派である。

なぜ自由意志という考えが責任とそれほど緊密に結びついているのか。そしてなぜ生物学がその両方を脅かすと考えられているのか。私たちが人の邪悪な行為や悪い決定を責めるのは、その結果が彼らの意図したもので、ほかにも選択肢があった場合だけである。友人をシカとまちがえて撃ってしまったハンターや、ジョン・F・ケネディを乗せて銃弾が飛んでくる場所に車を走らせた運転手を有罪にしないのは、彼らが行動の結果を予測していたわけでも意図していたわけでもないからだ。拷問を受けて仲間を裏切ってしまった人や、精神錯乱を起こして看護師にくってかかる患者や、人を猛獣だと思い込んで殴る異常者を大目に見るのは、自分をコントロールできないのだろうと感じるからだ。小さな子どもはたとえだれかの死を引き起こしても裁判にかけられないし、動物や生命をもたない物体もそうだが、それは資質的に、情報にもとづく選択をする能力がないと考えられているからだ。

人間本性の生物学は、ますます多くの人を責任のない階層に入れてしまうのではないか。本物の精神錯乱ではない殺人犯でも、最新の機器で調べれば、扁桃体の萎縮や前頭葉の低代謝が見つかったり、自制心を失わせる原因となる、モノアミン酸化酵素をつくる遺伝子の欠陥が発見されたりするかもしれない。あるいは認知心理学の検査で、慢性的に先見性に欠けていて行動の結果を考えることができない人であるとか、心の理論［直観心理学。他者の心を推定する能力］に欠陥があって人の苦しみが理解できない人であるといった所見が示されるかもしれない。機械のなかの幽霊がいないのなら、犯罪者のハードウェアのなかには、同じ状況にあっても傷害や殺人を起こさない大多数の人びととはちがう何かがあるはずだ。まもなくその何かが発見されて、殺人者が、いま精神異常者や幼い子どもが刑罰を逃れているのと同じように、確実に刑罰を逃れるようになるのではないかと恐れられている。

　それだけではなく、私たちみんなが責任を問えない存在だということになるかもしれない。進化理論によれば、私たちの動機の究極的な根拠は、それらの動機が、人間が進化した環境のなかで祖先の遺伝子を存続させたことにある。その根拠を意識している人はだれもいないのだから、動機を追求しても非難はできない。狂犬をおとなしくさせているつもりで実際は看護師に襲いかかっている精神病患者を非難できないのと同じである。昔は魂のないものも処罰の対象になったと知ると、私たちは当惑する。ヘブライの決まりでは、人を殺した斧は石たたきの刑に処せられることになっていた。アテナイには、人を傷つけた斧を裁判にかける慣習があった（有罪の判決がでると、都市を囲む城壁の外に放りだされた）。中世フランスのある裁判では、子どもにけがをさせた雌ブタがめった切りの刑に処せられ、一六八五年には、異端者を助けたという罪で教会の鐘がむちで打たれて埋められた。[1]しかし進化生物学者は人間と動物は根本的にちがわないと主張しているし、分子遺伝学者や神経学者は人間と非生物の物質は根本的にちがわないと主張している。もし人間に魂がないとしたら、人びとを処罰するのも同じように愚かしいことではないだろうか？　子どもに人間は動物だと教えたら動物のようにふるまうようになってしまうという、創造論者の言葉に耳を貸すべきなのではないか？　「銃は殺さない。人が殺すのだ」という全米ライフル協会のバンパーステッカーよりもさらに進んで、人も殺さないと言うべきなのだろうか？　人も銃と同じくらい機械的なのだから、と。

これらの懸念はまったく学問的ではない。認知神経科学者のところには、ときどき刑事被告人の弁護士が、脳画像の乱れた部分が依頼人を無実にするかもしれないという望みをもってやってくる（リチャード・ドゥーリングの小説『ブレイン・ストーム』でたくみに展開されたシナリオである）。ある家系の男たちに暴力的な発作を起こす素因をあたえた稀な遺伝子が発見されたときは、それとは関係のない殺人犯の弁護士が、自分の依頼人もそのような遺伝子をもっているかもしれないと主張した。もしそうなら、とその弁護士は論じた。「彼の行動は、まったくの自由意志の所産ではなかったかもしれない」[2]。ランディ・ソーンヒルとクレイグ・パーマーが、レイプは男性の繁殖戦略の結果であると論じたときは、別の弁護士が彼らの理論を利用してレイプ容疑者を擁護しようともくろんだ[3]（あなたの好きな弁護士ネタのジョークをここに挿入すること）。オーウェン・ジョーンズなど、生物学に通じた法学者は、「レイプ遺伝子」による弁護はほぼまちがいなく失敗に終わるだろうと述べているが、生物学的な説明が悪事を働く者を無罪放免にするために利用されるかもしれないという、一般的なおそれは残る。[4]これが、人間本性の科学が約束する輝かしい未来なのだろうか？　私のせいではなく扁桃体のせいだ？　ダーウィンがそうさせた？　遺伝子が宿題を食べてしまった？

責任は成立可能か

因果によらない魂が個人の責任を奪回するかもしれないと希望をもっている人たちは、落胆することになる。哲学者のダニエル・デネットは著書『自由の余地（*Elbow Room: The Varieties of Free Will Worth Wanting*）』のなかで、私たちが魂にいちばん望まないことは、魂の欲することをなんでもする自由だと指摘している。[5]行動がまったくの自由意志で選択されるとしたら、私たちは人に自分の行動の責任をとらせることが本当にできなくなる。そのような存在は、罰の脅しで思いとどまったり、不面目な事態になることを恥と思ったりはしないだろうし、将来の悪い誘惑を防止するであろう罪の意識に苦しむこともないだろう。つねに、そのような行動原因を無視することを選べるからだ。道徳規準や法的規準を定めて邪悪な行為を減らすことも望めない。因果の流れとは異なる平面をただよう自由な行為主体は、規準の影響は受けないだろうから。道徳も法律も無意味になる。悪事を働く者を処罰することはできるが、悪事を働いた当人のその後の行動や、処罰を知ったほかの人のその後の行動に、予測可能な影響を何もおよぼせないので、その処罰は単なる意趣返しになってしまう。

一方、もし魂が評価や恥、あるいは賞罰の見通しに予測可能な影響を受けるとしたら、真に自由であるとは言えない。そうした付随事項を（少なくとも確率的には）考慮せざるをえないからである。責任の基準を行動の見込みの変化に転換するもの――たとえば「xをするとまわりから無作法な奴だと思われそうであればxをしない」というルール――はなんであれ、アルゴリズムにプログラムでき、神経ハードウェアで実行できる。

守勢にまわる科学者はときに、決定論だという非難をそらそうとして、行動は完全に予測可能ではなく、つねに確率的であり、冷徹な物質主義者の夢のなかでさえそうだと指摘する（スキナーの行動主義が全盛だったころ、学生たちが「ハーヴァード動物行動法則」というものを作成した。「気温、時間、照明、食餌、訓練をコントロールした実験条件のもとで、生物個体はまちがいなく気ままにふるまう」）。一緒に育った一卵性双生児でさえ、遺伝子のすべてと環境のほとんどを共有しているのに、パーソナリティや行動は同一ではなく、よく似ているにすぎない。脳は、分子レベルや量子レベルでのランダム事象を増幅しているのかもしれない。予測不可能なカオスにしたがう非線形動的システムなのかもしれない。あるいは遺伝子と環境のからみあった影響があまりにも複雑であるため、神ならぬ人間には、十分な精密さをもってそれを突きとめ、行動を正確に予測することはけっしてできないのかもしれない。

行動の予測可能性が不完全であることは、人間本性の科学は数学的な意味で「決定論」的だという決まり文句の誤りを立証する。しかし、科学は自由意志や個人の責任という概念をなしくずしにしているのではないかという恐怖を軽減することはできない。ある男の遺伝子（あるいは彼の脳、進化の歴史）が、下宿の女主人を殺させる見込みは九九パーセントであって一〇〇パーセントではないと言われても、気休めにもならない。たしかに行動はあらかじめ厳密に決まっているわけではないが、ほかの行動をとれた可能性が一パーセントあるからといって、いきなり、彼に「責任がある」と言えるだろうか？　さらに言えば、確率の数字がいくつであっても、それだけで責任が呼び戻されることはない。ラスコーリニコフの脳のなかで、一部の分子がこうなって彼に殺人を余儀なくさせる公算が五〇パーセント、分子がああなって殺人をさせない公算が五〇パーセントあるとする。その場合でも、私たちは自由意志のようなものはもっていないし、有害な行為の減少を約束するような責任の概念ももっていない。哲学者はこれを「ヒュームの熊手」と呼んでいる。「行動は決定されているか、ランダム事象の結果であるかのどちらかで、いずれの場合も私たちに責任はない」。

説明と免責の混同

生物学的な説明を禁止すれば個人の責任が復活するのではないかという希望をもってい

る人は、もっとも大きく落胆することになる。過去数十年でもっとも滑稽な悪行の弁解は、生物学的な決定論からではなく、環境決定論から生じている。虐待のせいだという言いわけ、ジャンクフードが悪いという抗弁、ポルノの悪影響、社会の病、メディアの暴力、ロックの歌詞、文化的慣習の違い（これは最近、詐欺を働いたジプシーの弁護士や、愛人を殺したカナダ・インディアン女性の弁護士に利用された）[6]。このパラグラフを書いた一週間のあいだに、新たな例が二つ、新聞に登場した。一つは、殺人をくり返す犯罪者たちを減刑や情状酌量や上訴で助けるために「病名を見つけだしている」臨床心理士の記事で、たった一節にブランク・スレートと高貴な野蛮人と道徳主義的誤謬と環境決定論が詰め込まれている。

大部分の人は、深いダメージをあたえる出来事を経験することなしには、おそろしい犯罪をおかさない。怪物がいたるところで生まれているのではない。子どもがいたるところで生まれ、おそろしい物事にさらされているのだ。その結果、おそろしいことをするようになってしまう。そして私は、そのような世界に生きるほうが、怪物が怪物として生まれる世界に生きるよりも、ずっといい[7]。

もう一つはマンハッタンでソーシャルワークを学んでいる学生についての記事である。

ウィスコンシン州マディソン出身のティファニー・F・ゴールドバーグ（二五歳）は、今月、何者かにコンクリートで頭を殴られた。彼女は事件後、犯人のことを気にかける発言をし、子ども時代に問題があったにちがいないと推測した。

コロンビア大学でソーシャルワークを学ぶ大学院生たちは、ミズ・ゴールドバーグの姿勢は、暴力に対する自分たちの見解と一致するものだと評価した。大学院生の一人であるクリスティン・ミラー（二七歳）は「社会はひたすら個人を責めますが、暴力は世代から世代に伝わるのです」と語った。[8]

進化心理学者は、男が不特定多数を性行為の相手にすることを、祖先の時代には気が多いほうがたくさんの子どもという報酬が得られたという説で「弁明」するとよく叱られる。そういう批判をする人たちは、ブルース・スプリングスティーンが「頻繁にグルーピーの共感を求めたのは自己不信のためだった」という伝記の記述や、[9] ウディ・アレンが性的に無分別なのは「トラウマ」や「虐待的な」母親との関係に原因があるという書評で元気づけられる。[10] それに、ヒラリー・クリントンが夫のリビドーを説明した『トーク』誌の有名なインタビュー記事もある。

彼はたった四歳のときに、虐待で傷つけられ、それを受け入れることも見つめることもできなかったのです。母親と祖母のあいだにはひどい対立がありました。ある心理学者に聞いた話では、二人の女性の対立にはさまれた少年というのは、最悪の立場だそうです。それぞれを喜ばせたいという願望がつねにあるからです。[11]

　クリントン夫人は、脳や遺伝子や進化論には一言も触れていないが、夫の性的逸脱を弁解しようとしたことを専門家にあれこれ言われた。この非難は、ある行為をなんらかの原因の結果であると説明しようとする人は、その行為は自由に選択されたものではないので行為者の責任は問えないと言っているのだ、という論理によるらしい。

　環境決定論は広く普及しているので、それをめぐる風刺もさかんである。『ニューヨーカー』の漫画では、証言台に立った女性が「たしかに夫が私に暴力をふるったのは生育環境に問題があったからです。でも私が夫を殺したのも、そのためなのです」と言っている。連載漫画の『ノン・セクイター』には、「一階　母親の責任　二階　父親の責任　三階　社会の責任」という精神科の案内がでてくる。それに『ウエストサイド・ストーリー』のジェット団を忘れるわけにはいかない。ジェット団のメンバーは巡査に「俺たちが不良になったのは恵まれなかったからだ」と説明しているところを思い浮かべた。

ねえ、クラプキ巡査、
わかるでしょう、
育ちが悪かっただけなのさ。
俺たちにはどうしようもない。
おふくろはヤク中、
おやじはアル中。
なんてこった、あったりまえよ、俺らがぐれるのは。

何かがとんでもなくまちがっている。それは説明と免責との混同だ。行動の原因を生物学的にとらえた説や環境からとらえた説に対する批判には、行動の説明が行為者を免責するという含意があるが、行動の説明は行為者を免責しない。ヒラリー・クリントンは、心理学用語をやたらに使った話のなかでも一番ばからしい説明をしたのかもしれないが、大統領の行動の言い訳をしようとしたという非難はあてはまらない（『ニューヨーク・タイムズ』に、妻に対する批判へのクリントン氏の反応を書いた記事がある。「私は、言い訳のできないことについて言い訳をしたことはないし彼女もそうだ、本当です、と彼は眉をあげて強調した[12]」）。もし行動がまったくのランダムではないなら、なんらかの説明があるはずだ。またもし、まったくのランダムだったとしたら、どんな場合も本人の責任を問うことはできない。したがって人にその人の行動に対する責任を問うなら、原因の説明がなくてはならない。それは私たちがどんな原因の説明を正当と感じるか、その説明が遺伝子をもちだした説明であるか、脳や進化、メディアが流すイメージ、自己不信、育ちが悪かったこと、いがみあう女性たちに育てられたことをもちだした説明であるかには関係がない。行動の説明と免責とのちがいは、「理解することは許すことではない」という言葉に言いあらわされている。また、ヒューム、カント、サルトルなど大勢の哲学者が、それぞれ別の方法で強調している。[13] 大部分の哲学者は、人の行動は文字どおり強制された（たとえば頭に銃を突きつけられた）のでないかぎり、たとえ頭蓋骨のなかの事象によって引き起こされたとしても、自由に選択されたものと見なされるべきであると考えている。

なぜ責任を取らせるのか

しかしどうすれば、因果法則にしたがった原因を必要条件とする説明と、自由な選択を必要条件とする責任とをあわせもつことができるだろうか？　この二つをあわせもつのに、自由意志と決定論のあいだにある昔ながらの、解決不能かもしれない二律背反を解決する必要はない。しなくてはならないのは、責任という概念によって何を達成したいのかを明確に考えることである。責任は、どんな抽象的な価値を備えているかは別として、すぐれて実際的な機能をもっている。有害な行動を防止するという機能である。だれかに不正な行為の責任があると言うとき、私たちはその人が罰せられること（被害者に弁償する、屈辱を受け入れる、ペナルティを負う、たしかな悔恨の念を表明するなど）を当然のこととして期待し、その人を自分自身で罰する権利を留保する。その人がなんらかの不愉快な（したがって防止効果のある）結果を受け入れるのでなければ、責任の追及は空疎になる。リチャード・ニクソンが圧力に負けてようやくウォーターゲート事件の「責任を取った」ときに嘲笑されたのは、謝罪や辞任や側近の解雇といった犠牲を払うことをいっさい受け入れなかったためである。

人に責任を取らせる理由の一つは、その人が将来また同じような行為をするのを防止することである。しかし話はそこで終わりにはならない。それは行動主義心理学者が動物の行動を修正するために強化刺激として随伴させる罰と程度においてちがうだけだからだ。言語を使用する、社会的、理性的な動物の場合は、ほかの個体も罰の随伴を学習して、ペナルティを科されないように行動をコントロールするので、ほかの個体による同様の行動も防止することができる。これが、年老いたナチの戦争犯罪人を、たとえそのままボリビアで死ぬまで放っておいても、もう一度ホロコーストをしでかすおそれはほとんどないのに、どうしても処罰しなければならないと私たちが感じる究極の理由である。彼らに責任を取らせることによって――すなわち、いつ、どこでなされたものであろうと、悪事は罰して根絶するという方針をおおやけに押し通すことによって――将来、ほかのだれかがそれに匹敵する悪事をおかすのを防ぐことを期待しているのである。

とはいってもこれは、責任という概念が、最大数の有害な行為を最小のコストで予防するために政策の専門家が推奨しているだけのものだという意味ではない。たとえ専門家が、ナチの処罰は将来の残虐行為を抑止しないと判断したとしても、あるいは酔っ払い運転の取り締まりに人力をまわしたほうが多くの命を救えるとしても、私たちはナチスが法の裁きを受けることを望むだろう。責任の追及は、どうすれば特定の行為をもっともよく防止できるかという計算からだけでなく、当然の報いだという熱い気持ちからも生じる。

しかし、当然の報いだという純粋な気持ちでおこなわれる処罰も、究極的には抑止のための対策である。このことは、抑止の論理につきもののパラドクス——処罰の脅しは行動を抑止できるが、行動が実際に起こってしまえば、処罰はサディズムか、脅しが嘘ではないことをさかのぼって証明したいという非論理的な欲求以外になんの目的もはたさない——から導きだされる。死刑に反対する人たちは、「犯人を死刑にしても被害者は戻ってこない」と言うが、それはどんな種類の処罰にもあてはまる。処罰が実行されるところから映画をはじめれば、それは意趣返しのように見える。処罰の実行者にはコストがかかり、処罰を受ける人は危害を加えられ、だれにとっても即時にいいことはないからだ。二〇世紀の中期には、処罰のパラドクス問題と、心理学や精神医学がさかんになったことがあいまって、刑罰は野蛮な時代の遺物であるから、セラピーやリハビリテーションに置き換えるべきだという議論が一部の知識人からでた。この立場はジョージ・バーナード・ショーの『投獄という犯罪』、精神科医のカール・メニンガーの『刑罰という名の犯罪』などの書名によくあらわれているし、著名な法律家のウィリアム・O・ダグラス、ウィリアム・ブレナン、アール・ウォレン、デイヴィッド・バゼロンらによっても明確に述べられている。こうしたラディカルなクラプキ主義者たちは、決定論の不安には悩まされなかった——両手を広げて決定論を歓迎したのである。

今日では、刑罰が（一部の常習的な犯罪者の法的資格の剝奪を除くと）短期的には無意味だと認識している人でも、刑罰が時代遅れだと言う人はほとんどいない。それは、もし短期的効果を計算に入れて罰するかどうかを判断すれば、悪事をする可能性のある人間が、それを予測し考慮して行動できるからである。犯罪を防止するには遅すぎるという場合は罰しても意味がないと判断されるという予測がたったら、彼らは開き直って悪事を働き、罰を受けずにすむ。それを防ぐには、悪事をする人間を即時の効果に関係なく処罰するという方法を採用するしかない。処罰の脅しがはったりでなければ、開き直りはなくなる。オリヴァー・ウェンデル・ホームズはこのことを次のように述べている。「もし私が、これから私が絞首刑にする（あるいは電気椅子で処刑する）予定の男と哲学的な話をしているとしたら、私はこう言わなくてはならない。「あなたの行動があなたにとって避けられないものだったということを疑ってはいないが、それをほかの人にとってもっと回避可能なものにするために、私たちはあなたを公益の犠牲にするつもりだ。あなたは、もしそう思いたければ、自分は国のために死んでいく兵士だと思ってもいい。しかし法律は約束を守らなくてはならない」[14]。この約束を守ることが、正義を、当面のコストはおろか常識にかなっているかどうかにさえかかわりなく、「原則にもとづいて」適用する方針の根底にある。死刑囚監房に収容されている人が自殺をはかったら、急いで救急室に運び込んで懸命に救命処置をし、最高の治療をして回復をはかり、それから殺す。「裁きをのがれる」可能性をすべて閉ざす方針の一環としてそうするのだ。

死刑は逆説的な抑止の論理が鮮明にわかる例であるが、この論理はもっと軽い刑罰にも、個人的な報復行為にも、排斥や侮蔑など漠然とした社会的ペナルティにもあてはまる。進化心理学者やゲーム理論家は、抑止のパラドクスは正義の欲求を支える情動の進化につながったと論じている。容赦のない報復の要求や、邪悪な行為は世界をだめにする、やめさせるには重い処罰しかないという燃えるような感情である。また、感情に動かされて、裏切りをする相手にはわが身を犠牲にしてでも報復をするという人は、確実に敵となる見込みが高いので食いものにされにくい[15]。刑法は簡単に言えば、報復を求める人間の欲求を実行に移すための統制された手段で、欲求がエスカレートして復讐の循環におちいるのを防ぐようにつくられている、と多くの法学者が述べている。ヴィクトリア時代の法律家、ジェイムズ・スティーヴンは「刑法と報復の衝動との関係は、結婚と性的衝動との関係と同じである」と言った[16]。

宗教に見られる罪や責任の概念は、仲間に見つからない悪事や罰せられない悪事も、神には見つかって罰を受けるとほのめかすことによって、この原理を拡大しただけのものである。マーティン・デイリーとマーゴ・ウィルソンは、責任と神の報復について私たちがもっている直観の究極的な根拠を次のようにまとめている。

この還元不可能と思える不思議な道徳的要請は、進化心理学の見地から見ると、明快な適応的機能をもつ心的メカニズム、すなわち、違反者が悪事で得をすることがないように、綿密な計算によって正義を判断し、罰をあたえるというメカニズムから出てくる。贖罪や懺悔やら神の正義やらに関する厖大な量のわけのわからない神秘的宗教的な言葉のおかげで、超然とした高尚な権威に帰属させられているが、それは俗世の実利的な問題である。つまりは自己利益のために競争的な行動をしてもなんの得にもならないようにして、そうした行動を抑えようということなのだ[17]。

なぜ免責範囲を拡大すべきではないのか

抑止のパラドクスは、その人の精神状態によって責任の幅が拡大されたり縮小されたりする、責任の論理の土台の一部にもなっている。現代社会は、ただ単に、悪事を働く人間を抑止するのにもっとも効果的な方策をとっているのではない。もし犯罪を減らすことだけを重視しているのなら、ほとんどの社会が最近までそうだったように、つねに残酷な刑罰を科してもいいはずだ。告発やうしろめたそうな態度や強制的な自白にもとづいて有罪を宣告してもいい。犯人の家族や、犯人が属する一族全体、あるいは村全体を死刑にしてもいい。『ゴッドファーザー』でヴィトー・コルレオーネがほかのマフィアのボスたちに言ったセリフのように、「私は迷信深い人間だ。息子が不運な事故にあったり、雷に打たれたりしたら、ここにいるだれかのせいにするだろう」と敵対者に対して言うこともできる。

このような慣習が野蛮に思える理由は、将来の悪事を抑止するのに必要な程度を超えた危害を加えているからだ。政治著述家のハロルド・ラスキが述べたように、「文明とは、何よりも、不必要な苦痛をあたえるのを嫌うこと」なのである。広範囲な抑止の問題点は、そもそも抑止の必要な望ましくない行動をするはずのない無実の人（たとえば、問題を起こした男の親族、ゴッドファーザーの息子が雷で死ぬのを目撃した人）まで捕捉してしまうことである。無実の人を処罰しても彼らと同じようなほかの人びとを抑止することはできないため、長期的に見てもこの損害を補うだけの利益はなく、私たちはそれを不当と見なす。私たちは処罰の方針の微調整をはかり、それによって抑止できていたはずの人たちだけに適用されるようにする。それが、私たちが「責任を取らせる」人たちであり、処罰に「ふさわしい」と感じる人たちである。

　害を引き起こした人のなかに処罰を免除される人がいる理由も、抑止の方策の微調整で説明がつく。私たちは、自分の行動が害につながることを知らなかった人は処罰の対象にしない。処罰をしても、その人自身やほかの人が将来、同様の行動をすることを防止するのに役立たないからである（運転手は、そこへ行けば銃撃を受けると知るすべがなければ、銃撃を受ける場所に大統領を乗せて行くことを思いとどまることはできない）。また私たちは、精神錯乱者や、精神異常者、幼い子ども、動物、非生物の物体にも刑罰を適用しない。それは、彼ら（および彼らと同様の存在）には、処罰の方針を知り、それにしたがって行動を抑制できる認知機構が欠けていると判断しているからである。彼らの責任を免除するのは、彼らが予測可能な生物現象の法則にしたがい、ほかのあらゆる人びとが神秘的な自由意志の非法則にしたがっているからではない。彼らが大多数の成人とはちがって、公的な処罰を受ける可能性があるということに反応できる、機能する脳システムを欠いているからである。

　そしてこのことから、その通常の免責をすべての男性や、すべての虐待被害者や、すべての人間にあたえるべきではない——たとえ、何が彼をその行動に導いたかを説明できると思われる場合でもあたえるべきではない理由がわかる。それらの説明は、ある行動を魅惑的にしている脳部位を理解する助けにはなるかもしれないが、コミュニティの反応を予測してその行動を抑制することができたはずの、そのほかの脳部位（主として前頭前皮質）については何も語っていない。そのコミュニティとは私たちのことで、私たちが抑止のために使う主要な手段は、脳のなかにあるその抑制のシステムに働きかけることによっている。なぜ、誘惑のシステムが解明されはじめたからという理由で、抑制のシステムに働きかける手段を捨てなくてはならないのだろうか？　捨てるべきではないと思うなら、それだけで、人びとに自分の行動の責任を取らせるのに十分である——意志も魂も自己も、そのほかのどんな機械のなかの幽霊も、もちだす必要はない。

この議論は、責任を無効にする心理学的な説明のなかでももっともあからさまな例、すなわち精神異常を理由にした無罪主張（精神異常抗弁）についての長年にわたる論争に似ている。[18] 英語圏の法制度の多くは、次に示す一九世紀のマクノートン準則にしたがっている。

> ……陪審員は、すべての人間が正気で、みずからの犯罪の責任を十分にとれる理性をもっているという前提で話を聞かなくてはならないが、そうではないことが納得のいくように証明された場合はこのかぎりではない。精神異常を根拠に弁護を成立させるためには、犯行当時に当事者が、精神疾患のために理性を欠き、自分のおこなっている行為の性格や質を知らなかった、あるいは知っていても悪い行為であることを知らなかったと

いうことが明白に証明されなければならない。

これは抑止不能の人間のみごとな特徴づけである。ある行為がだれかを害するとわからないほど頭が錯乱していたら、その人は、「人を傷つけてはいけない、さもないと」という禁止命令では抑制されない。マクノートン準則は悪意のある処罰——本人や本人と同じような人びとを抑止する望みなしに犯人に危害を加える報復——をなくすことをめざしていた。

精神異常抗弁が、雇われ精神科医や虐待をもちだす巧妙な言い訳などとともに、今日の悪名高い状況に達したのは、それが、抑止に反応する認知システムが働いているかどうかを調べる実際的な吟味から、その行動を生みだしたと言えるものを調べる不明瞭な吟味にまで拡大したときだった。一九五四年のダラム判決で、バゼロンは「精神医学という科学」や「心理学という科学」を引き合いにして、新たな精神異常抗弁の基礎をつくった。

今回適用するのは、被告人は、その不法行為が精神疾患あるいは精神的欠陥の所産であった場合は、刑法上の責任能力がないというルールである。

通常の行動は機械のなかの幽霊によって選択されると信じているのでないかぎり、行動はすべて脳の認知および情動システムの所産である。犯罪行動は比較的まれであるから（被告人と同じ立場にある人がみな彼のように行動をするとしたら、彼がした行動を禁じる法律は廃止されるだろう）、不埒な行動はしばしば、ふつうの脳システムとなんらかのちがいのある脳システムの所産であるはずで、その行動は「精神疾患あるいは精神的欠陥の所産」と解釈できる。ダラム判決や同様の精神異常ルールは、ある脳状態の所産である行動を、ほかの脳状態の所産である行動と区別することによって、心の解明が進むたびに、それを使って責任がなしくずしにされるという脅威をあたえた。

心や脳についての発見のなかには、本当に責任に対する姿勢に影響をおよぼすものもある——しかしそれらは、責任の領域を拡大するものであっても、縮小するものではない。ときに女性に対するハラスメントや暴力にいたる欲求が多くの男性のなかにあるとしよう。それは本当に、彼らにはどうしようもないのだからという理由で、そのような犯罪に対して寛大な処罰を受けるべきだということを意味するのだろうか？　それとも、強い衝動や広範囲に見られる衝動を阻止するには、より確実に厳しく処罰するのがもっともよい方法であるから、そうすべきだということを意味するのだろうか？　悪事を働くサイコパス［精神病質者］に、被害者の苦しみがきちんと理解できない共感能力の欠陥が見つかったとしよう。能力に欠陥があるという理由で処罰を軽くすべきだろうか？　それとも、処罰をより確実に厳しくして、彼が唯一理解できる言葉で教訓をあたえるべきだろうか？

なぜ人びとの直観は、反対方向の「自分自身をコントロールできないのなら、処罰を寛大にすべきだ」と、「自分自身をコントロールできないのなら、処罰を厳しくすべきだ」に向かうのだろうか？　その理由は、抑止のパラドクスに戻る。仮に、ふつうの人には、消火栓の前に駐車するのをやめさせるのに、ゆでたスパゲティで一回打つという脅しが必要だとしよう。そして悪い遺伝子や、悪い脳や、悪い子ども時代をもつ人たちには、一〇回打つという脅しが必要だとする。不法駐車の罰として九回打つという方針は、不必要な苦痛を生み、問題を解決しない──九回はふつうの人を抑止するには必要以上に多く、欠陥のある人を抑止するには必要に満たない。一〇回打つ罰だけが、不法駐車と処罰の両方を減らせる。みんなが抑止され、だれも消火栓の前をふさがず、だれも処罰を受けないからだ。したがって、逆説的だが、両極端の方針（厳しい処罰と処罰なし）は擁護できるが、中間の方針は擁護できない。もちろん実生活では、人びとの抑止の閾値《いきち》は二つだけでなく、幅広く分散している（一回の人や二回の人や、さまざまである）から、危害をあたえるコストに対して、悪事を抑止する利益をどれくらい重く見るかによって、たくさんの中間レベルの罰が擁護される。

前頭葉の障害や、サイコパシー〔精神病質〕の遺伝子や、そのほかの推定される原因のためにまったく抑止不能という人たちでも、弁護士が彼らを私たちに向けて野放しにするのを許す必要はない。自分自身や他者に害をなす見込みがあって、刑事司法制度のアメとムチには反応しないという人たちのための機構がすでにある。侵略的犯罪をする見込みのある者から身を守る安全と引き換えに、市民的自由の一部の保証を犠牲にする、民事の強制的な施設収容である。以上のすべての決定において、人間本性の科学は、抑止可能性の分布を算定するのには役立つが、不必要な処罰をできるだけ避けるか、それとも将来の悪事をできるだけ防止するかという、対立する価値観のどちらを重視するかを判断することはできない[19]。

私は自由意志の問題を解決したと主張しているのではなく、行動の原因がつぎつぎと解明されていくなかで個人の責任を存続させるのに、自由意志の問題を解決する必要はないということを示したにすぎない。また、抑止は美徳を促進する唯一の方法だと言っているのではなく、抑止は、責任をもつことに価値をあたえる有効成分として認識されるべきだと論じているにすぎない。そして何よりも私は、人間本性の科学をいらざる恐怖の種にしてしまう、二つの誤謬をうまく追い払えたことを願っている。一つは、生物学的な説明は責任をなしくずしにしてしまい、環境的説明はそれをしないという誤謬である。二つめは、因果的説明は（生物学的説明も環境的説明もともに）責任をなしくずしにしてしまい、因果によらない意志や魂が存在するという信念はそれをしないという誤謬である。

第11章　もし人生に意味がないのならば……

宗教理論は本当に道徳的か

　心を生物学的に説明することにともなう最後の恐怖は、生きる意味や目的をはぎとられてしまうのではないかというものである。もし私たちが、遺伝子に自分のコピーをつくらせるための機械にすぎないのなら、もし私たちの喜びや満足が生化学的な事象にすぎないのなら、もし生命が高い目的のためにつくられて尊い目標に向かっているのではないのなら、なぜ生きつづけるのだろう？　私たちが大切にしている人生は、見せかけの価値や重要性で外観を飾っただけのまがいものになってしまう。

　この恐怖には、宗教的なものと世俗的なものの二つのバージョンがある。高尚な宗教的懸念の一例として、教皇ヨハネ・パウロ二世が一九九六年に教皇庁科学アカデミーに対してだした、「真理は真理と矛盾しえない」[1]という声明がある。教皇がダーウィンの進化学説を「単なる仮説以上のもの」であると認めたのは、それぞれ独立した多くの分野で、

「探し求められたのでも、捏造されたのでもない」、進化論に有利な証拠が発見されているという理由からである。しかし教皇は、「霊魂」については、すなわち人類進化において科学では観察されえない「存在論的飛躍」となった移行があったという点については、一線を画した。霊《スピリット》が「生命体の力」から生じたはずはない、それでは「人間の尊厳を確立させる」ことができないからだという見解である。

人間は、神がそれ自身のために望まれた唯一の被造物です。……言い換えるなら、人間個人を、種に対しても社会に対しても、純粋な手段や道具として従属させることはできません。個人はそれ自体で価値をもっているのです。彼は一人の人間です。知性と意志を備え、仲間と交流し連帯する自己犠牲的な関係をつくることができます。……人間は神自身との知と愛の関係に入ることを求められます。時を超えた永遠の充足が見いだされる関係です。（中略）

　人間がそのような尊厳を体のなかにさえもっているのは、霊魂のおかげです。……人間の体が先在する生命体から生じるとしても、霊魂は神によって直接につくられるのです……。したがって、進化理論を鼓舞する哲学にもとづいて、霊が生命体の力から生じる、あるいは生命体の単なる随伴現象であると考える進化の諸学説は、人間に関する真実とあいいれないのです。それらは人間の尊厳に基盤をもたせることもできません。

言い換えるなら、もし心が生命体から生じるという科学者が正しければ、私たちは個人の価値や尊厳も、人類同胞との連帯や無私無欲のかかわりも、それらの価値を神への愛や神の計画についての知識を通して理解するという高次の目的も捨てなくてはならないということになる。私たちを、冷酷な搾取とシニカルで自己中心的な人生から遠ざけてくれるものは何もなくなる。

言うまでもなく、教皇と論争するのは無益な行為のきわみである。このセクションのポイントは、彼の教義を論破することでもなければ、宗教を非難することでも、神の存在に反論することでもない。宗教は数えきれないほど大勢の人びとにやすらぎや、コミュニティや、道徳的指針を提供しているし、一部の生物学者は、多くの宗教がそこに向かって進化している精緻な理神論と、心や人間本性の進化論的理解との両立は可能だと論じている。[2]私の目的は防衛すること、すなわち、宗教的概念は本来的に人間らしいので好ましいが、心を物質主義的にとらえる見かたは本来的に道徳性がない、という非難に反論することである。

無神論者の科学者でも、あたりまえのことだが、冷たい無道徳性を支持しているわけではない。脳はふつうの物質でできた物理的システムかもしれないが、快や苦痛を感じる能力をもった生物を生みだすように組織された物質である。それが道徳性を生む下地になる。

ぼくはもう道徳なんて信じないんだ。
僕に言わせればね、目的は手段を正当化する
足元のあかるいうちに取れるものを取る。そういうことだよ。力は正義だ！勝者が歴史を書くんだ！
食うか食われるかの世界だからね。僕はしなくちゃならないことをなんでもする。それが〈いいこと〉かそうじゃないかは勝手に言わせておくよ
うわあー！
SHOVE!
なんで、こんなことするんだよ！？
前にいてじゃまだったから。もうじゃまじゃなくなった。目的は手段を正当化する
みんながそうしていいなんて言ってないよ、バカ！僕だけだ！
おやそう
WATTERSON 2-18

図 11-1

その理由は、連載漫画の『カルヴィンとホッブズ』に簡潔に説明されている（図11－1）。

トラのホッブズは、同名の人間と同様に、道徳観念のないエゴイストがなぜ擁護できない立場にあるのかを示した。エゴイストは、絶対に泥のなかに突き飛ばされないのであれば都合がいいが、彼自身が人を突き飛ばすのをやめる気がないのなら、人に自分を突き飛ばすなとは言えない。それに、人を突き飛ばして自分も突き飛ばされるよりは、突き飛ばすことも突き飛ばされることもないほうがいいのだから、たとえ代価がつきものでも道徳規準を求めるのは割にあう。道徳哲学者が昔から指摘してきたように、「みんなじゃなくて僕だけ」という考えにもとづいた人生哲学は、自分も他人と同じ一人の人間にすぎないという客観的な見かたで自分を見たとたんに崩壊する。それは、そのときたまたま占めている場所にすぎない「ここ」が、宇宙のなかの特別な場所だと主張するようなものである。[3]（漫画のキャラクターの）カルヴィンとホッブズとのあいだにある力学は、社会性生物につきものであるし、その解決策（道徳感覚）は、泥のなかからはいだしたあとに、各人が一から推定していかなくてはならないのではなく、人類のなかに進化したと考えられるだけの根拠がある。[4]わずか一歳半の子どもでも、困っているように見えるおとなやほかの子どもに対して、自発的におもちゃをあたえたり、助けようとしたり、なぐさめようとしたりする。[5]また、あらゆる文化圏の人びとが、正邪を区別し、公正さの感覚をもち、たがいに助けあい、権利や義務を定め、悪いことは正されるべきだと考え、レイプや殺人その他の暴力を禁止している。[6] これらの正常な心情が存在することは、サイコパスと呼ばれる常軌を逸した人たちがそれを欠いているところからもよくわかる。[7] したがって価値観の源泉としての宗教的理論に代わるものは、私たちは進化によって道徳的感覚をあたえられ、長い歴史のなかで、理性（自己の利益と他者の利益との論理的な互換性を把握すること）や、知識（長期的に見た協同の利点を学ぶこと）や、共感（ほかの人びとの苦痛を感じられるような体験をすること）をとおして、その適用範囲を拡大してきたという考えである。

どうすれば、どちらの説が望ましいかわかるだろうか？　思考実験で二つを対抗させてみよう。もし神が人びとに、「寛大でやさしくあれ」と命じたのではなく、「利己的で冷酷であれ」と命じたのだとしたら、何が正しいことになっていただろうか？　価値観の根源を宗教に置く人たちは、利己的で冷酷になるべきだと言わなくてはならないだろう。道徳感覚に訴える人たちは、神の命令を拒絶すべきだと言うだろう。このことは、道徳感覚のほうが優先されるべきであるということを示している（と私は思う）。[8]

この思考実験は、一三歳の無神論者たちが好むたぐいの単なる純論理的な謎とき（もし神さまが、未来を見ることができて、すでに未来がわかっているのなら、私たちがどうふるまうかをなぜ気にかけるのか、など）ではない。宗教の歴史は、神が人びとに、ありとあらゆる利己的で冷酷な行為を命じてきたことを示している。ミデアン人を皆殺しにして女をさらえ。娼婦に石を投げよ。ホモセクシュアルを処刑せよ。魔女を焼き殺せ。異端者や異教徒を虐殺せよ。プロテスタントを窓から放りだせ。死にかけている子どもに薬をあたえるな。中絶手術をする病院を銃撃せよ。サルマン・ラシュディを追いつめよ。商業活動の中心地で自爆せよ。飛行機を高層ビルに激突させよ。ヒトラーでさえ、神の意志を実行しているのだと考えていた。[9] 神の名のもとに邪悪な行為がくり返されているところから、それらがランダムな曲解ではないことがわかる。だれにも見えない全能の権威者は、聖戦士を募ろうとする悪意ある指導者にとって、有用な後ろ盾である。検証不能の信念は、世界のなかに発見できるものではなく、親や仲間を通して伝わるだけなので、集団によって異なっており、対立を生みだす会員バッジになる。

それに、魂の教義のほうが、心を身体器官として理解することよりも人間的だと、だれが言っているのだろう？　幹細胞の研究で治療法が見つかるかもしれないのに、人が肝炎で死んだり、パーキンソン病におかされたりするのをそのまま見過ごしにすることに、私はなんの尊厳も見いだせないが、宗教運動はその幹細胞の研究を、「霊魂」への「存在論的飛躍」をはたした細胞の塊［胚盤胞］を使うという理由で禁止させようとしている。大きな苦しみの原因になるアルツハイマー病、大うつ病、統合失調症などは、思考や情動を非物質の魂のあらわれとしてとらえることによってではなく、生理や遺伝のあらわれとして扱うことによって緩和されるはずだ。[10]

また、魂は肉体よりも長く生きるという教義は、正当さにはほど遠い。この地球上に住む私たちの生活の価値を必然的に下げるからである。スーザン・スミスは幼い二人の息子を湖の底に沈め、「私の子どもたちは最善のものにふさわしい子たちです。そしてこれから、それを得るのです」という合理化で、良心をぬぐいさった。幸福な死後の生活への言及は、子どもを殺して自殺した親の遺書に典型的であり[11]、また私たちは、そのような信念が自爆者や自爆ハイジャック犯を鼓舞することにあらためて気づかされたばかりでもある。だからこそ私たちは、神の裁きを信じなくなったら人は大手をふって悪を実行するようになるという議論を否定すべきなのである。たしかに神の裁きを信じない人が、法制度やコミュニティの非難や自分の良心からうまく逃れることができると考えたとしたら、永久に地獄で暮らさなくてはならないという脅しで悪事を思いとどまることはないだろう。しかしそういう人は、永久に天国で暮らせるという約束に誘惑されて、何千人という人びとを殺すこともないのである。

死後の生活を信じる心地よさにも両面がある。脳が死んだときに自分が消滅するとしたら、人生は意味を失うだろうか？　いやそれどころか、一秒一秒が貴重な贈りものだという認識ほど、人生に意味をあたえるものはない。ときどき「人生は短い」と思い起こすことによって、どれほど多くの争いが回避され、どれほど多くの友情が復活し、どれほど多くの時間が浪費されずにすみ、どれほど多くの愛情の意思表示がされてきたことだろうか。

至近要因と究極要因の混同

世俗の思想家はなぜ、生物学が人生の意味を失わせるのではないかという恐れをもっているのだろうか？　それは生物学が、私たちがもっとも大切にしているものの価値を下げるように思えるからだ。もし、自分の子どもを愛する理由が、脳内のオキシトシンのほとばしりによって、遺伝子の投資を守らずにはいられなくなるためだとしたら、親であることの気高さがそこなわれ、自己犠牲の値打ちが下がってしまうのではないだろうか？　共感や信頼や正義へのあこがれが、恩恵を得たり裏切り者を検知したりする手段として進化したのだとしたら、利他主義のための利他主義、正義のための正義というものは実は存在しないということになってしまうのではないだろうか？　私たちは、寄付による節税で得をしている慈善家や、罪を激しく非難しながら娼婦のところに行くテレビ伝道師や、カメラがまわっているときだけ虐げられた人びとを擁護する政治家や、女性を引き寄せるいい方法だからという理由でフェミニズムを支持する新時代の男を嘲笑する。しかし進化心理学は、私たちがみな、つねにそのような偽善者だと言っているように思える。

科学的知識によって人間の価値がそこなわれるのではないかという不安について考えると、私は映画『アニー・ホール』の冒頭で、主人公のアルビー・シンガーが子どもの頃に、かかりつけの医師のところに連れてこられたシーンを思いだす。

母親　気が落ち込んでいるんです。急に何もできなくなってしまって。

医師　どうして落ち込んでいるの、アルビー。

母親　フリッカー先生にお話しなさい。（息子の代わりに答える）何か読んだらしいんです。

医師　何か読んだ？

アルビー　（うつむいて）宇宙は膨張している。

医師　宇宙は膨張している？

アルビー　宇宙はすべてでしょ。それが膨張してるなら、いつかばらばらになって、何もかも終わりになってしまうんだ。

母親　それがあなたになんの関係があるの？（医師に向かって）宿題もしなくなってしまって。

アルビー　宿題なんかに、なんの意味があるのさ。

このシーンがおかしいのは、アルビーが分析の二つの水準——宇宙をはかる数十億年という尺度と、数十年、数年、数日という人生の尺度とを混同しているからだ。アルビーの母親の言うとおり、「宇宙があなたになんの関係があるの？　あなたはブルックリンにいるのよ。ブルックリンは膨張していません！」なのだ。

私たちの動機がすべて利己的であるという考えに出あって落ちこむ人は、アルビーと同じくらい混乱している。究極要因（何かが自然選択で進化した理由）と至近要因（それが、いまここでどのように働いているか）とを混同しているのだ。二つの説明はよく似ているように見える場合があるので、混同されるのも無理はない。

リチャード・ドーキンスは、遺伝子を利己的な動機をもつ行為主体としてイメージすると、自然選択の論理を理解しやすいことを示した。彼がこれを思いついたことをだれもねたむべきではないが、このメタファーには、うっかりしているとひっかかるワナがある。遺伝子はメタファーとしての動機（自分のコピーをつくること）をもち、遺伝子がデザインする生物個体は現実の動機をもっている。しかしこの二つの動機は同じではない。ある遺伝子のもっとも利己的なふるまいが、人間の脳に非利己的な動機――惜しみない深い利他心――を組み込むことだという場合もある。子ども（自分の遺伝子を後世に伝える人）や、忠実な配偶者（遺伝子の運命をともにする人）や、友人や味方（あなたが信頼に値する人間であればあなたを信頼する人たち）に対する愛情は、どこまでも深くなりうるし、遺伝子（究極レベル）はメタファーとして利己的であっても、人間（至近レベル）については非難すべきところはない。

説明がこれほど混同されやすい理由はもう一つあるのではないか、と私は感じている。だれでも知っているように、人はときに秘めた動機をもつ。表向きは寛大だが内心は欲が深いということもあるだろうし、表向きは信心深いが内心はシニカルだとか、表向きはプラトニックだが内心は欲望を感じているということもあるだろう。私たちはフロイトのおかげで、秘められた動機が行動に浸透し、意識にのぼらない心の部分でその影響力を行使するという考えに慣らされている。それと、遺伝子はいわばその人の本質あるいは中核だというよくある誤解が一緒になって、ドーキンスとフロイトのあいのこができる。メタファーとしての遺伝子の動機は、その人の深いところにある無意識の秘められた動機だ、という考えである。これは誤りである。ブルックリンは膨張していない。

道徳は実在し、進化する

しかし遺伝子と人間を切り離して考えられる人たちでも、落ち込むことがあるかもしれない。心理学の所見によれば、体験の諸相は脳のなかの情報処理によってつくられる虚構かもしれない。赤という体験と緑という体験の質のちがいは、光波の質のちがいを反映しているのではない。色の知覚を生じさせる光の波長は、なめらかに連続している。質的に異なる特性として知覚される赤と緑は、神経系の化学作用と回路によって構成されるのだ。光色素や配線が異なる生物個体には、赤や緑の知覚がないかもしれない。実際、もっとも一般的な色覚障害の人びとはそのような生物個体である。また、ある対象の情動的な色づけも、果物の甘さも、高所の恐ろしさも、腐肉の不快さも、そうしたものに適応的に反応するように進化した神経系の空想なのである。
人間本性の科学は、正と誤、価値と無価値、美と醜、聖と卑にも同じことが言えると示唆しているように思える。それらは神経の構築物、私たちが頭蓋骨の内側に映写する映画であり、脳の快楽中枢をくすぐる手段であって、赤と緑の違いと同様にリアリティをもたない。［ディケンズの『クリスマス・キャロル』で］マーレイの幽霊から、なぜ自分の感覚を疑うのかと訊かれたスクルージは、「感覚はちょっとしたことで影響を受けるからさ。胃の調子がちょっと悪いだけでだまされてしまう。あんたは、消化されなかった牛肉のきれはしかもしれないし、辛子《からし》のかたまりか、チーズのかけらか、生煮えのジャガイモのかけらかもしれないじゃないか。あんたがだれだとしても、墓《グレイヴ》より肉汁《グレイヴィ》のほうが似あっている」と答える。科学は、私たちが価値をおくあらゆる物事にも同じことがあてはまると言っているように思える。

　しかし私たちの脳が一定の方法で思考するように準備されているからと言って、それらの思考の対象が虚構だということにはならない。私たちの能力の多くは、世界に実在するものとかみあって進化した。私たちがもっている奥行き知覚は、ほかの種にはない複雑な神経回路の所産である。しかしそれは、木や断崖が実在しないという意味ではないし、世界がパンケーキのようにぺたんこだという意味でもない。もっと抽象的な存在物についても、これと同じことが言えるかもしれない。人間は多くの動物と同様に、生まれつき数の感覚をもっているらしい。これは進化の歴史において、数について推論することが有利だったからだと考えられる（たとえば熊が三頭、洞穴に入っていって、二頭出てきたとすると、なかに入るのは安全だろうか？）。しかし、数の能力が進化したという事実をもって、だから数は幻だとは言えない。多くの数学者や哲学者が好むプラトン主義の数のとらえかたによれば、数や形態などは心とは独立に存在している。三という数はでっちあげられたものではなく、発見や探究が可能な実在の性質をもっている。「二」という概念と足し算の概念を理解する回路を備えた理性のある生物が、二たす一が三以外のものに等しいという発見をすることはありえない。だからこそ私たちは、別の文化であっても、それどころか別の惑星であっても、同じような数学上の結論がでることを期待する。もしそうなら数の感覚は、心とは独立して存在する抽象的な事実を把握するために進化したのである。

　おそらく道徳性にも同じ議論が成り立つ。道徳実在論によれば、正と誤は存在し、一部の道徳的議論を認め、他を認めない固有の論理をもっている。[12]世界が私たちに提示しているノンゼロサムゲームでは、両陣営はともに利己的にふるまうよりも、ともに非利己的にふるまったほうが都合がいい（突き飛ばして突き飛ばされるよりは、突き飛ばさず突き飛ばされないほうがいい）。よりよい生活という目標を考えれば、一定の条件が必然的にでてくる。あなたが私を害するのは不道徳であるということを理解する回路を備えた生物が、私があなたを害するのは不道徳であるということに反する何かを発見することはありえない。したがって数や数の感覚の場合と同じように、道徳システムも、別の文化であっても、それどころか別の惑星であっても、同じような結論がでるような方向に進化することが期待できるであろう。そして実際にそのゴールデンルールは、レビ記やマハーバーラタの作者によって、またヒレル、キリスト、孔子、ローマ帝国のストア派の哲学者たち、ホッブズ、ルソー、ロックなどの社会契約論者、定言命法のカントをはじめとする道徳哲学者によって、くり返し再発見されてきた[13]。私たちの道徳感覚は、私たちの頭のなかで無から考えだされたのではなく、本来的に備わっている倫理の論理とかみあって進化してきたのかもしれない。

　道徳論理がプラトン的存在物だという話にはついていけないという人でも、道徳性を社会慣習や宗教的教義以上の何かと見なすことはできる。道徳感覚は、存在論的立場はどうであれ、人間の心の標準装備の一部である。それは私たちがもっている唯一の心であるから、私たちにはその直観を真剣に受けとめる以外に選択の余地はない。もし私たちが（少なくとも、ある時にある人たちに対しては）道徳的観点からものを考えずにはいられないようにつくられているとしたら、私たちにとって道徳性は、あたかも全能の神によって定められたかのように、あるいは宇宙に書き込まれているかのように実在する。愛や真実や美など、そのほかの人間の価値も同様である。それらが本当に「そこにある」のか、それともそこにないと考えることを人間の脳が不可能にしているためにそこにあると思っているだけなのか、いったい私たちはそれを知ることができるだろうか？　そしてもしそれが、人間の考え方にもともと備わっているとしたら、どういう不都合があるだろうか？　私たちはおそらく、カントが『実践理性批判』でしたように、私たちの条件をよく考えてみるべきだろう。「二つのものが、それについてたえず頻繁に考えれば考えるほど、ますます新たに称賛と畏怖の念をともなって心を満たす。星の輝く天空と、内なる道徳律である」。

ここまでの四つの章で、人間本性の科学からでてくる新しい考えがなぜ人間の価値観をそこなわないか、その根拠を示した。それらは価値観をそこなうどころか、倫理的思考を鋭敏にして、それらの価値観をより確固とした土台のうえに置く機会をあたえる。要約すると次のようになる。

- 差別が悪いのは、人の特性が識別不能だからだ、というのはまちがった考えである。
- 暴力や搾取が悪いのは、人がそういう傾向をもともともっていないからだ、というのはまちがった考えである。
- 人が自分の行動に対して責任があるのは、それらの行動の原因が神秘的だからだ、というのはまちがった考えである。
- 私たちの動機が個人的な意味において意義があるのは、それらを生物学的に説明できないからだ、というのはまちがった考えである。

以上がまちがった考えであるのは、私たちの価値観を運命の人質にしているからであり、いつか事実に関する発見によって廃れてしまうかもしれないという含意があるからである。また、人間の本性を否定することのよくない面――すなわち成功者に対する迫害、介入的な社会操作、ほかの文化に存在する苦しみがないものとされる、正義の論理が理解不能になる、この世での生活の価値を下げてしまう、などを隠しているからでもある。

物語
約束
役割とパーソナリティが動的な相互作用のなかで把握される（役割からの離脱を個人のパーソナリティの観点から説明することができる）
槍
夢
夢の解釈
ゆるい所有格
容器
リズム
離乳
両面感情
礼儀作法
レイプ
レイプの禁止
連合
連続体（認知パターンとしての順序づけ）
論理的概念の「一般／特殊」
論理的概念の「同じ」
論理的概念の「でない」
論理的概念の「と（かつ）」
論理的概念の「反対」
論理的概念の「等しい」
論理的概念の「部分／全体」

1989 年以降の追加

愛着
相反する種類のことわざ
イメージ
夫が平均して妻よりも年上
男のほうが連合した暴力にかかわる
おもちゃ
学習の臨界期
危険負担
傷口を吸う
希望
共感覚的なメタファー
空間認知と行動の性差
くすぐり
権力の乱用や支配に対する抵抗
好悪
公正の概念
肯定的な自己イメージを求める
ごっこ遊び
ことわざ
差の評価
自己イメージの操作
自己イメージを意識する（他者がどう思うかを気にする）
自己制御
死の恐怖
支配／従属
習慣化
心的言語
心的地図
制度（組織化された共同活動）
先行の概念
挿入
他者を判断する
道徳感情
道徳感情の作用範囲が限られている
恥
比較
平均して男のほうが生涯の移動距離が大きい
誇り
指しゃぶり
予想
吝嗇に対する非難

2（数詞）
二項的な認知的区別
日課
年齢階梯
年齢的地位
年齢に関する名称
はにかみの表現
母親と息子のインセストは考えられないかタブーである
反義語
火
美的感覚
人という概念
比喩的な表現
病気と死に関係があると見る
病気に関する信念
病気の治療（あるいはその試み）
表情
　怒りの表情
　驚きの表情
　悲しみの表情
　恐怖の表情
　軽蔑の表情
　嫌悪の表情
　喜びの表情
表情によるコミュニケーション
表情を隠す／表情を変える
武器
侮辱
物質主義
プラスの互恵主義
文化
文化と自然の区別
文化の可変性
分業
　性別にもとづく分業
　年齢にもとづく分業
文法
分類
　空間の分類
　行動性向の分類
　色彩の分類
　植物の分類
　親族の分類
　身体部位の分類
　性の分類
　天候の分類
　道具の分類
　動物の分類
　内部の地位の分類
　年齢の分類
分類法
閉鎖音と非閉鎖音の対立
蛇に対する警戒心
保育
母音間の対立
法（権利と義務）
法（成員の規則）
方向
訪問
補償
本質的な所有格
マイナスの互恵主義（復讐，報復）
麻薬
右利きが標準的
身ぶり
未来の計画
未来を予測する試み
民間伝承
結ぶもの（ひものようなもの）
名詞
命名（おそらく分類と同じ）
メタファー（隠喩）
メトニミー（換喩）
メロディ
もてなし

身体装飾
身体装飾以外の装飾
心理的な防衛機制
神話
推測的推理
数詞
すみか
成員どうしが散在している集団
政治組織
正邪の区別
正常な状態と異常な状態の区別
性的嫉妬
性的な規制
性的な規制にインセスト防止が含まれる
性的なつつしみ
性的魅力
性（ジェンダー）の分類は基本的に二元的である
生物学的母親と社会的母親が通常は同じ人物である
生物の形をしたもの（生物や生物に似ているもの）に対する興味
性別による地位
性別，年齢，親族関係以外のものによる地位
世界観
説明
善悪の区別
選択（複数の選択肢のなかから選ぶ）
相続の規則
測定
代名詞
　少なくとも2つの数（単数・複数）の代名詞
　少なくとも3つの人称代名詞
多義性（1つの語がいくつかの意味をもつ）
タブー
　言ってはいけないタブー
　食べ物のタブー
食べ物の好み
食べ物の分けあい
地位と役割
近い親族と遠い親族の区別
父親と母親を指す個別の親族名称
昼行性
抽象的な考えや話
超自然的な存在に対する信仰／宗教的信仰
対語になった有標の意義素（意味のある言語の構成要素）と無標の意義素
通過儀礼
手（を指す言葉）
てこ
天候を制御しようとする試み
同義語
道具
　切るための道具
　耐久性のある道具
　たたくための道具
　道具製作
　道具への依存
　道具を作る道具
　文化的にパターン化された道具
動詞
特別な状況のための特別な語法
年上の親族による社会化が期待されている
取引
内集団と外集団の区別
内集団に対する身びいき
泣く
なわばり制

互恵的な交換（労働，物品，サービスの）
ゴシップ
個人と区別される地位
子育て中の母親は通常，連れあいをもっている
言葉づかいの巧みさによって得られる信望
言葉の冗長性
子ども時代に特有の恐怖
　子ども時代の，大きな物音に対する恐怖
　子ども時代の，知らない人に対する恐怖
固有名詞
殺人の禁止
三者関係の認識（自分と二人の他者とのあいだの関係を見さだめる）
詩／レトリック
時間
時間の周期
時間の単位
自己制御できる行動と制御できない行動との区別
自己と他者との区別
自己に責任がある
死者を悼む
実体化（パターンや関係をものとして扱う）
嫉妬
嫉妬に対処する象徴的な方法
私的な内面生活
指導者
死に関する信念
死の儀式
詩の行が反復と変形によって特徴づけられている
詩の行がポーズによって区切られている
詩の行の長さの範囲が一定
自分と他者との区別
自分の子どもや近親を好む（身内びいき）
自民族中心主義
社会化
社会化に排泄のしつけが含まれる
社会構造
社会単位のなかでの（永続的な）地位
社会的関係の操作
集合的アイデンティティ
集合的な意思決定
集団生活
祝宴
呪術
　愛を勝ちとるための呪術
　寿命を長くするための呪術
　生命維持のための呪術
主体および客体としての自己
出産に関する慣習
冗談
象徴的表現
象徴的話法
情動
食事の時間
食物の調理
女性のほうが直接的に子どもの世話をする
処罰
　社会単位からの排除を含む処罰
　集団に反する犯罪に対する処罰
所有物
白（色彩用語）
真偽の区別
親族関係による地位
親族集団

男と女，おとなと子どもは異なる性質をもつとされている
男のほうが攻撃的
男のほうが盗みを働く傾向がある
男は公的／政治的な領域を支配する
男は死にいたる暴力をふるう傾向がある
踊り
音楽
　歌
　踊りの一部に音楽がともなう
　音楽の冗長性
　音楽の反復
　音楽の変化
　芸術（創造）とみなされる音楽
　言葉を含む歌
　子ども用の音楽
　宗教的行為の一部に音楽がともなう
音素
　音素体系
　音素の融合
　音素変化のルール
　最小の対立的特徴のセットによって定義される音素
　10から70個の範囲にある音素
　不可避的な音素変化
音素，統語，語彙のレベルで特徴がある
音素における母音と非母音の対立
顔（を指す言葉）
顔で個人を識別する
獲得的地位と帰属的地位
過去／現在／未来
家族（あるいは家庭）
家族以外の集団
（事実上の）寡頭政治
髪型
からみあわせる（織るなど）
考えの客観性を過大評価する
感覚の統合
環境への順応
慣習的なあいさつ
関心の対象としてのセクシュアリティ
完全に受動的でもなく完全に自律的でもない自己
寛容を称賛する
記憶
擬音語
儀式
擬人化
技能訓練のための遊び
技能を向上させるための訓練
気分あるいは意識状態を変えるための方法および／または物質
基本的な生殖の関係によって翻訳可能な親族名称
共感
共同作業
恐怖
協力
黒（色彩用語）
計画
経済的不平等
経済的不平等の認識
継承
結婚
言語
　誤った情報を伝えるため，あるいは欺くための言語使用
　言語は翻訳可能
　他者を操作するための言語使用
　単なる現実の反映ではない言語
交替
行動の解釈

付録　ドナルド・ブラウンがあげた人間の普遍特性のリスト

1989年に編集され1991年に出版されたこのリストは，おもに民族誌学者によって記録された行動や明白な言葉の「表層的な」普遍特性からなっている．理論や実験であきらかにされる心的構造の深層的な普遍特性はリストに入っていない．また近普遍特性（すべての文化に見られるわけではないが，ほとんどの文化にみられる特性）や条件的普遍特性（「ある文化が特性Aをもつなら，かならず特性Bをもつ」）も割愛されている．1989年以降に追加された項目は末尾にあげた．考察および参考文献は，ブラウンの著書『ヒューマン・ユニヴァーサルズ（*Human Universals*）』（1991），および彼が執筆を担当した『MIT認知科学事典（*The MIT Encyclopedia of the Cognitive Sciences*）』（Wilson & Keil, 1999）の「人間の普遍特性」の項を参照していただきたい．

愛情を感じ，表現する
赤ちゃん言葉
遊び
甘いものが好まれる
誤った信念
争い
　争いに対処するための協議
　争いに対処するための方法
　争いの仲裁
ある種の恐怖を克服する能力
ある種の暴力の禁止
言うことと，考えることと，することのくいちがい
意義素は一般的に，使用頻度の高いものが短く，使用頻度の低いものは長い
意思決定
医術
威信の不平等
痛み
1（数詞）
一般にひっそりとおこなわれる性交
意図
意味
　あたえることを示す意味的カテゴリー
　位置を示す意味的カテゴリー
　動きを示す意味的カテゴリー
　大きさや量を示す意味的カテゴリー
　速度を示す意味的カテゴリー
　そのほかの物理的性質を示す意味的カテゴリー
　物や人に影響をあたえることを示す意味的カテゴリー
意味成分
　性の意味成分
　世代の意味成分
意味の単位はほとんどが普遍的ではない
インセストの防止あるいは回避
占い
運・不運に関する信念
衛生的な手入れ
エディプスコンプレックス
贈り物

12 K. Q. Seelye, "Clintons try to quell debate over interview," *New York Times*, August 5, 1999.

13 Dennett, 1984; Kane, 1998; Nozick, 1981, pp. 317–362; Ridley, 2000; Staddon, 1999.

14 Kaplan, 1973, p. 16 に引用された部分.

15 Daly & Wilson, 1988; Frank, 1988; Pinker, 1997; Schelling, 1960.

16 Kaplan, 1973, p. 29 に引用された部分.

17 Daly & Wilson, 1988, p. 256.

18 Dershowitz, 1994; Faigman, 1999; Kaplan, 1973; Kirwin, 1997.

19 Rice, 1997.

第 11 章　もし人生に意味がないのならば……

1 October 22, 1996; reprinted in the English edition of *L'Osservatore Romano*, October 30, 1996.

2 Macnamara, 1999; Miller, 1999; Newsome, 2001; Ruse, 2000.

3 Nagel, 1970; Singer, 1981 を参照.

4 Cummins, 1996; Trivers, 1971; Wright, 1994.

5 Zahn-Wexler et al., 1992.

6 Brown, 1991.

7 Hare, 1993; Lykken, 1995; Mealey, 1995; Rice, 1997.

8 Rachels, 1990.

9 Murphy, 1999.

10 Damewood, 2001.

11 Ron Rosenbaum, "Staring into the heart of darkness," *New York Times Magazine*, June 4, 1995; Daly & Wilson, 1988, p. 79.

12 Antonaccio & Schweiker, 1996; Brink, 1989; Murdoch, 1993; Nozick, 1981; Sayre-McCord, 1988.

13 Singer, 1981.

22 Singer, 1981.
23 Skinner, 1948/1976; Skinner, 1971; Skinner, 1974.
24 Chomsky, 1973.
25 Berlin, 1996; Chirot, 1994; Conquest, 2000; Glover, 1999; Minogue, 1985; Minogue, 1999; Scott, 1998.
26 Scott, 1998.
27 Scott, 1998, pp. 114-115 に引用された部分.
28 Perry, 1997.
29 Harris, 1998.
30 From a dialogue with Betty Friedan in *Saturday Review*, June 14, 1975, p. 18, Sommers, 1994, p. 18 に引用された部分.
31 Elizabeth Powers, *Commentary*, January 1, 1997 の引用による.
32 Cornell University Institute on Women and Work における談話より, C. Young, "The mommy wars," *Reason*, July 2000 の引用による.
33 Liza Mundy, "The New Critics," *Lingua Franca*, 3, September/October 1993, p. 27.
34 "From Carol Gilligan's chair," interview by Michael Norman, *New York Times Magazine*, November 7, 1997.
35 投稿は Bruce Bodner, *New York Times Magazine*, November 30, 1997.
36 C. Young, "Where the boys are," *Reason*, February 2, 2001.
37 Sommers, 2000.

第10章 もしすべてがあらかじめ決定されているのならば……

1 Kaplan, 1973, p. 10.
2 E. Felsenthal, "Man's genes made him kill, his lawyers claim," *Wall Street Journal*, November 15, 1994. この抗弁は通らなかった. "Mobley v. The State," Supreme Court of Georgia, March 17, 1995, 265 Ga. 292, 455 S. E. 2 d 61 を参照.
3 "Lawyers may use genetics study in rape defense," *National Post* (Canada), January 22, 2000, p. A8.
4 Jones, 2000; Jones, 1999.
5 Dennett, 1984. Kane, 1998; Nozick, 1981, pp. 317-362; Ridley, 2000; Staddon, 1999 も参照.
6 Dershowitz, 1994; J. Ellement, "Alleged con man's defense: 'Different' mores," *Boston Globe*, February 25, 1999; N. Hall, "Metis woman avoids jail term for killing her husband," *National Post* (Canada), January 20, 1999.
7 B. English, "David Lisak seeks out a dialogue with murderers," *Boston Globe*, July 27, 2000.
8 M. Williams, "Social work in the city: Rewards and risks," *New York Times*, July 30, 2000.
9 S. Morse, Review of C. Sandford's *Springsteen point blank*, *Boston Globe*, November 19, 1999.
10 M. Udovich, Review of M. Meade's *The unruly life of Woody Allen*, *New York Times*, March 5, 2000.
11 L. Franks, Interview with Hillary Clinton, *Talk*, August 1999.

38 Marx & Engels, 1846/1963, part I.
39 Marx, 1859/1979, preface.
40 Marx, 1845/1989; Marx & Engels, 1846/1963.
41 Marx, 1867/1993, vol. 1, p. 10.
42 Marx & Engels, 1844/1988.
43 Glover, 1999, p. 254.
44 Minogue, 1999.
45 Glover, 1999, p. 275.
46 Glover, 1999, pp. 297-298.
47 Courtois et al., 1999, p. 620.
48 注 34, 35 にあげた文献を参照.
49 マルクスの言葉は Stevenson & Haberman, 1998, p. 146, ヒトラーの言葉は Glover, 1999, p. 315 より引用.
50 Besançon, 1998.
51 Watson, 1985.
52 Tajfel, 1981.
53 原典は『赤旗』(北京) 1958 年 6 月 1 日. Courtois et al., 1999 に引用された部分.

第 9 章 もし努力しても無駄ならば……

1 *The Prelude*, Book Sixth, "Cambridge and the Alps," I. Published 1799-1805.
2 Passmore, 1970, epigraph.
3 たとえば, 1990 年の暴力に関するセビリア声明.
4 "Study says rape has its roots in evolution," *Boston Herald*, January 11, 2000, p. 3.
5 Thornhill & Palmer, 2001.
6 Brownmiller & Merhof, 1992.
7 Gould, 1995, p. 433.
8 実を言うと, ちょっとおしい. 作者の漫画家ジム・ジョンソンは, セイウチの名誉を毀損してしまったかもしれないと私に話してくれた. ペンギンをおもしろがって殺すのはヒョウアザラシだと, あとから知ったそうだ.
9 Williams, 1988.
10 Jones, 1999; Williams, 1988.
11 Williams, 1966, p. 255.
12 人間本性と道徳性との関連については以下を参照. McGinn, 1997; Petrinovich, 1995; Rachels, 1990; Richards, 1987; Singer, 1981; Wilson, 1993.
13 Masters, 1989, p. 240.
14 Daly & Wilson, 1988; Daly & Wilson, 1999.
15 Jones, 1997.
16 Daly & Wilson, 1999, pp. 58-66.
17 *Science Friday*, National Public Radio, May 7, 1999.
18 Singer, 1981.
19 Maynard Smith & Szathmáry, 1997; Wright, 2000.
20 de Waal, 1998; Fry, 2000.
21 Axelrod, 1984; Brown, 1991; Fry, 2000; Ridley, 1997; Wright, 2000.

11 Cappon, 1959, pp. 387-392.
12 Seventh Lincoln-Douglas debate, October 15, Alton, Illinois, 1858.
13 Mayr, 1963, p. 649. この議論について，もっと最近の進化遺伝学者の見解が述べられている文献としては Crow, 2002 がある．
14 Chomsky, 1973, pp. 362-363. Segerstråle, 2000 も参照．
15 Tribe, 1971 に，さらに詳しい考察がある．
16 *Los Angeles Times* poll, December 21, 2001.
17 Nozick, 1974.
18 Gould, 1981, pp. 24-25. 論評は以下の文献を参照．Blinkhorn, 1982; Davis, 1983; Jensen, 1982; Rushton, 1996; Samelson, 1982.
19 Putnam, 1973, p. 142.
20 以下の文献に一致した見解がある．Neisser et al., 1996; Snyderman & Rothman, 1988; and Gottfredson, 1997; and also Andreasen et al., 1993; Caryl, 1994; Deary, 2000; Haier et al., 1992; Reed & Jensen, 1992; Thompson et al., 2001; Van Valen, 1974; Willerman et al., 1991.
21 Moore, 1903/1996; Rachels, 1990.
22 Rawls, 1976.
23 Hayek, 1960/1978.
24 Chirot, 1994; Courtois et al., 1999; Glover, 1999.
25 Horowitz, 2001; Sowell, 1994; Sowell, 1996.
26 Lykken et al., 1992.
27 1970 年代後半の『ボストン・フェニックス』のインタビュー．引用の内容は記憶をたよりに再現した．皮肉なことにウォールドの息子のイライジャは，父のウォールドや生物学者である母のルース・ハバートと同じように，ラディカル・サイエンス・ライターになった．
28 Degler, 1991; Kevles, 1985; Ridley, 2000.
29 Bullock, 1991; Chirot, 1994; Glover, 1999; Gould, 1981.
30 Richards, 1987, p. 533.
31 Glover, 1999; Murphy, 1999.
32 Proctor, 1999.
33 Laubichler, 1999.
34 20 世紀のマルクス主義の大量虐殺についての考察，およびナチのホロコーストとの比較をしている文献として，以下のものがある．Besançon, 1998; Bullock, 1991; Chandler, 1999; Chirot, 1994; Conquest, 2000; Courtois et al., 1999; Getty, 2000; Minogue, 1999; Shatz, 1999; Short, 1999.
35 マルクス主義の知的基礎についての考察，およびナチズムの知的基礎との比較をしている文献に以下のものがある．Berlin, 1996; Besançon, 1981; Besançon, 1998; Bullock, 1991; Chirot, 1994; Glover, 1999; Minogue, 1985; Minogue, 1999; Scott, 1998; Sowell, 1985. 人間の本性に関するマルクス主義理論についての考察は以下の文献を参照．Archibald, 1989; Bauer, 1952; Plamenatz, 1963; Plamenatz, 1975; Singer, 1999; Stevenson & Haberman, 1998; Venable, 1945.
36 たとえば Venable, 1945, p. 3 を参照．
37 Marx, 1847/1995, chap. 2.

レウォンティンの攻撃を援用した.

45 Rose, 1978.

46 T. Wolfe, "Sorry, but your soul just died," *Forbes ASAP*, December 2, 1996; 少し表現がちがうものが Wolfe, 2000 に収録されている.

47 Gould, 1976b.

48 A. Ferguson, "The end of nature and the next man" (Review of F. Fukuyama's *The great disruption*), *Weekly Standard*, 1999.

49 Dennett, 1995, p. 263 にも同様の報告がある.

50 E. Smith, "Look who's stalking," *New York*, February 14, 2000.

51 Alcock, 1998.

52 たとえば,「優生学ふたたび」(Horgan, 1993〔「米国で流行する "優生学"」〕),「新たな社会ダーウィニストたち」(Horgan, 1995〔「トレンド　新たなる社会ダーウィニズム」〕),「新たな優生学は進行しているのか？」(Allen, 2001) といったタイトルの記事がある.

53 *New Republic*, April 27, 1998, p. 33.

54 *New York Times*, February 18, 2001, Week in Review, p. 3.

55 Tooby & Cosmides, 1992, p. 49.

56 チンパンジー：Montagu, 1973b, p. 4. IQ の遺伝性：Kamin, 1974; Lewontin, Rose, & Kamin, 1984, p. 116. IQ は具象化：Gould, 1981. パーソナリティと社会行動：Lewontin, Rose, & Kamin, 1984, chap. 9.　性　差：Lewontin, Rose, & Kamin, 1984, p. 156. 平和的なクラン：Gould, 1998a, p. 262.

57 Daly, 1991.

58 Alcock, 2001.

59 Buss, 1995; Daly & Wilson, 1988; Daly & Wilson, 1999; Etcoff, 1999; Harris, 1998; Hrdy, 1999; Ridley, 1993; Ridley, 1997; Symons, 1979; Wright, 1994.

60 Plomin et al., 2001.

Ⅲ　四つの恐怖を克服する

1 Drake, 1970; Koestler, 1959.

2 Galileo, 1632/1967, pp. 58–59.

第8章　もし生まれついての差異があるのならば……

1 *The Rambler*, no. 60 より.

2 『論語』より.

3 Charlesworth, 1987; Lewontin, 1982; Miller, 2000; Mousseau & Roff, 1987; Tooby & Cosmides, 1990.

4 Tooby & Cosmides, 1990.

5 Lander et al., 2001.

6 Bodmer & Cavalli-Sforza, 1970.

7 Tooby & Cosmides, 1990.

8 Patai & Patai, 1989.

9 Sowell, 1994; Sowell, 1995.

10 Patterson, 1995; Patterson, 2000.

20 Lewontin, Rose, & Kamin, 1984, p. ix.
21 Lewontin, Rose, & Kamin, 1984, p. 76.
22 Lewontin, Rose, & Kamin, 1984, p. 270.
23 Rose, 1997, pp. 7, 309.
24 Gould, 1992.
25 Hunt, 1999.
26 以下に引用．J. Salamon, "A stark explanation for mankind from an unlikely rebel" (Review of the PBS series "Evolution"), *New York Times*, September 24, 2001.
27 D. Wald, "Intelligent design meets congressional designers," *Skeptic*, 8, 2000, p. 13. 歌詞は the Bloodhound Gang, "Bad Touch"
28 以下に引用．D. Falk, "Design or chance?" *Boston Globe Magazine*, October 21, 2001, pp. 14-23，引用は p. 21.
29 National Center for Science Education, www.ncseweb.org/pressroom.asp?branch=statement.Berra, 1990; Kitcher, 1982; Miller, 1999; Pennock, 2000; Pennock, 2001 も参照.
30 以下に引用．L. Arnhart, M. J. Behe, & W. A. Dembski, "Conservatives, Darwin, and design: An exchange," *First Things*, 107, November 2000, pp. 23-31.
31 Behe, 1996.
32 Behe, 1996; Crews, 2001; Dorit, 1997; Miller, 1999; Pennock, 2000; Pennock, 2001; Ruse, 1998.
33 R. Bailey, "Origin of the specious," *Reason*, July 1997.
34 D. Berlinski, "The deniable Darwin," *Commentary*, June 1996. 以下参照．R. Bailey, "Origin of the specious," *Reason*, July 1997. 進化論に対する教皇の見解については第 11 章でとりあげる.
35 R. Bailey, "Origin of the specious," *Reason*, July 1997 に引用されている 1991 年のエッセイ.
36 以下に引用．R. Bailey, "Origin of the specious," *Reason*, July 1997.
37 R. Bailey, "Origin of the specious," *Reason*, July 1997.
38 R. Kass, "The end of courtship," *Public Interest*, 126, Winter 1997.
39 A. Ferguson, "The end of nature and the next man" (Review of F. Fukuyama's *The great disruption*), *Weekly Standard*, June 28, 1999.
40 A. Ferguson, "How Steven Pinker's mind works" (Review of S. Pinker's *How the mind works*), *Weekly Standard*, January 12, 1998.
41 T. Wolfe, "Sorry, but your soul just died," *Forbes ASAP*, December 2, 1996; 少し表現がちがうものが Wolfe, 2000 に収録されている．点線は原著どおり.
42 T. Wolfe, "Sorry, but your soul just died," *Forbes ASAP*, December 2, 1996; 少し表現がちがうものが Wolfe, 2000 に収録されている.
43 C. Holden, "Darwin's brush with racism," *Science*, 292, 2001, p. 1295. Resolution HLS 01-2652, Regular Session, 2001, House Concurrent Resolution No. 74 by Representative Broome.
44 R. Wright, "The accidental creationist," *New Yorker*, December 13, 1999. 同様に，創造論者団体のディスカバリー研究所は，2001 年の PBS テレビドキュメンタリー・シリーズ「進化」www.reviewevolution.com を批判するのに，進化心理学に対する

事件関連の文書が多数ある．[http://members.aol.com/archaeodog/index.htm]

42 Edward Hagen, "Chagnon and Neel saved hundreds of lives," The Fray, *Slate*, December 8, 2000 (www.anth.uconn.edu/gradstudents/dhume/dark/darkness.0250.html); S. L. Katz. "The Yanomamö and the 1960s measles epidemic" (letter), *Science*, 292, June 8, 2001, p. 1837.

43 In the *Pittsburgh Post-Gazette*, 以下に引用．John J. Miller, "The Fierce People: The wages of anthropological incorrectness," *National Review*, November 20, 2000.

44 Chagnon, 1992, chaps. 5–6.

45 Valero & Biocca, 1965/1996.

46 Ember, 1978; Keeley, 1996; Knauft, 1987.

47 Tierney, 2000, p. 178.

48 Redmond, 1994, p. 125; 以下に引用．John Tooby, *Slate*, October 24, 2000.

49 Sponsel, 1996, p. 115.

50 Sponsel, 1996, pp. 99, 103.

51 Sponsel, 1998, p. 114.

52 Tierney, 2000, p. 38.

53 Neel, 1994.

54 John J. Miller, "The Fierce People: The wages of anthropological incorrectness," *National Review*, November 20, 2000.

55 Tierney, 2000, p. xxiv.

第７章　すべては詭弁だった

1 Hunt, 1999.

2 Halpern, Gilbert, & Coren, 1996.

3 Allen et al., 1975.

4 Gould, 1976a.

5 Lewontin, Rose, & Kamin, 1984, p. 267.

6 Lewontin, Rose, & Kamin, 1984, p. 267.

7 Lewontin, Rose, & Kamin, 1984, p. 14.

8 Lewontin, 1992, p. 123.

9 Lewontin, 1982 の表紙カバーの要約．

10 Lewontin, 1992, p. 123.

11 Montagu, 1973a.

12 S. Gould, "A time of gifts," *New York Times*, September 26, 2001.

13 Gould, 1998b.

14 Mealey, 1995.

15 Gould, 1998a, p. 262.

16 Bamforth, 1994; Chagnon, 1996; Daly & Wilson, 1988; Divale, 1972; Edgerton, 1992; Ember, 1978; Ghiglieri, 1999; Gibbons, 1997; Keeley, 1996; Kingdon, 1993; Knauft, 1987; Krech, 1994; Krech, 1999; Wrangham & Peterson, 1996.

17 Gould, 1998a, p. 262.

18 Gould, 1998a, p. 265.

19 Levins & Lewontin, 1985, p. 165.

Kamin, 1984; Rose & Rose, 2000; Rose, 1997.

24 タイトルだけとりあげても，Gould, 1976a（グールド「遺伝的可能性と遺伝決定論」），Rose, 1997; Rose & the Dialectics of Biology Group, 1982，および Lewontin, Rose, & Kamin, 1984 の 9 章中の 4 章に，「決定論」という言葉が見られる．

25 Lewontin, Rose, & Kamin, 1984, p. 236.

26 Lewontin, Rose, & Kamin, 1984, p. 5.

27 Dawkins, 1976/1989, p. 164.

28 Lewontin, Rose, & Kamin, 1984, p. 11.

29 Dawkins, 1985.

30 Lewontin, Rose, & Kamin, 1984, p. 287.

31 Dawkins, 1976/1989, p. 20，傍点は筆者付記．

32 Levins & Lewontin, 1985, pp. 88, 128; Lewontin, 1983, p. 68; Lewontin, Rose, & Kamin, 1984, p. 287. Lewontin, 1982, p. 18 では，この引用が「私たちの遺伝子によって支配された」とパラフレーズされている．

33 Lewontin, Rose, & Kamin, 1984, p. 149.

34 Lewontin, Rose, & Kamin, 1984, p. 260.

35 Rose, 1997, p. 211.

36 Freeman, 1999.

37 ターナーとスポンセルの手紙はおそらく以下のサイトで見ることができる．www.anth.uconn.edu/gradstudents/dhume/darkness_in_el_dorado［http://members.aol.com/nym1111111/darkness_in_el_dorado/documents/0055.htm］

38 Chagnon, 1988; Chagnon, 1992.

39 Tierney, 2000.

40 University of Michigan Report on the Ongoing Investigation of the Neel-Chagnon Allegations（www.umich.edu/~urel/darkness.html）; John J. Miller, "The Fierce People: The wages of anthropological incorrectness," *National Review*, November 20, 2000.

41 John Tooby, "Jungle fever: Did two U.S. scientists start a genocidal epidemic in the Amazon, or was The New Yorker duped?" *Slate*, October 24, 2000; University of Michigan Report on the Ongoing Investigation of the Neel-Chagnon Allegations（www.umich.edu/~urel/darkness.html）; John J. Miller, "The Fierce People: The wages of anthropological incorrectness," *National Review*, November 20, 2000; "A statement from Bruce Alberts," National Academy of Sciences, November 9, 2000, www.nas.org; John Tooby, "Preliminary Report," Department of Anthropology, University of California, Santa Barbara, December 10, 2000（www.anth.ucsb.edu/ucsb-preliminaryreport.pdf; 以下も参照．www.anth.ucsb.edu/chagnon.html）; Lou Marano, "Darkness in anthropology," UPI, October 20, 2000; Michael Shermer, "Spindoctoring the Yanomamö," *Skeptic*, 2001; Virgilio Bosh & eight other signatories, "Venezuelan response to Yanomamö book," *Science*, 291, 2001, pp. 985–986; "The Yanomamö and the 1960s measles epidemic": letters from J. V. Neel, Jr., K. Hill, and S. L. Katz, *Science*, 292, June 8, 2001, pp. 1836–1837; "Yanomamö wars continue," *Science*, 295, January 4, 2002, p. 41; yahoo.com/group/evolutionary-psychology/files/aaa.html. November 2001. www.anth.uconn.edu/gradstudents/dhume/index4.htm にティアニー

74 Farah et al., 2000.
75 Anderson et al., 1999.
76 Anderson, 1976; Pinker, 1979; Pinker, 1984; Quine, 1969.
77 Adams et al., 2000.
78 Tooby & Cosmides, 1992; Williams, 1966.
79 Gallistel, 2000; Hauser, 2000.
80 Barkow, Cosmides, & Tooby, 1992; Burnham & Phelan, 2000; Wright, 1994.
81 Brown, 1991.
82 Hirschfeld & Gelman, 1994; Pinker, 1997, chap. 5.
83 Baron-Cohen, 1995; Gopnik, Meltzoff, & Kuhl, 1999; Hirschfeld & Gelman, 1994; Leslie, 1994; Spelke, 1995; Spelke et al., 1992.
84 Baron-Cohen, 1995; Fisher et al., 1998; Frangiskakis et al., 1996; Hamer & Copeland, 1998; Lai et al., 2001; Rossen et al., 1996.
85 Bouchard, 1994; Plomin et al., 2001.
86 Caspi, 2000; McCrae et al., 2000.
87 Bouchard, 1994; Harris, 1998; Plomin et al., 2001; Turkheimer, 2000.
88 本章であげた参考文献を参照.

Ⅱ 知の欺瞞

第6章 不当な政治的攻撃

1 Weizenbaum, 1976.
2 Lewontin, Rose, & Kamin, 1984, p. x.
3 Herrnstein, 1971.
4 Jensen, 1969; Jensen, 1972.
5 Herrnstein, 1973.
6 Darwin, 1872/1998; Pinker, 1998.
7 Ekman, 1987; Ekman, 1998.
8 Wilson, 1975/2000.
9 Sahlins, 1976, p. 3.
10 Sahlins, 1976, p. x.
11 Allen et al., 1975, p. 43.
12 Chorover, 1979, pp. 108–109.
13 Wilson, 1975/2000, p. 548.
14 Wilson, 1975/2000, p. 555.
15 Wilson, 1975/2000, p. 550.
16 Wilson, 1975/2000, p. 554.
17 Wilson, 1975/2000, p. 569.
18 Segerstråle, 2000; Wilson, 1994.
19 Wright, 1994.
20 Trivers & Newton, 1982.
21 Trivers, 1981.
22 Trivers, 1981, p. 37.
23 Gould, 1976a; Gould, 1981; Gould, 1998a; Lewontin, 1992; Lewontin, Rose, &

Chalupa, 2000; Katz, Weliky, & Crowley, 2000; Levitt, 2000; Miyashita-Lin et al., 1999; Rakic, 2000; Rakic, 2001; Verhage et al., 2000; Zhou & Black, 2000.

42 注 41 にあげた文献および以下を参照. Geary & Huffman, 2002; Krubitzer & Huffman, 2000; Preuss, 2000; Preuss, 2001; Tessier-Lavigne & Goodman, 1996.

43 Geary & Huffman, 2002; Krubitzer & Huffman, 2000; Preuss, 2000; Preuss, 2001.

44 D. Normile, "Gene expression differs in human and chimp brains," *Science*, 292, 2001, pp. 44-45.

45 Kaas, 2000, p. 224.

46 Hardcastle & Buller, 2000; Panksepp & Panksepp, 2000.

47 Gu & Spitzer, 1995.

48 Catalano & Shatz, 1998; Crair, Gillespie, & Stryker, 1998; Katz & Shatz, 1996.

49 Catalano & Shatz, 1998; Crair, Gillespie, & Stryker, 1998; Katz & Shatz, 1996; Stryker, 1994.

50 Catalano & Shatz, 1998; Stryker, 1994.

51 Wang et al., 1998.

52 Brown, 1985; Hamer & Copeland, 1994.

53 J. R. Skoyles, June 7, 1999, 進化心理学のメーリングリストへの投稿.

54 Recanzone, 2000, p. 245.

55 Van Essen & Deyoe, 1995.

56 Kosslyn, 1994.

57 Kennedy, 1993; Kosslyn, 1994, pp. 334-335; Zimler & Keenan, 1983; Arditi, Holtzman, & Kosslyn, 1988 も参照.

58 Petitto et al., 2000.

59 Klima & Bellugi, 1979; Padden & Perlmutter, 1987; Siple & Fischer, 1990.

60 Cramer & Sur, 1995; Sharma, Angelucci, & Sur, 2000; Sur, 1988; Sur, Angelucci, & Sharma, 1999.

61 Sur, 1988, pp. 44, 45.

62 Bregman, 1990; Bregman & Pinker, 1978; Kubovy, 1981.

63 Hubel, 1988.

64 Bishop, Coudreau, & O'Leary, 2000; Bourgeois, Goldman-Rakic, & Rakic, 2000; Chalupa, 2000; Geary & Huffman, 2002; Katz, Weliky, & Crowley, 2000; Krubitzer & Huffman, 2000; Levitt, 2000; Miyashita-Lin et al., 1999; Preuss, 2000; Preuss, 2001; Rakic, 2000; Rakic, 2001; Tessier-Lavigne & Goodman, 1996; Verhage et al., 2000; Zhou & Black, 2000.

65 Katz, Weliky, & Crowley, 2000, p. 209.

66 Crowley & Katz, 2000.

67 Verhage et al., 2000.

68 Miyashita-Lin et al., 1999.

69 Bishop, Coudreau, & O'Leary, 2000. Rakic, 2001 も参照.

70 Thompson et al., 2001.

71 Brugger et al., 2000; Melzack, 1990; Melzack et al., 1997; Ramachandran, 1993.

72 Curtiss, de Bode, & Shields, 2000; Stromswold, 2000.

73 Stromswold, 2000 に詳述されている.

PDP Research Group, 1986.

13 Anderson, 1993; Fodor & Pylyshyn, 1988; Hadley, 1994a; Hadley, 1994b; Hummel & Holyoak, 1997; Lachter & Bever, 1988; Marcus, 1998; Marcus, 2001a; McCloskey & Cohen, 1989; Minsky & Papert, 1988; Shastri & Ajjanagadde, 1993; Smolensky, 1995; Sougné, 1998.

14 Berent, Pinker, & Shimron, 1999; Marcus et al., 1995; Pinker, 1997; Pinker 1999; Pinker, 2001a; Pinker & Prince, 1988.

15 Pinker, 1997, pp. 112-131.

16 Pinker, 1999. 以下も参照. Clahsen, 1999; Marcus, 2001a; Marslen-Wilson & Tyler, 1998; Pinker, 1991.

17 たとえば以下を参照. Marcus et al., 1995; Marcus, 2001a.

18 Hinton & Nowlan, 1987; Nolfi, Elman, & Parisi, 1994.

19 たとえば以下を参照. Hummel & Biederman, 1992; Marcus, 2001a; Shastri, 1999; Smolensky, 1990.

20 Deacon, 1997; Elman et al., 1996; Hardcastle & Buller, 2000; Panksepp & Panksepp, 2000; Quartz & Sejnowski, 1997.

21 Elman et al., 1996, p. 108.

22 Quartz & Sejnowski, 1997, pp. 552, 555.

23 Maguire et al., 2000.

24 E. K. Miller, 2000.

25 Sadato et al., 1996.

26 Neville & Bavelier, 2000; Petitto et al., 2000.

27 Pons et al., 1991; Ramachandran & Blakeslee, 1998.

28 Curtiss, de Bode, & Shields, 2000; Stromswold, 2000.

29 Catalano & Shatz, 1998; Crair, Gillespie, & Stryker, 1998; Katz & Shatz, 1996; Miller, Keller, & Stryker, 1989.

30 Sharma, Angelucci, & Sur, 2000; Sur, 1988; Sur, Angelucci, & Sharma, 1999.

31 以下の文献に関連の議論がある. Geary & Huffman, 2002; Katz & Crowley, 2002; Katz & Shatz, 1996; Katz, Weliky, & Crowley, 2000; Marcus, 2001b.

32 R. Restak, "Rewiring" (Review of *The talking cure* by S. C. Vaughan), *New York Times Book Review*, June 22, 1997, pp. 14-15.

33 D. Milmore, "'Wiring' the brain for life," *Boston Globe*, November 2, 1997, pp. N5-N8.

34 William Jenkins, 以下に引用. A. Ellin, "Can 'neurobics' do for the brain what aerobics do for lungs?" *New York Times*, October 3, 1999.

35 A. Ellin, "Can 'neurobics' do for the brain what aerobics do for lungs?" *New York Times*, October 3, 1999 からの引用.

36 G. Kolata, "Muddling fact and fiction in policy," *New York Times*, August 8, 1999.

37 Bruer, 1997; Bruer, 1999.

38 R. Saltus, "Study shows brain adaptable," *Boston Globe*, April 20, 2000.

39 Van Essen & Deyoe, 1995, p. 388.

40 Crick & Koch, 1995.

41 Bishop, Coudreau, & O'Leary, 2000; Bourgeois, Goldman-Rakic, & Rakic, 2000;

6 Baron-Cohen, 1995; Karmiloff-Smith et al., 1995.
7 Rapin, 2001.
8 Baldwin, 1991.
9 Carpenter, Akhtar, & Tomasello, 1998.
10 Meltzoff, 1995.
11 Pinker, 1994; Pinker, 1996; Pinker, 1999.
12 Campbell & Fairey, 1989; Frank, 1985; Kelman, 1958; Latané & Nida, 1981.
13 Deutsch & Gerard, 1955.
14 Harris, 1985.
15 Cronk, 1999; Cronk, Chagnon, & Irons, 2000.
16 Pinker, 1999, chap. 10.
17 Searle, 1995.
18 Sperber, 1985; Sperber, 1994.
19 Boyd & Richerson, 1985; Cavalli-Sforza & Feldman, 1981; Durham, 1982; Lumsden & Wilson, 1981.
20 Cavalli-Sforza, 1991; Cavalli-Sforza & Feldman, 1981.
21 Toussaint-Samat, 1992.
22 Degler, 1991.
23 Sowell, 1996, p. 378. 以下も参照. Sowell, 1994; Sowell, 1998.
24 Diamond, 1992; Diamond, 1998.
25 Diamond, 1997.
26 Putnam, 1973.
27 Chomsky, 1980, p. 227; Marr, 1982; Tinbergen, 1952.
28 Pinker, 1999.

第5章　ブランク・スレートの最後の抵抗

1 Venter et al., 2001.
2 たとえば Rose & Rose, 2000 所収の論文を参照.
3 R. McKie, in *The Guardian*, February 11, 2001. 以下も参照. S. J. Gould, "Humbled by the genome's mysteries," *New York Times*, February 19, 2001.
4 *The Observer*, February 11, 2001.
5 E. Pennisi, "The human genome," *Science*, 291, 2001, 1177-1180; pp. 1178-1179 を参照.
6 "Gene count," *Science*, 295, 2002, p. 29; R. Mishar, "Biotech CEO says map missed much of genome," *Boston Globe*, April 9, 2001; Wright et al., 2001.
7 Claverie, 2001; Szathmáry, Jordán, & Pál, 2001; Venter et al., 2001.
8 Szathmáry, Jordán, & Pál, 2001.
9 Claverie, 2001.
10 Venter et al., 2001.
11 G. Vogel, "Objection #2: Why sequence the junk?" *Science*, 291, 2001, p. 1184 に引用された部分.
12 Elman et al., 1996; McClelland, Rumelhart, & the PDP Research Group, 1986; McLeod, Plunkett, & Rolls, 1998; Pinker, 1997, pp. 98-111; Rumelhart, McClelland, & the

53 Blair & Cipolotti, 2000; Hare, 1993; Kirwin, 1997; Lykken, 1995; Mealey, 1995.

54 Anderson et al., 1999; Blair & Cipolotti, 2000; Lalumière, Harris, & Rice, 2001; Lykken, 2000; Mealey, 1995; Rice, 1997.

55 Barkow, Cosmides, & Tooby, 1992; Betzig, 1997; Buss, 1999; Cartwright, 2000; Crawford & Krebs, 1998; Evans & Zarate, 1999; Gaulin & McBurney, 2000; Pinker, 1997; Pope, 2000; Wright, 1994.

56 Dawkins, 1983; Dawkins, 1986; Gould, 1980; Maynard Smith, 1975/1993; Ridley, 1986; Williams, 1966.

57 Dawkins, 1983; Dawkins, 1986; Maynard Smith, 1975/1993; Ridley, 1986; Williams, 1966.

58 「誇大妄想者のような遺伝子」というメタファーは，コリン・マッギンから着想をえた．

59 Etcoff, 1999.

60 Frank, 1988; Haidt, in press; Trivers, 1971.

61 Daly & Wilson, 1988; Frank, 1988.

62 McGuinness, 1997; Pinker, 1994.

63 Brown, 1991; Brown, 2000.

64 Baron-Cohen, 1995; Hirschfeld & Gelman, 1994; Spelke, 1995.

65 Boyd & Silk, 1996; Calvin & Bickerton, 2000; Kingdon, 1993; Klein, 1989; Mithen, 1996.

66 Gallistel, 1992; Hauser, 1996; Hauser, 2000; Trivers, 1985.

67 James, 1890/1950, vol. 2, chap. 24.

68 Freeman, 1983; Freeman, 1999.

69 Wrangham & Peterson, 1996.

70 Wrangham & Peterson, 1996.

71 Keeley, 1996. グラフは，同書 p. 90 の図 6-2 をエド・ヘーゲンが改変．

72 Ghiglieri, 1999; Keeley, 1996; Wrangham & Peterson, 1996.

73 Ember, 1978. 以下も参照．Ghiglieri, 1999; Keeley, 1996; Knauft, 1987; Wrangham & Peterson, 1996.

74 Divale, 1972; Eibl-Eibesfeldt, 1989, p. 323 にも考察がある．

75 Bamforth, 1994; Chagnon, 1996; Daly & Wilson, 1988; Divale, 1972; Edgerton, 1992; Ember, 1978; Ghiglieri, 1999; Gibbons, 1997; Keeley, 1996; Kingdon, 1993; Knauft, 1987; Krech, 1994; Krech, 1999; Wrangham & Peterson, 1996.

76 Axelrod, 1984; Brown, 1991; Ridley, 1997; Wright, 2000.

77 Brown, 1991.

第4章　文化と科学を結びつける

1 Borges, 1964, p. 30.

2 Pinker, 1984.

3 Boyer, 1994; Hirschfeld & Gelman, 1994; Norenzayan & Atran, in press; Schaller & Crandall, in press; Sperber, 1994; Talmy, 2000; Tooby & Cosmides, 1992.

4 Adams et al., 2000.

5 Tomasello, 1999.

chaps. 1, 10.
17 Baker, 2001.
18 Baker, 2001.
19 Shweder, 1994; Ekman & Davidson, 1994; Lazarus, 1991 にも考察がある.
20 情動に関する諸説については Lazarus, 1991 を参照.
21 Mallon & Stich, 2000.
22 Ekman & Davidson, 1994; Lazarus, 1991.
23 Ekman & Davidson, 1994.
24 Fodor, 1983; Gardner, 1983; Hirschfeld & Gelman, 1994; Pinker, 1994; Pinker, 1997.
25 Elman et al., 1996; Karmiloff-Smith, 1992.
26 Anderson, 1995; Gazzaniga, Ivry, & Mangun, 1998.
27 Calvin, 1996a; Calvin, 1996b; Calvin & Ojemann, 2001; Crick, 1994; Damasio, 1994; Gazzaniga, 2000a; Gazzaniga, 2000b; Gazzaniga, Ivry, & Mangun, 1998; Kandel, Schwartz, & Jessell, 2000.
28 Crick, 1994.
29 1948, C. B. Garnett 訳（New York: Macmillan）, p. 664.
30 Damasio, 1994.
31 Damasio, 1994; Dennett, 1991; Gazzaniga, 1998.
32 Gazzaniga, 1992; Gazzaniga, 1998.
33 Anderson et al., 1999; Blair & Cipolotti, 2000; Lykken, 1995.
34 Monaghan & Glickman, 1992.
35 Bourgeois, Goldman-Rakic, & Rakic, 2000; Chalupa, 2000; Geary & Huffman, 2002; Katz, Weliky, & Crowley, 2000; Rakic, 2000; Rakic, 2001. 第5章も参照.
36 Thompson et al., 2001.
37 Thompson et al., 2001.
38 Witelson, Kigar, & Harvey, 1999.
39 LeVay, 1993.
40 Davidson, Putnam, & Larson, 2000; Raine et al., 2000.
41 Bouchard, 1994; Hamer & Copeland, 1998; Lykken, 1995; Plomin, 1994; Plomin et al., 2001; Ridley, 2000.
42 Hyman, 1999; Plomin, 1994.
43 Bouchard, 1994; Bouchard, 1998; Damasio, 2000; Lykken et al., 1992; Plomin 1994; Thompson et al., 2001; Tramo et al., 1995; Wright, 1995.
44 Segal, 2000.
45 Lai et al., 2001; Pinker, 2001b.
46 Frangiskakis et al., 1996.
47 Chorney et al., 1998.
48 Benjamin et al., 1996.
49 Lesch et al., 1996.
50 Lai et al., 2001; Pinker, 2001b.
51 Charlesworth, 1987; Miller, 2000; Mousseau & Roff, 1987; Tooby & Cosmides, 1990.
52 Bock & Goode, 1996; Lykken, 1995; Mealey, 1995.

34 Ortega y Gasset, 1935/2001.
35 Montagu, 1973a, p. 9. 中略より前の部分は, Degler, 1991, p. 209 に引用された旧版による.
36 Benedict, 1934/1959, p. 278.
37 Mead, 1935/1963, p. 280.
38 以下に引用. Degler, 1991, p. 209.
39 Mead, 1928.
40 Geertz, 1973, p. 50.
41 Geertz, 1973, p. 44.
42 Shweder, 1990.
43 以下に引用. Tooby & Cosmides, 1992, p. 22.
44 以下に引用. Degler, 1991, p. 208.
45 以下に引用. Degler, 1991, p. 204.
46 Degler, 1991; Shipman, 1994.
47 以下に引用. Degler, 1991, p. 188.
48 以下に引用. Degler, 1991, pp. 103-104.
49 以下に引用. Degler, 1991, p. 210.
50 Cowie, 1999; Elman et al., 1996, pp. 390-391.
51 以下に引用. Degler, 1991, p. 330.
52 以下に引用. Degler, 1991, p. 95.
53 以下に引用. Degler, 1991, p. 100.
54 Charles Singer, *A short history of biology*; Dawkins, 1998, p. 90 に引用された部分.

第3章 ゆらぐ公式理論

1 Wilson, 1998. 初めてこの考えを展開したのは Tooby & Cosmides, 1992.
2 Anderson, 1995; Crevier, 1993; Gardner, 1985; Pinker, 1997.
3 Fodor, 1994; Haugeland, 1981; Newell, 1980; Pinker, 1997, chap. 2.
4 Brutus. 1, by Selmer Bringsjord. S. Bringsjord, "Chess is too easy," *Technology Review*, March/April 1998, pp. 23-28.
5 EMI (Experiments in Musical Intelligence), by David Cope. G. Johnson, "The artist's angst is all in your head," *New York Times*, November 16, 1997, p. 16.
6 Aaron, by Harold Cohen. G. Johnson, "The artist's angst is all in your head," *New York Times*, November 16, 1997, p. 16.
7 Goldenberg, Mazursky, & Solomon, 1999.
8 Leibniz, 1765/1996, bk. II, chap. i, p. 111.
9 Leibniz, 1765/1996, preface, p. 68.
10 Chomsky, 1975; Chomsky, 1988; Fodor, 1981.
11 Elman et al., 1996; Rumelhart & McClelland, 1986.
12 Dennett, 1986.
13 Elman et al., 1996, p. 82.
14 Elman et al., 1996, pp. 99-100.
15 Chomsky, 1975; Chomsky, 1993; Chomsky, 2000; Pinker, 1994.
16 以下も参照. Miller, Galanter, & Pribram, 1960; Pinker, 1997, chap. 2; Pinker, 1999,

2001.

第2章　ブランク・スレート，アカデミズムを乗っ取る

1 Jespersen, 1938/1982, pp. 2-3.
2 Degler, 1991; Fox, 1989; Gould, 1981; Richards, 1987.
3 Degler, 1991; Fox, 1989; Gould, 1981; Rachels, 1990; Richards, 1987; Ridley, 2000.
4 Degler, 1991; Gould, 1981; Kevles, 1985; Richards, 1987; Ridley, 2000.
5 「標準社会科学モデル」という用語はジョン・トゥービーとレダ・コスミデス（Tooby & Cosmides, 1992）が提唱した．哲学者のロン・マロンおよびスティーヴン・スティッチ（Mallon & Stich, 2000）は，意味が近くて短いという理由で「社会構築主義」を使っている．「社会構築主義」という言葉は社会学の創始者の1人であるエミール・デュルケームが考案したもので，ハッキング（Hacking, 1999）によって分析されている．
6 以下を参照．Curti, 1980; Degler, 1991; Fox, 1989; Freeman, 1999; Richards, 1987; Shipman, 1994; Tooby & Cosmides, 1992.
7 Degler, 1991, p. viii.
8 White, 1996.
9 以下に引用．Fox, 1989, p. 68.
10 Watson, 1924/1998.
11 以下に引用．Degler, 1991, p. 139.
12 以下に引用．Degler, 1991, pp. 158-159.
13 Breland & Breland, 1961.
14 Skinner, 1974.
15 Skinner, 1971.
16 Fodor & Pylyshyn, 1988; Gallistel, 1990; Pinker & Mehler, 1988.
17 Gallistel, 2000.
18 Preuss, 1995; Preuss, 2001.
19 Hirschfeld & Gelman, 1994.
20 Ekman & Davidson, 1994; Haidt, in press.
21 Daly, Salmon, & Wilson, 1997.
22 McClelland, Rumelhart, & the PDP Research Group, 1986; Rumelhart, McClelland, & the PDP Research Group, 1986.
23 Rumelhart & McClelland, 1986, p. 143.
24 以下に引用．Degler, 1991, p. 148.
25 Boas, 1911. ここにあげた例は，デイヴィッド・ケメラーによる．
26 Degler, 1991; Fox, 1989; Freeman, 1999.
27 以下に引用．Degler, 1991, p. 84.
28 以下に引用．Degler, 1991, p. 95.
29 以下に引用．Degler, 1991, p. 96.
30 Durkheim, 1895/1962, pp. 103-106.
31 Durkheim, 1895/1962, p. 110.
32 以下に引用．Degler, 1991, p. 161.
33 以下に引用．Tooby & Cosmides, 1992, p. 26.

原　注

はじめに

1 Herrnstein & Murray, 1994, p. 311.
2 Harris, 1998, p. 2.
3 Thornhill & Palmer, 2000, p. 176; 引用はジェンダー・ニュートラルに修正した.
4 Hunt, 1999; Jensen, 1972; Kors & Silverglate, 1998; J. P. Rushton, "The new enemies of evolutionary science," *Liberty*, March 1998, pp. 31-35; "Psychologist Hans Eysenck, Freudian critic, dead at 81," Associated Press, September 8, 1997.

I　三つの公式理論

1 Macnamara, 1999; Passmore, 1970; Stevenson & Haberman, 1998; Ward, 1998.
2 Genesis 1: 26（『創世記』1-26）
3 Genesis 3: 16（『創世記』3-16）
4 これはのちの解釈によるもので，聖書では心と体は明確に区別されていなかった.
5 創造：Opinion Dynamics, August 30, 1999; 奇跡：Princeton Survey Research Associates, April 15, 2000; 天使：Opinion Dynamics, December 5, 1997; 悪魔：Princeton Survey Research Associates, April 20, 2000; 死後の世界：Gallup Organization, April 1, 1998; 進化：Opinion Dynamics, August 30, 1999. データは Roper Center at University of Connecticut Public Opinion Online:（www.ropercenter.uconn.edu）で入手可能.

第 1 章　心は「空白の石版」か

1 Locke, 1690/1947, bk. II, chap. 1, p. 26.
2 Hacking, 1999.
3 Rousseau, 1755/1994, pp. 61-62.
4 Hobbes, 1651/1957, pp. 185-186.
5 Descartes, 1641/1967, Meditation VI, p. 177.
6 Ryle, 1949, pp. 13-17.
7 Descartes, 1637/2001, part V, p. 10.
8 Ryle, 1949, p. 20.
9 Cohen, 1997.
10 Rousseau, 1755/1986, p. 208.
11 Rousseau, 1762/1979, p. 92.
12 以下に引用．Sowell, 1987, p. 63.
13 原典は『赤旗』（北京）1958 年 6 月 1 日．Courtois et al., 1999 に引用された部分.
14 J. Kalb, "The downtown gospel according to Reverend Billy," *New York Times*, February 27, 2000.
15 D. R. Vickery, "And who speaks for our earth?" *Boston Globe*, December 1, 1997.
16 Green, 2001; R. Mishra, "What can stem cells really do?" *Boston Globe*, August 21,

Witelson, S. F., Kigar, D. L., & Harvey, T. 1999. The exceptional brain of Albert Einstein. *Lancet*, 353, 2149-2153.

Wolfe, T. 1975. *The painted word*. New York: Bantam Books.（『現代美術コテンパン』高島平吾訳，晶文社，1984 年）

Wolfe, T. 1981. *From Bauhaus to our house*. New York: Bantam Books.（『バウハウスからマイホームまで』諸岡敏行訳，晶文社，1983 年）

Wolfe, T. 2000. Sorry, but your soul just died. In *Hooking up*. New York: Farrar, Straus & Giroux.

Wrangham, R. 1999. Is military incompetence adaptive? *Evolution and Human Behavior*, 20, 3-17.

Wrangham, R. W., & Glowacki, L. 2012. Intergroup aggression in chimpanzees and war in nomadic hunter-gatherers. *Human Nature*, 23, 5-29.

Wrangham, R. W., & Peterson, D. 1996. *Demonic males: Apes and the origins of human violence*. Boston: Houghton Mifflin.（『男の凶暴性はどこからきたか』山下篤子訳，三田出版会，1998 年）

Wright, F. A., Lemon, W. J., Zhao, W. D., Sears, R., Zhuo, D., Wang, J.-P., Yang, H.-Y., Baer, T., Stredney, D., Spitzner, J., Stutz, A., Krahe, R., & Yuan, B. 2001. A draft annotation and overview of the human genome. *Genome Biology*, 2, 0025.1-0025.18.

Wright, L. 1995. Double mystery. *New Yorker*, August 7, 45-62.

Wright, R. 1994. *The moral animal: Evolutionary psychology and everyday life*. New York: Pantheon.（『モラル・アニマル』竹内久美子監修，講談社，1995 年）

Wright, R. 2000. *NonZero: The logic of human destiny*. New York: Pantheon.

Yinon, Y., & Dovrat, M. 1987. The reciprocity-arousing potential of the requester's occupation, its status, and the cost and urgency of the request as determinants of helping behavior. *Journal of Applied Social Psychology*, 17, 429-435.

Yoffe, E. 2014. The campus rape overcorrection. *Slate*, December 7.

Young, C. 1999. *Ceasefire! Why women and men must join forces to achieve true equality*. New York: Free Press.

Zahavi, A., & Zahavi, A. 1997. *The handicap principle: A missing piece of Darwin's puzzle*. New York: Oxford University Press.（『生物進化とハンディキャップ原理——性選択と利他行動の謎を解く』大貫昌子訳，白揚社，2001 年）

Zahn-Wexler, C., Radke-Yarrow, M., Wagner, E., & Chapman, M. 1992. Development of concern for others. *Developmental Psychology*, 28, 126-136.

Zentner, M. R., & Kagan, J. 1996. Perception of music by infants. *Nature*, 383, 29.

Zhou, R., & Black, I. B. 2000. Development of neural maps: Molecular mechanisms. In M. S. Gazzaniga (Ed.), *The new cognitive neurosciences*. Cambridge, Mass.: MIT Press.

Zimbardo, P. G., Maslach, C., & Haney, C. 2000. Reflections on the Stanford Prison Experiment: Genesis, transformations, consequences. In T. Blass (Ed.), *Current perspectives on the Milgram paradigm*. Mahwah, N. J.: Erlbaum.

Zimler, J., & Keenan, J. M. 1983. Imagery in the congenitally blind: How visual are visual images? *Journal of Experimental Psychology: Learning, Memory, and Cognition*, 9, 269-282.

学術文庫，1993年）
Wieseltier, L. 2013. Crimes against humanities. *The New Republic*, September 3.
Wilkinson, M. J. In press. The Greek-Turkish-American triangle. In M. Abramovitz (Ed.), *Turkey and the United States*. New York: Century Foundation.
Wilkinson, R. 2000. *Mind the gap: Hierarchies, health, and human evolution*. London: Weidenfeld and Nicholson.
Willerman, L., Schultz, R., Rutledge, J. N., & Bigler, E. D. 1991. In vivo brain size and intelligence. *American Journal of Physical Anthropology*, 15, 223-238.
Williams, G. C. 1966. *Adaptation and natural selection: A critique of some current evolutionary thought*. Princeton, N. J.: Princeton University Press.
Williams, G. C. 1988. Huxley's evolution and ethics in sociobiological perspective. *Zygon: Journal of Religion and Science*, 23, 383-407.
Williams, J. M. 1990. *Style: Toward clarity and grace*. Chicago: University of Chicago Press.
Williams, K., Harkins, S., & Latané, B. 1981. Identifiability as a deterrant to social loafing: Two cheering experiments. *Journal of Personality and Social Psychology*, 40, 303-311.
Williams, W. M., & Ceci, S. J. 2015. National hiring experiments reveal 2: 1 faculty preference for women on STEM tenure track. *Proceedings of the National Academy of Sciences*, 112, 5360-5365.
Wilson, D. S., & Sober, E. 1994. Re-introducing group selection to the human behavioral sciences. *Behavioral and Brain Sciences*, 17, 585-608.
Wilson, E. O. 1975/2000. *Sociobiology: The new synthesis* (25th-anniversary ed.). Cambridge, Mass.: Harvard University Press.（『社会生物学［合本版］』伊藤嘉昭監修，新思索社，1999年）
Wilson, E. O. 1984. *Biophilia*. Cambridge, Mass.: Harvard University Press.（『バイオフィリア――人間と生物の絆』狩野秀之訳，ちくま学芸文庫，2008年）
Wilson, E. O. 1994. *Naturalist*. Washington, D. C.: Island Press.（『ナチュラリスト』荒木正純訳，法政大学出版局，1996年）
Wilson, E. O. 1998. *Consilience: The unity of knowledge*. New York: Knopf.（『知の挑戦――科学的知性と文化的知性の統合』山下篤子訳，角川書店，2002年）
Wilson, J. Q. 1993. *The moral sense*. New York: Free Press.
Wilson, J. Q., & Herrnstein, R. J. 1985. *Crime and human nature*. New York: Simon & Schuster.
Wilson, M., & Daly, M. 1992. The man who mistook his wife for a chattel. In J. H. Barkow, L. Cosmides, & J. Tooby (Eds.), *The adapted mind: Evolutionary psychology and the generation of culture*. New York: Oxford University Press.
Wilson, M., & Daly, M. 1997. Life expectancy, economic inequality, homicide, and reproductive timing in Chicago neighborhoods. *British Medical Journal*, 314, 1271-1274.
Wilson, R. A., & Keil, F. C. 1999. *The MIT Encyclopedia of the Cognitive Sciences*. Cambridge, Mass.: MIT Press.（『MIT認知科学大事典』中島秀之監訳，共立出版，2012年）

Veblen, T. 1899/1994. *The theory of the leisure class.* New York: Penguin.（『有閑階級の理論［新版］』村井章子訳，ちくま学芸文庫，2016 年）

Venable, V. 1945. *Human nature: The Marxian view.* New York: Knopf.

Venter, C., et al. 2001. The sequence of the human genome. *Science*, 291, 1304-1351.

Verhage, M., Maia, A. S., Plomp, J. J., Brussaard, A. B., Heeroma, J. H., Vermeer, H., Toonen, R. F., Hammer, R. E., van der Berg, T. K., Missler, M., Geuze, H. J., & Südhoff, T. C. 2000. Synaptic assembly of the brain in the absence of neurotransmitter secretion. *Science*, 287, 864-869.

Vonnegut, K. 1968/1998. *Welcome to the monkey house.* New York: Doubleday.（『モンキー・ハウスへようこそ』伊藤典夫ほか訳，ハヤカワ文庫，1989 年）

Vukasovic, T., & Bratko, D. 2015. Heritability of personality: A meta-analysis of behavior genetic studies. *Psychological Bulletin*, 141, 769-785.

Waddington, D. H. 1957. *The strategy of the genes.* London: Allen & Unwin.

Wakefield, J. C. 1992. The concept of mental disorder: On the boundary between biological facts and social values. *American Psychologist*, 47, 373-388.

Walker, L. J. 1984. Sex differences in the development of moral reasoning: A critical review. *Child Development*, 55, 677-691.

Walker, P. L. 2001. A bioarchaeological perspective on the history of violence. *Annual Review of Anthropology*, 30, 573-596.

Walker, R. (Ed.) 1995. *To be real: Telling the truth and changing the face of feminism.* New York: Anchor Books.

Wang, F. A., Nemes, A., Mendelsohn, M., & Axel, R. 1998. Odorant receptors govern the formation of a precise topographic map. *Cell*, 93, 47-60.

Ward, K. 1998. *Religion and human nature.* New York: Oxford University Press.

Warren, M. A. 1984. On the moral and legal status of abortion. In J. Feinberg (Ed.), *The problem of abortion.* Belmont, Calif.: Wadsworth.

Watson, G. 1985. *The idea of liberalism: Studies for a new map of politics.* London: Macmillan.

Watson, J. B. 1924/1998. *Behaviorism.* New Brunswick, N. J.: Transaction.（『行動主義の心理学』安田一郎訳，ちとせプレス，2017 年）

Watts, D. J. 2003. *Six degrees: The science of a connected age.* New York: Norton.（『スモールワールド・ネットワーク〔増補改訂版〕――世界をつなぐ「6 次」の科学』辻竜平・友知政樹訳，ちくま学芸文庫，2016 年）

Weiskrantz, L. (Ed.) 1988. *Thought without language.* New York: Oxford University Press.

Weizenbaum, J. 1976. *Computer power and human reason.* San Francisco: W. H. Freeman.（『コンピュータ・パワー――人工知能と人間の理性』秋葉忠利訳，サイマル出版会，1979 年）

White, S. H. 1996. The relationships of developmental psychology to social policy. In E. Zigler, S. L. Kagan, & N. Hall (Eds.), *Children, family, and government: Preparing for the 21st century.* New York: Cambridge University Press.

Whorf, B. L. 1956. *Language, thought, and reality: Selected writings of Benjamin Lee Whorf.* Cambridge, Mass.: MIT Press.（『言語・思考・現実』池上嘉彦訳，講談社

"Unto others." *Skeptic*, 6, 81–83.

Trivers, R., & Newton, H. P. 1982. The crash of Flight 90: Doomed by self-deception? *Science Digest*, 66–67.

Trivers, R. L., & Willard, D. E. 1973. Natural selection of parental ability to vary the sex ratio of offspring. *Science*, 179, 90–92.

Turkheimer, E. 2000. Three laws of behavior genetics and what they mean. *Current Directions in Psychological Science*, 5, 160–164.

Turkheimer, E., & Waldron, M. 2000. Nonshared environment: A theoretical, methodological, and quantitative review. *Psychological Bulletin*, 126, 78–108.

Turner, F. 1985. *Natural classicism: Essays on literature and science*. New York: Paragon.

Turner, F. 1995. *The culture of hope: A new birth of the classical spirit*. New York: Free Press.

Turner, F. 1997. Modernism: Cure or disease? *Critical Review*, 11, 169–180.

Turner, M. 1991. *Reading minds: The study of English in the age of cognitive science*. Princeton, N. J.: Princeton University Press.

Turner, M. 1996. *The literary mind*. New York: Oxford University Press.

Tversky, A., & Kahneman, D. 1973. Availability: A heuristic for judging frequency and probability. *Cognitive Psychology*, 4, 207–232.

Tversky, A., & Kahneman, D. 1974. Judgment under uncertainty: Heuristics and biases. *Science*, 185, 1124–1131.

Twain, M. 1884/1983. Adventures of Huckleberry Finn. In D. Voto (Ed.), *The portable Mark Twain*. New York: Penguin. (『ハックルベリ・フィンの冒険』大久保博訳, 角川文庫, 2004 年)

Tybur, J. M., Miller, G. F., & Gangestad, S. G. 2007. Testing the controversy: An empirical examination of adaptationists' attitudes toward politics. *Human Nature*, 18, 313–328.

Valero, H., & Biocca, E. 1965/1996. *Yanoáma: The story of Helena Valero, a girl kidnapped by Amazonian Indians*. New York: Kodansha. (『ナパニュマ――アマゾン原住民と暮らした女』竹下孝哉・金丸美南子訳, 早川書房, 1984 年)

Valian, V. 1998. *Why so slow? The advancement of women*. Cambridge, Mass.: MIT Press.

van den Berghe, P. L. 1981. *The ethnic phenomenon*. Westport, Conn.: Praeger.

Van Essen, D. C., & Deyoe, E. A. 1995. Concurrent processing in the primate visual cortex. In M. S. Gazzaniga (Ed.), *The cognitive neurosciences*. Cambridge, Mass.: MIT Press.

Van Valen, L. 1974. Brain size and intelligence in man. *American Journal of Physical Anthropology*, 40, 417–423.

Vandell, D. L. 2000. Parents, peer groups, and other socializing influences. *Developmental Psychology*, 36, 699–710.

Vasquez, J. A. 1992. The steps to war: Toward a scientific explanation of Correlates of War findings. In J. A. Vasquez & M. T. Henehan (Eds.), *The scientific study of peace and war: A text reader*. New York: Lexington Books.

coercion. Cambridge, Mass.: MIT Press.

Thornhill, R., & Palmer, C. T. 2001. Rape and evolution: A reply to our critics (Preface to the paperback ed.), *A natural history of rape: Biological bases of sexual coercion* (paperback ed.). Cambridge, Mass.: MIT Press.

Tierney, P. 2000. *Darkness in El Dorado: How scientists and journalists devastated the Amazon*. New York: Norton.

Tinbergen, N. 1952. Derived activities: Their causation, biological significance, origin, and emancipation during evolution. *Quarterly Review of Biology*, 27, 1-32.

Tomasello, M. 1999. *The cultural origins of human cognition*. Cambridge, Mass.: Harvard University Press. (『心とことばの起源を探る——文化と認知』大堀壽夫ほか訳, 勁草書房, 2006 年)

Tong, R. 1998. *Feminist thought: A more comprehensive introduction* (2nd ed.). Boulder, Colo.: West-view Press.

Tooby, J., & Cosmides, L. 1990. On the universality of human nature and the uniqueness of the individual: The role of genetics and adaptation. *Journal of Personality*, 58, 17-67.

Tooby, J., & Cosmides, L. 1992. Psychological foundations of culture. In J. Barkow, L. Cosmides, & J. Tooby (Eds.), *The adapted mind: Evolutionary psychology and the generation of culture*. New York: Oxford University Press.

Tooby, J., & DeVore, I. 1987. The reconstruction of hominid behavioral evolution through strategic modeling. In W. G. Kinzey (Ed.), *The evolution of human behavior: Primate models*. Albany, N. Y.: SUNY Press.

Tooley, M. 1972. Abortion and infanticide. *Philosophy and Public Affairs*, 2, 37-65.

Toussaint-Samat, M. 1992. *History of food*. Cambridge, Mass.: Blackwell. (『世界食物百科——起源・歴史・文化・料理・シンボル』玉村豊男監訳, 原書房, 1998 年)

Tramo, M. J., Loftus, W. C., Thomas, C. E., Green, R. L., Mott, L. A., & Gazzaniga, M. S. 1995. Surface area of human cerebral cortex and its gross morphological subdivisions: In vivo measurements in monozygotic twins suggest differential hemispheric effects of genetic factors. *Journal of Cognitive Neuroscience*, 7, 292-302.

Tribe, L. 1971. Trial by mathematics: Precision and ritual in the legal process. *Harvard Law Review*, 84, 1329-1393.

Trivers, R. 1971. The evolution of reciprocal altruism. *Quarterly Review of Biology*, 46, 35-57.

Trivers, R. 1972. Parental investment and sexual selection. In B. Campbell (Ed.), *Sexual selection and the descent of man*. Chicago: Aldine.

Trivers, R. 1974. Parent-offspring conflict. *American Zoologist*, 14, 249-264.

Trivers, R. 1976. Foreword. In R. Dawkins, *The selfish gene*. New York: Oxford University Press.

Trivers, R. 1981. Sociobiology and politics. In E. White (Ed.), *Sociobiology and human politics*. Lexington, Mass.: D. C. Heath.

Trivers, R. 1985. *Social evolution*. Reading, Mass.: Benjamin/Cummings. (『生物の社会進化』中嶋康裕ほか訳, 産業図書, 1991 年)

Trivers, R. 1998. As they would do to you: A review of E. Sober & D. S. Wilson's

Press.
Symons, D. 1995. Beauty is in the adaptations of the beholder: The evolutionary psychology of human female sexual attractiveness. In P. R. Abramson & S. D. Pinkerton (Eds.), *Sexual nature, sexual culture*. Chicago: University of Chicago Press.
Szathmáry, E., Jordán, F., & Pál, C. 2001. Can genes explain biological complexity? *Science*, 292, 1315-1316.
Tajfel, H. 1981. *Human groups and social categories*. New York: Cambridge University Press.
Talmy, L. 2000. The cognitive culture system. In L. Talmy (Ed.), *Toward a cognitive semantics* (Vol. 2: Typology and process in concept structuring). Cambridge, Mass.: MIT Press.
Taylor, J. K. 1992. *Reclaiming the mainstream: Individualist feminism rediscovered*. Buffalo, N. Y.: Prometheus Books.
Taylor, S. E. 1989. *Positive illusions: Creative self-deception and the healthy mind*. New York: Basic Books.（『それでも人は、楽天的な方がいい――ポジティブ・マインドと自己説得の心理学』宮崎茂子訳, 日本教文社, 1998年）
Tenenbaum, J. B., Griffiths, T. L., & Kemp, C. 2006. Theory-based Bayesian models of inductive learning and reasoning. *Trends in Cognitive Sciences*, 10, 309-318.
Tesser, A. 1993. The importance of heritability in psychological research: The case of attitudes. *Psychological Review*, 100, 129-142.
Tessier-Lavigne, M., & Goodman, C. S. 1996. The molecular biology of axon guidance. *Science*, 274, 1123-1132.
Tetlock, P. E. 1999. Coping with trade-offs: Psychological constraints and political implications. In A. Lupia, M. McCubbins, & S. Popkin (Eds.), *Political reasoning and choice*. Berkeley: University of California Press.
Tetlock, P. E., Kristel, O. V., Elson, B., Green, M. C., & Lerner, J. 2000. The psychology of the unthinkable: Taboo trade-offs, forbidden base rates, and heretical counterfactuals. *Journal of Personality and Social Psychology*, 78, 853-870.
Teuber, M. 1997. Gertrude Stein, William James, and Pablo Picasso's Cubism. In W. G. Bringmann, H. E. Luck, R. Miller, & C. E. Early (Eds.), *A pictorial history of psychology*. Chicago: Quintessence Publishing.
Thaler, R. H. 1994. *The winner's curse: Paradoxes and anomalies of economic life*. Princeton, N. J.: Princeton University Press.（『セイラー教授の行動経済学入門』篠原勝訳, ダイヤモンド社, 2007年）
Thiessen, D., & Young, R. K. 1994. Investigating sexual coercion. *Society*, 31, 60-63.
Thompson, P. M., Cannon, T. D., Narr, K. L., van Erp, T. G. M., Poutanen, V.-P., Huttunen, M., Lönnqvist, J., Standertskjöld-Nordenstam, C.-G., Kaprio, J., Khaledy, M., Dail, R., Zoumalan, C. I., & Toga, A. W. 2001. Genetic influences on brain structure. *Nature Neuroscience*, 4,1-6.
Thornhill, R. 1998. Darwinian aesthetics. In C. Crawford & D. L. Krebs (Eds.), *Handbook of evolutionary psychology: Ideas, issues, and applications*. Mahwah, N. J.: Erlbaum.
Thornhill, R., & Palmer, C. T. 2000. *A natural history of rape: Biological bases of sexual*

(Eds.), *Responsibility* (Vol. 16). New York: Cambridge University Press.
Steiner, G. 1967. *Language and silence: Essays on language, literature, and the inhuman.* New Haven, Conn.: Yale University Press. (『言語と沈黙――言語・文学・非人間的なるものについて』由良君美訳, せりか書房, 2001 年)
Steiner, G. 1984. *Antigones: How the Antigone legend has endured in Western literature, art, and thought.* New Haven, Conn.: Yale University Press. (『アンティゴネーの変貌』海老根宏・山本史郎訳, みすず書房, 1989 年)
Steiner, W. 2001. *Venus in exile: The rejection of beauty in 20th-century art.* New York: Free Press.
Stevens, M. 2001. Only causation matters: Reply to Ahn et al. *Cognition*, 82, 71–76.
Stevens, P. 2001. Magical thinking in complementary and alternative medicine. *Skeptical Inquirer*, 32–37.
Stevens, W. 1965. *The necessary angel.* New York: Random House.
Stevenson, L., & Haberman, D. L. 1998. *Ten theories of human nature.* New York: Oxford University Press.
Stoolmiller. 2000. Implications of the restricted range of family environments for estimates of heritability and nonshared environment in behavior-genetic adoption studies. *Psychological Bulletin*, 125, 392–407.
Storey, R. 1996. *Mimesis and the human animal.* Evanston, Ill.: Northwestern University Press.
Strand, S., Deary, I. J., & Smith, P. 2006. Sex differences in Cognitive Abilities Test scores: A UK national picture. *British Journal of Educational Psychology*, 76, 463–480.
Stromswold, K. 1998. Genetics of spoken language disorders. *Human Biology*, 70, 297–324.
Stromswold, K. 2000. The cognitive neuroscience of language acquisition. In M. S. Gazzaniga (Ed.), *The new cognitive neurosciences.* Cambridge, Mass.: MIT Press.
Stryker, M. P. 1994. Precise development from imprecise rules. *Science*, 263, 1244–1245.
Sulloway, F. J. 1995. Birth order and evolutionary psychology: A meta-analytic overview. *Psychological Inquiry*, 6, 75–80.
Sulloway, F. J. 1996. *Born to rebel: Family conflict and radical genius.* New York: Pantheon.
Sur, M. 1988. Visual plasticity in the auditory pathway: Visual inputs induced into auditory thalamus and cortex illustrate principles of adaptive organization in sensory systems. In M. A. Arbib & S. Amari (Eds.), *Dynamic interactions in neural networks* (Vol. 1: Models and data). New York: Springer-Verlag.
Sur, M., Angelucci, A., & Sharma, J. 1999. Rewiring cortex: The role of patterned activity in development and plasticity of neocortical circuits. *Journal of Neurobiology*, 41, 33–43.
Swim, J. K. 1994. Perceived versus meta-analytic effect sizes: An assessment of the accuracy of gender stereotypes. *Journal of Personality and Social Psychology*, 66, 21–36.
Symons, D. 1979. *The evolution of human sexuality.* New York: Oxford University

Smolensky, P. 1995. Reply: Constituent structure and explanation in an integrated connectionist/symbolic cognitive architecture. In C. MacDonald & G. MacDonald (Eds.), *Connectionism: Debates on Psychological Explanations* (Vol. 2). Cambridge, Mass.: Blackwell.

Snyderman, M., & Rothman, S. 1988. *The IQ controversy: The media and public policy.* New Brunswick, N. J.: Transaction.

Sommers, C. H. 1994. *Who stole feminism?* New York: Simon & Schuster.

Sommers, C. H. 1998. Why Johnny can't tell right from wrong. *American Outlook*, 45–47.

Sommers, C. H. 2000. *The war against boys: How misguided feminism is harming our young men.* New York: Touchstone Books.

Sougné, J. 1998. Connectionism and the problem of multiple instantiation. *Trends in Cognitive Sciences*, 2, 183–189.

Sowell, T. 1980. *Knowledge and decisions.* New York: Basic Books.

Sowell, T. 1985. *Marxism: Philosophy and economics.* New York: Quill.

Sowell, T. 1987. *A conflict of visions: Ideological origins of political struggles.* New York: Quill.

Sowell, T. 1994. *Race and culture: A world view.* New York: Basic Books.

Sowell, T. 1995a. Ethnicity and IQ. In S. Fraser (Ed.), *The Bell Curve wars: Race, intelligence, and the future of America.* New York: Basic Books.

Sowell, T. 1995b. *The vision of the anointed: Self-congratulation as a basis for social policy.* New York: Basic Books.

Sowell, T. 1996. *Migrations and cultures: A world view.* New York: Basic Books.

Sowell, T. 1998. *Conquests and cultures: An international history.* New York: Basic Books.（『征服と文化の世界史――民族と文化変容』内藤嘉昭訳，明石書店，2004年）

Spann, E. K. 1989. *Brotherly tomorrows: Movements for a cooperative society in America, 1820–1920.* New York: Columbia University Press.

Spelke, E. 1995. Initial knowledge: Six suggestions. *Cognition*, 50, 431–445.

Spelke, E. S., Breinlinger, K., Macomber, J., & Jacobson, K. 1992. Origins of knowledge. *Psychological Review*, 99, 605–632.

Sperber, D. 1985. Anthropology and psychology: Towards an epidemiology of representations. *Man*, 20, 73–89.

Sperber, D. 1994. The modularity of thought and the epidemiology of representations. In L. Hirschfeld & S. Gelman (Eds.), *Mapping the mind: Domain specificity in cognition and culture.* New York: Cambridge University Press.

Spiller, R. J. 1988. S. L. A. Marshall and the ratio of fire. *RUSI Journal*, 133.

Sponsel, L. 1996. The natural history of peace: A positive view of human nature and its potential. In T. Gregor (Ed.), *A natural history of peace.* Nashville, Tenn.: Vanderbilt University Press.

Sponsel, L. 1998. Yanomami: An area of conflict and aggression in the Amazon. *Aggressive Behavior*, 24, 97–122.

Staddon, J. R. 1999. On responsibility in science and law. In E. Paul, F. Miller, & J. Paul ty (autonomy, community, and divinity) and the "big three" explanations of suffering. In A. Brandt & P. Rozin (Eds.), *Morality and health*. New York: Routledge.

Siegal, M., Varley, R., & Want, S. C. 2001. Mind over grammar: Reasoning in aphasia and development. *Trends in Cognitive Sciences*, 5, 296-301.

Silverman, I., & Eals, M. 1992. Sex differences in spatial abilities: Evolutionary theory and data. In J. Barkow, L. Cosmides, & J. Tooby (Eds.), *The adapted mind: Evolutionary psychology and the generation of culture*. New York: Oxford University Press.

Simon, J. L. 1996. *The ultimate resource 2*. Princeton, N. J.: Princeton University Press.

Singer, I. B. 1972. *Enemies, a love story*. New York: Farrar, Straus & Giroux.（『敵，ある愛の物語』田内初義訳，角川文庫，1990 年）

Singer, P. 1981. *The expanding circle: Ethics and sociobiology*. New York: Farrar, Straus & Giroux.

Singer, P. 1999. *A Darwinian left: Politics, evolution, and cooperation*. New Haven, Conn.: Yale University Press.（『現実的な左翼に進化する』竹内久美子訳，新潮社，2003 年）

Siple, P., & Fischer, S. D. (Eds.) 1990. *Theoretical issues in sign language research*. Chicago: University of Chicago Press.

Skinner, B. F. 1948/1976. *Walden Two*. New York: Macmillan.（『ウォールデン・ツー 森の生活――心理学的ユートピア』宇津木保訳，誠信書房，1983 年）

Skinner, B. F. 1971. *Beyond freedom and dignity*. New York: Knopf.（『自由と尊厳を超えて』山形浩生訳，春風社，2013 年）

Skinner, B. F. 1974. *About behaviorism*. New York: Knopf.（『スキナーの徹底的行動主義――20 の批判に答える』坂上貴之・三田地真実訳，誠信書房，2022 年）

Skuse, D. H., James, R. S., Bishop, D. V. M., Coppin, B., Dalton, P., Aamodt-Leeper, G., Bacarese-Hamilton, M., Cresswell, C., McGurk, R., & Jacobs, P. A. 1997. Evidence from Turner's Syndrome of an imprinted X-linked locus affecting cognitive function. *Nature*, 287, 705-708.

Sloman, S. A. 1996. The empirical case for two systems of reasoning. *Psychological Bulletin*, 119, 3-22.

Slovic, P., Fischof, B., & Lichtenstein, S. 1982. Facts versus fears: Understanding perceived risk. In D. Kahneman, P. Slovic, & A. Tversky (Eds.), *Judgment under uncertainty: Heuristics and biases*. New York: Cambridge University Press.

Smith, A. 1759/1976. *The theory of moral sentiments*. Indianapolis: Liberty Classics.（『道徳感情論』水田洋訳，岩波文庫，2003 年）

Smith, A., Jussim, L., & Eccles, J. 1999. Do self-fulfilling prophesies accumulate, dissipate, or remain stable over time? *Journal of Personality and Social Psychology*, 77, 548-565.

Smith, G. D. 2011. Epidemiology, epigenetics, and the "Gloomy Prospect": Embracing randomness in population health research and practice. *International Journal of Epidemiology*, 40, 537-562.

Smolensky, P. 1990. Tensor product variable binding and the representation of symbolic structures in connectionist systems. *Artificial Intelligence*, 46, 159-216.

Segerstråle, U. 2000. *Defenders of the truth: The battle for sociobiology and beyond.* New York: Oxford University Press.

Seligman, M. E. P. 1971. Phobias and preparedness. *Behavior Therapy*, 2, 307–320.

Sen, A. 1984. *Poverty and famines: An essay on entitlement and deprivation.* New York: Oxford University Press.（『貧困と飢饉』黒崎卓・山崎幸治訳，岩波現代文庫，2017年）

Sen, A. 2000. East and West: The reach of reason. *New York Review of Books*, July 20.

Seung, S. 2012. *Connectome: How the brain's wiring makes us who we are.* New York: Houghton Mifflin Harcourt.

The Seville Statement on Violence. 1990. *American Psychologist*, 45, 1167–1168.

Shalit, W. 1999. *A return to modesty: Discovering the lost virtue.* New York: Free Press.

Shankman, P. 2009. *The trashing of Margaret Mead: Anatomy of an anthropological controversy.* Madison: University of Wisconsin Press.

Sharma, J., Angelucci, A., & Sur, M. 2000. Induction of visual orientation modules in auditory cortex. *Nature*, 404, 841–847.

Sharpe, G. 1994. *William Hill's bizarre bets.* London: Virgin Books.

Shastri, L. 1999. Advances in SHRUTI: A neurally motivated model of relational knowledge representation and rapid inference using temporal synchrony. *Applied Intelligence*, 11, 79–108.

Shastri, L., & Ajjanagadde, V. 1993. From simple associations to systematic reasoning: A connectionist representation of rules, variables, and dynamic bindings using temporal synchrony. *Behavioral and Brain Sciences*, 16, 417–451.

Shatz, A. 1999. The guilty party. *Lingua Franca*, B17–B21.

Shendure, J., & Akey, J. M. 2015. The origins, determinants, and consequences of human mutations. *Science*, 349, 1478–1483.

Shepard, R. N. 1990. *Mind sights: Original visual illusions, ambiguities, and other anomalies.* New York: W. H. Freeman.（『視覚のトリック――だまし絵が語る〈見る〉しくみ』鈴木光太郎・芳賀康朗訳，新曜社，1993年）

Sherif, M. 1966. *Group conflict and co-operation: Their social psychology.* London: Routledge & Kegan Paul.

Shipman, P. 1994. *The evolution of racism.* New York: Simon & Schuster.

Short, P. 1999. *Mao: A life.* New York: Henry Holt.

Shoumatoff, A. 1985. *The mountain of names: A history of the human family.* New York: Simon & Schuster.

Shulevitz, J. 2015. Regulating sex. *New York Times*, June 27.

Shweder, R. A. 1990. Cultural psychology: What is it? In J. W. Stigler, R. A. Shweder, & G. H. Herdt (Eds.), *Cultural psychology: Essays on comparative human development.* New York: Cambridge University Press.

Shweder, R. A. 1994. "You're not sick, you're just in love": Emotion as an interpretive system. In P. Ekman & R. J. Davidson (Eds.), *The nature of emotion.* New York: Oxford University Press.

Shweder, R. A., Much, N. C., Mahapatra, M., & Park, L. 1997. The "big three" of morali-

みすず書房，1987 年）
Sadato, N., Pascual-Leone, A., Grafman, J., Ibañez, V., Delber, M.-P., Dold, G., & Hallett, M. 1996. Activation of the primary visual cortex by Braille reading in blind subjects. *Nature*, 380, 526–528.
Sahlins, M. 1976. *The use and abuse of biology: An anthropological critique of sociobiology*. Ann Arbor: University of Michigan Press.
Salmon, C. A. 1998. The evocative nature of kin terminology in political rhetoric. *Politics and the Life Sciences*, 17, 51–57.
Salmon, C. A., & Symons, D. 2001. *Warrior lovers*. New Haven, Conn.: Yale University Press.（『女だけが楽しむ「ポルノ」の秘密』竹内久美子訳，新潮社，2004 年）
Samelson, F. 1982. Intelligence and some of its testers（Review of S. J. Gould's "The mismeasure of man"）. *Science*, 215, 656–657.
Saperstein, A. M. 1995. War and chaos. *American Scientist*, 83, 548–557.
Sapolsky, R. M. 1997. *The trouble with testosterone: And other essays on the biology of the human predicament*. New York: Simon & Schuster.（『ヒトはなぜのぞきたがるのか——行動生物学者が見た人間世界』中村桂子訳，白揚社，1999 年）
Sayre-McCord, G. 1988. *Essays on moral realism*. Ithaca, N. Y.: Cornell University Press.
Scarr, S., & Carter-Saltzman. 1979. Twin method: Defense of a critical assumption. *Behavior Genetics*, 9, 527–542.
Scarr, S., & McCartney, K. 1983. How people make their own environments: A theory of genotype→environment effects. *Child Development*, 54, 424–435.
Scarr, S., & Weinberg, R. A. 1981. The transmission of authoritarian attitudes in families: Genetic resemblance in social-political attitudes? In S. Scarr（Ed.）, *Race, social class, and individual differences in I. Q.* Mahwah, N. J.: Erlbaum.
Scarry, E. 1999. *Dreaming by the book*. New York: Farrar, Straus & Giroux.
Schaller, M., & Crandall, C.（Eds.）In press. *The psychological foundations of culture*. Mahwah, N. J.: Erlbaum.
Schellenberg, E. G., & Trehub, S. E. 1996. Natural musical intervals: Evidence from infant listeners. *Psychological Science*, 7, 272–277.
Schelling, T. 1960. *The strategy of conflict*. Cambridge, Mass.: Harvard University Press.（『紛争の戦略——ゲーム理論のエッセンス』河野勝監訳，勁草書房，2008 年）
Schütze, Y. 1987. The good mother: The history of the normative model "mother-love." In P. A. Adler, P. Adler, & N. Mandell（Eds.）, *Sociological studies of child development*（Vol. 2）. Greenwich, Conn.: JAI Press.
Schwartz, F. N. 1992. *Breaking with tradition: Women and work, the new facts of life*. New York: Warner Books.
Scott, J. C. 1998. *Seeing like a state: How certain schemes to improve the human condition failed*. New Haven, Conn.: Yale University Press.
Searle, J. R. 1995. *The construction of social reality*. New York: Free Press.
Segal, N. 2000. Virtual twins: New findings on within-family environmental influences on intelligence. *Journal of Educational Psychology*, 92, 442–448.

critics and Essay on the origin of languages. New York: Perennial Library.

Rousseau, J.-J. 1755/1994. *Discourse upon the origin and foundation of inequality among mankind*. New York: Oxford University Press.（『人間不平等起源論 付「戦争法原理」』坂倉裕治訳，講談社学術文庫，2016 年）

Rousseau, J.-J. 1762/1979. *Emile*. New York: Basic Books.（『エミール』今野一雄訳，岩波文庫，1962-64 年）

Rowe, D. 1994. *The limits of family influence: Genes, experience, and behavior*. New York: Guilford Press.

Rowe, D. C. 2001. The nurture assumption persists. *American Psychologist*, 56, 168-169.

Rozin, P. 1996. Towards a psychology of food and eating: From motivation to module to model to marker, morality, meaning, and metaphor. *Current Directions in Psychological Science*, 5, 18-24.

Rozin, P. 1997. Moralization. In A. Brandt & P. Rozin (Eds.), *Morality and health*. New York: Routledge.

Rozin, P., & Fallon, A. 1987. A perspective on disgust. *Psychological Review*, 94, 23-41.

Rozin, P., Markwith, M., & Stoess, C. 1997. Moralization and becoming a vegetarian: The transformation of preferences into values and the recruitment of disgust. *Psychological Science*, 8, 67-73.

Rue, L. 1994. *By the grace of guile: The role of deception in natural history and human affairs*. New York: Oxford University Press.

Rumelhart, D. E., & McClelland, J. L. 1986. PDP models and general issues in cognitive science. In D. E. Rumelhart, J. L. McClelland, & the PDP Research Group (Eds.), *Parallel distributed processing: Explorations in the microstructure of cognition* (Vol. 1: Foundations). Cambridge, Mass.: MIT Press.（『PDP モデル――認知科学とニューロン回路網の探索』甘利俊一監訳，産業図書，1989 年）

Rumelhart, D. E., McClelland, J. L., & the PDP Research Group. 1986. *Parallel distributed processing: Explorations in the microstructure of cognition* (Vol. 1: Foundations). Cambridge, Mass.: MIT Press.（『PDP モデル――認知科学とニューロン回路網の探索』甘利俊一監訳，産業図書，1989 年）

Ruse, M. 1998. *Taking Darwin seriously: A naturalistic approach to philosophy*. Amherst, N. Y.: Prometheus Books.

Ruse, M. 2000. *Can a Darwinian be a Christian? The relationship between science and religion*. New York: Cambridge University Press.

Rushton, J. P. 1996. Race, intelligence, and the brain: The errors and omissions of the "revised" edition of S. J. Gould's "The mismeasure of man." *Personality and Individual Differences*, 23, 169-180.

Rushton, J. P., Fulker, D. W., Neale, M. C., Nias, D. K. B., & Eysenck, H. J. 1986. Altruism and aggression: The heritability of individual differences. *Journal of Personality and Social Psychology*, 50, 1192-1198.

Rutter, M. 1997. Nature-nurture integration: The example of antisocial behavior. *American Psychologist*, 52, 390-398.

Ryle, G. 1949. *The concept of mind*. London: Penguin.（『心の概念』坂本百大ほか訳，

Miller, M. B., Rostapshova, O., van der Lee, S. J., Vinkhuyzen, A. A. E., Amin, N., Conley, D., Derringer, J., van Duijn, C. M., Fehrmann, R., Franke, L., Glaeser, E. L., Hansell, N. K., Hayward, C., Iacono, W. G., Ibrahim-Verbaas, C., Jaddoe, V., Karjalainen, J., Laibson, D., Lichtenstein, P., Liewald, D. C., Magnusson, P. K. E., Martin, N. G., McGue, M., McMahon, G., Pedersen, N. L., Pinker, S., Porteous, D. J., Posthuma, D., Rivadeneira, F., Smith, B. H., Starr, J. M., Tiemeier, H., Timpson, N. J., Trzaskowski, M., Uitterlinden, A. G., Verhulst, F. C., Ward, M. E., Wright, M. J., Davey Smith, G., Deary, I. J., Johannesson, M., Plomin, R., Visscher, P. M., Benjamin, D. J., Cesarini, D., & Koellinger, P. D. 2014. Common genetic variants associated with cognitive performance identified using the proxy-phenotype method. *Proceedings of the National Academy of Sciences*, 111, 13790–13794.

Roback, J. 1993. Beyond equality. *Georgetown Law Journal*, 82, 121–133.

Rogers, A. R. 1994. Evolution of time preference by natural selection. *American Economic Review*, 84, 460–481.

Roiphe, K. 1993. *The morning after: Sex, fear, and feminism on campus*. Boston: Little, Brown.

Romer, P. 1991. Increasing returns and new developments in the theory of growth. In W. Barnett, B. Cornet, C. d'Aspremont, J. Gabszewicz, & A. Mas-Colell (Eds.), *International Symposium in Economic Theory and Econometrics*. New York: Cambridge University Press.

Romer, P., & Nelson, R. R. 1996. Science, economic growth, and public policy. In B. L. R. Smith & C. E. Barfield (Eds.), *Technology, R&D, and the economy*. Washington, D. C.: Brookings Institution.

Ronen, S., Gonçalves, B., Hu, K. Z., Vespignani, A., Pinker, S., & Hidalgo, C. 2014. Links that speak: The global language network and its association with global fame. *Proceedings of the National Academy of Sciences*.

Rose, H., & Rose, S. (Eds.) 2000. *Alas, poor Darwin: Arguments against evolutionary psychology*. New York: Harmony Books.

Rose, S. 1978. Pre-Copernican sociobiology? *New Scientist*, 80, 45–46.

Rose, S. 1997. *Lifelines: Biology beyond determinism*. New York: Oxford University Press.

Rose, S., & the Dialectics of Biology Group. 1982. *Against biological determinism*. London: Allison & Busby.

Rosen, S. 1992. War power and the willingness to suffer. In J. A. Vasquez & M. T. Henehan (Eds.), *The scientific study of peace and war: A text reader*. New York: Lexington Books.

Rossen, M., Klima, E. S., Bellugi, U., Bihrle, A., & Jones, W. 1996. Interaction between language and cognition: Evidence from Williams syndrome. In J. H. Beitchman, N. J. Cohen, M. M. Konstantareas, & R. Tannock (Eds.), *Language, learning, and behavior disorders: Developmental, biological, and clinical perspectives*. New York: Cambridge University Press.

Rossiter, C. (Ed.) 1961. *The Federalist Papers*. New York: New American Library.

Rousseau, J.-J. 1755/1986. *The first and second discourses together with the replies to*

Studies, 6/7, 15–41.

Rapin, I. 2001. An 8-year-old boy with autism. *Journal of the American Medical Association*, 285, 1749–1757.

Ravitch, D. 2000. *Left back: A century of failed school reforms.* New York: Simon & Schuster.

Rawls, J. 1976. *A theory of justice.* Cambridge, Mass.: Harvard University Press. (『正義論 改訂版』川本隆史ほか訳，紀伊國屋書店，2010年)

Recanzone, G. H. 2000. Cerebral cortical plasticity: Perception and skill acquisition. In M. S. Gazzaniga (Ed.), *The new cognitive neurosciences.* Cambridge, Mass.: MIT Press.

Redmond, E. 1994. *Tribal and chiefly warfare in South America.* Ann Arbor: University of Michigan Museum.

Reed, T. E., & Jensen, A. R. 1992. Conduction velocity in a brain nerve pathway of normal adults correlates with intelligence level. *Intelligence*, 16, 259–272.

Reeve, H. K. 2000. Review of Sober & Wilson's "Unto others." *Evolution and Human Behavior*, 21, 65–72.

Reiner, W. G. 2000. Cloacal exstrophy. Paper presented at the Lawson Wilkins Pediatric Endocrine Society, Boston.

Reiss, D., Neiderhiser, J. M., Hetherington, E. M., & Plomin, R. 2000. *The relationship code: Deciphering genetic and social influences on adolescent development.* Cambridge, Mass.: Harvard University Press.

Renfrew, J. W. 1997. *Aggression and its causes: A biopsychosocial approach.* New York: Oxford University Press.

Rhee, S. H., & Waldman, I. D. 2007. Behavior-genetics of criminality and aggression. In D. J. Flannery, A. T. Vazsonyi & I. D. Waldman (Eds.), *The Cambridge Handbook of Violent Behavior and Aggression.* New York: Cambridge University Press.

Rice, M. 1997. Violent offender research and implications for the criminal justice system. *American Psychologist*, 52, 414–423.

Richards, R. J. 1987. *Darwin and the emergence of evolutionary theories of mind and behavior.* Chicago: University of Chicago Press.

Richardson, L. F. 1960. *Statistics of deadly quarrels.* Pittsburgh: Boxwood Press.

Ridley, M. 1986. *The problems of evolution.* New York: Oxford University Press.

Ridley, M. 1993. *The red queen: Sex and the evolution of human nature.* New York: Macmillan. (『赤の女王――性とヒトの進化』長谷川眞理子訳，ハヤカワ文庫，2014年)

Ridley, M. 1997. *The origins of virtue: Human instincts and the evolution of cooperation.* New York: Viking. (『徳の起源――他人を思いやる遺伝子』岸由二監修，古川奈々子訳，ちくま学芸文庫，2024年)

Ridley, M. 2000. *Genome: The autobiography of a species in 23 chapters.* New York: HarperCollins. (『ゲノムが語る23の物語』中村桂子・斉藤隆央訳，紀伊國屋書店，2000年)

Rietveld, C. A., Esko, T., Davies, G., Pers, T. H., Turley, P., Benyamin, B., Chabris, C. F., Emilsson, V., Johnson, A. D., Lee, J. J., Leeuw, C. d., Marioni, R. E., Medland, S. E.,

Polti, G. 1921/1977. *The thirty-six dramatic situations.* Boston: The Writer, Inc.

Pons, T. M., Garraghty, P. E., Ommaya, A. K., Kass, J. H., Taub, E., & Mishkin, M. 1991. Massive cortical reorganization after sensory deafferentation in adult macaques. *Science*, 252, 1857-1860.

Pope, G. G. 2000. *The biological bases of human behavior.* Needham Heights, Mass.: Allyn & Bacon.

Pratto, F., & Bargh, J. A. 1991. Stereotyping based on apparently individuating information: Trait and global components of sex stereotypes under attention overload. *Journal of Experimental Social Psychology*, 27, 26-47.

Preuss, T. 1995. The argument from animals to humans in cognitive neuroscience. In M. S. Gazzaniga (Ed.), *The new cognitive neurosciences.* Cambridge, Mass.: MIT Press.

Preuss, T. M. 2000. What's human about the human brain? In M. S. Gazzaniga (Ed.), *The new cognitive neurosciences.* Cambridge, Mass.: MIT Press.

Preuss, T. M. 2001. The discovery of cerebral diversity: An unwelcome scientific revolution. In D. Falk & K. Gibson (Eds.), *Evolutionary anatomy of the primate cerebral cortex.* New York: Cambridge University Press.

Price, M. E., Cosmides, L., & Tooby, J. 2002. Punitive sentiment as an anti-free rider psychological device. *Evolution and Human Behavior*, 23, 203-231.

Proctor, R. 1999. The Nazi war on cancer. Princeton, N. J.: Princeton University Press.

Provine, R. R. 1993. Laughter punctuates speech: Linguistic, social, and gender contexts of laughter. *Ethology*, 95, 291-298.

Putnam, H. 1973. Reductionism and the nature of psychology. *Cognition*, 2, 131-146.

Quartz, S. R., & Sejnowski, T. J. 1997. The neural basis of cognitive development: A constructivist manifesto. *Behavioral and Brain Sciences*, 20, 537-596.

Quine, W. V. O. 1969. Natural kinds. In W. V. O. Quine (Ed.), *Ontological relativity and other essays.* New York: Columbia University Press.

Rachels, J. 1990. *Created from animals: The moral implications of Darwinism.* New York: Oxford University Press.

Raine, A., Lencz, T., Bihrle, S., LaCasse, L., & Colletti, P. 2000. Reduced prefrontal gray matter volume and reduced autonomic activity in antisocial personality disorder. *Archives of General Psychiatry*, 57, 119-127.

Rakic, P. 2000. Setting the stage for cognition: Genesis of the primate cerebral cortex. In M. S. Gazzaniga (Ed.), *The new cognitive neurosciences.* Cambridge, Mass.: MIT Press.

Rakic, P. 2001. Neurocrationism-Making new cortical maps. *Science*, 294, 1011-1012.

Ramachandran, V. S. 1993. Behavioral and magnetoencephalographic correlates of plasticity in the adult human brain. *Proceedings of the National Academy of Sciences*, 90, 10413-10420.

Ramachandran, V. S., & Blakeslee, S. 1998. *Phantoms in the brain: Probing the mysteries of the human mind.* New York: William Morrow.（『脳のなかの幽霊』山下篤子訳，角川文庫，2011 年）

Ramachandran, V. S., & Hirstein, W. 1999. The science of art. *Journal of Consciousness* https://opinionator.blogs.nytimes.com/2012/10/24/why-are-states-so-red-and-blue/?_r=0

Pinker, S. 2013. Science is not your enemy. *The New Republic*, August 6.

Pinker, S. 2015a. Now for the good news: Things really are getting better. *The Guardian*, September 11.

Pinker, S. 2015b. Response to the book review symposium: Steven Pinker, The Better Angels of Our Nature. *Sociology*, 47, 1–6.

Pinker, S., & Mehler, J. (Eds.) 1988. *Connections and symbols*. Cambridge, Mass.: MIT Press.

Pinker, S., & Prince, A. 1988. On language and connectionism: Analysis of a Parallel Distributed Processing model of language acquisition. *Cognition*, 28, 73–193.

Pinker, S., & Prince, A. 1996. The nature of human concepts: Evidence from an unusual source. *Communication and Cognition*, 29, 307–362.

Pinker, S., & Spelke, E. S. 2005. The science of gender and science: A debate. *Edge*. https://edge.org/3rd_culture/debate05/debate05_index.html

Pinker, Susan. 2014. *The village effect: How face-to-face contact can make us healthier, happier, and smarter*. New York: Spiegel & Grau.

Plamenatz, J. 1963. *Man and society: A critical examination of some important social and political theories from Machiavelli to Marx* (Vol. 2). London: Longman.（『近代政治思想の再検討』藤原保信ほか訳，早稲田大学出版部，1978 年）

Plamenatz, J. 1975. *Karl Marx's philosophy of man*. New York: Oxford University Press.

Plomin, R. 1990. The role of inheritance in behavior. *Science*, 248, 183–188.

Plomin, R. 1991. Continuing commentary: Why children in the same family are so different from one another. *Behavioral and Brain Sciences*, 13, 336–337.

Plomin, R. 1994. *Genetics and experience: The interplay between nature and nurture. Thousand Oaks*, Calif.: Sage.

Plomin, R., & Daniels, D. 1987. Why are children in the same family so different from one another? *Behavioral and Brain Sciences*, 10, 1–16.

Plomin, R., DeFries, J. C., & Fulker, D. W. 1988. *Nature and nurture during infancy and early childhood*. New York: Cambridge University Press.

Plomin, R., DeFries, J. C., Knopik, V. S., & Neiderhiser, J. M. 2016. The top 10 replicated findings from behavioral genetics. *Perspectives in Psychological Science*.

Plomin, R., DeFries, J. C., McClearn, G. E., & McGuffin, P. 2001. *Behavior genetics* (4th ed.). New York: Worth.

Plomin, R., DeFries, J. C., McClearn, G. E., & Rutter, M. 1997. *Behavioral genetics* (3rd ed.). New York: W. H. Freeman.

Plomin, R., Owen, M. J., & McGuffin, P. 1994. The genetic basis of complex human behaviors. *Science*, 264, 1733–1739.

Polderman, T. J. C., Benyamin, B., de Leeuw, C. A., Sullivan, P. F., van Bochoven, A., Visscher, P. M., & Posthuma, D. 2015. Meta-analysis of the heritability of human traits based on fifty years of twin studies. [Analysis]. *Nature Genetics*, 47, 702–709.

Pinker, S. 1979. Formal models of language learning. *Cognition*, 7, 217–283.
Pinker, S. 1984a. *Language learnability and language development* (Reprinted with a new introduction, 1996). Cambridge, Mass.: Harvard University Press.
Pinker, S. 1984b. Visual cognition: An introduction. *Cognition*, 18, 1–63.
Pinker, S. 1989. *Learnability and cognition: The acquisition of argument structure*. Cambridge, Mass.: MIT Press.
Pinker, S. 1990. A theory of graph comprehension. In R. Friedle (Ed.), *Artificial intelligence and the future of testing*. Mahwah, N. J.: Erlbaum.
Pinker, S. 1991. Rules of language. *Science*, 253, 530–535.
Pinker, S. 1994. *The language instinct*. New York: HarperCollins. (『言語を生みだす本能』椋田直子訳, NHK ブックス, 1995 年)
Pinker, S. 1996. Language learnability and language development revisited. In *Language learnability and language development*. Cambridge, Mass.: Harvard University Press.
Pinker, S. 1997. *How the mind works*. New York: Norton. (『心の仕組み』椋田直子・山下篤子訳, ちくま学芸文庫, 2013 年)
Pinker, S. 1998. Still relevant after all these years (Review of Darwin's "The expression of the emotions in man and animals, 3rd ed."). *Science*, 281, 522–523.
Pinker, S. 1999. *Words and rules: The ingredients of language*. New York: HarperCollins.
Pinker, S. 2001a. Four decades of rules and associations, or whatever happened to the past tense debate? In E. Dupoux (Ed.), *Language, the brain, and cognitive development*. Cambridge, Mass.: MIT Press.
Pinker, S. 2001b. Talk of genetics and vice-versa. *Nature*, 413, 465–466.
Pinker, S. 2004. Why nature & nurture won't go away. *Daedalus*, 133, 5.
Pinker, S. 2005. Sex ed: The science of difference. *New Republic*, February 14.
Pinker, S. 2006a. Block that metaphor! (Review of George Lakoff's "Whose Freedom?") *The New Republic*, October 9.
Pinker, S. 2006b. Introduction to the Annual Edge Question "What Is Your Dangerous Idea?" *Edge*.
Pinker, S. 2007a. *The stuff of thought: Language as a window into human nature*. New York: Viking. (『思考する言語——「ことばの意味」から人間性に迫る』幾島幸子・桜内篤子訳, NHK ブックス, 2009 年)
Pinker, S. 2007b. Toward a consilent study of literature: Review of J. Gottschall & D. S. Wilson's "The Literary Animal: Evolution and the nature of narrative." *Philosophy and Literature*, 31, 161–177.
Pinker, S. 2008. The moral instinct. *New York Times Magazine*, January 13.
Pinker, S. 2009. My genome, myself. *New York Times Magazine*, January 11.
Pinker, S. 2011. *The better angels of our nature: Why violence has declined*. New York: Viking. (『暴力の人類史』幾島幸子・塩原通緒訳, 青土社, 2015 年)
Pinker, S. 2012a. The false allure of group selection. Edge. https://edge.org/conversation/steven_pinker-the-false-allure-of-group-selection
Pinker, S. 2012b. Why are states so red and blue? *New York Times*, October 24.

Paglia, C. 1992. *Sex, art, and American culture.* New York: Vintage. (『セックス，アート，アメリカンカルチャー』野中邦子訳，河出書房新社，1995 年)

Panksepp, J., & Panksepp, J. B. 2000. The seven sins of evolutionary psychology. *Evolution and Cognition*, 6, 108-131.

Passmore, J. 1970. *The perfectibility of man.* New York: Scribner.

Patai, D. 1998. *Heterophobia: Sexual harassment and the future of feminism.* New York: Rowman & Littlefield.

Patai, D., & Koertge, N. 1994. *Professing feminism: Cautionary tales from the strange world of women's studies.* New York: Basic Books.

Patai, R., & Patai, J. 1989. *The myth of the Jewish race* (rev. ed.). Detroit: Wayne State University Press.

Patterson, O. 1995. For whom the bell curves. In S. Fraser (Ed.), *The Bell Curve wars: Race, intelligence, and the future of America.* New York: Basic Books.

Patterson, O. 1997. *The ordeal of integration.* Washington, D. C.: Civitas.

Patterson, O. 2000. Taking culture seriously: A framework and an Afro-American illustration. In L. E. Harrison & S. P. Huntington (Eds.), *Culture matters: How values shape human progress.* New York: Basic Books.

Pedersen, N. L., McClearn, G. E., Plomin, R., & Nesselroade, J. R. 1992. Effects of early rearing environment on twin similarity in the last half of the life span. *British Journal of Developmental Psychology*, 10, 255-267.

Pennock, R. T. 2000. *Tower of Babel: The evidence against the new creationism.* Cambridge, Mass.: MIT Press.

Pennock, R. T. (Ed.) 2001. *Intelligent design: Creationism and its critics.* Cambridge, Mass.: MIT Press.

Peretz, I., Gagnon, L., & Bouchard, B. 1998. Music and emotion: Perceptual determinants, immediacy, and isolation after brain damage. *Cognition*, 68, 111-141.

Perloff, M. 1999. In defense of poetry: Put the literature back into literary studies. *Boston Review*, 24, 22-26.

Perry, B. D. 1997. Incubated in terror: Neurodevelopmental factors in the "cycle of violence." In J. D. Osofsky (Ed.), *Children in a violent society.* New York: Guilford Press.

Persico, N., Postlewaite, A., & Silverman, D. 2001. *The effect of adolescent experience on labor market outcomes: The case of height.* Philadelphia: Department of Economics, University of Pennsylvania.

Petitto, L. A., Zatorre, R. J., Gauna, K., Nikelski, E. J., Dostie, D., & Evans, A. C. 2000. Speech-like cerebral activity in profoundly deaf people processing signed languages: Implications for the neural basis of human language. *Proceedings of the National Academy of Sciences*, 97 13961-13966.

Petrinovich, L. F. 1995. *Human evolution, reproduction, and morality.* New York: Plenum Press.

Petrinovich, L. F., O'Neill, P., & Jorgensen, M. 1993. An empirical study of moral intuitions: Toward an evolutionary ethics. *Journal of Personality and Social Psychology*, 64, 467-478.

H. Barkow, L. Cosmides, & J. Tooby (Eds.), *The adapted mind: Evolutionary psychology and the generation of culture*. New York: Oxford University Press.

Neville, H. J., & Bavelier, D. 2000. Specificity and plasticity in neurocognitive development in humans. In M. S. Gazzaniga (Ed.), *The new cognitive neurosciences*. Cambridge, Mass.: MIT Press.

Newell, A. 1980. Physical symbol systems. *Cognitive Science*, 4, 135-183.

Newsome, W. T. 2001. Life of faith, life of science. Paper presented at the conference "Science and the Spiritual Quest," Memorial Church, Harvard University, Cambridge, Mass.

Nisbett, R. E., & Cohen, D. 1996. *Culture of honor: The psychology of violence in the South*. New York: Routledge.（『名誉と暴力――アメリカ南部の文化と心理』石井敬子・結城雅樹訳，北大路書房，2009 年）

Nolfi, S., Elman, J. L., & Parisi, D. 1994. Learning and evolution in neural networks. *Adaptive Behavior*, 3, 5-28.

Norenzayan, A., & Atran, S. In press. Cognitive and emotional processes in the cultural transmission of natural and nonnatural beliefs. In M. Schaller & C. Crandall (Eds.), *The psychological foundations of culture*. Mahwah, N. J.: Erlbaum.

Nowak, M. A., May, R. M., & Sigmund, K. 1995. The arithmetics of mutual help. *Scientific American*, 272, 76-81.

Nozick, R. 1974. *Anarchy, state, and utopia*. New York: Basic Books.（『アナーキー・国家・ユートピア――国家の正当性とその限界』嶋津格訳，木鐸社，1994 年）

Nozick, R. 1981. *Philosophical explanations*. Cambridge, Mass.: Harvard University Press.（『考えることを考える』坂本百大ほか訳，青土社，1997 年）

Nunney, L. 1998. Are we selfish, are we nice, or are we nice because we are selfish? (Review of E. Sober and D. S. Wilson's "Unto others"). *Science*, 281, 1619-1621.

Open_Science_Collaboration. 2015. Estimating the reproducibility of psychological science. *Science*, 349.

Orians, G. H. 1998. Human behavioral ecology: 140 years without Darwin is too long. *Bulletin of the Ecological Society of America*, 79, 15-28.

Orians, G. H., & Heerwagen, J. H. 1992. Evolved responses to landscapes. In J. H. Barkow, L. Cosmides, & J. Tooby (Eds.), *The adapted mind: Evolutionary psychology and the generation of culture*. New York: Oxford University Press.

Ortega y Gasset, J. 1932/1985. *The revolt of the masses*. Notre Dame, Ind.: University of Notre Dame Press.（『大衆の反逆』佐々木孝訳，岩波文庫，2020 年）

Ortega y Gasset, J. 1935/2001. *Toward a philosophy of history*. Chicago: University of Illinois Press.

Orwell, G. 1949/1983. *1984*. New York: Harcourt Brace Jovanovich.（『一九八四年［新訳版］』高橋和久訳，ハヤカワ epi 文庫，2009 年）

Padden, C. A., & Perlmutter, D. M. 1987. American Sign Language and the architecture of phonological theory. *Natural Language and Linguistic Theory*, 5, 335-375.

Paglia, C. 1990. *Sexual personae: Art and decadence from Nefertiti to Emily Dickinson*. New Haven, Conn.: Yale University Press.（『性のペルソナ――古代エジプトから 19 世紀末までの芸術とデカダンス』鈴木晶ほか訳，河出書房新社，1998 年）

panded ed.). Cambridge, Mass.: MIT Press.（『パーセプトロン』中野馨・阪口豊訳，パーソナルメディア，1993年）

Mirazón Lahr, M., Rivera, F., Power, R. K., Mounier, A., Copsey, B., Crivellaro, F., Edung, J. E., Maillo Fernandez, J. M., Kiarie, C., Lawrence, J., Leakey, A., Mbua, E., Miller, H., Muigai, A., Mukhongo, D. M., Van Baelen, A., Wood, R., Schwenninger, J.-L., Grün, R., Achyuthan, H., Wilshaw, A., & Foley, R. A. 2016. Inter-group violence among early Holocene hunter-gatherers of West Turkana, Kenya. *Nature*, 529, 394-398.

Mithen, S. J. 1996. *The prehistory of the mind: A search for the origins of art, religion, and science*. London: Thames and Hudson.（『心の先史時代』松浦俊輔・牧野美佐緒訳，青土社，1998年）

Miyashita-Lin, E. M., Hevner, R., Wassarman, K. M., Martinez, S., & Rubenstein, J. L. R. 1999. Early neocortical regionalization in the absence of thalamic innervation. *Science*, 285, 906-909.

Moffitt, T. E., & Beckley, A. 2015. Abandon twin research? Embrace epigenetic research? Premature advice for criminologists. *Criminology*, 53, 121-126.

Monaghan, E., & Glickman, S. 1992. Hormones and aggressive behavior. In J. Becker, M. Breedlove, & D. Crews (Eds.), *Behavioral endocrinology*. Cambridge, Mass.: MIT Press.

Montagu, A. (ed.) 1973a. *Man and aggression* (2nd ed.). New York: Oxford University Press.

Montagu, A. 1973b. The new litany of "innate depravity," or original sin revisited. In *Man and aggression*. New York: Oxford University Press.

Moore, G. E. 1903/1996. *Principia ethica*. New York: Cambridge University Press.（『倫理学原理』泉谷周三郎ほか訳，三和書籍，2010年）

Mount, F. 1992. *The subversive family: An alternative history of love and marriage*. New York: Free Press.

Mousseau, T. A., & Roff, D. A. 1987. Natural selection and the heritability of fitness components. *Heredity*, 59, 181-197.

Muravchik, J. 2002. *Heaven on Earth: The rise and fall of socialism*. San Francisco: Encounter Books.

Murdoch, I. 1993. *Metaphysics as a guide to morals*. London: Allen Lane.

Murphy, J. P. M. 1999. Hitler was not an atheist. *Free Inquiry*, Spring, 19.

Nagel, T. 1970. *The possibility of altruism*. Princeton, N. J.: Princeton University Press.（『利他主義の可能性』蔵田伸雄監訳，勁草書房，2024年）

Neel, J. V. 1994. *Physician to the gene pool: Genetic lessons and other stories*. New York: Wiley.

Neisser, U. 1967. *Cognitive psychology*. Englewood Cliffs, N. J.: Prentice-Hall.（『認知心理学』大羽蓁訳，誠信書房，1981年）

Neisser, U., Boodoo, G., Bouchard, T. J., Jr., Boykin, A. W., Brody, N., Ceci, S. J., Halpern, D. F., Loehlin, J. C., Perloff, R., Sternberg, R. J., & Urbina, S. 1996. Intelligence: Knowns and unknowns. *American Psychologist*, 51, 77-101.

Nesse, R. M., & Lloyd, A. T. 1992. The evolution of psychodynamic mechanisms. In J.

子・山本真鳥訳，蒼樹書房，1976年）
Mead, M. 1935/1963. *Sex and temperament in three primitive societies*. New York: William Morrow.
Mealey, L. 1995. The sociobiology of sociopathy: An integrated evolutionary model. *Behavioral and Brain Sciences*, 18, 523–541.
Mealey, L., Daood, C., & Krage, M. 1996. Enhanced memory for faces of cheaters. *Ethology and Sociobiology*, 17, 119–128.
Meltzoff, A. N. 1995. Understanding the intentions of others: Re-enactment of intended acts by 18-month-old children. *Developmental Psychology*, 31, 838–850.
Melzack, R. 1990. Phantom limbs and the concept of a neuromatrix. *Trends in Neurosciences*, 13, 88–92.
Melzack, R., Israel, R., Lacroix, R., & Schultz, G. 1997. Phantom limbs in people with congenital limb deficiency or amputation in early childhood. *Brain*, 120, 1603–1620.
Mesquida, C. G., & Wiener, N. I. 1996. Human collective aggression: A behavioral ecology perspective. *Ethology and Sociobiology*, 17, 247–262.
Meyer, C., Lohr, C., Gronenborn, D., & Alt, K. W. 2015. The massacre mass grave of Schöneck-Kilianstädten reveals new insights into collective violence in Early Neolithic Central Europe. *Proceedings of the National Academy of Sciences*, 112, 11217–11222.
Miller, E. M. 1997. Could nonshared environmental variance have evolved to assure diversification through randomness? *Evolution and Human Behavior*, 18, 195–221.
Miller, E. K. 2000. The prefrontal cortex and cognitive control. *Nature Reviews Neuroscience*, 1, 59–65.
Miller, G. A., Galanter, E., & Pribram, K. H. 1960. *Plans and the structure of behavior*. New York: Adams-Bannister-Cox.（『プランと行動の構造――心理サイバネティクス序説』十島雍蔵ほか訳，誠信書房，1980年）
Miller, G. F. 2000a. *The mating mind: How sexual choice shaped the evolution of human nature*. New York: Doubleday.（『恋人選びの心――性淘汰と人間性の進化』長谷川眞理子訳，岩波書店，2002年）
Miller, G. F. 2000b. Sexual selection for indicators of intelligence. In G. Bock, J. A. Goode, & K. Webb (Eds.), *The nature of intelligence*. Chichester, U. K.: Wiley.
Miller, G. F. 2001. Aesthetic fitness: How sexual selection shaped artistic virtuosity as a fitness indicator and aesthetic preferences as mate choice criteria. *Bulletin of Psychology and the Arts*, 2, 20–25.
Miller, K. D., Keller, J. B., & Stryker, M. P. 1989. Ocular dominance column development: Analysis and simulation. *Science*, 245, 605–615.
Miller, K. R. 1999. *Finding Darwin's God: A scientist's search for common ground between God and evolution*. New York: Cliff Street Books.
Minogue, K. 1985. *Alien powers: The pure theory of ideology*. New York: St. Martin's Press.
Minogue, K. 1999. Totalitarianism: Have we seen the last of it? *National Interest*, 57, 35–44.
Minsky, M., & Papert, S. 1988. Epilogue: The new connectionism. In *Perceptrons* (ex-

demic, occupational, and political stereotypes. In Y.-T. Lee, L. J. Jussim, & C. R. McCauley (Eds.), *Stereotype accuracy: Toward appreciating group differences.* Washington, D. C.: American Psychological Association.

McClelland, J. L., Rumelhart, D. E., & the PDP Research Group. 1986. *Parallel distributed processing: Explorations in the microstructure of cognition* (Vol. 2: Psychological and biological models). Cambridge, Mass.: MIT Press. (『PDP モデル――認知科学とニューロン回路網の探索』甘利俊一監訳, 産業図書, 1989 年)

McCloskey, M. 1983. Intuitive physics. *Scientific American*, 248, 122-130.

McCloskey, M., & Cohen, N. J. 1989. Catastrophic interference in connectionist networks: The sequential learning problem. In G. H. Bower (Ed.), *The psychology of learning and motivation* (Vol. 24). New York: Academic Press.

McConnell, M. J., Lindberg, M. R., Brennand, K. J., Piper, J. C., Voet, T., Cowing-Zitron, C., Shumilina, S., Lasken, R. S., Vermeesch, J. R., Hall, I. M., & Gage, F. H. 2013. Mosaic copy number variation in human neurons. *Science*, 342, 632-637.

McCord, W. M. 1989. *Voyages to Utopia: From monastery to commune: The search for the perfect society in modern times.* New York: Norton.

McCrae, R. R., Costa, P. T., Ostendorf, F., Angleitner, A., Hřebíčková, M., Avia, M. D., Sanz, J., Sánchez-Bernardos, M. L., Kusdil, M. E., Woodfield, R., Saunders, P. R., & Smith, P. B. 2000. Nature over nurture: Temperament, personality, and life span development. *Journal of Personality and Social Psychology*, 78, 173-186.

McElroy, W. 1996. *Sexual correctness: The gender-feminist attack on women.* Jefferson, N. C.: McFarland.

McGinn, C. 1993. *Problems in philosophy: The limits of inquiry.* Cambridge, Mass.: Blackwell.

McGinn, C. 1997. *Ethics, evil, and fiction.* New York: Oxford University Press.

McGinn, C. 1999. *The mysterious flame: Conscious minds in a material world.* New York: Basic Books. (『意識の〈神秘〉は解明できるか』石川幹人・五十嵐靖博訳, 青土社, 2001 年)

McGinnis, J. O. 1996. The original constitution and our origins. *Harvard Journal of Law and Public Policy*, 19, 251-261.

McGinnis, J. O. 1997. The human constitution and constitutive law: A prolegomenon. *Journal of Contemporary Legal Issues*, 8, 211-239.

McGue, M. 1997. The democracy of the genes. *Nature*, 388, 417-418.

McGuinness, D. 1997. *Why our children can't read, and what we can do about it.* New York: Free Press.

McLearn, G. E., Johansson, B., Berg, S., Pedersen, N. L., Ahern, F., Petrill, S. A., & Plomin, R. 1997. Substantial genetic influence on cognitive abilities in twins 80 or more years old. *Science*, 276, 1560-1563.

McLeod, P., Plunkett, K., & Rolls, E. T. 1998. *Introduction to connectionist modelling of cognitive processes.* New York: Oxford University Press. (認知過程のコネクショニスト・モデル』深谷澄男監訳, 北樹出版, 2005 年)

Mead, M. 1928. *Coming of age in Samoa: A psychological study of primitive youth for Western Civilisation.* New York: Blue Ribbon Books. (『サモアの思春期』畑中幸

Marcus, G. F. 2004. *The birth of the mind*. New York: Basic Books.（『心を生みだす遺伝子』大隅典子訳，岩波現代文庫，2010 年）
Marcus, G. F., Brinkmann, U., Clahsen, H., Wiese, R., & Pinker, S. 1995. German inflection: The exception that proves the rule. *Cognitive Psychology*, 29, 189–256.
Marks, I. M., & Nesse, R. M. 1994. Fear and fitness: An evolutionary analysis of anxiety disorders. *Ethology and Sociobiology*, 15, 247–261.
Marr, D. 1982. *Vision*. San Francisco: W. H. Freeman.（『ビジョン――視覚の計算理論と脳内表現』乾敏郎・安藤広志訳，産業図書，1987 年）
Marslen-Wilson, W. D., & Tyler, L. K. 1998. Rules, representations, and the English past tense. *Trends in Cognitive Sciences*, 2, 428–435.
Martin, N. G., Eaves, L. J., Heath, A. C., Jardine, R., Feingold, L. M., & Eysenck, H. J. 1986. Transmission of social attitudes. *Proceedings of the National Academy of Sciences*, 83, 4364–4368.
Martindale, C. 1990. *The clockwork muse: The predictability of artistic change*. New York: Basic Books.
Marx, K. 1845/1989. Theses on Feuerbach. In K. Marx & F. Engels, *Basic writings on politics and philosophy*. New York: Anchor Books.（エンゲルス『フォイエルバッハ論』松村一人訳，岩波文庫，1960 年に「付録」として収録）
Marx, K. 1847/1995. *The poverty of philosophy*. Amherst, N. Y.: Prometheus Books.（『[新訳] 哲学の貧困』的場昭弘編・訳・著，作品社，2020 年）
Marx, K. 1859/1979. *Contribution to the critique of political economy*. New York: International Publishers.（『経済学批判』武田隆夫ほか訳，岩波文庫，1956 年）
Marx, K. 1867/1993. *Capital: A critique of political economy*. London: Penguin.（『資本論』向坂逸郎訳，岩波文庫，1969-70 年）
Marx, K., & Engels, F. 1844/1988. *The economic and philosophic manuscripts of 1844*. Amherst, N. Y.: Prometheus Books.（『経済学・哲学草稿』長谷川宏訳，光文社古典新訳文庫，2010 年）
Marx, K., & Engels, F. 1846/1963. *The German ideology: Parts I & III*. New York: New World Paperbacks/International Publishers.（『新編輯版 ドイツ・イデオロギー』廣松渉編訳，小林昌人補訳，岩波文庫，2002 年）
Masters, R. D. 1982. Is sociobiology reactionary? The political implications of inclusive-fitness theory. *Quarterly Review of Biology*, 57, 275–292.
Masters, R. D. 1989. *The nature of politics*. New Haven, Conn.: Yale University Press.
Maynard Smith, J. 1975/1993. *The theory of evolution*. New York: Cambridge University Press.
Maynard Smith, J., & Szathmáry, E. 1997. *The major transitions in evolution*. New York: Oxford University Press.（『進化する階層――生命の発生から言語の誕生まで』長野敬訳，シュプリンガー・フェアラーク東京，1997 年）
Mayr, E. 1963. *Animal species and evolution*. Cambridge, Mass.: Harvard University Press.
Mayr, E. 1982. *The growth of biological thought*. Cambridge, Mass.: Harvard University Press.
McCauley, C. R. 1995. Are streotypes exaggerated? A sampling of racial, gender, aca-

chological Science, 1, 61–66.

Lumsden, C., & Wilson, E. O. 1981. *Genes, mind, and culture*. Cambridge, Mass.: Harvard University Press.

Lutz, D. 1984. The relative influence of European writers on late eighteenth-century American political thought. *American Political Science Review*, 78, 189–197.

Lykken, D. T. 1995. *The antisocial personalities*. Mahwah, N. J.: Erlbaum.

Lykken, D. T. 2000. The causes and costs of crime and a controversial cure. *Journal of Personality*, 68, 559–605.

Lykken, D. T., McGue, M., Tellegen, A., & Bouchard, T. J., Jr. 1992. Emergenesis: Genetic traits that may not run in families. *American Psychologist*, 47, 1565–1577.

Lyle, H., & Smith, E. 2012. How conservative are evolutionary anthropologists? *Human Nature*, 23, 306–322.

Lytton, H. 1990. Child effects–Still unwelcome? Response to Dodge and Wahler. *Developmental Psychology*, 26, 705–709.

Lytton, H., & Romney, D. M. 1991. Parents' differential socialization of boys and girls: A meta-analysis. *Psychological Bulletin*, 109, 267–296.

Maccoby, E. E., & Jacklin, C. N. 1974. *The psychology of sex differences*. Stanford, Calif.: Stanford University Press.

Maccoby, E. E., & Martin, J. A. 1983. Socialization in the context of the family: Parent-child interaction. In P. H. Mussen & E. M. Hetherington (Eds.), *Handbook of child psychology: Socialization, personality, and social development* (4 ed., Vol. 4). New York: Wiley.

MacDonald, H. 2008. The campus rape myth. *City Journal*, 18.

Machalek, R., & Martin, M. W. 2004. Sociology and the second Darwinian revolution: A metatheoretical analysis. *Sociological Theory*, 22, 455–476.

Macnamara, J. 1999. *Through the rearview mirror: Historical reflections on psychology*. Cambridge, Mass.: MIT Press.

Macnamara, J., & Reyes, G. E. (Eds.) 1994. *The logical foundations of cognition*. New York: Oxford University Press.

Maguire, E. A., Gadian, D. G., Johnsrude, I. S., Good, C. D., Ashburner, J., Frackowiak, R. S. J., & Frith, C. D. 2000. Navigation-related structural change in the hippocampi of taxi drivers. *PNAS*, 97, 4398–4403.

Maier, P. 1997. *American scripture: Making the Declaration of Independence*. New York: Knopf.

Mallon, R., & Stich, S. 2000. The odd couple: The compatibility of social construction and evolutionary psychology. *Philosophy of Science*, 67, 133–154.

Marcus, G. F. 1998. Rethinking eliminative connectionism. *Cognitive Psychology*, 37, 243–282.

Marcus, G. F. 2001a. *The algebraic mind: Integrating connectionism and cognitive science*. Cambridge, Mass.: MIT Press.

Marcus, G. F. 2001b. Plasticity and nativism: Towards a resolution of an apparent paradox. In S. Wermter, J. Austin, & D. Willshaw (Eds.), *Emergent neural computational architectures based on neuroscience*. New York: Springer-Verlag.

Science, 274, 1527-1531.
Leslie, A. M. 1994. ToMM, ToBy, and agency: Core architecture and domain specificity. In L. A. Hirschfeld & S. A. Gelman (Eds.), *Mapping the mind: Domain specificity in cognition and culture*. New York: Cambridge University Press.
Leslie, A. M. 1994. Pretending and believing: Issues in the theory of ToMM. *Cognition*, 50, 211-238.
LeVay, S. 1993. *The sexual brain*. Cambridge, Mass.: MIT Press.（『脳が決める男と女──性の起源とジェンダー・アイデンティティ』新井康允訳，文光堂，2000 年）
Levins, R., & Lewontin, R. C. 1985. *The dialectical biologist*. Cambridge, Mass.: Harvard University Press.
Levitt, P. 2000. Molecular determinants of regionalization of the forebrain and cerebral cortex. In M. S. Gazzaniga (Ed.), *The new cognitive neurosciences*. Cambridge, Mass.: MIT Press.
Lewis, H. W. 1990. *Technological risk*. New York: Norton.
Lewontin, R. 1990. How much did the brain have to change for speech? (Commentary on Pinker & Bloom's "Natural language and natural selection"). *Behavioral and Brain Sciences*, 13, 740-741.
Lewontin, R. 1992. *Biology as ideology: The doctrine of DNA*. New York: HarperCollins.（『遺伝子という神話』川口啓朗・菊地昌子訳，大月書店，1998 年）
Lewontin, R. C. 1982. *Human diversity*. San Francisco: Scientific American.
Lewontin, R. C. 1983. The organism as the subject and object of evolution. *Scientia*, 118, 65-82.
Lewontin, R. C., Rose, S., & Kamin, L. J. 1984. *Not in our genes*. New York: Pantheon.
Lingua Franca, Editors of. 2000. *The Sokal hoax: The sham that shook the academy*. Lincoln: University of Nebraska Press.
Lockard, J. S., & Paulhus, D. L. (Eds.) 1988. *Self-deception: An adaptive mechanism?* Englewood Cliffs, N. J.: Prentice Hall.
Locke, J. 1690/1947. *An essay concerning human understanding*. New York: E. P. Dutton.（『人間知性論』大槻春彦訳，岩波文庫，1972-77 年）
Lodato, M. A., Woodworth, M. B., Lee, S., Evrony, G. D., Mehta, B. K., Karger, A., Lee, S., Chittenden, T. W., D'Gama, A. M., Cai, X., Luquette, L. J., Lee, E., Park, P. J., & Walsh, C. A. 2015. Somatic mutation in single human neurons tracks developmental and transcriptional history. *Science*, 350, 94-98.
Loehlin, J. C. 1992. *Genes and environment in personality development*. Newbury Park, Calif.: Sage.
Loehlin, J. C. 2001. Behavior genetics and parenting theory. *American Psychologist*, 56, 169-170.
Loehlin, J. C., & Nichols, R. C. 1976. *Heredity, environment, and personality: A study of 850 sets of twins*. Austin: University of Texas Press.
Loury, G. 2002. *The anatomy of racial inequality*. Cambridge, Mass.: Harvard University Press.
Lubinski, D., & Benbow, C. 1992. Gender differences in abilities and preferences among the gifted: Implications for the math-science pipeline. *Current Directions in Psy-*

butes. In M. Kubovy & J. Pomerantz (Eds.), *Perceptual organization*. Mahwah, N. J.: Erlbaum.

Kubovy, M. 1986. *The psychology of perspective and Renaissance art*. New York: Cambridge University Press.

Lachter, J., & Bever, T. G. 1988. The relation between linguistic structure and associative theories of language learning-A constructive critique of some connectionist learning models. *Cognition*, 28, 195-247.

Lai, C. S. L., Fisher, S. E., Hurst, J. A., Vargha-Khadem, F., & Monaco, A. P. 2001. A forkhead-domain gene is mutated in a severe speech and language disorder. *Nature*, 413, 519-523.

Lakoff, G. 1996. *Moral politics: What conservatives know that liberals don't*. Chicago: University of Chicago Press.（『比喩によるモラルと政治——米国における保守とリベラル』小林良彰・鍋島弘治朗訳, 木鐸社, 1998年）

Lakoff, G., & Johnson, M. 1980. *Metaphors we live by*. Chicago: University of Chicago Press.（『レトリックと人生』渡部昇一ほか訳, 大修館書店, 1986年）

Lakoff, G., & Núñez, R. E. 2000. *Where mathematics comes from: How the embodied mind brings mathematics into being*. New York: Basic Books.

Lalumière, M. L., Harris, G. T., & Rice, M. E. 2001. Psychopathy and developmental instability. *Evolution and Human Behavior*, 22, 75-92.

Lander, E. S., Patrinos, A., Morgan, M. J., & International Human Genome Sequencing Consortium. 2001. Initial sequencing and analysis of the human genome. *Nature*, 409, 860-921.

Latané, B., & Nida, S. 1981. Ten years of research on group size and helping. *Psychological Bulletin*, 89, 308-324.

Laubichler, M. D. 1999. Frankenstein in the land of Dichter and Denker. *Science*, 286, 1859-1860.

Lazarus, R. S. 1991. *Emotion and adaptation*. New York: Oxford University Press.（ストレスと情動の心理学——ナラティブ研究の視点から』本明寛監訳, 実務教育出版, 2004年）

Lee, Y.-T., Jussim, L. J., & McCauley, C. R. (Eds.) 1995. *Stereotype accuracy: Toward appreciating group differences*. Washington, D. C.: American Psychological Association.

Lehman, D. 1992. *Signs of the times: Deconstruction and the fall of Paul de Man*. New York: Simon & Schuster.

Lehrman, K. 1997. *The lipstick proviso: Women, sex, and power in the real world*. New York: Double-day.

Leibniz, G. W. 1765/1996. *New essays on human understanding*. New York: Cambridge University Press.（『人間知性新論』米山優訳, みすず書房, 1987年）

Lerdahl, F., & Jackendoff, R. 1983. *A generative theory of tonal music*. Cambridge, Mass.: MIT Press.

Lesch, K.-P., Bengel, D., Heils, A., Sabol, S. Z., Greenberg, B. D., Petri, S., Benjamin, J., Müller, C. R., Hamer, D. H., & Murphy, D. L. 1996. Association of anxiety-related traits with a polymorphism in the serotonin transporter gene regulatory region.

Kingdon, J. 1993. *Self-made man: Human evolution from Eden to extinction?* New York: Wiley.（『自分をつくりだした生物——ヒトの進化と生態系』管啓次郎訳，青土社，1995年）

Kirwin, B. R. 1997. *The mad, the bad, and the innocent: The criminal mind on trial.* Boston: Little, Brown.

Kitcher, P. 1982. *Abusing science: The case against creationism.* Cambridge, Mass.: MIT Press.

Klaw, S. 1993. *Without sin: The life and death of the Oneida community.* New York: Penguin.

Klein, R. G. 1989. *The human career: Human biological and cultural origins.* Chicago: University of Chicago Press.

Kleinfeld, J. 1999. *MIT tarnishes its reputation with gender junk science* (Special report www. uaf. edu/northern/mitstudy). Arlington, Va.: Independent Women's Forum.

Klima, E., & Bellugi, U. 1979. *The signs of language.* Cambridge, Mass.: Harvard University Press.

Knauft, B. 1987. Reconsidering violence in simple human societies. *Current Anthropology*, 28, 457–500.

Koestler, A. 1959. *The sleepwalkers: A history of man's changing vision of the universe.* London: Penguin.

Komar, V., Melamid, A., & Wypijewski, J. 1997. *Painting by numbers: Komar and Melamid's scientific guide to art.* New York: Farrar, Straus & Giroux.

Kors, A. C., & Silverglate, H. A. 1998. *The shadow university: The betrayal of liberty on America's campuses.* New York: Free Press.

Kosof, A. 1996. *Living in two worlds: The immigrant children's experience.* New York: Twenty-First Century Books.

Kosslyn, S. M. 1980. *Image and mind.* Cambridge, Mass.: Harvard University Press.

Kosslyn, S. M. 1994. *Image and brain: The resolution of the imagery debate.* Cambridge, Mass.: MIT Press.

Krebs, D., & Denton, K. 1997. Social illusions and self-deception: The evolution of biases in person perception. In J. A. Simpson & D. T. Kenrick (Eds.), *Evolutionary social psychology.* Mahwah, N. J.: Erlbaum.

Krebs, D. L. 1998. The evolution of moral behaviors. In C. Crawford & D. L. Krebs (Eds.), *Handbook of evolutionary psychology: Ideas, issues, and applications.* Mahwah, N. J.: Erlbaum.

Krech, S. 1994. Genocide in tribal society. *Nature*, 371, 14–15.

Krech, S. 1999. *The ecological Indian: Myth and history.* New York: Norton.

Krubitzer, L., & Huffman, K. J. 2000. A realization of the neocortex in mammals: Genetic and epigenetic contributions to the phenotype. *Brain, Behavior, and Evolution*, 55, 322–335.

Krueger, R. F., Hicks, B. M., & McGue, M. 2001. Altruism and antisocial behavior: Independent tendencies, unique personality correlates, distinct etiologies. *Psychological Science*, 12, 397–402.

Kubovy, M. 1981. Concurrent-pitch segregation and the theory of indispensable attri-

Karmiloff-Smith, A., Klima, E. S., Bellugi, U., Grant, J., & Baron-Cohen, S. 1995. Is there a social module? Language, face processing, and Theory of Mind in individuals with Williams syndrome. *Journal of Cognitive Neuroscience*, 7, 196–208.

Katz, L. C., & Crowley, J. C. 2002. Development of cortical circuits: Lessons from ocular dominance columns. *Nature Neuroscience Reviews*, 3, 34–42.

Katz, L. C., & Shatz, C. J. 1996. Synaptic activity and the construction of cortical circuits. *Science*, 274, 1133–1138.

Katz, L. C., Weliky, M., & Crowley, J. C. 2000. Activity and the development of the visual cortex: New perspectives. In M. S. Gazzaniga (Ed.), *The new cognitive neurosciences*. Cambridge, Mass.: MIT Press.

Keegan, J. 1976. *The face of battle*. New York: Penguin.（『戦場の素顔――アジャンクール，ワーテルロー，ソンム川の戦い』高橋均訳，中央公論新社，2018 年）

Keeley, L. H. 1996. *War before civilization: The myth of the peaceful savage*. New York: Oxford University Press.

Keil, F. C. 1989. *Concepts, kinds, and cognitive development*. Cambridge, Mass.: MIT Press.

Keil, F. C. 1995. The growth of causal understandings of natural kinds. In D. Sperber, D. Premack, & A. J. Premack (Eds.), *Causal cognition*. New York: Oxford University Press.

Kelling, G. L., & Sousa, W. H. 2001. *Do police matter? An analysis of the impact of New York City's police reforms* (Civic Report 22). New York: Manhattan Institute for Policy Research.

Kelman, H. 1958. Compliance, identification, and internalization: Three processes of attitude change. *Journal of Conflict Resolution*, 2, 51–60.

Kennedy, J. 1993. *Drawing and the blind*. New Haven, Conn.: Yale University Press.

Kennedy, R. 1997. *Race, crime, and the law*. New York: Vintage.

Kenrick, D., Groth, G., Trost, M., & Sadalla, E. 1993. Integrating evolutionary and social exchange perspectives on relationships: Effects of gender, self-appraisal, and involvement level on mate selection criteria. *Journal of Personality and Social Psychology*, 64, 951–969.

Kenrick, D., & Sheets, V. 1994. Homicidal fantasies. *Ethology and Sociobiology*, 14, 231–246.

Kevles, D. J. 1985. *In the name of eugenics: Genetics and the uses of human heredity*. Cambridge, Mass.: Harvard University Press.（『優生学の名のもとに――人類改良の悪夢の百年』西俣総平訳，朝日新聞社，1993 年）

Keyser, S. J. 1999. Meter and poetry. In R. A. Wilson & F. C. Keil (Eds.), *The MIT Encyclopedia of the Cognitive Sciences*. Cambridge, Mass.: MIT Press.

Keyser, S. J., & Halle, M. 1998. On meter in general and on Robert Frost's loose iambics in particular. In E. Iwamoto (Ed.), *Festschrift for Professor K. Inoue*. Tokyo: Kanda University of International Studies.

Kimura, D. 1999. *Sex and cognition*. Cambridge, Mass.: MIT Press.（『女の能力，男の能力――性差について科学者が答える』野島久雄・鈴木真理子・三宅真季子訳，新曜社，2001 年）

Jones, O. D. 1999. Sex, culture, and the biology of rape: Toward explanation and prevention. *California Law Review*, 87, 827–942.

Juengst, E. T., Fishman, J. R., McGowan, M. L., & Settersten, R. A. 2014. Serving epigenetics before its time. *Trends in Genetics*, 30, 427–429.

Junger, S. 1997. *The perfect storm: A true story of men against the sea*. New York: Norton.（『パーフェクト ストーム——史上最悪の暴風に消えた漁船の運命』佐宗鈴夫訳，集英社文庫，2002 年）

Jussim, L. J., & Eccles, J. 1995. Are teacher expectations biased by students' gender, social class, or ethnicity? In Y.-T. Lee, L. J. Jussim, & C. R. McCauley (Eds.), *Stereotype accuracy: Toward appreciating group differences*. Washington, D. C.: American Psychological Association.

Jussim, L. J., McCauley, C. R., & Lee, Y.-T. 1995. Why study stereotype accuracy and inaccuracy? In Y.-T. Lee, L. J. Jussim, & C. R. McCauley (Eds.), *Stereotype accuracy: Toward appreciating group differences*. Washington, D. C.: American Psychological Association.

Kaas, J. H. 2000. The reorganization of sensory and motor maps after injury in adult mammals. In M. S. Gazzaniga (Ed.), *The new cognitive neurosciences*. Cambridge, Mass.: MIT Press.

Kahneman, D., & Tversky, A. 1982. On the study of statistical intuitions. *Cognition*, 11, 123–141.

Kahneman, D., & Tversky, A. 1984. Choices, values, and frames. *American Psychologist*, 39, 341–350.

Kamin, L. 1974. *The science and politics of IQ*. Mahwah, N. J.: Erlbaum.（『IQ の科学と政治』岩井勇児訳，黎明書房，1977 年）

Kaminer, W. 1990. *A fearful freedom: Women's flight from equality*. Reading, Mass.: Addison Wesley.

Kandel, E. R., Schwartz, J. H., & Jessell, T. M. 2000. *Principles of neural science* (4th ed.). New York: McGraw-Hill.

Kane, R. 1998. *The significance of free will*. New York: Oxford University Press.

Kanwisher, N., & Moscovitch, M. 2000. The cognitive neuroscience of face processing: An introduction. *Cognitive Neuropsychology*, 17, 1–11.

Kaplan, H., Hill, K., & Hurtado, A. M. 1990. Risk, foraging, and food sharing among the Ache. In E. Cashdan (Ed.), *Risk and uncertainty in tribal and peasant economies*. Boulder, Colo.: Westview Press.

Kaplan, J. 1973. *Criminal justice: Introductory cases and materials*. Mineola, N. Y.: The Foundation Press.

Kaplan, S. 1992. Environmental preference in a knowledge-seeking, knowledge-using organism. In J. H. Barkow, L. Cosmides, & J. Tooby (Eds.), *The adapted mind: Evolutionary psychology and the generation of culture*. New York: Oxford University Press.

Karmiloff-Smith, A. 1992. *Beyond modularity: A developmental perspective on cognitive science*. Cambridge, Mass.: MIT Press.（『人間発達の認知科学——精神のモジュール性を超えて』小島康次・小林好和監訳，ミネルヴァ書房，1997 年）

(『人間本性論』木曾好能ほか訳, 法政大学出版局, 2019年)
Hummel, J. E., & Biederman, I. 1992. Dynamic binding in a neural network for shape recognition. *Psychological Review*, 99, 480-517.
Hummel, J. E., & Holyoak, K. J. 1997. Distributed representations of structure: A theory of analogical access and mapping. *Psychological Review*, 104, 427-466.
Hunt, M. 1999. *The new know-nothings: The political foes of the scientific study of human nature*. New Brunswick, N. J.: Transaction Publishers.
Hyman, S. E. 1999. Introduction to the complex genetics of mental disorders. *Biological Psychiatry*, 45, 518-521.
Jackendoff, R. 1990. *Semantic structures*. Cambridge, Mass.: MIT Press.
Jackendoff, R. 1996. How language helps us think. *Pragmatics and Cognition*, 4, 1-34.
Jackendoff, R. S. 1987. *Consciousness and the computational mind*. Cambridge, Mass.: MIT Press.
Jackson, D. J., & Huston, T. L. 1975. Physical attractiveness and assertiveness. *Journal of Social Psychology*, 96, 79-84.
Jaffee, S., & Hyde, J. S. 2000. Gender differences in moral orientation. *Psychological Bulletin*, 126, 703-726.
Jaggar, A. M. 1983. *Feminist politics and human nature*. Lanham, Md.: Rowman & Littlefield.
James, W. 1890/1950. *The principles of psychology*. New York: Dover.
Janda, L. H. 1998. *Psychological testing: Theory and applications*. Boston: Allyn & Bacon.
Jensen, A. 1969. How much can we boost IQ and scholastic achievement? *Harvard Educational Review*, 39, 1-123.
Jensen, A. 1971. Note on why genetic correlations are not squared. *Psychological Bulletin*, 75, 223-224.
Jensen, A. R. 1972. *Genetics and education*. New York: Harper and Row. (『IQの遺伝と教育』岩井勇児監訳, 黎明書房, 1978年)
Jensen, A. R. 1982. The debunking of scientific fossils and straw persons: Review of "The mismeasure of man." *Contemporary Education Review*, 1, 121-135.
Jensen, A. R. 1998. *The g factor: The science of mental ability*. Westport, Conn.: Praeger.
Jespersen, O. 1938/1982. *Growth and structure of the English language*. Chicago: University of Chicago Press. (『英語の成長と構造』米倉綽監訳, 英宝社, 2015年)
Johnson, G. R., Ratwik, S. H., & Sawyer, T. J. 1987. The evocative significance of kin terms in patriotic speech. In V. Reynolds, V. Falger, & I. Vine (Eds.), *The sociobiology of ethnocentrism*. London: Croom Helm.
Jones, O. 2000. Reconsidering rape. *National Law Journal*, February 21, A21.
Jones, O. 2001. Time-shifted rationality and the Law of Law's Leverage: Behavioral economics meets behavioral biology. *Northwestern University Law Review*, 95, 1141-1205.
Jones, O. D. 1997. Evolutionary analysis in law: An introduction and application to child abuse. *North Carolina Law Review*, 75, 1117-1242.

Hausman, P. 1999. *On the rarity of mathematically and mechanically gifted females.* The Fielding Institute, Santa Barbara, Calif.

Hawkes, K., O'Connell, J., & Rogers, L. 1997. The behavioral ecology of modern hunter-gatherers, and human evolution. *Trends in Ecology and Evolution*, 12, 29–32.

Hayek, F. A. 1960/1978. *The constitution of liberty.* Chicago: University of Chicago Press.（『自由の条件　普及版』気賀健三・古賀勝次郎訳，春秋社，2021 年）

Hayek, F. A. 1976. *Law, legislation and liberty* (Vol. 2: The mirage of social justice). Chicago: University of Chicago Press.（『法と立法と自由　ハイエク全集』新版，矢島鈞次ほか訳，春秋社，2007-8 年）

Heard, E., & Martienssen, R. A. 2014. Transgenerational epigenetic inheritance: Myths and mechanisms. *Cell*, 157, 95–109.

Hedges, L. V., & Nowell, A. 1995. Sex differences in mental test scores, variability, and numbers of high-scoring individuals. *Science*, 269, 41–45.

Hernadi, P. 2001. Literature and evolution. *SubStance*, 30, 55–71.

Herrnstein, R. 1971. I. Q. *Atlantic Monthly*, 43–64.

Herrnstein, R. J. 1973. On challenging an orthodoxy. *Commentary*, 52–62.

Herrnstein, R. J., & Murray, C. 1994. *The bell curve: Intelligence and class structure in American life.* New York: Free Press.

Hinton, G. E., & Nowlan, S. J. 1987. How learning can guide evolution. *Complex Systems*, 1, 495–502.

Hirschfeld, L. A., & Gelman, S. A. 1994. *Mapping the mind: Domain specificity in cognition and culture.* New York: Cambridge University Press.

Hirshleifer, J. 1987. On the emotions as guarantors of threats and promises. In J. Dupré (Ed.), *The latest on the best: Essays on evolution and optimality.* Cambridge, Mass.: MIT Press.

Hobbes, T. 1651/1957. *Leviathan.* New York: Oxford University Press.（『リヴァイアサン』加藤節訳，ちくま学芸文庫，2022 年）

Hoffrage, U., Lindsey, S., Hertwig, R., & Gigerenzer, G. 2000. Communicating statistical information. *Science*, 290, 2261–2262.

Hogan, P. C. 1997. Literary universals. *Poetics Today*, 18, 224–249.

Holden, C. 1987. The genetics of personality. *Science*, 237, 598–601.

Holden, C. 2000. Molecule shows Anasazi ate their enemies. *Science*, 289, 1663.

Horgan, J. 1993. Eugenics revisited: Trends in behavioral genetics. *Scientific American*, 268, 122–131.

Horgan, J. 1995. The new Social Darwinists. *Scientific American*, 273, 174–181.

Horowitz, D. L. 2001. *The deadly ethnic riot.* Berkeley: University of California Press.

Horowitz, M., Yaworsky, W., & Kickham, K. 2014. Whither the Blank Slate? A report on the reception of evolutionary biological ideas among sociological theorists. *Sociological Spectrum*, 34, 489–509.

Hrdy, S. B. 1999. *Mother nature: A history of mothers, infants, and natural selection.* New York: Pantheon Books.

Hubel, D. H. 1988. *Eye, brain, and vision.* New York: Scientific American Library.

Hume, D. 1739/2000. *A treatise of human nature.* New York: Oxford University Press.

Halpern, D. F., Gilbert, R., & Coren, S. 1996. PC or not PC? Contemporary challenges to unpopular research findings. *Journal of Social Distress and the Homeless*, 5, 251-271.

Hamer, D., & Copeland, P. 1994. *The science of desire: The search for the gay gene and the biology of behavior.* New York: Simon & Schuster.

Hamer, D., & Copeland, P. 1998. *Living with our genes: Why they matter more than you think.* New York: Doubleday.（『遺伝子があなたをそうさせる——喫煙からダイエットまで』吉田利子訳，草思社，2002 年）

Hamilton, W. D. 1964. The genetical evolution of social behaviour (I and II). *Journal of Theoretical Biology*, 7, 1-16, 17-52.

Hardcastle, V. G., & Buller, D. J. 2000. Evolutionary psychology, meet developmental neurobiology: Against promiscuous modularity. *Brain and Mind*, 1, 307-325.

Hare, R. D. 1993. *Without conscience: The disturbing world of the psychopaths among us.* New York: Guilford Press.（『診断名サイコパス——身近にひそむ異常人格者たち』小林宏明訳，ハヤカワ文庫，2000 年）

Harpending, H., & Sobus, J. 1987. Sociopathy as an adaptation. *Ethology and Sociobiology*, 8, 63-72.

Harris, J. R. 1995. Where is the child's environment? A group socialization theory of development. *Psychological Review*, 102, 458-489.

Harris, J. R. 1998. The trouble with assumptions (Commentary on "Parental socialization of emotion" by Eisenberg, Cumberland, and Spinrad). *Psychological Inquiry*, 9, 294-297.

Harris, J. R. 1998/2008. *The nurture assumption: Why children turn out the way they do.* (2nd ed.). New York: Free Press.（『子育ての大誤解〔新版〕——重要なのは親じゃない』石田理恵訳，ハヤカワ文庫，2017 年）

Harris, J. R. 2000a. Personality and birth order: Explaining the differences between siblings. *Politics and the Life Sciences*, September.

Harris, J. R. 2000b. Research on child development: What we can learn from medical research. Paper presented at the Children's Roundtable, Brookings Institution, Washington, D. C., September 28.

Harris, J. R. 2000c. Socialization, personality development, and the child's environments: Comment on Vandell (2000). *Developmental Psychology*, 36, 711-723.

Harris, J. R., 2006. *No two alike: Human nature and human individuality.* New York: Norton.

Harris, M. 1985. *Good to eat: Riddles of food and culture.* New York: Simon & Schuster.（『食と文化の謎』板橋作美訳，岩波現代文庫，2001 年）

Hartman, J. L., Garvik, B., & Hartwell, L. 2001. Principles for the buffering of genetic variation. *Science*, 291, 1001-1004.

Haugeland, J. 1981. Semantic engines: An introduction to mind design. In J. Haugeland (Ed.), *Mind design: Philosophy, psychology, artificial intelligence.* Cambridge, Mass.: MIT Press.

Hauser, M. D. 1996. *The evolution of communication.* Cambridge, Mass.: MIT Press.

Hauser, M. D. 2000. *Wild minds: What animals really think.* New York: Henry Holt.

ans and the battlefield narrative. In D. A. Charters, M. Milner, & J. B. Wilson (Eds.), *Military history and the military profession*. Westport, Conn.: Greenwood Publishing Group.

Green, R. M. 2001. *The human embryo research debates: Bioethics in the vortex of controversy*. New York: Oxford University Press.

Greenwald, A. 1988. Self-knowledge and self-deception. In J. S. Lockard & D. L. Paulhus (Eds.), *Self-deception: An adaptive mechanism?* Englewood Cliffs, N. J.: Prentice Hall.

Gu, X., & Spitzer, N. C. 1995. Distinct aspects of neuronal differentiation encoded by frequency of spontaneous Ca2+transients. *Nature*, 375, 784-787.

Gur, R. C., & Gur, R. E. In press. Gender differences in neuropsychological functions. In L. J. Dickstein & B. L. Kennedy (Eds.), *Gender differences in the brain: Linking biology to psychiatry*. New York: Guilford Publications.

Gur, R. C., Turetsky, B. I., Matsui, M., Yan, M., Bilker, W., Hughett, P., & Gur, R. E. 1999. Sex differences in brain gray and white matter in healthy young adults: Correlations with cognitive performance. *Journal of Neuroscience*, 19, 4065-4072.

Gutknecht, L., Spitz, E., & Carlier, M. 1999. Long-term effect of placental type on anthropometrical and psychological traits among monozygotic twins: A follow-up study. *Twin Research*, 2, 212-217.

Hacking, I. 1999. *The social construction of what?* Cambridge, Mass.: Harvard University Press.(『何が社会的に構成されるのか』出口康夫・久米暁訳, 岩波書店, 2006年)

Hadley, R. F. 1994a. Systematicity in connectionist language learning. *Mind and Language*, 9, 247-272.

Hadley, R. F. 1994b. Systematicity revisited: Reply to Christiansen and Chater and Niklasson and van Gelder. *Mind and Language*, 9, 431-444.

Haidt, J. 2001. The emotional dog and its rational tail: A social intuitionist approach to moral judgment. *Psychological Review*, 108, 814-834.

Haidt, J. In press. The moral emotions. In R. J. Davidson (Ed.), *Handbook of affective sciences*. New York: Oxford University Press.

Haidt, J., & Hersh, M. A. 2001. Sexual morality: The cultures and emotions of conservatives and liberals. *Journal of Applied Social Psychology*, 31, 191-221.

Haidt, J., Koller, H., & Dias, M. G. 1993. Affect, culture, and morality, or Is it wrong to eat your dog? *Journal of Personality and Social Psychology*, 65, 613-628.

Haier, R. J., Siegel, B., Tang, C., Abel, L., & Buchsbaum, M. S. 1992. Intelligence and changes in regional cerebral glucose metabolic rate following learning. *Intelligence*, 16, 415-426.

Haig, D. 1993. Genetic conflicts in human pregnancy. *Quarterly Review of Biology*, 68, 495-532.

Haig, D. 2007. Weismann rules! OK? Epigenetics and the Lamarckian temptation. *Biology and Philosophy*, 22, 415-428.

Halpern, D. 2000. *Sex differences in cognitive abilities* (3rd ed.). Mahwah, N. J.: Erlbaum.

Goldin, C. 1990. *Understanding the gender gap: An economic history of American women*. New York: Oxford University Press.

Goleman, D. 1985. *Vital lies, simple truths: The psychology of self-deception*. New York: Simon & Schuster.

Gombrich, E. 1979/1994. *The sense of order: A study in the psychology of decorative art* (2nd ed.). London: Phaidon Press.（『装飾芸術論――装飾芸術の心理学的研究』白石和也訳，岩崎美術社，1989 年）

Gopnik, A., Meltzoff, A. N., & Kuhl, P. K. 1999. *The scientist in the crib: Minds, brains, and how children learn*. New York: William Morrow.

Gordon, M. T., & Riger, S. 1991. *The female fear: The social cost of rape*. Urbana: University of Illinois Press.

Gottfredson, L. S. 1988. Reconsidering fairness: A matter of social and ethical priorities. *Journal of Vocational Behavior*, 33, 293-319.

Gottfredson, L. S. 1997. Mainstream science on intelligence: An editorial with 52 signatories, history, and bibliography. *Intelligence*, 24, 13-23.

Gottfredson, M. R., & Hirschi, T. 1990. *A general theory of crime*. Stanford, Calif.: Stanford University Press.（『犯罪の一般理論――低自己統制シンドローム』大渕憲一訳，丸善出版，2018 年）

Gottschall, J., & Gottschall, R. 2001. The reproductive success of rapists: An exploration of the per-incident rape-pregnancy rate. Paper presented at the Annual Meeting of the Human Behavior and Evolution Society, London.

Gottschall, J., & Jobling, I. (Eds.) In preparation. *Evolutionary psychology and literary studies: Toward integration*.

Gould, S. J. 1976a. Biological potential vs. biological determinism. In S. J. Gould (Ed.), *Ever since Darwin: Reflections in natural history*. New York: Norton.（『ダーウィン以来――進化論への招待』浦本昌紀・寺田鴻訳，ハヤカワ文庫，1995 年）

Gould, S. J. 1976b. This view of life: Criminal man revived. *Natural History*, 85, 16-18.

Gould, S. J. 1980. *The panda's thumb*. New York: Norton.（『パンダの親指――進化論再考』桜町翠軒訳，ハヤカワ文庫，1996 年）

Gould, S. J. 1981. *The mismeasure of man*. New York: Norton.（『人間の測りまちがい――差別の科学史』鈴木善次・森脇靖子訳，河出文庫，2008 年）

Gould, S. J. 1992. Life in a punctuation. *Natural History*, 101, 10-21.

Gould, S. J. 1995. Ordering nature by budding and full-breasted sexuality. In *Dinosaur in a haystack*. New York: Harmony Books.（『干し草のなかの恐竜――化石証拠と進化論の大展開』渡辺政隆訳，早川書房，2000 年）

Gould, S. J. 1998a. The Diet of Worms and the defenestration of Prague. In *Leonardo's mountain of clams and the Diet of Worms: Essays in natural history*. New York: Harmony Books.（『ダ・ヴィンチの二枚貝――進化論と人文科学のはざまで』渡辺政隆訳，早川書房，2002 年）

Gould, S. J. 1998b. The great asymmetry. *Science*, 279, 812-813.

Grant, J. 1993. *Fundamental feminism: Contesting the core concepts of feminist theory*. New York: Routledge.

Graves, D. E. 1992. "Naked truths for the asking": Twentieth-century military historibridge University Press.

Gertner, N. 2015. Sex, lies, and justice: Can we reconcile the belated attention to campus sexual assaults with due process? *The American Prospect*, 32-37.

Geschwind, D. H., & Flint, J. 2015. Genetics and genomics of psychiatric disease. *Science*, 349, 1489-1494.

Getty, J. A. 2000. The future did not work (Reviews of Furet's "The passing of an illusion" and Courtois et al.'s "The black book of communism"). *Atlantic Monthly*, 285, 113-116.

Ghiglieri, M. P. 1999. *The dark side of man: Tracing the origins of male violence*. Reading, Mass.: Perseus Books.（『男はなぜ暴力をふるうのか――進化から見たレイプ・殺人・戦争』松浦俊輔訳，朝日新聞社，2002 年）

Gibbons, A. 1997. Archaeologists rediscover cannibals. *Science*, 277, 635-637.

Gibbons, A. 2000. Europeans trace ancestry to Paleolithic people. *Science*, 290, 1080-1081.

Gigerenzer, G. 1991. How to make cognitive illusions disappear: Beyond "heuristics and biases." *European Review of Social Psychology*, 2, 83-115.

Gigerenzer, G. 1997. Ecological intelligence: An adaptation for frequencies. In D. D. Cummins & C. Allen (Eds.), *The evolution of mind*. New York: Oxford University Press.

Gigerenzer, G., & Hug, K. 1992. Domain-specific reasoning: Social contracts, cheating and perspective change. *Cognition*, 43, 127-171.

Gigerenzer, G., & Selten, R. (Eds.) 2001. *Bounded rationality: The adaptive toolbox*. Cambridge, Mass.: MIT Press.

Gilbert, D. T., & Hixon, J. G. 1991. The trouble of thinking: Activation and application of stereotypic beliefs. *Journal of Personality and Social Psychology*, 60, 509-517.

Gilligan, C. 1982. *In a different voice: Psychological theory and women's development*. Cambridge, Mass.: Harvard University Press.（『もうひとつの声で――心理学の理論とケアの倫理』川本隆史ほか訳，風行社，2022 年）

Gintis, H. 2000. Strong reciprocity and human sociality. *Journal of Theoretical Biology*, 206, 169-179.

Glendon, M. A. 2001. *A world made new: Eleanor Roosevelt and the Universal Declaration of Human Rights*. New York: Random House.

Glover, J. 1977. *Causing death and saving lives*. London: Penguin.

Glover, J. 1999. *Humanity: A moral history of the twentieth century*. London: Jonathan Cape.

Godfray, H. C. 1995. Evolutionary theory of parent-offspring conflict. *Nature*, 376, 133-138.

Goguen, J. A. E. 1999. Special Issue on Art and the Brain. *Journal of Consciousness Studies*, 6.

Goldberg, L. R. 1968. Simple models or simple processes? Some research on clinical judgments. *American Psychologist*, 23, 483-496.

Goldenberg, J., Mazursky, D., & Solomon, S. 1999. Creative sparks. *Science*, 285, 1495-1496.

Gallistel, C. R. (Ed.) 1992. *Animal cognition*. Cambridge, Mass.: MIT Press.

Gallistel, C. R. 2000. The replacement of general-purpose theories with adaptive specializations. In M. S. Gazzaniga (Ed.), *The new cognitive neurosciences*. Cambridge, Mass.: MIT Press.

Gangestad, S. W., & Thornhill, R. 1998. Menstrual cycle variation in women's preferences for the scent of symmetrical men. *Proceedings of the Royal Society of London B*, 265, 927-933.

Gardner, H. 1983. *Frames of mind: The theory of multiple intelligences*. New York: Basic Books.

Gardner, H. 1985. *The mind's new science: A history of the cognitive revolution*. New York: Basic Books.（『認知革命──知の科学の誕生と展開』佐伯胖・海保博之監訳，産業図書，1987 年）

Gardner, H. 1999. *Intelligence reframed: Multiple intelligences for the 21st century*. New York: Basic Books.

Gat, A. 2015. Proving communal warfare among hunter-gatherers: The quasi-Rousseauan error. *Evolutionary Anthropology*, 24, 111-126.

Gaulin, S. J. C., & McBurney, D. H. 2000. *Evolutionary psychology*. Englewood Cliffs, N. J.: Prentice Hall.

Gaulin, S. J. C., & McBurney, D. H. 2001. *Psychology: An evolutionary approach*. Upper Saddle River, N. J.: Prentice Hall.

Gazzaniga, M. S. 1992. *Nature's mind: The biological roots of thinking, emotion, sexuality, language, and intelligence*. New York: Basic Books.

Gazzaniga, M. S. 1998. *The mind's past*. Berkeley: University of California Press.

Gazzaniga, M. S. 2000a. *Cognitive neuroscience: A reader*. Malden, Mass.: Blackwell.

Gazzaniga, M. S. (Ed.) 2000b. *The new cognitive neurosciences*. Cambridge, Mass.: MIT Press.

Gazzaniga, M. S., Ivry, R. B., & Mangun, G. R. 1998. *Cognitive neuroscience: The biology of the mind*. New York: W. W. Norton.

Geary, D. C. 1994. *Children's mathematical development: Research and practical applications*. Washington, D. C.: American Psychological Association.

Geary, D. C. 1995. Reflections on evolution and culture in children's cognition. *American Psychologist*, 50, 24-37.

Geary, D. C. 1998. *Male, female: The evolution of human sex differences*. Washington, D. C.: American Psychological Association.

Geary, D. C. In press. Principles of evolutionary educational psychology. *Learning and Individual Differences*.

Geary, D. C., & Huffman, K. J. 2002. Brain and cognitive evolution: Forms of modularity and functions of mind. *Psychological Bulletin*.

Geertz, C. 1973. *The interpretation of cultures: Selected essays*. New York: Basic Books.（『文化の解釈学』吉田禎吾ほか訳，岩波書店，1987 年）

Gelman, S. A., Coley, J. D., & Gottfried, G. M. 1994. Essentialist beliefs in children: The acquisition of concepts and theories. In L. A. Hirschfeld & S. A. Gelman (Eds.), *Mapping the mind: Domain specificity in cognition and culture*. New York: Cam-

Fox, R. 1984. *Kinship and marriage: An anthropological perspective.* New York: Cambridge University Press.（『親族と婚姻――社会人類学入門』川中健二訳，思索社，1977 年）

Fox, R. 1989. *The search for society: Quest for a biosocial science and morality.* New Brunswick, N. J.: Rutgers University Press.

Frangiskakis, J. M., Ewart, A. K., Morris, C. A., Mervis, C. B., Bertrand, J., Robinson, B. F., Klein, B. P., Ensing, G. J., Everett, L. A., Green, E. D., Pröschel, C., Gutowski, N. J., Noble, M., Atkinson, D. L., Odelberg, S. J., & Keating, M. T. 1996. LIM-kinase1 hemizygosity implicated in impaired visuospatial constructive cognition. *Cell*, 86, 59–69.

Frank, R. H. 1999. *Luxury fever: Why money fails to satisfy in an era of excess.* New York: Free Press.

Frank, R. H. 1985. *Choosing the right pond: Human behavior and the quest for status.* New York: Oxford University Press.

Frank, R. H. 1988. *Passions within reason: The strategic role of the emotions.* New York: W. W. Norton.（『オデッセウスの鎖――適応プログラムとしての感情』山岸俊男監訳，サイエンス社，1995 年）

Frank, R. H., Gilovich, T., & Regan, D. T. 1993. The evolution of one-shot cooperation: An experiment. *Ethology and Sociobiology*, 14, 247–256.

Frazer, J. G. 1890/1996. *The golden bough.* New York: Simon & Schuster.（『初版 金枝篇』吉川信訳，ちくま学芸文庫，2003 年）

Freedman, J. L. 1984. Effect of television violence on aggressiveness. *Psychological Bulletin*, 96, 227–246.

Freedman, J. L. 1996. Violence in the mass media and violence in society: The link is unproven. *Harvard Mental Health Letter*, 12, 4–6.

Freedman, J. L. 2002. *Media violence and aggression: No evidence for a connection.* Toronto: University of Toronto Press.

Freeman, D. 1983. *Margaret Mead and Samoa: The making and unmaking of an anthropological myth.* Cambridge, Mass.: Harvard University Press.（『マーガレット・ミードとサモア』木村洋二訳，みすず書房，1995 年）

Freeman, D. 1999. *The fateful hoaxing of Margaret Mead: A historical analysis of her Samoan research.* Boulder, Colo.: Westview Press.

Frith, C. D. 1992. *The cognitive neuropsychology of schizophrenia.* New York: Psychology Press.（『分裂病の認知神経心理学』丹羽真一・菅野正浩監訳，医学書院，1995 年）

Fry, D. 2000. Conflict management in cross-cultural perspective. In F. Aureli & F. B. M. de Waal (Eds.), *Natural conflict resolution.* Berkeley: University of California Press.

Furchtgott-Roth, D., & Stolba, C. 1999. *Women's figures: An illustrated guide to the economic progress of women in America.* Washington, D. C.: AEI Press.

Galileo, G. 1632/1967. *Dialogue concerning the two chief world systems.* Berkeley: University of California Press.（『天文対話』青木靖三訳，岩波文庫，1959 年）

Gallistel, C. R. 1990. *The organization of learning.* Cambridge, Mass.: MIT Press.

Evans, D. A. 1998. Evolution and literature. *South Dakota Review*, 36, 33-46.

Faigman, D. L. 1999. *Legal alchemy: The use and misuse of science in the law*. New York: W. H. Freeman.

Farah, M. J., Rabinowitz, C., Quinn, G. E., & Liu, G. T. 2000. Early commitment of neural substrates for face recognition. *Cognitive Neuropsychology*, 17, 117-123.

Fausto-Sterling, A. 1985. *Myths of gender: Biological theories about women and men*. New York: Basic Books.（『ジェンダーの神話── [性差の科学] の偏見とトリック』池上千寿子・根岸悦子訳，工作舎，1990 年）

Fehr, E., Fischbacher, U., & Gächter, S. In press. Strong reciprocity, human cooperation and the enforcement of social norms. *Human Nature*.

Fehr, E., & Gächter, S. 2000. Fairness and retaliation: The economics of reciprocity. *Journal of Economic Perspectives*, 14, 159-181.

Ferguson, C. J. 2010. Genetic contributions to antisocial personality and behavior: A meta-analytic review from an evolutionary perspective. *Journal of Social Psychology*, 150, 160-180.

Fernández-Jalvo, Y., Díez, J. C., Bermúdez de Castro, J. M., Carbonell, E., & Arsuaga, J. L. 1996. Evidence of early cannibalism. *Science*, 271, 277-278.

Festinger, L. 1957. *A theory of cognitive dissonance*. Stanford, Calif.: Stanford University Press.（『認知的不協和の理論──社会心理学序説』末永俊郎監訳，誠信書房，1965 年）

Finch, C. E., & Kirkwood, T. B. L. 2000. *Chance, development, and aging*. New York: Oxford University Press.

Fischoff, S. 1999. Psychology's quixotic quest for the media-violence connection. *Journal of Media Psychology*, 4.

Fisher, S. E., Vargha-Khadem, F., Watkins, K. E., Monaco, A. P., & Pembrey, M. E. 1998. Localisation of a gene implicated in a severe speech and language disorder. *Nature Genetics*, 18, 168-170.

Fiske, A. P. 1992. The four elementary forms of sociality: Framework for a unified theory of social relations. *Psychological Review*, 99, 689-723.

Flynn, J. R. 1999. Searching for justice: The discovery of IQ gains over time. *American Psychologist*, 54, 5-20.

Fodor, J. A. 1981. The present status of the innateness controversy. In J. A. Fodor (Ed.), *RePresentations*. Cambridge, Mass.: MIT Press.

Fodor, J. A. 1983. *The modularity of mind*. Cambridge, Mass.: MIT Press.（『精神のモジュール形式──人工知能と心の哲学』伊藤笏康・信原幸弘訳，産業図書，1985 年）

Fodor, J. A. 1994. *The elm and the expert: Mentalese and its semantics*. Cambridge, Mass.: MIT Press.

Fodor, J. A., & Pylyshyn, Z. W. 1988. Connectionism and cognitive architecture: A critical analysis. *Cognition*, 28, 3-71.

Fox, J. A., & Zawitz, M. W. 2000. *Homicide trends in the United States*. Washington, D. C.: U. S. Department of Justice. Available: www.ojp.usdoj.gov/bjs/homicide/hom trnd. htm.

Eagly, A. H. 1995. The science and politics of comparing women and men. *American Psychologist*, 50, 145-158.

Easterlin, N., Riebling, B., & Crews, F. 1993. *After poststructuralism: Interdisciplinarity and literary theory (rethinking theory)*. Evanston, Ill.: Northwestern University Press.

Eaves, L. J., Eysenck, H. J., & Martin, N. G. 1989. *Genes, culture, and personality: An empirical approach*. San Diego: Academic Press.

Edgerton, R. B. 1992. *Sick societies: Challenging the myth of primitive harmony*. New York: Free Press.

Eibl-Eibesfeldt, I. 1989. *Human ethology*. Hawthorne, N. Y.: Aldine de Gruyter. (『ヒューマン・エソロジー――人間行動の生物学』日高敏隆監修，ミネルヴァ書房，2001年)

Ekman, P. 1987. A life's pursuit. In T. A. Sebeok & J. Umiker-Sebeok (Eds.), *The semiotic web 86: An international yearbook*. Berlin: Mouton de Gruyter.

Ekman, P. 1998. Afterword: Universality of emotional expression? A personal history of the dispute. In C. Darwin, *The expression of the emotions in man and animals: Definitive edition*. New York: Oxford University Press.

Ekman, P., & Davidson, R. J. 1994. *The nature of emotion: Fundamental questions*. New York: Oxford University Press.

Ellis, B. J. 1992. The evolution of sexual attraction: Evaluative mechanisms in women. In J. H. Barkow, L. Cosmides, & J. Tooby (Eds.), *The adapted mind: Evolutionary psychology and the generation of culture*. New York: Oxford University Press.

Ellis, L., & Beattie, C. 1983. The feminist explanation for rape: An empirical test. *Journal of Sex Research*, 19, 74-93.

Elman, J. L., Bates, E. A., Johnson, M. H., Karmiloff-Smith, A., Parisi, D., & Plunkett, K. 1996. *Rethinking innateness: A connectionist perspective on development*. Cambridge, Mass.: MIT Press. (『認知発達と生得性――心はどこから来るのか』乾敏郎ほか訳，共立出版，1998年)

Ember, C. R. 1978. Myths about hunter-gatherers. *Ethnology*, 17, 439-448.

Epstein, J. 1994. On the mathematical biology of arms races, wars, and revolutions. In L. Nadel & D. L. Stein (Eds.), *1992 lectures in complex systems*, Vol. 5. Reading, Mass.: Addison-Wesley.

Epstein, J. M., & Axtell, R. L. 1996. *Growing artificial societies: Social science from the bottom up*. Cambridge, Mass.: MIT Press. (『人工社会――複雑系とマルチエージェント・シミュレーション』服部正太・木村香代子訳，共立出版，1999年)

Erikson, M. A., & Kruschke, J. K., 1998. Rules and exemplars in category learning. *Journal of Experimental Psychology: General*, 127, 107-140.

Estrich, S. 2000. *Sex and power*. New York: Riverhead Books.

Etcoff, N. L. 1999. *Survival of the prettiest: The science of beauty*. New York: Doubleday. (『なぜ美人ばかりが得をするのか』木村博江訳，草思社，2000年)

Evans, D., & Zarate, O. 1999. *Introducing evolutionary psychology*. New York: Totem Books. (『超図説 目からウロコの進化心理学入門――人間の心は10万年前に完成していた』小林司訳，講談社，2003年)

and clinical implications. *Archives of Pediatrics and Adolescent Medicine*, 151, 298-304.

Dickens, W. T., & Flynn, J. R. 2001. Heritability estimates versus large environmental effects: The IQ paradox resolved. *Psychological Review*, 108, 346-369.

Dickinson, E. 1976. *The complete poems of Emily Dickinson*. New York: Little, Brown.

Dissanayake, E. 1992. *Homo aestheticus: Where art comes from and why*. New York: Free Press.

Dissanayake, E. 1998. Komar and Melamid discover Pleistocene taste. *Philosophy and Literature*, 22, 486-496.

Dissanayake, E. 2000. *Art and intimacy: How the arts began*. Seattle: University of Washington Press.

Divale, W. T. 1972. Systemic population control in the middle and upper Palaeolithic: Inferences based on contemporary hunter-gatherers. *World Archaeology*, 4, 222-243.

Dorit, R. 1997. Review of Michael Behe's "Darwin's black box." *American Scientist*, 85, 474-475.

Drake, S. 1970. *Galileo studies: Personality, tradition, and revolution*. Ann Arbor: University of Michigan Press.

Dreger, A. D. 2008. The controversy surrounding "The Man Who Would be Queen": A case history of the politics of science, identity, and sex in the Internet age. *Archives of Sexual Behavior*, 37, 366-421.

Dreger, A. D. 2011. Darkness's descent on the American Anthropological Association: A cautionary tale. *Human Nature*, 22.

Dugatkin, L. A. 1992. The evolution of the "con artist". *Ethology and Sociobiology*, 13, 3-18.

Dunbar, R. 1998. *Grooming, gossip, and the evolution of language*. Cambridge, Mass.: Harvard University Press.（『ことばの起源――猿の毛づくろい、人のゴシップ』新版，松浦俊輔・服部清美訳，青土社，2024 年）

Dunn, J., & Plomin, R. 1990. *Separate lives: Why siblings are so different*. New York: Basic Books.

Dunphy, C. D. 1963. The social structure of urban adolescent peer groups. *Sociometry*, 26, 230-246.

Durham, W. H. 1982. Interactions of genetic and cultural evolution: Models and examples. *Human Ecology*, 10, 289-323.

Durkheim, E. 1895/1962. *The rules of sociological method*. Glencoe, Ill.: Free Press.（『社会学的方法の規準』菊谷和宏訳，講談社学術文庫，2018 年）

Dutton, D. 1998. America's most wanted, and why no one wants it. *Philosophy and Literature*, 22, 530-543.

Dutton, D. 2000. Mad about flowers. *Philosophy and Literature*, 24, 249-260.

Dutton, D. 2002. Aesthetic universals. In B. Gaut & D. M. Lopes (Eds.), *The Routledge companion to aesthetics*. New York: Routledge.

Dworkin, A. 1993. *Sexual economics: The terrible truth. In Letters from a war-zone*. New York: Lawrence Hill Books.

and parent reports of externalizing behavior problems in middle childhood. *Child Development*, 70, 144-154.

Degler, C. N. 1991. *In search of human nature: The decline and revival of Darwinism in American social thought*. New York: Oxford University Press.

Dehaene, S. 1997. *The number sense: How the mind creates mathematics*. New York: Oxford University Press.（『数覚とは何か？──心が数を創り，操る仕組み』長谷川眞理子・小林哲生訳，ハヤカワ文庫，2024 年）

Dehaene, S., Spelke, L., Pinel, P., Stanescu, R., & Tsivkin, S. 1999. Sources of mathematical thinking: Behavioral and brain-imaging evidence. *Science*, 284, 970-974.

Denfeld, R. 1995. *The new Victorians: A young woman's challenge to the old feminist order*. New York: Warner Books.

Dennett, D. C. 1984. *Elbow room: The varieties of free will worth wanting*. Cambridge, Mass.: MIT Press.（『自由の余地』戸田山和久訳，名古屋大学出版会，2020 年）

Dennett, D. C. 1986. The logical geography of computational approaches: A view from the East Pole. In R. Harnish & M. Brand (Eds.), *The representation of knowledge and belief*. Tucson: University of Arizona Press.

Dennett, D. C. 1991. *Consciousness explained*. Boston: Little, Brown.（『解明される意識』山口泰司訳，青土社，1998 年）

Dennett, D. C. 1995. *Darwin's dangerous idea: Evolution and the meanings of life*. New York: Simon & Schuster.（『ダーウィンの危険な思想──生命の意味と進化』山口泰司監訳，青土社，2000 年）

Dershowitz, A. M. 1994. *The abuse excuse: And other cop-outs, sob stories, and evasions of responsibility*. Boston: Little, Brown.

Descartes, R. 1637/2001. *Discourse on method*. New York: Bartleby. com.（『方法序説』山田弘明訳，ちくま学芸文庫，2010 年）

Descartes, R. 1641/1967. Meditations on first philosophy. In R. Popkin (Ed.), *The philosophy of the 16th and 17th centuries*. New York: Free Press.（『省察』山田弘明訳，ちくま学芸文庫，2006 年）

Deutsch, M., & Gerard, G. B. 1955. A study of normative and informational social influence upon individual judgment. *Journal of Abnormal and Social Psychology*, 51, 629-636.

Devlin, K. 2000. *The math gene: How mathematical thinking evolved and why numbers are like gossip*. New York: Basic Books.

Diamond, J. 1992. *The third chimpanzee: The evolution and future of the human animal*. New York: HarperCollins.（『人間はどこまでチンパンジーか？──人類進化の栄光と翳り』長谷川真理子・長谷川寿一訳，新曜社，1993 年）

Diamond, J. 1997. *Guns, germs, and steel: The fates of human societies*. New York: W. W. Norton.（『銃・病原菌・鉄──一万三〇〇〇年にわたる人類史の謎』倉骨彰訳，草思社文庫，2012 年）

Diamond, J. 1998. *Why is sex fun?: The evolution of human sexuality*. New York: Basic Books.（『人間の性はなぜ奇妙に進化したのか』長谷川寿一訳，草思社文庫，2013 年）

Diamond, M., & Sigmundson, H. K. 1997. Sex reassignment at birth: Long-term review

学芸文庫，2010年）

Damasio, H. 2000. The lesion method in cognitive neuroscience. In F. Boller & J. Grafman (Eds.), *Handbook of neuropsychology* (2nd ed.), Vol. 1. New York: Elsevier.

Damewood, M. D. 2001. Ethical implications of a new application of preimplantation diagnosis. *Journal of the American Medical Association*, 285, 3143-3144.

Darwin, C. 1872/1998. *The expression of the emotions in man and animals: Definitive edition*. New York: Oxford University Press.（『人及び動物の表情について』浜中浜太郎訳，岩波文庫，1931年）

Davidson, R. J., Putnam, K. M., & Larson, C. L. 2000. Dysfunction in the neural circuitry of emotion regulation: A possible prelude to violence. *Science*, 289, 591-594.

Davis, B. D. 1983. Neo-Lysenkoism, IQ, and the press. *Public Interest*, 73, 41-59.

Davis, E., & Marcus, G. 2015. Commonsense reasoning and commonsense knowledge in artifical intelligence. *Communications of the ACM*, 58, 92-103.

Davies, G., Tenesa, A., Payton, A., Yang, J., Harris, S. E., Liewald, D., Ke, X., Le Hellard, S., Christoforou, A., Luciano, M., McGhee, K., Lopez, L., Gow, A. J., Corley, J., Redmond, P., Fox, H. C., Haggarty, P., Whalley, L. J., McNeill, G., Goddard, M. E., Espeseth, T., Lundervold, A. J., Reinvang, I., Pickles, A., Steen, V. M., Ollier, W., Porteous, D. J., Horan, M., Starr, J. M., Pendleton, N., Visscher, P. M., & Deary, I. J. 2011. Genome-wide association studies establish that human intelligence is highly heritable and polygenic. *Molecular Psychiatry*, 16, 996-1005.

Dawkins, R. 1976/1989. *The selfish gene* (new ed.). New York: Oxford University Press.（『利己的な遺伝子〈増補新装版〉』日高敏隆ほか訳，紀伊國屋書店，2006年）

Dawkins, R. 1983. Universal Darwinism. In D. S. Bendall (Ed.), *Evolution from molecules to man*. New York: Cambridge University Press.

Dawkins, R. 1985. Sociobiology: The debate continues (Review of Lewontin, Rose, & Kamin's "Not in our genes"). *New Scientist*, 24, 59-60.

Dawkins, R. 1986. *The blind watchmaker: Why the evidence of evolution reveals a universe without design*. New York: W. W. Norton.（『盲目の時計職人――自然淘汰は偶然か？』日高敏隆監修，早川書房，2004年）

Dawkins, R. 1998. *Unweaving the rainbow: Science, delusion and the appetite for wonder*. Boston: Houghton Mifflin.（『虹の解体――いかにして科学は驚異への扉を開いたか』福岡伸一訳，早川書房，2001年）

de Waal, F. 1998. *Chimpanzee politics: Power and sex among the apes*. Baltimore: Johns Hopkins University Press.（『政治をするサル――チンパンジーの権力と性』西田利貞訳，平凡社ライブラリー，1994年）

Deacon, T. W. 1997. *The symbolic species: The co-evolution of language and the brain*. New York: W. W. Norton.（『ヒトはいかにして人となったか――言語と脳の共進化』金子隆芳訳，新曜社，1999年）

Deary, I. J. 2000. *Looking down on human intelligence: From psychometrics to the brain*. New York: Oxford University Press.

Deater-Deckard, K., & Plomin, R. 1999. An adoption study of the etiology of teacher

Crittenden, D. 1999. *What our mothers didn't tell us: Why happiness eludes the modern woman.* New York: Simon & Schuster.

Cronin, H. 1992. *The ant and the peacock: Altruism and sexual selection from Darwin to today.* New York: Cambridge University Press.（『性選択と利他行動――クジャクとアリの進化論』長谷川真理子訳，工作舎，1994年）

Cronk, L. 1999. *That complex whole: Culture and the evolution of human behavior.* Boulder, Colo.: Westview Press.

Cronk, L., Chagnon, N., & Irons, W. (Eds.) 2000. *Adaptation and human behavior: An anthropological perspective.* Hawthorne, N. Y.: Aldine de Gruyter.

Crow, J. F. 2002. Unequal by nature: A geneticist's perspective on human differences. *Daedalus*, Winter, 81-88.

Crowley, J. C., & Katz, L. C. 2000. Early development of ocular dominance columns. *Science*, 290, 1321-1324.

Cummins, D. D. 1996. Evidence for the innateness of deontic reasoning. *Mind and Language*, 11, 160-190.

Curti, M. 1980. *Human nature in American thought: A history.* Madison: University of Wisconsin Press.

Curtiss, S., de Bode, S., & Shields, S. 2000. Language after hemispherectomy. In J. Gilkerson, M. Becker, & N. Hyams (eds.), *UCLA Working Papers in Linguistics* (Vol. 5, pp. 91-112). Los Angeles: UCLA Department of Linguistics.

Dabbs, J. M., & Dabbs, M. G. 2000. *Heroes, rogues, and lovers: Testosterone and behavior.* New York: McGraw-Hill.（『テストステロン――愛と暴力のホルモン』北村美都穂訳，青土社，2001年）

Daly, M. 1991. Natural selection doesn't have goals, but it's the reason organisms do (Commentary on P. J. H. Shoemaker, "The quest for optimality: A positive heuristic of science?"). *Behavioral and Brain Sciences*, 14, 219-220.

Daly, M., Salmon, C., & Wilson, M. 1997. Kinship: The conceptual hole in psychological studies of social cognition and close relationships. In J. Simpson & D. Kenrick (Eds.), *Evolutionary social psychology.* Mahwah, N. J.: Erlbaum.

Daly, M., & Wilson, M. 1983. *Sex, evolution, and behavior* (2nd ed.). Belmont, Calif.: Wadsworth.

Daly, M., & Wilson, M. 1988. *Homicide.* Hawthorne, N. Y.: Aldine de Gruyter.（『人が人を殺すとき――進化でその謎をとく』長谷川眞理子・長谷川壽一訳，新思索社，1999年）

Daly, M., & Wilson, M. 1994. Evolutionary psychology of male violence. In J. Archer (Ed.), *Male violence.* London: Routledge.

Daly, M., & Wilson, M. 1999. *The truth about Cinderella: A Darwinian view of parental love.* New Haven, Conn.: Yale University Press.（『シンデレラがいじめられるほんとうの理由』竹内久美子訳，新潮社，2002年）

Daly, M., Wilson, M., & Vasdev, S. 2001. Income inequality and homicide rates in Canada and the United States. *Canadian Journal of Criminology*, 43, 219-236.

Damasio, A. R. 1994. *Descartes' error: Emotion, reason, and the human brain.* New York: Putnam.（『デカルトの誤り――情動、理性、人間の脳』田中三彦訳，ちくま

Cambridge University Press.
Colapinto, J. 2000. *As nature made him: The boy who was raised as a girl.* New York: HarperCollins.（『ブレンダと呼ばれた少年』村井智之訳，扶桑社，2005 年）
Collins, W. A., Maccoby, E. E., Steinberg, L., Hetherington, E. M., & Bornstein, M. H. 2000. Contemporary research on parenting: The case for nature and nurture. *American Psychologist,* 55, 218-232.
Conquest, R. 2000. *Reflections on a ravaged century.* New York: W. W. Norton.
Cooke, B., & Turner, F. (Eds.) 1999. *Biopoetics: Evolutionary explorations in the arts.* St. Paul, Minn.: Paragon House.
Cosmides, L., & Tooby, J. 1992. Cognitive adaptations for social exchange. In J. H. Barkow, L. Cosmides, & J. Tooby (Eds.), *The adapted mind: Evolutionary psychology and the generation of culture.* New York: Oxford University Press.
Cosmides, L., & Tooby, J. 1996. Are humans good intuitive statisticians after all? Rethinking some conclusions from the literature on judgment under uncertainty. *Cognition,* 58, 1-73.
Courtois, S., Werth, N., Panné, J.-L., Paczkowski, A., Bartošek, K., & Margolin, J.-L. 1999. *The black book of communism: Crimes, terror, repression.* Cambridge, Mass.: Harvard University Press.（ステファヌ・クルトワ，ニコラ・ヴェルト『共産主義黒書〈ソ連篇〉』外川継男訳，ちくま学芸文庫，2016 年，ステファヌ・クルトワ，ジャン＝ルイ・マルゴラン『共産主義黒書〈アジア篇〉』高橋武智訳，ちくま学芸文庫，2017 年［部分訳］）
Cowen, T. 1998. *In praise of commercial culture.* Cambridge, Mass.: Harvard University Press.
Cowie, F. 1999. *What's within? Nativism reconsidered.* New York: Oxford University Press.
Coyne, J. A. 2015, August 24. Holocaust trauma: Is it epigenetically inherited? https://whyevolutionistrue.wordpress.com/2015/08/24/holocaust-trauma-is-it-epigenetically-inherited/.
Crair, M. C., Gillespie, D. C., & Stryker, M. P. 1998. The role of visual experience in the development of columns in cat visual cortex. *Science,* 279, 566-570.
Cramer, K. S., & Sur, M. 1995. Activity-dependent remodeling of connections in the mammalian visual system. *Current Opinion in Neurobiology,* 5, 106-111.
Crawford, C., & Krebs, D. L. (eds.) 1998. *Handbook of evolutionary psychology: Ideas, issues, and applications.* Mahwah, N. J.: Erlbaum.
Crevier, D. 1993. *AI: The tumultuous history of the search for artificial intelligence.* New York: Basic Books.
Crews, F. 2001. Saving us from Darwin. *New York Review of Books,* October 4 and October 18.
Crick, F. 1994. *The astonishing hypothesis: The scientific search for the soul.* New York: Simon & Schuster.（『DNA に魂はあるか──驚異の仮説』中原英臣訳，講談社，1995 年）
Crick, F., & Koch, C. 1995. Are we aware of neural activity in primary visual cortex? *Nature,* 375, 121-123.

son (Eds.), *Sexual selection: Testing the alternatives*. New York: Wiley.
Charlton, T. 1997. The inception of broadcast television: A naturalistic study of television's effects in St. Helena, South Atlantic. In T. Charlton & K. David (Eds.), *Elusive links: Television, video games, and children's behavior*. Cheltenham, U. K.: Park Published Papers.
Chase, W. G., & Simon, H. A. 1973. Perception in chess. *Cognitive Psychology*, 4, 55-81.
Check, J. V. P., & Malamuth, N. 1985. An empirical assessment of some feminist hypotheses about rape. *International Journal of Women's Studies*, 8, 414-423.
Chirot, D. 1994. *Modern tyrants*. Princeton, N. J.: Princeton University Press.
Chomsky, N. 1970. Language and freedom. *Abraxas*, 1, 9-24.
Chomsky, N. 1973. Psychology and ideology. In N. Chomsky (Ed.), *For reasons of state*. New York: Vintage.（「心理学とイデオロギー」，『国家理由か絶対自由か――お国のためにⅡ』いいだもも訳，河出書房新社，1975年）
Chomsky, N. 1975. *Reflections on language*. New York: Pantheon.（『言語論――人間科学的省察』井上和子ほか訳，大修館書店，1979年）
Chomsky, N. 1980. *Rules and representations*. New York: Columbia University Press.（『ことばと認識――文法からみた人間知性』井上和子ほか訳，大修館書店，1984年）
Chomsky, N. 1988a. *Language and politics*. Montreal: Black Rose Books.
Chomsky, N. 1988b. *Language and problems of knowledge: The Managua lectures*. Cambridge, Mass.: MIT Press.（『言語と知識――マナグア講義録（言語学編）』田窪行則・郡司隆男訳，産業図書，1989年）
Chomsky, N. 1993. *Language and thought*. Wakefield, R. I.: Moyer Bell.（『言語と思考』大石正幸訳，松柏社，1999年）
Chomsky, N. 2000. *New horizons in the study of language and mind*. New York: Cambridge University Press.
Chorney, M. J., Chorney, K., Seese, N., Owen, M. J., McGuffin, P., Daniels, J., Thompson, L. A., Detterman, D. K., Benbow, C. P., Lubinski, D., Eley, T. C., & Plomin, R. 1998. A quantitative trait locus (QTL) associated with cognitive ability in children. *Psychological Science*, 9, 159-166.
Chorover, S. L., 1979. *From genesis to genocide: The meaning of human nature and the power of behavior control*. Cambridge, Mass.: MIT Press.
Christakis, N. A., & Fowler, J. H. 2009. *Connected: The surprising power of our social networks and how they shape our lives*. New York: Little Brown.（『つながり――社会的ネットワークの驚くべき力』鬼澤忍訳，講談社，2010年）
Clahsen, H. 1999. Lexical entries and rules of language: A multidisciplinary study of German inflection. *Behavioral and Brain Sciences*, 22, 991-1013.
Clark, R. 1970. *Crime in America: Observations on its nature, causes, prevention, and control*. New York: Simon & Schuster.
Claverie, J.-M. 2001. What if there are only 30,000 human genes? *Science*, 291, 1255-1257.
Cohen, J. 1997. The natural goodness of humanity. In A. Reath, B. Herman, & C. Korsgaard (Eds.), *Reclaiming the history of ethics: Essays for John Rawls*. New York:

1123–1130.
Carey, S., & Spelke, E. 1994. Domain-specific knowledge and conceptual change. In L. A. Hirschfeld & S. A. Gelman (Eds.), *Mapping the mind: Domain specificity in cognition and culture*. New York: Cambridge University Press.
Carpenter, M., Akhtar, N., & Tomasello, M. 1998. Fourteen- through eighteen-month-old infants differentially imitate intentional and accidental actions. *Infant Behavior and Development*, 21, 315–330.
Carroll, J. 1995. *Evolution and literary theory*. Columbia: University of Missouri Press.
Cartmill, M. 1998. Oppressed by evolution. *Discover*, 19, 78–83.
Cartwright, J. 2000. *Evolution and human behavior*. Cambridge, Mass.: MIT Press.
Caryl, P. G. 1994. Early event-related potentials correlate with inspection time and intelligence. *Intelligence*, 18, 15–46.
Cashdan, E. 1989. Hunters and gatherers: Economic behavior in bands. In S. Plattner (Ed.), *Economic anthropology*. Stanford, Calif.: Stanford University Press.
Caspi, A. 2000. The child is father of the man: Personality continuities from childhood to adulthood. *Journal of Personality and Social Psychology*, 78, 158–172.
Catalano, S. M., & Shatz, C. J. 1998. Activity-dependent cortical target selection by thalamic axons. *Science*, 24, 559–562.
Cavalli-Sforza, L. L. 1991. Genes, peoples, and languages. *Scientific American*, 265, 104–111.
Cavalli-Sforza, L. L., & Feldman, M. W. 1981. *Cultural transmission and evolution: A quantitative approach*. Princeton, N. J.: Princeton University Press.
Ceci, S. J., & Williams, W. M. 2011. Understanding current causes of women's underrepresentation in science. *Proceedings of the National Academy of Sciences*, 108, 3157–3162.
Chabris, C. F. 1999. Prelude or requiem for the 'Mozart effect'? *Nature*, 400, 826–828.
Chabris, C. F., Lee, J. J., Benjamin, D. J., Beauchamp, J. P., Glaeser, E. L., Borst, G., Pinker, S., & Laibson, D. 2013. Why it is hard to find genes associated with social science traits. *American Journal of Public Health*, 103, 152–166.
Chabris, C. F., Lee, J. J., Cesarini, D., Benjamin, D. J., & Laibson, D. 2015. The fourth law of behavioral genetics. *Current Directions in Psychological Science*.
Chagnon, N. A. 1988. Life histories, blood revenge, and warfare in a tribal population. *Science*, 239, 985–992.
Chagnon, N. A. 1992. *Yanomamö: The last days of Eden*. New York: Harcourt Brace.
Chagnon, N. A. 1996. Chronic problems in understanding tribal violence and warfare. In G. Bock & J. Goode (Eds.), *The genetics of criminal and antisocial behavior*. New York: Wiley.
Chalupa, L. M. 2000. A comparative perspective on the formation of retinal connections in the mammalian brain. In M. S. Gazzaniga (Ed.), *The new cognitive neurosciences*. Cambridge, Mass.: MIT Press.
Chandler, D. P. 1999. *Brother number one: A political biography of Pol Pot*. Boulder, Colo.: Westview Press. (『ポル・ポト伝』山田寛訳，めこん，1994年)
Charlesworth, B. 1987. The heritability of fitness. In J. W. Bradbury & M. B. Anders-

Proceedings of the National Academy of Science, 97, 6167–6172.
Bueno de Mesquita, B. 1981. *The war trap*. New Haven, Conn.: Yale University Press.
Bullock, A. 1991. *Hitler and Stalin: Parallel lives*. London: HarperCollins.
Burke, E. 1790/1967. *Reflections on the revolution in France*. London: J. M. Dent & Sons.（『フランス革命についての省察』二木麻里訳，光文社古典新訳文庫，2020年）
Burnham, R., & Phelan, J. 2000. *Mean genes: From sex to money to food: Taming our primal instincts*. Cambridge, Mass.: Perseus.（『いじわるな遺伝子――SEX、お金、食べ物の誘惑に勝てないわけ』森内薫訳，日本放送出版協会，2002年）
Burnstein, E., Crandall, C., & Kitayama, S. 1994. Some neo-Darwinian decision rules for altruism: Weighing cues for inclusive fitness as a function of the biological importance of the decision. *Journal of Personality and Social Psychology*, 67, 773–789.
Buss, D., & Duntley, J. D. In press. Why the mind is designed for murder: The coevolution of killing and death prevention strategies. *Behavioral and Brain Sciences*.
Buss, D. M. 1992. Mate preference mechanisms: Consequences for partner choice and intrasexual competition. In J. H. Barkow, L. Cosmides, & J. Tooby (Eds.), *The adapted mind: Evolutionary psychology and the generation of culture*. New York: Oxford University Press.
Buss, D. M. 1994. *The evolution of desire*. New York: Basic Books.（『女と男のだましあい――ヒトの性行動の進化』狩野秀之訳，草思社，2000年）
Buss, D. M. 1995. Evolutionary psychology: A new paradigm for psychological science. *Psychological Inquiry*, 6, 1–30.
Buss, D. M. 1999. *Evolutionary psychology: The new science of the mind*. Boston: Allyn and Bacon.
Buss, D. M. 2000. *The dangerous passion: Why jealousy is as necessary as love and sex*. New York: Free Press.（『一度なら許してしまう女 一度でも許せない男――嫉妬と性行動の進化論』三浦彊子訳，PHP研究所，2001年）
Butterworth, B. 1999. *The mathematical brain*. London: Macmillan.（『なぜ数学が「得意な人」と「苦手な人」がいるのか』藤井留美訳，主婦の友社，2002年）
Calvin, W. H. 1996a. *The cerebral code*. Cambridge, Mass.: MIT Press.
Calvin, W. H. 1996b. *How brains think*. New York: Basic Books.（『知性はいつ生まれたか』澤口俊之訳，草思社，1997年）
Calvin, W. H., & Bickerton, D. 2000. *Lingua ex machina: Reconciling Darwin and Chomsky with the human brain*. Cambridge, Mass.: MIT Press.
Calvin, W. H., & Ojemann, G. A. 2001. *Inside the brain: Mapping the cortex, exploring the neuron*, www. iuniverse. com.
Campbell, J. D., & Fairey, P. J. 1989. Informational and normative routes to conformity: The effect of faction size as a function of norm extremity and attention to the stimulus. *Journal of Personality and Social Psychology*, 57, 457–468.
Cappon, L. J. (Ed.) 1959. *The Adams-Jefferson letters*. New York: Simon & Schuster.
Caramazza, A., & Shelton, J. R. 1998. Domain-specific knowledge systems in the brain: The animate-inanimate distinction. *Journal of Cognitive Neuroscience*, 10, 1–34.
Carey, S. 1986. Cognitive science and science education. *American Psychologist*, 41,

Boyd, R., & Richerson, P. J. 1985. *Culture and the evolutionary process*. Chicago: University of Chicago Press.

Boyd, R., & Silk, J. B. 1996. *How humans evolved*. New York: W. W. Norton.（『ヒトはどのように進化してきたか』松本晶子・小田亮監訳，ミネルヴァ書房，2011 年）

Boyer, P. 1994. Cognitive constraints on cultural representations: Natural ontologies and religious ideas. In L. A. Hirschfeld & S. A. Gelman (Eds.), *Mapping the mind: Domain specificity in cognition and culture*. New York: Cambridge University Press.

Braine, M. D. S. 1994. Mental logic and how to discover it. In J. Macnamara & G. E. Reyes (Eds.), *The logical foundations of cognition*. New York: Oxford University Press.

Bregman, A. S. 1990. *Auditory scene analysis: The perceptual organization of sound*. Cambridge, Mass.: MIT Press.

Bregman, A. S., & Pinker, S. 1978. Auditory streaming and the building of timbre. *Canadian Journal of Psychology*, 32, 19-31.

Breland, K., & Breland, M. 1961. The misbehavior of organisms. *American Psychologist*, 16, 681-684.

Brink, D. O. 1989. *Moral realism and the foundations of ethics*. New York: Cambridge University Press.

Brociner, K. 2001. Utopianism, human nature, and the left. *Dissent*, 89-92.

Brock, D. W. 1993. *Life and death: Philosophical essays in biomedical ethics*. New York: Cambridge University Press.

Brooker, P. 1999. *A concise glossary of cultural theory*. New York: Oxford University Press.

Brown, D. E. 1991. *Human universals*. New York: McGraw-Hill.（『ヒューマン・ユニヴァーサルズ――文化相対主義から普遍性の認識へ』鈴木光太郎・中村潔訳，新曜社，2002 年）

Brown, D. E. 2000. Human universals and their implications. In N. Roughley (Ed.), *Being humans: Anthropological universality and particularity in transdisciplinary perspectives*. New York: Walter de Gruyter.

Brown, R. 1985. *Social psychology: The second edition*. New York: Free Press.

Browne, K. 1998. *Divided labours: An evolutionary view of women at work*. London: Weidenfeld and Nicholson.

Brownmiller, S. 1975. *Against our will: Men, women, and rape*. New York: Fawcett Columbine.（『レイプ・踏みにじられた意思』幾島幸子訳，勁草書房，2000 年）

Brownmiller, S., & Merhof, B. 1992. A feminist response to rape as an adaptation in men. *Behavioral and Brain Sciences*, 15, 381-382.

Bruer, J. 1997. Education and the brain: A bridge too far. *Educational Researcher*, 26, 4-16.

Bruer, J. 1999. *The myth of the first three years: A new understanding of early brain development and lifelong learning*. New York: Free Press.

Brugger, P., Kollias, S. S., Müri, R. M., Crelier, G., Hepp-Reymond, M.-C., & Regard, M. 2000. Beyond re-membering: Phantom sensations of congenitally absent limbs.

the mammalian neocortex by Emx2 and Pax6. *Science*, 288, 344-349.
Blair, R. J., & Cipolotti, L. 2000. Impaired social response reversal: A case of 'acquired sociopathy.' *Brain*, 123, 1122-1141.
Blinkhorn, S. 1982. Review of S. J. Gould's "The mismeasure of man." *Nature*, 296, 506.
Bloom, P. 1994. Generativity within language and other cognitive domains. *Cognition*, 51, 177-189.
Bloom, P. 1996. Intention, history, and artifact concepts. *Cognition*, 60, 1-29.
Blum, D. 1997. *Sex on the brain: The biological differences between men and women.* New York: Viking.（『脳に組み込まれたセックス——なぜ男と女なのか』越智典子訳，白揚社，2000 年）
Boas, F. 1911. *Language and thought. In Handbook of American Indian languages.* Lincoln, Nebr.: Bison Books.
Bock, G. R., & Goode, J. A. (Eds.) 1996. *The genetics of criminal and antisocial behavior.* New York: Wiley.
Bodmer, W. F., & Cavalli-Sforza, L. L. 1970. Intelligence and race. *Scientific American.*
Boehm, C. 1999. *Hierarchy in the forest: The evolution of egalitarian behavior.* Cambridge, Mass.: Harvard University Press.
Borges, J. L. 1964. *The lottery in Babylon. In Labyrinths: Selected stories and other writings.* New York: New Directions.（「バビロニアのくじ」，『伝奇集』鼓直訳，岩波文庫，1993 年所収）
Bouchard, T. J., Jr. 1994. Genes, environment, and personality. *Science*, 264, 1700-1701.
Bouchard, T. J., Jr. 1998. Genetic and environmental influences on adult intelligence and special mental abilities. *Human Biology*, 70, 257-259.
Bouchard, T. J., Jr., Lykken, D. T., McGue, M., Segal, N. L., & Tellegen, A. 1990. Sources of human psychological differences: The Minnesota Study of Twins Reared Apart. *Science*, 250, 223-228.
Bourdieu, P. 1984. *Distinction: A social critique of the judgment of taste.* Cambridge, Mass.: Harvard University Press.（『ディスタンクシオン——社会的判断力批判［普及版］』石井洋二郎訳，藤原書店，2020 年）
Bourgeois, J.-P., Goldman-Rakic, P. S., & Rakic, P. 2000. Formation, elimination, and stabilization of synapses in the primate cerebral cortex. In M. S. Gazzaniga (Ed.), *The new cognitive neurosciences.* Cambridge, Mass.: MIT Press.
Bourke, J. 1999. *An intimate history of killing: Face-to-face killing in 20th-century warfare.* New York: Basic Books.
Bowles, S. 2013. Comment on Fry and Söderberg "Lethal aggression in mobile forager bands and implications for the origins of war." Santa Fe Institute.
Bowles, S., & Gintis, H. 1998. Is equality passé? Homo reciprocans and the future of egalitarian politics. *Boston Review.*
Bowles, S., & Gintis, H. 1999. *Recasting egalitarianism: New rules for communities, states, and markets.* New York: Verso.（『平等主義の政治経済学——市場・国家・コミュニティのための新たなルール』遠山弘徳訳，大村書店，2002 年）
Boyd, B. 1998. Jane, meet Charles: Literature, evolution, and human nature. *Philosophy and Literature*, 22.1, 1-30.

opment, 48, 721–725.

Barkow, J. H., Cosmides, L., & Tooby, J. 1992. *The adapted mind: Evolutionary psychology and the generation of culture*. New York: Oxford University Press.

Barnes, J. C., Wright, J. P., Boutwell, B. B., Schwartz, J. A., Connolly, E. J., Nedelec, J. L., & Beaver, K. M. 2014. Demonstrating the validity of twin research in criminology. *Criminology*, 1–39.

Baron-Cohen, S. 1995. *Mindblindness: An essay on autism and theory of mind*. Cambridge, Mass.: MIT Press.（『自閉症とマインド・ブラインドネス』長野敬・長畑正道・今野義孝訳，青土社，1997 年）

Barry, D. 1995. *Dave Barry's complete guide to guys*. New York: Ballantine Books.

Barsky, R. F. 1997. *Noam Chomsky: A life of dissent*. Cambridge, Mass.: MIT Press.（『ノーム・チョムスキー――学問と政治』土屋俊・土屋希和子訳，産業図書，1998 年）

Barthes, R. 1972. To write: An intransitive verb? In R. Macksey & E. Donato (Eds.), *The languages of criticism and the science of man: The structuralist controversy*. Baltimore: Johns Hopkins University Press.

Bauer, R. A. 1952. *The new man in Soviet psychology*. Cambridge, Mass.: Harvard University Press.

Becker, G. S. 1991. *A treatise on the family* (enlarged ed.). Cambridge, Mass.: Harvard University Press.

Behe, M. J. 1996. *Darwin's black box: The biochemical challenge to evolution*. New York: Free Press.（『ダーウィンのブラックボックス――生命像への新しい挑戦』長野敬・野村尚子訳，青土社，1998 年）

Behrens, R. R. 1998. *Art, design, and gestalt theory*. Leonardo, 31, 299–305.

Belenky, M. F., Clinchy, B. M., Goldberger, N. R., & Tarule, J. M. 1986. *Women's ways of knowing*. New York: Basic Books.

Bell, Q. 1992. *On human finery*. London: Allison & Busby.

Benedict, R. 1934/1959. Anthropology and the abnormal. In M. Mead (Ed.), *An anthropologist at work: Writings of Ruth Benedict*. Boston: Houghton Mifflin.

Benjamin, J., Li, L., Patterson, C., Greenberg, B. D., Murphy, D. L., & Hamer, D. H. 1996. Population and familial association between the D4 dopamine receptor gene and measures of novelty seeking. *Nature Genetics*, 12, 81–84.

Berent, I., Pinker, S., & Shimron, J. 1999. Default nominal inflection in Hebrew: Evidence for mental variables. *Cognition*, 72, 1–44.

Berlin, I. 1996. *The sense of reality: Studies in ideas and their history*. New York: Farrar, Straus, & Giroux.

Berra, T. M. 1990. *Evolution and the myth of creationism*. Stanford, Calif.: Stanford University Press.

Besançon, A. 1981. *The intellectual origins of Leninism*. Oxford: Basil Blackwell.

Besançon, A. 1998. Forgotten communism. *Commentary*, 24–27.

Betzig, L. L. 1997. *Human nature: A critical reader*. New York: Oxford University Press.

Bishop, K. M., Coudreau, G., & O'Leary, D. D. M. 2000. Regulation of area identity in

Anderson, S. W., Bechara, A., Damasio, H., Tranel, D., & Damasio, A. R. 1999. Impairment of social and moral behavior related to early damage in human prefrontal cortex. *Nature Neuroscience*, 2, 1032–1037.

Andreasen, N. C., Flaum, M., Swayze, V., O'Leary, D. S., Alliger, R., Cohen, G., Ehrhardt, J., & Yuh, W. T. C. 1993. Intelligence and brain structure in normal individuals. *American Journal of Psychiatry*, 150, 130–134.

Antonaccio, M., & Schweiker, W. (Eds.) 1996. *Iris Murdoch and the search for human goodness*. Chicago: University of Chicago Press.

Archibald, W. P. 1989. *Marx and the missing link: 'Human nature'*. Atlantic Highlands, N. J.: Humanities Press International.

Arditi, A., Holtzman, J. D., & Kosslyn, S. M. 1988. Mental imagery and sensory experience in congenital blindness. *Neuropsychologia*, 26, 1–12.

Armstrong, S. L., Gleitman, L. R., & Gleitman, H. 1983. What some concepts might not be. *Cognition*, 13, 263–308.

Aronson, E. 1980. *The social animal*. San Francisco: W. H. Freeman.（『ザ・ソーシャル・アニマル――人と世界を読み解く社会心理学への招待』岡隆訳，サイエンス社，2014年［原著第11版からの邦訳］）

Atran, S. 1995. Causal constraints on categories and categorical constraints on biological reasoning across cultures. In D. Sperber, D. Premack, & A. J. Premack (Eds.), *Causal cognition*. New York: Oxford University Press.

Atran, S. 1998. Folk biology and the anthropology of science: Cognitive universals and cultural particulars. *Behavioral and Brain Sciences*, 21, 547–609.

Austad, S. 2000. Varied fates from similar states. *Science*, 290, 944.

Axelrod, R. 1984. *The evolution of cooperation*. New York: Basic Books.（『つきあい方の科学――バクテリアから国際関係まで』松田裕之訳，ミネルヴァ書房，1998年）

Babcock, L., & Loewenstein, G. 1997. Explaining bargaining impasse: The role of self-serving biases. *Journal of Economic Perspectives*, 11, 109–126.

Baddeley, A. D. 1986. *Working memory*. New York: Oxford University Press.（アラン・バドリー『ワーキングメモリ――思考と行為の心理学的基盤』井関龍太・齊藤智・川﨑惠里子訳，誠信書房，2012年）

Bailey, R. 2000. The law of increasing returns. *The National Interest*, 59, 113–121.

Bailyn, B. 1967/1992. *The ideological origins of the American revolution*. Cambridge, Mass.: Harvard University Press.（『世界を新たに　フランクリンとジェファソン――アメリカ建国者の才覚と曖昧さ』大西直樹・大野ロベルト訳，彩流社，2010年）

Baker, M. 2001. *The atoms of language*. New York: Basic Books.（『言語のレシピ――多様性にひそむ普遍性をもとめて』郡司隆男訳，岩波現代文庫，2010年）

Baldwin, D. A. 1991. Infants' contribution to the achievement of joint reference. *Child Development*, 62, 875–890.

Bamforth, D. B. 1994. Indigenous people, indigenous violence: Precontact warfare on the North American Great Plains. *Man*, 29, 95–115.

Barkley, R. A., Ullman, D. G., Otto, L., & Brecht, J. M. 1977. The effects of sex typing and sex appropriateness of modeled behavior on children's imitation. *Child Devel-*

参考文献

Abbott, H. P. E. 2001. Imagination and the adapted mind: A special double issue. *SubStance*, 30.

Adams, B., Breazeal, C., Brooks, R. A., & Scassellati, B. 2000. Humanoid robots: A new kind of tool. *IEEE Intelligent Systems*, 25-31.

Agrawal, A. F., Brodie, E. D., III, & Brown, J. 2001. Parent-offspring coadaptation and the dual genetic control of maternal care. *Science*, 292, 1710-1712.

Ahn, W.-K., Kalish, C., Gelman, S. A., Medin, D. L., Luhmann, C., Atran, S., Coley, J. D., & Shafto, P. 2001. Why essences are essential in the psychology of concepts. *Cognition*, 82, 59-69.

Aiello, R., & Sloboda, J. A. (eds.) 1994. *Musical perceptions*. New York: Oxford University Press.（『音楽の認知心理学』大串健吾監訳，誠信書房，1998 年）

Aiken, N. E. 1998. *The biological origins of art*. Westport, Conn.: Praeger.

Akerlof, G. A. 1984. *An economic theorist's book of tales: Essays that entertain the consequences of new assumptions in economic theory*. New York: Cambridge University Press.（『ある理論経済学者のお話の本』幸村千佳良・井上桃子訳，ハーベスト社，1995 年）

Alcock, J. 1998. Unpunctuated equilibrium in the Natural History essays of Stephen Jay Gould. *Evolution and Human Behavior*, 19, 321-336.

Alcock, J. 2001. *The triumph of sociobiology*. New York: Oxford University Press.（『社会生物学の勝利――批判者たちはどこで誤ったか』長谷川眞理子訳，新曜社，2004 年）

Alexander, R. D. 1987. *The biology of moral systems*. Hawthorne, N. Y.: Aldine de Gruyter

Allen, E., Beckwith, B., Beckwith, J., Chorover, S., Culver, D., Duncan, M., Gould, S. J., Hubbard, R., Inouye, H., Leeds, A., Lewontin, R., Madansky, C., Miller, L., Pyeritz, R., Rosenthal, M., & Schreier, H. 1975. Against "sociobiology." *New York Review of Books*, 22, 43-44.

Allen, G. E. 2001. Is a new eugenics afoot? *Science*, 294, 59-61.

Ames, B., Profet, M., & Gold, L. S. 1990. Dietary pesticides (99.99% all natural). *Proceedings of the National Academy of Sciences*, 87, 7777-7781.

Anderson, J. R. 1976. *Language, memory, and thought*. Mahwah, N. J.: Erlbaum.

Anderson, J. R. 1983. *The architecture of cognition*. Cambridge, Mass.: Harvard University Press.

Anderson, J. R. 1990. *The adaptive character of thought*. Mahwah, N. J.: Erlbaum.

Anderson, J. R. 1993. *Rules of the mind*. Mahwah, N. J.: Erlbaum.

Anderson, J. R. 1995. *Cognitive psychology and its implications* (4th ed.). New York: W. H. Freeman.（『認知心理学概論』富田達彦ほか訳，誠信書房，1982 年［原著第 1 版からの邦訳］）

ワ　行

ヤ　行

ラ　行

マ　行

ナ　行

ハ　行

タ 行

サ 行

カ　行

人名索引

（上巻のページ数は立体で、下巻のページ数は斜体で示す）

ア 行

本書は、二〇〇四年八月から九月にかけて、日本放送出版協会（現NHK出版）より「NHKブックス」として、上・中・下三分冊で刊行された。文庫化にあたっては、上・下巻とし、あらたに「二〇一六年版へのあとがき」を訳出したほか、人名索引を追加した。

自己組織化と進化の論理　スチュアート・カウフマン　米沢富美子監訳　森弘之ほか訳

すべての秩序は自然発生的に生まれる、この「自己組織化」に則り、進化や生命のネットワーク、さらに経済や民主主義にいたるまで解明。

人間とはなにか（上）　マイケル・S・ガザニガ　柴田裕之訳

人間を人間たらしめているものとは何か？　脳科学界を長年牽引してきた著者が、最新の科学的成果を織り交ぜつつその核心に迫るスリリングな試み。

人間とはなにか（下）　マイケル・S・ガザニガ　柴田裕之訳

人間の脳はほかの動物の脳といったい何が違うのか？　社会性、道徳、情動、芸術など多方面から「人間らしさ」の根源を問う。ガザニガ渾身の大著！

新版　自然界における左と右（上）　マーティン・ガードナー　坪井忠二／藤井昭彦／小島弘訳

「左と右」は自然界において区別できるか？　上巻では、鏡の像の左右逆転から話をはじめ、動物や人体における非対称、分子の構造等について論じる。

新版　自然界における左と右（下）　マーティン・ガードナー　坪井忠二／藤井昭彦／小島弘訳

左右の区別を巡る旅は続く――下巻では、パリティの法則の破れ、反物質、時間の可逆性等が取り上げられ、壮大な宇宙論が展開される。（若島正）

ナチュラリストの系譜　木村陽二郎

西欧でどのように動物や植物の観察が生まれ、生物学の基礎となったか。分類体系の変遷、啓蒙主義との親和性等、近代自然誌を辿る名著。（塚谷裕一）

M《マ》i《イ》N《ン》D《ド》　ジョン・R・サール　山本貴光／吉川浩満訳

唯物論も二元論も、心をめぐる従来理論はそもそも全部間違いだ！　その錯誤を暴き、あらゆる心的現象を自然主義の下に位置づける、心の哲学超入門。

類似と思考　改訂版　鈴木宏昭

類似を用いた思考＝類推。それは認知活動のすべてを支える。類推を可能にする構造とはどのようなものか。心の働きの面白さへと誘う認知科学の成果。

デカルトの誤り　アントニオ・R・ダマシオ　田中三彦訳

脳と身体は強く関わり合っている。脳の障害がもたらす情動の変化を検証し「我思う、ゆえに我あり」というデカルトの心身二元論に挑戦する。

ちくま学芸文庫

人間《にんげん》の本性《ほんせい》を考《かんが》える　上
心《こころ》は「空白《くうはく》の石版《せきばん》」か

二〇二五年二月十日　第一刷発行

著　者　スティーブン・ピンカー
訳　者　山下篤子（やました・あつこ）
発行者　増田健史
発行所　株式会社　筑摩書房
東京都台東区蔵前二―五―三　〒一一一―八七五五
電話番号　〇三―五六八七―二六〇一（代表）
装幀者　安野光雅
印刷所　大日本法令印刷株式会社
製本所　加藤製本株式会社

ISBN978-4-480-51281-9 C0111